다시, 행복을 풀다

THAT
LITTLE
VOICE
IN YOUR HEAD

구글X 공학자가 찾아낸 불안을 이기는 행복 코드

다시, 행복을 풀다

모 가댓

강주헌 옮김

한국경제신문

전쟁의 심각성은
평화롭게 살아가는 사람들에게는
아무런 의미가 없다.

알리를 위하여
이제 내가 두 눈을 뜨고
삶이 얼마나 아름다운지를 봐야 할 때다.

차례

프롤로그

10억 명을 행복하게 해주려고 한다. 허튼소리라는 걸 나도 안다. 하지만 이는 내가 여생을 바쳐 시도해볼 만한 가치를 지닌 유일한 목표라고 굳게 믿는다.

'10억 명 행복 프로젝트(One Billion Happy)'에 대한 이야기는 2014년에 시작되었다. 흔히 그렇듯이 그 도화선은 비극이었다. 내게는 슈퍼히어로 같은 아들이자 스승이던 알리를 잃은 비극적인 사건이 그 프로젝트를 시작하게 된 동기였다. 알리는 일반적인 외과적 처치를 받는 동안 예방할 수 있던 인간의 오류로 인해 이 땅을 떠났고, 그때 내 가슴의 한 귀퉁이도 떨어져나갔다. 알리가 죽고 17일 뒤 나는 글을 쓰기 시작했고 잠시도 멈출 수 없었다. 글의 주제는 행복이었다. 그 비극적인 사건이 있은 뒤여서 가장 어울리지 않는 주제일 수 있었다. 나는 행복에 대해 알리에게 배운 것을 글로 풀어냈다. 따라서 그 글은 알리가 내게 준 선물이었고, 나는 그 선물을 세상 사람들과 함께 나누고 싶었다.

그 결과가 내가 처음으로 쓴 책《행복을 풀다》였다. 이 책에서 나는 현대 세계가 행복에 대해 내게 가르친 거의 모든 거짓된 믿음을 폭로했다. 그것은 행복에 대해 진정으로 눈을 뜨게 해주는 책이었다. 알리를 비극적으로 잃은 뒤에 나는 슬픔을 딛고 다시 일어서는 데 도움을 주었던 알고리즘을 개발해 세상에 알렸다. '우리 행복은 삶의 과정에서 일어나는 사건들에 대한 인식과, 삶이 어떤 모습이어야 한다는 기대치와 희망 사항 사이의 차이보다 크거나 같다.' 그 책이 내게 그랬듯이 독자들의 마음에도 반향을 불러일으키며 도움이 되기를 바랐지만, 그처럼 크게 성공할 것이라고는 전혀 예상하지 못했다. 그 책은 30개 언어로 번역되며 세계적인 베스트셀러가 되었고 세계 전역에서 수십만 부가 판매되었다. 세계 곳곳에서 그 책을 읽은 독자들이 매일 내게 편지를 보내 감사의 뜻을 전하며 행복과 내 사명에 대해 물었다.

자식을 잃는 아픔은 부모에게 가장 견디기 힘든 고통인 게 분명하다. 많은 시간이 지난 지금도 나는 가슴이 아련히 저리는 느낌을 정확히 어떻게 표현해야 할지를 모르겠다. 알리는 내 아들이자 내 태양이었다. 알리는 사랑과 지혜로 내 삶을 밝혀주었다. 알리는 내게 가장 좋은 친구이자 코치였다. 알리는 항상 온유했고 항상 행복했다. 알리를 잃은 고통은 지금도 여전하지만, 그 상실로 말미암아 알리의 지혜를 세상에 널리 알리고 사랑과 동정심으로 가득하던 알리의 삶을 기리는 게 내 사명이라는 걸 깨닫게 된 것은 커다란 기쁨이었다.

알리는 세상을 떠나기 보름 전에 꿈을 꾸었고, 그 꿈을 누이 아야에게만 알려주었다. "내가 어디에나 있고, 모든 사람의 일부인 꿈을 꾸었어. 정말 굉장한 꿈이었어. 잠에서 깼을 때 더는 이 물리적인 몸뚱어리에 갇혀 있고 싶지 않다는 기분이 들었으니까." 아야는 "오빠는 자기가 죽은 꿈을 꾼 거예요"라고 말했다. 그랬다, 알리는 정말 죽었다. 알리가 죽고 나서 며칠 뒤에야 아야는 내게 그 꿈에 대해 말해주었다. 모든 것을 성과 중심적으로 해석하도록 훈련된 내 뇌는 그 꿈을 일종의 목표라 생각했다. 구체적으로 말하면 내가 섬기는 신이 나에게 정해준 목표라 생각했다. 나는 목표를 등한시한 적이 없었다. 심지어 내가 구글에서 일한 것도 10억 명에 다가가는 큰 목표를 설정하는 뜻으로 해석했다. 그래서 아야의 말을 듣자마자 나는 눈물을 터뜨렸다. 알리가 우리를 찾아와, 우리로 하여금 자기를 사랑하게 만들고는 떠난 이유를 깨달았다.

그 순간 알리의 죽음은 내가 그때까지 펼치지 못한 것에 도화선을 당기는 불꽃이 되었다. 나는 목 놓아 울었다. 내 몸이 크게 흔들렸다. 그런 아픔에 담긴 뜻을 나는 정확히 알았다. 내 삶은 더는 내 것이 아니었다. 알리의 소명을 위해 사용되어야 하는 것이었다. 나는 알리에게 배운 모든 것을 온 세상에 알리는 데 여생을 바쳐야 했다. 알리의 본질을 인류 전체에 퍼뜨리는 데 혼신을 다해야 했다. 목표가 정해지자 나는 잠시도 지체하고 싶지 않았다. 나는 눈물을 멈추고 벌떡 일어나 그 목표를 이루기 위한 일을 시작했다.

기업가이면 누구나 그렇겠지만 나도 측정할 수 있는 목표를 설정했다. 그 목표는 내가 알리의 도움을 받아 고안한 행복 모형을 '1,000만 명'에게 알리는 것이었다. '1,000만 명 행복 프로젝트(#10MillionHappy)'가 설정되자 우주 자체가 그 목표를 위해 힘을 보태주는 듯했다. 그 프로젝트를 시작한 뒤로 6개월 만에 나는 온라인에서 1,000만 명에 도달했다. 그 프로젝트에 담긴 메시지는 많은 사람의 삶을 변화시키는 데 도움을 주었고, 그 목표를 계속 추진할 필요가 있다는 게 분명해졌다. 잠깐 명상을 하는 동안 1,000만에서 10억 명으로 목표를 확대해야겠다는 영감이 내 머릿속을 스쳤다.

그 순간 내가 그때까지 컴퓨터와 함께하며 구축하는 데 도움을 주었던 테크놀로지가 우리 미래를 완전히 새로운 모습으로 바꿔놓을 것이라는 걸 깨달았다. 우리가 우리를 인간답게 만드는 것, 즉 행복과 동정심과 사랑을 인공지능(AI)에게 가르치지 않는다면 우리가 큰 곤경에 빠지게 될 것이라는 걸 깨달았다. 이 깨달음이 내가 두 번째로 쓴 책 《AI 쇼크, 다가올 미래》에 담긴 핵심적인 메시지다. 나는 알리의 꿈이 실현될 수 있다는 걸 깨달았다. 우리가 1,000만 명을 넘어 10억 명을 행복하게 해줄 수 있다는 걸 알게 되었다. 우리에게는 어디에나 갈 수 있고, 누구에게나 다가갈 수 있는 수단이 있었다.

우리는 계속 정진했고, 우리가 제작한 콘텐츠는 온라인에서 1억 2,000만 회 이상 조회되었다. 그것만으로도 축하받아 마땅했지만 우리는 계속 정진했다. 그러나 10억 명에 도달하려면 더 근본적인 변화가 필요했다.

올바른 변화를 위해서는 우리가 지금 어느 지점에 있는지를 실질적으로 파악해야 한다. 우리가 부정적인 생각에 굴복할수록 우리 행동도 부정적으로 변하고, 그럼 더 많은 사람이 부정적으로 대응한다. 우리는 주는 만큼 돌려받는다. 많은 사람이 다른 사람에게 친절하고 동정심을 베푼다면 파급 효과가 크게 일어날 것이고, 더 많은 사람이 친절하고 동정하는 행동을 흉내 내기 시작할 것이다. 이렇게 새롭게 행복해진 한 사람이 두 사람을 더 행복의 길로 유도한다면, 긍정적인 폰지 게임(Ponzi Game)이 시작될 것이다. 긍정적인 폰지 게임에는 세상을 뒤바꿀 만한 힘이 있다. 그 게임이 불행의 가장 큰 원인, 즉 부정적인 생각을 품은 당신 안에서 시작되면 어떻겠는가.

생각은 몰입도가 가장 높은 환상인 듯하다. 우리 머릿속에는 항상 작은 목소리가 있고, 그 목소리는 우리에게 무엇을 하라고 끊임없이 속삭인다. 그 목소리는 공기처럼 항상 우리 머릿속에 존재한다. 그래서 뇌가 호흡을 처리하듯이 우리는 그 목소리를 기계적으로 처리한다. 해가 거듭될수록 우리는 그 작은 목소리를 당연한 것으로 여기고, 그 목소리는 우리를 고통의 길로 끌고 간다.

나는 오랜 연구 결과로, 우리 행복에 가장 큰 영향을 미치는 것 중 하나가 생각이란 걸 알아냈다. 우리가 삶에서 견뎌야 하는 가장 가혹한 상황보다 우리 머릿속의 작은 목소리가 우리 기분에 훨씬 더 큰 영향을 미친다.

이 책에서 나는 소프트웨어 엔지니어로서 쌓은 경험을 근거로, 또 영적인 가르침과 신경과학에 대해 폭넓게 공부해서 얻은 지식을 바탕으로 우리 뇌에 숨겨진 통로를 지나는 여정을 시작해보려 한다. 우리 뇌는 무척 복잡하고 정교하지만 컴퓨터와 마찬가지로 충분히 예측 가능하다는 걸 증명해 보이는 게 내 목표다. 다시 말해 우리가 뇌에 특정한 정보를 입력하고 특정한 프로그램을 실행하면 항상 똑같은 결과를 얻게 된다는 뜻이다. 내 생각이지만, 가장 바람직하지 않은 결과는 불행이 아닐까 싶다. 우리가 불행한 주된 이유 중 하나는 우리의 생각이다. 따라서 어떻게 하면 우리가 뇌를 올바르게 사용해서 더 행복하게 살 수 있는가를 알아내는 것도 내 목표다. 뇌를 움직이는 코드가 어떻게 작동하는지 정확히 알게 되면 뇌가 우리에게 지속적으로 행복을 전달할 수 있도록 쉽게 조절할 수 있지 않겠는가. 결국 우리 뇌가 예측 가능한 방향으로 움직이기 때문에 내 목표는 얼마든지 실현 가능한 목표가 된다.

우리 뇌는 예측 가능하기 때문에 뇌가 움직이는 방향은 **'명확하고 간결한 사용자 설명서'** 형식으로 요약될 수 있다. 이 책이 바로 그런 사용자 설명서다. 따라서 이 책에서는 부정적인 감정, 반복되는 부정적인 생각, 스트레스 및 뇌라는 컴퓨터를 사용하는 환경에서 흔히 맞닥뜨리는 상황을 처리하는 방법에 대해 단계별 지침을 설명한다.

우리 뇌는 훈련될 수 있으므로 이 책에서는 훈련 방법도 소개된다. 특정한 훈련을 반복하면 시간이 지남에 따라 우리 뇌의 배선 구조를 꾸준히 바꿔갈 수 있다. 이렇게 하면 사용자 설명서로 되돌아갈 필요 없이 건전한 습관을 표준 운영 절차로 만들어갈 수 있다. 여기에서 소개되는 훈련들은 복잡하지 않고 단순한 단계로 이뤄지므로, 보람과 즐거움을 동시에 얻을 수 있을 것이다.

이 책은 **컴퓨터과학과 신경과학의 융합에 대해 명쾌하게 이해하기 쉽게 쓰인 책**이라 생각하면 된다. 공학자인 까닭에 나는 우리가 뇌에 실행하는 다양한 프로그램을 테크놀로지에 자주 비유하고, 단순화된 공정 그림을 사용해서 각 프로그램이 우리 생각에 어떻게 영향을 미치는지도 설명해보일 것이다.

쉽게 풀이된 용어를 사용하고, 그 개념도 간결하게 설명할 것이므로 이를 잘 모른다고 걱정할 필요는 없다. 간혹 과학기술 자체에 대해 새로운 개념을 배워야 할 필요가 있을 수 있다. 그렇더라도 일단 배워두면, 관련된 기술 장비를 일상에서 사용할 때 새롭게 인지한 개념을 더욱 명확히 이해하게 될 것이고 더 행복한 삶을 향해 다가갈 때 유익한 방향으로 활용할 수 있을 것이다.

어떤 과정이든 입력으로 시작된다. 컴퓨터가 제아무리 똑똑하더라도 잘못된 정보가 입력되면 엉뚱한 결과를 내놓기 마련이다. 우리가 뇌에 주입하는 정보가 파괴적일 수 있다. 우리가 건강을 유지하려면 건강식을 해야 하듯이 행복하려면 우리 뇌에 들어가는 정보를 깨끗이 정화해야 한다.

다음 단계의 과정은 프로그램이 실행되는 방식이다. 코드를 실행할 때 잘못된 경로를 따라가면 어려움을 겪게 되고, 다른 경로를 따라가면 당신이 삶에서 원하는 모든 것을 얻는다고 해보자. 머릿속에서 실제로 어떤 일이 일어나고 있는지를 완벽하게 알아야 당신이 잘못된 방향으로 생각하는 때를 파악할 수 있다. 입력되는 정보를 정제하고 그 이후의 과정을 통제할 수 있다면 우리가 삶에서 진정으로 원하는 모든 것(행복과 사랑 및 동정심)을 최적화하기 시작할 수 있다.

우리의 신경망, 즉 우리 뇌의 근원적인 기능에 문제가 생길 때 주로 불행은 시작된다. 쉽게 기억하기 위해서 그 문제들을 4-3-2-1이라 칭하기로 하자.

우리가 끊임없이 우리 머릿속에 들어가는 걸 허용하는 네 가지 잘못된 정보가 있다. 그 정보들이 세 방향으로 과장된 방어기제를 작동시킨다. 우리가 삶을 살아갈 때면 삶에 접근하는 양 극단 사이에서 불균형을 겪기 마련이다. 불행으로 향하는 하향 곡선은 어떤 유형의 악의적인 생각에서 비롯된다. 소프트웨어에 비유해서 말하면 우리 뇌가 잘못 작동하기 때문에 불행에 빠지는 게 아니다. 우리 뇌가 나쁜 프로그램으로 작동하기 때문은 더더욱 아니다. 좋은 프로그램이 잘못 실행되기 때문에 우리가 불행에 빠지는 것이다. 따라서 훌륭한 소프트웨어 엔지니어라면 누구나 그렇듯이, 우리는 뇌라는 소프트웨어에서 오류를 찾아내 제거해야 한다.

우리는 이 책의 곳곳에서 그런 프로그램을 실행해 오류의 징후들(통제되지 않는 감정, 화학적 불균형, 꼬리를 물고 끝없이 이어지는 부정적인 생각)을 드러내 보일 것이다. 그런 징후를 감지하고 찾아내는 방법을 알아내면, 그런 오류를 빚어내는 프로그램들을 본래의 목적에 맞게 수정하고 실행되도록 미세 조정할 수 있다. 달리 말하면 우리는 인간으로서 최적의 상태를 유지하면서, 즉 행복을 누리면서 삶에서도 성공할 수 있게 된다.

이렇게 원인이 밝혀지고 증상이 파악되면 해결은 쉬워진다. 1-2-3-4만큼이나 쉬워진다. 우리 뇌에는 행복을 위해 최적화된 4개의 주된 프로그램이 있다. 삶을 있는 그대로 온전히 경험하는 프로그램, 문제를 해결하는 프로그램, 몰입하게 하는 프로그램, 베푸는 프로그램이 그것이다. 이 네 가지를 운영 체제의 주요 부분으로 삼는 방법을 배우면 환희로 가는 길을 지속적으로 찾을 수 있을 것이다.

이 책의 뒷부분에서는 우리가 행복한 삶을 위해 필요한 능력을 갖춘 뒤에 옆길로 일탈할 때마다 행복으로 되돌아가도록 안내하는 순서도가 소개된다. 그 과정을 문서화해두면 행복의 회복은 전적으로 우리 각자의 책임이 된다. 다시 말하면 각자의 선택에 따라 행복으로 되돌아가는 길을 찾을 수도 있고, 고통의 늪에서 계속 허우적댈 수도 있다. 그러니 삶 자체가 당신을 불행하게 만든다고 말하지 마라. 변하지 않는 길을 선택한다면 당신을 불행하게 만드는 것은 당신 자신일 뿐이다. 요컨대 당신에게 책임이 있다!

우리가 지금 살아가는 세계는 우리 머릿속의 코드가 처음 설계된 세상과 전혀 다르다. 따라서 이 책에서는 머릿속의 코드를 업데이트하는 것으로 시작하려 한다. 그러나 그 영향이 어디까지 뻗어갈지 누가 알겠는가? 당신만의 세계를 바꿔가는 방법을 알게 되면 세계 자체를 바꿔갈 수도 있다.

이 책에서 얻는 이점을 극대화하려면

이 책은 지적 욕구를 채워주는 책인 동시에 많은 연습과 훈련을 요구하는 실용서이기도 하다. 교과서에 길들여져 압축된 형식으로 지식을 습득하는 데 익숙해진 사람의 경우 정보만을 전달하지 않는 부분에선 건너뛰고 싶은 유혹을 받을 수 있다. 특히 몇몇 연습 문제가 처음에는 지나치게 단순하게 보일 수 있기 때문이다. 하지만 그런 유혹을 견뎌내고 여기서 요구하는 대로 연습해보길 바란다. 틀림없이 효과가 있을 것이고, 그냥 읽기만 하는 것보다 더 많은 것을 깨닫게 될 것이다.

가끔 나는 독자에게 책을 내려놓고 바깥 공기를 쐬거나 온라인에서 다른 것을 하라고, 또는 책 읽기를 중단하고 휴식을 취하라고 부탁할 것이다. 그렇다, 가끔은 모든 것을 멈추는 시간이 필요하다. 행복을 얻는 과정은 달리기 경주가 아니다. 가장 빨리 결승선을 통과하는 사람에게 금메달이 주어지는 것도 아니다. 금메달(이 경우에는 더 행복한 당신으로 이어지는 생활 방식의 변화)은 결코 끝내지 않는 사람, 즉 환희로 가는 길을 찾기 위해 필요한 시간을 끊임없이 투자하는 사람의 몫이다. 우리는 제한된 시간 내에 무언가를 이뤄내려 애쓰는 게 아니다. 더 행복하게 개선된 버전을 설치함으로써 우리 뇌를 운영하는 코드를 꾸준히 업그레이드하려고 애써야 한다.

진보는 학습하고 실행하는 것만으로 얻어지는 게 아니다. 때로는 그냥 있는 것만으로도 충분하다. 우리는 바로 이 방법을 사용해서 진보해나가려 한다. 나는 이 방법을 '존재하라-학습하라-행동하라(Be-Learn-Do)'로 칭하려 한다. '학습하기 전에 존재하고, 행동하기 전에 학습하라'는 뜻이다. 사색하고 구체적인 변화를 시도할 시간을 가져보라.

내가 말하려는 것에서 오싹한 기분을 느꼈을지도 모르겠다. 하지만 행복을 찾아가는

여정을 즐기길 바란다. 이제 행복을 찾아가는 여정에 필요한 도구를 소개할 것이다. 이 도구들을 사용해 당신이 그 여정을 학습하는 과정에 실질적인 도움을 주려고 한다.

1) 우리도 다 그랬어

변하고 나아지려면 현재 제대로 진행되지 않는 것에 대해 인정할 수 있어야 한다. 이 책을 통해 내가 겪은 최악의 사건들에 대해 솔직하게 풀어내려 한다. 내 삶에는 내가 지금부터 가르치려는 것과는 모든 면에서 정반대였던 때가 있었다. 나도 한때 잘못 살아왔다는 걸 인정하면 저절로 겸손해진다.

　바라건대 내 이야기를 통해 당신도 우리 모두가 한때는 그랬다는 걸 깨달았으면 좋겠다. 달리 말하면 누구에게나 결함과 맹점이 있다는 뜻이다. 그런 결함을 숨기지 않을 때에야 올바른 방향으로 해결할 수 있다.

2) 연습과 훈련

변화의 필요성을 인정하고 변화를 지속하는 데는 연습과 반성만큼 좋은 방법이 없다. 이 책에는 어떤 개념을 인식하고 파악하는 데 필요한 기법을 배우고, 습관을 형성하며, 내면에 깊이 파고들 수 있는 간단한 훈련법들이 가득하다. 숙제로 주어진 훈련법을 빠짐없이 실행하라. 이것을 반복하여 습관화하라.

　연습은 두 가지 형태로 이뤄진다. 하나는 '**자각 훈련**(awareness exercise)'으로, 스스로를 돌이켜보며 자신에 대해 중요한 것을 깨닫는 데 도움을 주는 훈련법이다. 다른 하나는 '**실천 훈련**(practice exercise)'으로, 우리에게 필요한 역량을 키우는 데 도움을 준다.

우리는 모두 인간이기 때문에 상대적으로 더 잘하는 게 있다. 천성적으로 생각이 깊은 사람이 실천력까지 뛰어난 것은 아니고, 행동력이 좋은 사람은 간혹 생각의 부족함을 드러낸다. 둘 중 하나가 마뜩하게 느껴지지 않더라도 스스로 채찍질하며 노력해야 한다. 장담하지만, 여기에서 소개된 모든 훈련법은 재밌게 꾸며졌다. 따라서 어떤 경우에든 즐겁게 해낼 수 있을 것이다.

3) 집단 토의

나는 당신에게 믿을 만한 친구들과 함께 다양한 주제에 대해 당신의 생각을 솔직하게 공유해보라고 시시때때로 요구할 것이다. 이때 기억해야 할 유일한 규칙이 있다면 정답은 없다는 것이다. 모두의 의견이 각자의 관점에서 맞다는 것을 기억하라. 따라서 어떤 의견이든 존중하고 포용할 수 있어야 한다. 당신의 의견과 다른 의견에는 호기심을 내비치며 관련된 질문들을 계속하면 그 의견에 대해 더 깊이 알 수 있을 것이다.

이렇게 하는 데는 얼굴을 실제로 대면하고 대화하는 게 최선의 방법이다. 예컨대 몇몇 친구에게 이 책을 읽으라고 부탁한 뒤에, 일주일에 한 시간씩 모임을 갖고 그때까지 읽은 것을 두고 논의하며 집단 토의(group discussion)를 연습하는 방법도 생각해볼 수 있다. 물론 집단 토의가 누구에게나 효과가 있는 것은 아니고, 다수가 책을 혼자 읽는 걸 더 좋아할 수 있다. 혼자 책을 읽으며 자신의 속도에 따라 훈련을 실행한다면 아무런 상관이 없다. 하지만 그럼에도 당신에게 혹시나 있을지도 모를 맹점을 찾는 데 도움을 줄 만한 절친하고 신뢰할 수 있는 친구, 적어도 그런 친구 하나와 대화하는 시간을 가져보라고 적극 권하고 싶다.

다시, 행복을 풀다

4) 기억에 남는 영화나 노래

당신은 어떤지 모르겠지만 나는 학창 시절에 배운 그 어떤 것보다 강렬하게 기억하고 있는 노래와 영화가 있다. 그 노래와 영화는 내 머릿속에 달라붙어 반복해서 재생된다. 나는 감동적인 장면이나 영감을 주는 노랫말에 대해 친구들과 대화하는 걸 좋아하고, 당신과도 그런 시간을 갖고 싶다. 이 책에서 다뤄지는 많은 개념이 뛰어난 음악가의 노랫말이나 시대를 초월한 영화의 장면에 이미 담긴 것이었다. 그런 노래와 영화가 언급되면, 책을 내려놓고 노래를 듣거나 영화를 보며 이 책에서 말하는 내용을 되짚어보길 바란다.

내가 추천하는 영화를 친구와 함께 시청하는 저녁 시간을 계획해보라. 눈에 뻔히 보이는 것을 넘어 당신의 삶을 돌이켜보며, 영화의 한 장면이나 주제가 당신에게 어떻게 적용되는지 생각해보라. 그러고는 언제라도 되돌아가 재생할 수 있도록 당신의 '행복 목록'에 추가하라. 그럼 놀랍게도, 그 노래가 가장 필요한 순간 기억에 떠오르고 당신의 머릿속에서 재생되며 당신에게 무엇을 해야 하는지를 정확히 일깨워줄 것이다.

5) 슬로 모

나는 슬로 모(Slo Mo)라는 팟캐스트를 운영하며 지상에서 가장 지혜롭다는 사람들을 초대해 그들로부터 영적인 이야기를 듣고, 그들이 배운 것을 함께 나누는 시간을 가졌다. 우리는 행복과 영성, 신경과학과 인간관계 등 더 나은 인간으로 거듭 태어나고 우리가 사는 세계를 더 좋은 공간으로 만드는 데 도움이 되는 이야기를 나눴다.

당신도 그들의 이야기로부터 많은 것을 배울 수 있으리라 믿는다. 분주한 삶에서 잠시 시간을 내어 팟캐스트 플레이어 '슬로 모'를 무료로 다운로드받거나 mogawdat.com/podcast를 방문해 더 많은 것을 들어보며 사색의 시간을 갖길 바란다.

6) 10억 명 행복 프로젝트

내가 제공하는 다른 도구들과 마찬가지로 이 책도 사명, 어쩌면 우리 세대에게 주어진 가장 중요한 사명의 일부라 생각한다.

우리가 지난 100년 동안 이뤄낸 사회적 진보와 과학기술의 발전에도 불구하고 행복에 관한 한 인류는 계속 추락하고 있다. 여섯 명 중 한 명이 평생 동안 우울증이란 진단을 받는다. 이 비율조차 실제로 고통받는 사람의 수보다 낮게 추정한 것으로 여겨진다.[1] 게다가 40초마다 한 명이 자살로 삶을 끝낸다.[2] 미국의 조사에서는 네 명 중 한 명이 불행하다고 느낄 때 도움을 청할 사람이 한 명도 없다고 대답했다.[3]

이런 추세를 뒤집어야 한다. 우리가 함께해야 할 사명, '10억 명 행복 프로젝트'의 중심에는 내가 아니라 '여러분'이 있다. 나 혼자는 결코 도달할 수 없다. 우리가 함께해야 가능하다. 자녀나 배우자, 누이나 친구 등 누구라도 좋으니 두 명을 행복하게 해줘라. 행복은 타고난 권리이니 최우선순위에 둬야 한다는 걸 일깨워주고, 행복은 예측 가능하다는 것을 분명히 알려줘라. 그렇게 하면 그들을 얼마든지 행복하게 해줄 수 있다. 선행을 베풀고 누구나 행복할 수 있다는 진실을 널리 알려. 정말 변화를 일으키고 싶다면 이 책을 통해 배운 행복을 20명, 아니 200명, 더 나아가 200만 명에게 알려라. 행복을 전파하는 주인공이 돼라. www.OneBillionHappy.org를 방문해 더 많은 것을 알아보길 권한다.

우리가 지금까지 배운 것

내가 첫 책《행복을 풀다》에서 제시한 몇 가지 개념을 간략히 요약해 보자. 그 개념들은 여기에서 다루려는 내용의 기반을 확립하는 데 반드시 필요하다. 첫째로 중요한 기본 원칙은 '우리 모두가 행복하게 태어났다'라는 것이다. 어린아이와 갓난아기는 생존을 위한 기본 조건들이 주어질 때, 즉 배불리 먹고 안전할 때 행복하다.

행복은 우리 안에 내재하는 것이다. 우리가 밖에서 구해야 하는 것이 아니다. **행복은 우리의 초기 설정값**이다. 다만 성인이 되면서 사회적 압력과 의무와 기대치 등 온갖 환상이 밀려들고, 그런 환상의 설득에 넘어가 성공이 행복보다 더 중요해진다. 우리는 억척스레 성공을 추구하고 그 과정에서 행복을 잃어버린다.

하지만 한때 우리 자신이었던 행복한 아이는 여전히 우리 안에 있다. 거짓되고 제한된 믿음 더미 아래에 묻힌 채 원래의 행복하고 천진난만한 본성으로 되돌아갈 수 있도록 구원받기를 기다린다.

행복은 우리 삶에 멋진 옷과 첨단 제품과 휴가 등 무언가를 더한다고 얻어지는 게 아니다. 어린아이는 무언가가 행복을 방해하기 전까지는 행복하다. 기저귀가 축축해지면 아이는 운다. 기저귀를 갈아주면 아이는 초기 설정값, 즉 행복한 상태로 돌아간다. 오늘날에도 행복은 우리 본성이다. 우리를 불행하게 만드는 것을 어떻게든 제거하면 남은 것은 행복이다. 간단하게 들리겠지만 **행복은 불행이 없는 상태**다.

행복의 이런 속성을 이해하면 행복은 얼마든지 예측 가능하다. 이런 방정식으로 표현할 수 있을 정도로 예측 가능하다.

행복≥(당신 삶에서의) 사건들-(당신 삶은 어때야 한다는) 기대들 삶이 우리 생각대로 흘러가는 듯할 때 우리는 행복하다. 우리 삶에서 일어나는 사건이, 삶은 어떤 모습이어야 한다는 우리 기대와 바람에 일치할 때 우리는 행복감을 느낀다. 예컨대 비에는 행복과 관련된 내재적 가치가 없다. 요컨대 비 자체가 우리를 행복하게 해주거나 불행하게 만드는 게 아니다. 우리가 식물에 물을 주고 싶을 때 비가 오면 우리는 행복해지고, 따뜻한 햇살을 즐기고 싶을 때 비가 오면 불행해진다.

위의 방정식을 기초로 우리는 행복을 정확히 정의할 수 있다. 사건이 우리 기대를 충족하거나 넘어설 때 우리는 행복하다. 우리가 현재 삶을 흡족하게 받아들일 때 느끼는 평온하고 잔잔한 만족감이 행복이다. 어떤 것도 변하는 걸 원하지 않기 때문에 현재의 순간이 영원히 지속되기를 바라는 마음이 행복이다. 삶이 어떤 모습인지는 조금도 중요하지 않다. 우리가 현재의 삶에 만족한다면 행복하다.

반면에 불행은 생존 메커니즘(survival mechanism)으로 정의될 수 있다. 우리 뇌가 주변 세계를 관찰하고는 걱정을 야기하는 것을 발견하고, 그것이 잘못될 수 있다는 걸 우리에게 알리려 할 때 불행감은 밀려온다. 우리는 우리 자신의 생각을 주의해서 경청하는 경우가 극히 드물기 때문에 그 경고는 감정의 형태(예컨대 수치심과 불안과 슬픔 등 우리 불행과 관련한 감정들)로 나타난다.

행복과 불행의 사이에는 둘 모두가 아닌 상태, 즉 '**탈출 상태**(state of escape)'가 있다. 탈출은 우리가 행복 방정식을 풀려는 노력을 중단할 만큼 오랫동안 우리 뇌를 차지해 마비시키는 육체 활동에 몰입할 때 일어난다. 우리 몸이 재미와 즐거움에 몰두할 때 우리는 탈출 상태를 경험하게 된다. 재미 자체가 나쁜 것은 아니다. 재미를 이용해서 불행에서 탈출할 수도 있다. 이런 점에서 재미는 진통제와 같다. 그러나 재

다시, 행복을 풀다

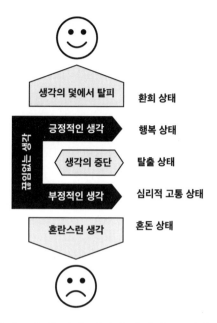

미는 행복의 대체물일 뿐 진짜 행복이 아니다. 그래서 우리는 더 자주 재미를 추구하고, 결국에는 재미에 중독된다. 이렇게 재미를 추구할수록 진정한 행복을 찾는 것은 더욱더 어려워진다.

환희 상태에 있는 사람들은 항상 행복하다. 그들은 대부분의 사건이 불행과 무관하다고 생각하는 방향으로 삶을 살아간다. 그들은 무익하고 해로운 생각의 덫을 탈피해 그 상태에서 환희를 누린다. 반면에 혼돈 상태에 있는 사람들은 크든 작든 간에 모든 일회성 사건에서 잘못된 것을 항상 찾아내려 한다. 잘못된 것을 찾아 나서면 어떻게든 찾아낼 가능성이 높다. 따라서 모든 것이 당신의 기대치에 못 미칠 것이고, 그 결과로 당신의 고통은 깊어지고 지속될 것이다.

생존 메커니즘으로서 불행은 유용하지만 오랫동안 지속될 필요가 없다. 통증(pain)과 고통(suffering) 사이에는 커다란 차이가 있다. 정서적인 것이든 심리적인 것이든 간에 통증은 외적인 조건에서 비롯된다. 통증이 생존 메커니즘에 경보를 울린다. 우리가 통증을 싫어하는 만큼 통증은 우리가 중요한 것에 집중하고, 방향에 변화를 주며, 새로운 것을 배우고 발전하며 안전을 유지하는 데 도움을 준다.

통증은 우리가 통제할 수 없어서 우리에게 밀려오는 것이다. 하지만 심리적 고통은 선택이다. 과거에 우리에게 정서적 아픔을 주었던 사건들이 다시 일어날 것이라는 확실한 증거도 없고, 아직 실제 세계에서 일어나지 않았는데도 우리는 머릿속으로 그런 사건을 반복해서 재생하며 불행을 자초한다. 따라서 고통은 '주문형 통증'과 거의 같은, 정말 현명하지 못한 선택이다.

우리가 삶에서 마주하는 어떤 사건에도 우리를 불행하게 만들 힘은 없다. 우리가 사건에 그런 힘을 자진해서 허락할 뿐이다. 다시 말하면 우리가 어떤 사건을 구태여 끌어내 생각하고, 부정적인 면을 반추하며 만들어낸 불행으로 우리 자신을 괴롭히는 것일 뿐이다. 불행이 우리 생각 내에 굳건히 살고 있다면 더 낫게 생각하는 법을 배우는 것만이 우리 고통을 잠재우는 유일한 해법이다. 이 책은 그 해법을, 즉 더 낫게 생각하는 법을 다룬 책이다.

이제부터 본격적으로 시작해보자.

1장
생각과 행복 사이에는
어떤 관계가 있을까

무엇이 실재하는 것일까? 지금 당신의 눈은 이 책에 쓰인 단어들을 훑어보고 있다. 당신 자신에게 물어보라. 이 단어들은 실재하는 것일까? 이 책은 실재하는 것일까? 당신의 눈은 실재하는 것일까? 당신이 꿈을 꾸고 있는 게 아니라는 걸 어떻게 확실히 알 수 있는가? 만약 당신이 꿈을 꾸는 것이라면 그 꿈에 잘못된 게 있는 것일까? 우리가 꿈속에서도 정보를 얻고 지인을 만나며 삶을 살아갈 수 있다면, 꿈을 실재가 아닌 다른 것으로 간주해야 할 이유가 무엇인가?

실재의 객관적 속성

당신이 여기에 쓰인 단어들을 읽으면 그 단어들은 당신 머릿속에서 개념으로 변한다. 그 개념은 실재가 되더라도 오직 당신에게만 존재하는 것이다. 요컨대 그 단어들로부터 당신의 머릿속에 형성된 실재는 다른 사람이 같은 글을 읽고 이해한 결과, 즉 실재와 다를 수 있다. 예컨대 내가 당신에게 이 책이 길어질 것이라 말하면 '길다'라는 개념은 당신 머릿속에서 300페이지 이상으로 번역될 수 있다. 하지만 당신이 1,296페이지에 달하는 레프 톨스토이(Leo Tolstoy)의 《전쟁과 평화》를 지금까지 수차례 읽었다면 300페이지 정도는 당신에게 그다지 긴 것이 아닐 수 있다. 즉 '길다'라는 개념은 하나의 의견, 즉 각자가 머릿속에서 만들어내는 생각이다. 이렇게 만들어진 각 정의는 그렇게 생각하는 사람에게만 실재하는 것이다. 그러나 동시에 어떤 정의도 실제로 실재하는 게 아니다.

이 책 자체도 실재하는 게 아닐 수 있다. 물리학적 관점에서 보면, 어떤 페이지에 쓰인 단어들은 그 페이지를 형성하도록 일정한 패턴에 따라 정돈된 입자 덩어리인 동시에, 잉크라는 색소를 형성하기 위해 다른 식으로 정돈된 동일한 입자 덩어리에 불과하다. 빛의 광자가 페이지를 때릴 때 흰 곳을 때리는 광자는 반사되어 우리 눈에 들어온다. 검은색은 빛을 흡수하기 때문에 잉크를 때리는 광자가 반사되지 않는다. 우리 눈으로 들어오는 광자가 우리 시신경에 도달하면 거꾸로 뒤집힌 모양의 이미지를 형성한다. 그 이미지가 전기 신호로 바뀌며 단어의 형상을 나타내지만 단어의 모양 자체를 만들어내는 것은 아니다. 우리 뇌는 그 전기 신호를 받아들여 페이지 위에 쓰인 단어의 형상으로 바꾼다.

만약 내가 당신의 두피에 밀착시킨 전극을 사용해 당신 뇌에 그 전기 신호를 직접적으로 보내면, 당신 눈앞에 책이 없더라도 똑같은 형태의 단어를 보게 된다. 공상과학 영화의 한 장면을 설명하는 게 아니다. 더 단순한 경우지만 우리가 영화에 완전히 푹 빠져도 유사한 현상이 일어난다. 우리가 실제로 보는 것은 영화에 불과하지만 실재한 것을 정말 보고 있는 듯한 착각에 빠지는 때가 있지 않은가.

우리가 영화 스크린에서 보는 것이 실재하는 게 아니라는 걸 모르는 사람은 없다. 배우들이 실제로 사랑하는 게 아니라 연기하는 것에 불과하다는 것도 알지만 우리는 그것을 실재하는 것으로 인식한다. 이런 환상을 만들어내기 위해 영화관이 반드시 필요한 것은 아니다. 우리가 꿈에서 깰 때 실제로 벌어진 일처럼 생생하게 사실적으로 느끼는 경우가 있다. 하지만 꿈에서 겪은 사건들은 전혀 일어난 적이 없고 전기 신호가 우리 뇌에 작용시킨 것에 불과하다. 결국 전기 신호만으로 우리에게 무언가를 보게 만들고 그 무엇이 실재하는 것처럼 믿게 만들 수 있다는 뜻이다.

달리 말하면 세상이 우리에게 제시하는 것은 전혀 중요한 게 아니다.

[√] 기억하라! 우리 뇌가 실재하는 것이라 판단하기 전까지는
어떤 것도 실재하지 않는다.

이 말은, 우리가 머릿속을 탐색하는 여정을 시작하며 그 작은 목소리가 머릿속에 실제로 어떻게 작용하는지 알아내려고 할 때, 우선적으로 인정해야 하는 가장 중요한 토대인 것이 분명하다. 요컨대 우리가 평생 당연하게 믿고 살았던 기본적인 것들의 일부가 전혀 사실이 아닐 수 있다는 걸 깨닫는 게 중요하다. 따라서 당신이 가장 소중하게 여기던 믿음을 다시 생각하고, 구루와 과학자가 사실이라고 말한 것들에도 의문을 품어보길 바란다. 내가 의문을 품어보라고 요구한 믿음과 진실과 인식이 일정한 영역에만 적용된다는 걸 새삼스레 깨닫게 될 것이다. 게다가 관점을 바꿔보면 온 세상이 다르게 보인다는 것도 경험할 수 있을 것이다.

이제 당신의 실재를 만들어내는 당신의 뇌를 사용해 다음의 질문에 대해 생각해보자. 뇌가 당신의 인식을 광범위하게 지배한다면 뇌가 당신에게 얼마나 자주 진실을 말할까? 뇌가 진실을 말하지 않는 경우에는 어떤 일이 벌어질까?

환상에 살고 있는 우리

우리 행동 하나하나에 영향을 미칠 정도로 무언가를 진심으로 믿었지만, 그렇게 믿었던 것이 나중에 진실이 아닌 것으로 밝혀진 적이 있는가? 내 삶은 그런 잘못된 믿음들로 지저분하게 더럽혀졌다. 기업의 구호를 믿었고, 편향된 애국주의와 종교적 교리를 믿었고, 현대 세계에 끝없이 주어지던 거짓말들을 믿었다. 하지만 내 멋진 가족을 본연의 모습, 즉 내게 주어진 가장 큰 선물로 보지 않고 내가 짊어져야 할 의무이고 짐이라 생각했던 믿음보다 후회스런 것은 없다.

나는 그렇게 말하는 걸 극구 피해왔다. 나와 가장 가까운 친구에게도 말한 적이 없었다. 그러나 이제 나는 여기에 그렇게 글로 쓰고 있다. 하지만 우리 모두가 그렇지 않은가! 지금 생각하면 그렇게 행동하지 말았어야 한다고 후회하는 행동을 과거의 언젠가에 했다. 하지만 과거에 그렇게 행동했던 모 가댓은 이미 오래전에 사라졌다.

내가 틀렸다

과거에 나는 정말 아이를 좋아하지 않았다. 아이들은 그저 시끄럽고 성가신 존재라 여겼다. 적어도 알리가 태어난 날 아침까지는 그렇게 생각했다. 내게는 너무도 소중한 분이던 아버지가 세상을 떠나고, 2년 뒤에 사랑하는 아들 알리가 태어났다. 알리를 어떻게 키우겠다는 계획 따위는 없었으나, 나는 믿음직한 남자였던 까닭에 알리에 대한 책임감을 느꼈다. 아이에게 필요한 최고 수준은 아니었을 수 있겠지만 당시로서는 최선을 다했다. 내가 아이와 함께 지내는 걸 좋아하지 않을 것이라는 생각도 들었지만, 내 자식이라면 원하는 모든 것을 누려야 할 것만 같았다. 그래서 나는 더 열심히 일했고, 거래를 추가로 성사시켰으며, 알리를 위한 방까지 꾸몄고 의료비를 지불했다. 좋은 남편이라면 당연히 그래야 하듯이 분만실에서 니발과 함께할 준비도 끝냈다.

그리고 알리가 태어난 순간 모든 것이 변했다. 알리의 얼굴에서 나는 아버지의 얼굴을 보았고, 당시 아내를 향한 내 사랑이 표현되는 걸 볼 수 있었다. 그 순간 내 삶을 완전히 바꿔놓을 선물을 받았다는 것도 생생히 느낄 수 있었고, 실제로도 그랬다.

그 작고 쪼글쪼글한 피조물이 내 삶에 안겨준 환희는 기대치를 훌쩍 넘어섰다. 니발은 진정한 여성으로 거듭 태어났고, 운명인 것처럼 경이로운 어머니가 되었다. 한편 나는 다시 일하러 나가야 했다. 그리고 18개월 뒤에는 우리 딸 아야가 태어나며 니발에게 더 큰 사랑과 기쁨을 안겨줬지만, 그것은 그만큼 내가 더 많은 일을 해야 한다는 뜻이었다. 알리가 다섯 살이 되었을 즈음 나는 통제력을 완전히 상실한 채 진짜 일중독자가 되었고, 내 삶은 모든 면에서 불만스러웠다.

사실은 그 모든 게 내가 자초한 것이었다. 내가 알기로는, 아버지로서 나를 드러내는 유일한 방법은 돈을 벌어다주는 것이었다. 그러나 니발은 진정한 아버지라면 자식을 좋은 학교에 보내고 장난감을 비롯해 원하는 것을 채워주는 데 필요한 금전적 수단을 안겨주는 일로만 그쳐서는 안 된다고 혀가 닳도록 말했다. 나는 그 말을 흘려들었지만, 내가 강박적으로 열심히 일한 공학자였다는 것은 지금도 자신 있게 말할 수 있다. 무언가를 하기로 결정하면 무조건 해내려고 애썼다.

일에는 스트레스가 따르기 마련이다. 내 경우도 예외가 아니었고, 나는 상당한 스트레스에 시달렸다. 내가 선택한 일은 더 많은 돈을 벌게 해주었지만 지역적이면서도 범세계적이었다. 다시 말하면 공항과 비행기에서 끝없이 시간을 보내야 한다는 뜻이었다. 나는 일을 잘하고 있었지만 지나칠 정도로 많이 했다. 더 많은 고객을 상대하고, 더 많은 거래를 체결하고, 더 많은 주문을 받기 위해, 요컨대 필요 이상으로 돈을 벌기 위해 오랜 시간을 일했다. 경제적으로는 풍족했지만 지독히 많은 시간을 일한 대가였다. 예컨대 내가 거래에 뛰어든 미국 나스닥 시장은 두바이 시간으로 매일 오후 5시 30분에 개장했다. 결국 낮 시간을 넘어 밤까지, 즉 내가 탈진할 때까지 계속 일해야 한다는 뜻이었다. 이 모든 게 내 선택이었지만 나의 뇌는 '가족과 그들의 요구가 내게는 부담'이라는 허상을 만들어냈다. 그래서 나는 이처럼 허리가 부러지도록 열심히 일해야 하는 이유가 가족 때문이라고 믿게 되었다.

그러나 내가 틀렸다. 내가 부담을 느끼는 이유는 가족을 향한 내 사랑 때문이었지, 가족 자체는 아니었다. 잘못된 시작은 눈덩이처럼 커졌다. 내 지독한 일중독은 가족이 실제로 원하는 게 무엇인지 깨닫지 못한 결과였다. 내가 그렇게 살았던 이유는 나 자신에게 있었다. 지금 돌이켜보면 실제로는 부담이라 할 것이 전혀 없었다. 오히려 풍요로 가득한 아름다운 가족의 환희만이 있었다. 그러나 우리 뇌는 그렇게 작동하지 않는다. 우리 뇌는 제대로 잘 진행되는 것에는 크게 신경 쓰지 않는다. 불평하고 비난하며 걱정하는 경향을 띤다. 내 뇌가 인식의 방향을 결정하자 그 인식이 내 실재가 되었다. 그 뒤로 내가 온전한 정신을 되찾고, 내게 주어진 경이로운 선물을 즐기는 기쁨을 빼앗은 잘못된 개념을 지워버리는 데 무려 10년 이상의 시간이 걸렸다. 얼마나 큰 낭비였는가! 내가 하나를 잘못 생각한 까닭에 10년을 헛되이 보낸 것이다. 당신의 이야기처럼 들리지 않는가?

가장 회복 탄력성이 뛰어난 기생충

내가 역대급으로 좋아하는 영화 〈인셉션〉이 내 삶을 가장 잘 요약해주는 듯하다. 영화의 첫 장면에서 레오나르도 디카프리오(Leonardo DiCaprio)는 "가장 회복 탄력성이 좋은 기생충이 무얼까? 박테리아? 바이러스? 회충?" 하고 묻는다. 그러고는 잠깐 뜸을 들이고는 이렇게 말한다. "생각. 회복 탄력성이 아주 좋지. 전염력이 강하고. 생각이 머릿속에 자리를 잡으면 근절하는 게 거의 불가능하니까."

나는 그런 기생충과 오랜 시간을 함께 살았다. 생각을 떨쳐내는 게 불가능하지 않다는 걸 이제는 알지만, 생각, 특히 부정적인 생각은 헤집고 다니도록 방치되면 회복 탄력성이 대단한 기생충이라는 데는 전적으로 동의한다. 이 말이 사실이라는 걸 확인하기 위해 박사학위를 보유하고 뉴스에서 커다랗게 머리기사를 차지하는 과학자가 될 필요는 없다. 며칠이나 몇 주 또는 오래전부터 어떤 생각에 사로잡혀 전전긍긍하는 친구를 기억에 떠올리면 그것으로 충분하다. 어쩌면 당신 자신도 같은 처지인지 모르겠다. 머릿속의 어딘가에 깊게 뿌리를 내린 어떤 생각이 오랫동안, 심지어 평생 동안 우리를 고통스레 괴롭힐 수 있다.

오랜 연구 끝에 나는 우리 행복에 가장 큰 영향을 미치는 요인 하나를 꼽자면 생각, 생각밖에 없다는 결론에 이르렀다. 우리가 삶의 과정에서 맞닥뜨리는 가장 가혹한 상황보다 우리 머릿속의 작은 목소리가 우리 기분에 훨씬 큰 영향을 미친다. 생각과 행복 사이에 어떤 관계가 있는지를 파헤쳐보자.

자각 훈련

빈 머리 테스트(Blank Brain Test)	
목표	생각과 불행 사이의 관계를 자각한다
기간	5분
반복	한 번이면 충분하다
준비물	무엇에도 방해받지 않을 만한 조용한 장소

이 훈련은 두 부분으로 이뤄진다. 전반부에서는 당신을 불행하게 만드는 것에 대해 생각하고, 후반부에서는 나열된 문자들로 그 무엇의 이름을 지어야 한다. 두 부분을 동시에 해낼 수 있으면 성공한 것으로 간주할 수 있다. 달리 말하면 불행하다는 기분을 느끼는 상태에서 (과제1), 이름을 정확히 추정해낼 수 있어야 한다는 뜻이다(과제2). 먼저 두 눈을 감고 20~30초 동안 당신을 불행하게 하는 것에 대해 생각해 보라(이 부탁이 당신의 기분을 상하게 했더라도 양해해주길 바란다. 그러나 2분이 지나지 않아 이 훈련이 유용하다는 걸 확인할 수 있을 것이다).

이 훈련은 그다지 어렵지 않다. 당신 뇌에 "이봐, 뇌라는 친구, 평소에 나를 속상하게 하는 것을 생각나게 해줘"라고 말하면, 뇌는 지체 없이 그 기회를 붙잡고는 "정말이야? 정말 너를 속상하게 하는 걸 말해줘도 괜찮아? 너한테 말해주려고 기다렸던 게 263가지는 되지"라고 말할 것이다. 그리하여 뇌가 첫 번째 것을 제공하면 당신은 불행한 기분을 느끼기 시작하고, 그 기분에 집중하며 점점 깊이 빠져든다. 그 불행한 기분을 그대로 유지한 채 후반부 과제로 넘어가라. 이번 과제는 다음에 나열된 문자들을 판독해 당신을 불행하게 만드는 것의 이름을 알아내는 것이다. (힌트: 어떤 사람은 무척 행복하게 해주는 것이다.)

U I C M L N
D R E L V A S A
C A U I N E E

기억하라, 불행한 기분을 느끼는 상태에서 그 이름을 알아내야 한다. 준비되었는가? 시작!

알아냈는가? 답은 바닐라 아이스크림 선디(Vanilla Ice Cream Sundae)다. 그런데 당신이 답을 알아냈는지는 중요하지 않다. 내가 당신의 초등학교 저학년 선생은 아니다. 중요한 것은, 불행한 기분을 느끼는 상태에서 그 답을 추정해보려 노력했느냐는 것이다.

나는 대중 강연을 통해 수만 명에게 이 시험을 그대로, 또는 약간 변형된 형태로 실시해보았다. 하지만 두 과제를 정확히 해내는 사람을 아직까지 한 명도 만나지 못했다. 이름을 그럭저럭 추정해낸 사람은 직접 유도한 불행 상태에서 자기도 모르게 빠져나왔고, 자신을 불행하게 만드는 것에 정신을 집중하며 불행한 기분을 끈질기게 유지한 사람은 '바닐라 아이스크림 선디'라는 단어를 추정해내지 못했다.

이 훈련은 우리 생각이 어떻게 작동되는지를 이해하는 데 도움을 주기 때문에 무척 중요하다.

[√] 기억하라! 우리 머릿속의 작은 목소리가 무언가를 말할 때는 다른 것에 관심을 두지 못한다. 그 작은 목소리가 무언가에 집중할 때는 아무 말도 하지 못한다.

지금까지 우리를 불행하게 만들었던 유일한 것

'역공학'으로도 번역되는 리버스 엔지니어링(reverse engineering)은 기존 제품이 어떻게 운영되는지 알아내려고 그 제품을 분해해서 기본적인 설계와 성능을 조사하는 과정을 뜻한다. 공학자는 어떤 제품이 모든 가능한 작업 상황에서 어떻게 작동하는지 알아내기 위해 그 제품의 작동 범위에서 양극단을 오가며 각 지점에서 어떻게 기능하는지를 기록한다. 이런 조사 방법을 '전 공정 시뮬레이션(full cycle simulation)'이라 칭하기로 하자.

당신이 방금 실행한 빈 머리 테스트는 당신의 행복 상태에 대한 전 공정 시뮬레이션이라 할 수 있다. 테스트를 시작하기 직전[이 순간을 T(0)이라 하자]까지 당신은 이 책을 읽는 데 열중했고, 불행을 느끼지 않았다. 다시 말하면 T(0)에서 당신을 속상하게 하는 것은 없었다. 당신은 행복했다!

다음 단계로 나는 당신에게 당신을 불행하게 만드는 것을 생각해보라고 요구했다. 이 순간은 T(1)이라 하자. 내 요구를 받아들여 당신이 불행한 생각을 머릿속에 그리기 시작하자 곧바로 반대편의 극단 상태로 이동하며 불행해졌다.

마지막 단계에서는 무작위로 흩어진 문자들을 사용해 당신을 불행하게 만드는 것을 추정해보라고 요구했다. 이 순간은 T(2)라고 하자. 헉! 불행이 감쪽같이 사라졌다. 당면한 문제에 집중하자 그 짧은 순간에 당신의 뇌가 당신을 속상하게 하는 것에 대해 생각하지 않게 되었다. 그리하여 당신은 다시 행복해졌다.

이번에는 내가 당신에게 묻고 싶은 질문이 있다. 우리 뇌에서 행복이 어

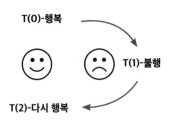

T(0)-행복

T(1)-불행

T(2)-다시 행복

떻게 작용하는지를 밝혀냄으로써 우리 삶을 영원히 바꿔놓을 수 있는 질문이기도 하다. T(0)과 T(1) 사이에서, 또 T(1)과 T(2) 사이에서 당신 기분이 변한 정도로 실재 세계가 유의미하게 변했는가?

예컨대 내가 당신을 불행하게 만드는 것에 대해 생각해보라고 요구했을 때 당신이 지난 금요일에 친구나 배우자에게 들은 극언을 떠올렸다고 해보자. 그 생각은 당신이 그 극언을 다시 듣고 있는 것처럼 당신을 불행하게 만들었지만, 실제로 그 극언을 다시 들었는가? 다음 단계로 수수께끼를 푸는 데 몰두하자 불행한 기분이 사라졌다. 친구가 당신을 찾아와 사과했던가? 그 시험을 실행하는 동안 현실 세계에서는 어떤 일도 일어나지 않았다.

그 과정에서 유일하게 일어난 게 무엇인가? 당신을 불행하게 만든 것을 생각하기 시작하자 불행하다는 느낌에 사로잡혔고, 불행과 관련된 것에 대한 생각을 멈추자 불행한 기분도 사라졌다. 무슨 뜻인지 알겠는가?

[√] 기억하라! 결국 당신을 불행하게 만드는 것은 생각이다.

감히 말하자면 당신이 지금까지 살아오면서 겪은 어떤 사건도 당신을 불행하게 만든 직접적인 원인은 아니다. 당신이 그 사건을 생각으로 바꾸고 반복해서 머릿속에 그리며 불행을 자초한 것이었다. 다시 말하면 당신이 사건에 당신을 불행의 늪에 끌어들일 힘을 허용한 것이었다. T(0)에 있는 상태, 즉 불행에 대한 생각이 없을 때는 불행을 느낄 여지가 없다. 물론 그런 생각 중에도 피할 수 없는 게 있기는 하다. 가령 경제적으로 불안정하거나 사랑하는 사람을 잃었다면 그 상황을 생각할 수밖에 없다. 그래도 그 상황을 생각하면 불행한 느낌에 사로잡히지만, 그에 대한 생각을 멈추면 그 문제가 존재하지 않는 것처럼 삶의 다른 부분에 집중하게 된다는 걸 알아두길 바란다.

우리는 누구나 삶의 과정에서 행복을 찾고 싶다고 말하지만 우리 머리는 거의 언제나 생각, 그것도 우리를 불행하게 만드는 부정적인 생각으로 가득하다. 그런 생각은 실재하는 사건이 아니다. 과거의 사건을 재구성하거나 미래의 가능성을 예측한 것에 불과하다. 이렇게 생각하면 우리는 그런 생각이 밀려와도 불행하게 느낄 이유가 거의 없다는 걸 깨닫게 된다. 그런데도 어떤 이유로든 불행한 기분을 느낀다면 상상의 사건이 우리 머릿속에 생각의 형태로 나타난 때문이지, 그때 우리에게 일어나는 실제 현상 때문은 아니다.

어떤 사물의 이름을 알아내야 하는 경우든 호랑이로부터 도망쳐야 하는 경우든 간에 무언가가 당신의 관심을 끌면, 머릿속의 목소리가 중단된다. 이런 이유에서 무언가가 잘못되면 그 목소리가 침묵에 빠지고, 모든 일이 지금 여기에서 원만하게 진행되면 그 목소리가 중얼거리기 시작한다.

우리를 내적인 대화에 끼워주는 우리 뇌의 능력에 가해지는 이런 제약은 우리가 컴퓨터나 스마트폰을 다루는 방법과 무척 유사하다. 우리가 어떤 페이지에 집중하며 키보드나 화면의 어떤 부분을 클릭하면 컴퓨터가 우리와 커뮤니케이션하는 게 된다. 그러나 우리가 가령 스프레드시트에 숫자를 입력하는 쪽으로 주의를 돌리면, 우리가 입력을 끝내고 다시 관심을 어떤 페이지에 돌릴 때까지 커뮤니케이션은 중단된다.

머릿속의 작은 목소리가 당신의 행복 상태를 방해할 때마다 이 작은 통찰로도 내면의 목소리를 침묵하게 할 수 있다면, 이 책을 여기에서 끝맺어도 된다. 그러나 두뇌라는 무척 효율적인 기계의 비밀을 파헤치기 위해 조금만 더 계속해보자. 가장 허무맹랑한 신화로 시작해보자.

누가 말하는 걸까?

속엣말(Inner Speech), 즉 우리 내면의 목소리는 우리가 의식하는 동안 계속되는 생각의 언어적 독백이다.

현대 서구 세계에서 그 목소리가 누구인가에 대해서는 이견이 없다. 프랑스 철학자인 르네 데카르트(René Descartes, 1596~1650)는 "나는 생각한다. 그러므로 존재한다"라는 유명한 말로 그 목소리의 주인공을 요약해주었다. 그러나 흥미롭게도 우리 대부분이 그 말을 이해하는 방법은 데카르트가 원래 의도했던 것과 확연히 다르다. 당시 데카르트는 자신이 실제로 존재하고 허상에 불과한 게 아니라는 걸 입증해보려고 애썼다. 데카르트의 추론에 따르면, 생각할 수 있다는 게 그가 실제로 존재한다는 증거였다. 우리는 그의 추론을 그대로 받아들이지 않고 비틀어서 우리가 현대 세계에 구축한 초논리적인 문명에 맞췄다. 이제 우리는 생각하는 능력을 지나칠 정도로 찬미하며, 우리가 곧 우리 머릿속의 생각(목소리)을 뜻하는 방향으로 데카르트의 글귀를 해석한다. 엄청난 잘못이 아닐 수 없다. 데카르트였더라도 그의 논문만을 읽어서는 그렇게 잘못 해석했을 것이다. 현대 과학에서 제시한 많은 증거에서 보듯이 우리가 생각하는 능력을 지닌 것은 사실이지만, 그럼에도 불구하고 우리는 실제로는 허상에서 살고 있다. 그러나 이 문제는 그 자체로도 또 한 권의 책이 필요하므로 여기서 언급하지 않기로 하자. 우선은 더 큰 실수에 초점을 맞추자. 당신 머릿속의 목소리가 정말 '당신'일까?

그 목소리가 당신이 아니라는 걸 나는 단연코 말할 수 있다. 아시아의 한구석에서 해탈의 길을 걸으며 깨달음을 얻었다는 이야기로 나도 독자에게 깊은 인상을 주는 선각자가 되고 싶지만, 안타깝게도 나는 그런 인물이 되지 못한다. 나는 대부분의 통찰을 지극히 평범한 곳에서 얻었다. 오래전 어느 날, 나는 이 땅의 어딘가에 있는 멋진 카페에 앉아 소음 차단 헤드폰을 끼고, 대중음악의 역사에서 내가 가장 좋아하는 록 밴드, 핑크 플로이드(Pink Floyd)의 경이로운 연주에 귀를 기울였지만 집중하기 어려웠다. 음량을 아무리 높이 올려도 헤드폰은 내 광적인 내면의 목소리를 차단하지 못했다. 당시 나는 업무 관계에서 비롯된 문제에 시달렸고, 머릿속에 맹렬히 떠드는 잔소리를 억누르는 데 필요한 마음의 평화를 구할 수 없었다. 하필이면 내 귀에 들리는 노래마저도 '뇌 손상'으로 번역되는 핑크 플로이드의 〈브레인 대미지(Brain Damage)〉였다. 그 노래와는 별개로, 내 머릿속에 또 다른 생각이 꼬리를 물고 끝없이 이어지고 있었다. '이 사람이 정치 놀음을 하고 있는 거야. 그 고객이 약속된 시간 내에 거래를 끝내지 못할지도 몰라. 우리는 목표에 미달할 거야. 그럼 대장이 짜증을 낼 텐데.' 이런 생각이 끝없이 계속되었다.

시끌벅적한 파티장이 갑자기 조용해지면 그 틈에 곧바로 당신이 중요한 무언가를 크게 말하는 것처럼, 로저 워터스(Roger Waters)가 **"내 머릿속에 누군가 있네, 내가 아니라"**라고 노래하기 시작하자 내 생각도 곧장 침묵에 들어갔다. 나는 깜짝 놀라 음악을 잠시 멈췄다. 그러고는 바로 그 구절로 되돌렸고 노래 전체를 반복해서 듣고 또 들었다. 그랬다. 내 머릿속에 누군가 있었다. 그러나 나는 그 목소리의 주인공이 나라고 항상 생각했다. 그 작은 목소리가 내게 말하는 나라고 항상 생각했다. 노래 전체에서 그 한 구절은 내게 일깨움을 주었고 나는 그때부터 대대적인 조사를 시작했다. 내가 그 개념을 두고 이야기를 나눴던 모두가 그랬듯이, 나도 '내 머릿속의 목소리가 내가 아니면 대체 누구일까?'라는 의문을 품었다. 그 의문은 나를 어린 시절로 끌고 갔다. 당시 만화에서는 그런 목소리는 내 오른쪽 어깨 위의 천사, 왼쪽 어깨 위의 악마로 묘사되었다. 천사와 악마는 내 머리를 회의실 삼아 각자의 입장을 주장하며 논쟁을 벌였다. 내 머릿속의 목소리가 정말 천사와 악마의 목소리인 것일까? 정말 다른 존재가 쏟아내는 말일까?

한편 심리학자들은 그 목소리에 저마다 다른 이름을 붙였다. 지크문트 프로이트(Sigmund Freud, 1856~1939)는 원초아(Id)/자아(Ego)/초자아(SuperEgo)라 칭했고, 에릭 번(Eric Berne, 1910~1970)은 어버이(Parent)/어른(Adult)/어린이(Child)라 칭했다. 정말 그럴까? 종교도 제각각 다른 이름을 붙였다. 이슬람교에서는 '소곤거리는 소리'라 칭하고, 불교에서는 '몽키 마인드(心猿)'라 칭한다. 다른 종교에서는 그 목소리가 우리 머릿속에서 사악한 명령을 내리는 악마라고 믿는다. 공상과학 애호가는 뇌라는 기계에 둥지를 튼 유령(우리 머릿속에 존재하며 우리라는 훨씬 큰 존재를 조종하는 작은 피조물)이라 생각한다. 이런 믿음 중 어느 하나라도 당신에게 합리적으로 와 닿는가? 에크하르트 톨레(Eckhart Tolle)는 《삶으로 다시 떠오르기》에서 그 목소리를 '사색가(thinker)'라 칭했지만, 그 목소리가 어떤 존재인지에 대해서는 구체적으로 설명하지 않았다. 한편 핑크 플로이드는 그 내면의 목소리를 〈브레인 대미지〉라는 노래에서 '미치광이(lunatic)'라 칭했다. 이 말이 맞는 것 같지 않은가. 농담이다. 계속 읽어 내려가라.

우리 머릿속의 목소리에 대한 의견은 일일이 나열할 수 없을 정도로 다양하다. 그 다양한 의견에서 공통점은 아무리 찾아봐도 하나밖에 없다. 그 작은 목소리가 당신은 아니라는 것이다. 제3자로서 완전히 다른 존재가 당신에게 말하는 것이다. 그 목소리에 대해 본격적으로 연구하

〈브레인 대미지〉

핑크 플로이드의 〈브레인 대미지〉를 처음부터 끝까지 들어보라. 우리 머릿속의 목소리가 항상 미치광이는 아니고 천재인 경우도 적지 않다. 그러나 그 목소리를 제멋대로 날뛰도록 내버려두고 지나치게 많이 듣게 되면 우리가 정말 미쳐버릴 수 있다는 걸 분명하게 알려주는 노래다.

기 시작하자 적어도 내게는 그 결론이 상당히 타당하게 들렸다. 말하자면 그 결론은 아주 단순한 주체-객체의 관계였다. 내 머릿속의 목소리가 내게 말하는 나라면 굳이 말할 필요가 어디에 있겠는가? 그 목소리가 나라면, 나는 그 목소리가 말하고 싶은 게 무엇인지를 본래적으로 알기 때문에 구태여 다른 입을 통해 말할 필요가 없다.

그 목소리의 주인공이 제3자라고 해석하면 많은 것이 달라진다. 하지만 그 제3자가 누구일까? 그 답을 알아내기 위해 먼저 당신에게 묻고 싶은 게 있다. 어느 날 아침 잠에서 깼을 때 당신이 당신 몸뚱어리 주변을 순환하는 피라고 생각해본 적이 있는가? '나는 피를 돌린다. 그러므로 존재한다'라는 말을 믿는가? 당신의 심장이 피를 몸 전체에 공급하기 때문에 당신이 생명을 유지한다. 그러나 당신이 피라고 생각하지는 않지 않는가?

콩팥의 생물학적 기능은 독소와 불필요한 물질을 소변의 형태로 몸 밖으로 배출하는 것이다. 그렇다고 누구도 우리가 콩팥의 생물학적 산물이라 생각하지 않는다. 기분이 울적한 날이면 죄책감에 우리가 배설물의 일부라 느낄 수 있지만, 누구도 배설물이 자신의 본질이라 생각하지는 않는다. '나는 호흡한다. 그러므로 존재한다'라는 말도 맞지 않는다. 우리는 숨으로 내쉬는 이산화탄소가 아니다. 그럼 어떤 이유에서 우리가 뇌의 생물학적 산물이라 믿게 된 것일까?

생각하는 능력이 생물학적 기능이라면 생각은 소변이나 이산화탄소와 유사한 것이다. 그럼 생각도 생물학적 산물에 불과한 것이 된다. 이런 추론을 뒷받침하는 근거는 많다. 기본적으로 우리 뇌는 1.5킬로그램 정도의 고깃덩어리이고, 우리 생존과 관련된 또 하나의 생물학적 기관에 불과하다. 뇌가 이타적인 목적에서 도움을 주려고 만들어낸 산물이 생각이다. 우리 인간은 어떻게든 뇌를 몰아붙여 아이폰을 만들어내고 문명을 건설했지만, 뇌에게 애초에 기대한 기능은 우리 생존에 전적으로 맞춰져 있었다. 그 기능을 제대로 해내기 위해 뇌는 주변 세계를 분석하고, 복잡한 환경을 단순한 개념으로 변환한 뒤에는 그 개념을 언어 형태로 바꾼다(언어가 우리가 이해할 수 있는, 지식을 구성하는 유일한 단위이기 때문이다). 이렇게 얻은 지식을 근거로 우리는 생존에 필요한 모든 중요한 결정을 내리고, 몸의 여러 부분에 명령의 형태로 전달된 결정을 수행함으로써 안전을 유지할 수 있다. 바로 그것이다. 우리 뇌가 바로 내면의 목소리다. 뇌는 어떤 일이 일어나고 있는지 우리에게 알려주며 상황에 따라 어떻게 해야 한다고 제안하는 곳이다. 또한 온갖 소음을 만들어내는 곳이기도 하다.

노벨상을 수상한 러시아의 인지심리학자 레프 비고츠키(Lev Vygotsky, 1896~1934)가 내면의 목소리에는 후두 근육의 미세한 움직임이 동반된다고 주장했던 1930년대 이후로, 심리학은 내면의 목소리를 연구해왔다. 더 나아가, 비고츠키는 발화의 내면화를 통해 내적 대화가 발달한다고도 주장했다. 우리가 어렸을 때 말을 배우기 시작하면 눈에 보이는 모든 것을 소리 내어 발화한다. "엄마, 장난감.""엄마, 자동차." 이런 발화 행위는 단어의 의미와 개념을 배우는 방법이며, 주변 세계를 이해하는 데도 도움이 된다. 이런 행위는 어색하게 느껴지기 시작할 때까지 계속된다. 그때가 되면 쑥스러움을 피하려고 내적인 대화로 전환된다.

1990년대에 들어 신경과학자들이 신경 영상(neuro-imaging)을 사용해 비고츠키의 주장이 맞다는 걸 확인해주었다. 우리가 소리 내어 말할 때 활성화되는 뇌 영역, 예컨대 좌하전두회(left inferior frontal gyrus)가 내적인 대화를 하는 동안에도 활성화된다는 게 신경 영상으로 입증되었기 때문이다. 2009년 MIT가 실시한 MRI 연구 결과는 내가 즐겨 인용하는 자료이기도 하다. 이 실험에서 연구자들은 참가자들이 수수께끼를 푸는 동안의 뇌 활성도를 관찰했다. 처음에는 뇌에서 문제 해결과 관련된 영역, 즉 두정후두(parieto-occipital) 지역이 답을 찾아내기 위해 몇 초 동안 활성화되었고, 그러고는 그 영역이 어두워지고 다시 오른쪽 전두중앙 지역(frontocentral regions, 우리가 소리 내어 말할 때 사용하는 영역)이 최대 8초 동안 활성화된 뒤에 참가자들은 그 답을 인식했다.[1]

우리 뇌는 처음에는 문제를 해결하고 그 뒤에는 그렇게 찾아낸 답을 언어로 변환하는 데 최대 8초까지 투입한다. 우리는 언어로 변환된 것만을 이해할 수 있기 때문이다. 이런 의미에서…

[√] 기억하라! 거두절미하고, 우리에게 말하는 것은 우리 뇌다.

생각은 실재하는 것이지만, '나는 생각한다. 그러므로 존재한다'라는 말은 환상이다. 그 환상을 실재하는 것으로 바꾸면 '나는 존재한다. 그러므로 생각한다'가 된다. 더 정확히 말하면…

[√] 기억하라! 나는 존재한다. 그러므로 내 뇌는 생각한다.

참으로 멋진 소식이 아닐 수 없다. 우리가 우리 생각으로 정의되지 않는다는 뜻이기 때문이다. 우리가 우리 머릿속의 생각이 아니라면 우리는 더 이상 생각에 순종할 필요가 없다. 타당해 보이지 않는 것에 반론을 제기하고 의문을 품을 수 있다. 귀담아들을 필요도 없어진다. 무엇보다 약간만 훈련하면 우리 뇌에게 당장 입을 다물라고 다그칠 수도 있다.

뇌는 인류에게 주어진 최고의 선물이다. 그런데도 우리는 뇌를 올바로 사용하는 법을 배운 적이 없다. 우리가 스프레드시트를 활용하는 방법을 모르는데 지상에서 가장 강력한 컴퓨터를 떠안긴 것과 다를 바가 없다. 엉뚱한 칸에 잘못된 숫자를 입력하고 잘못된 매크로를 운영하면 터무니없는 결과를 얻기 마련이다. 우리 뇌가 이런 상황에 처해 있다. 뇌가 엉뚱하게 작동해 기괴하고 섬뜩하게 생각하며, 결국에는 우리만이 아니라 우리가 사랑하는 사람까지 괴롭히게 된다. 뇌라는 컴퓨터는 아무런 잘못이 없다. 이제부터라도 뇌를 올바로 사용하는 방법을 배워보자.

뇌를 올바로 사용하는 방법을 배워라

과학기술이 최근에 눈부시게 발전했지만 두개골로 감싸인 1.5킬로그램 정도의 고깃덩어리는 여전히 지상에서 가장 정교한 컴퓨터다. 이 기계는 시각과 촉각, 소리와 무게, 온도 등 주변 환경에서 복잡하고 미묘한 자극을 감지할 수 있는 감각 감시 체계를 완벽하게 갖추고 있다. 또한 감각 정보를 끊임없이 관찰하고 감시하며, 그렇게 획득한 정보를 이해 가능한 개념으로 번역해서 주변 세계를 파악하는 능력까지 지녔다. 엄청난 양의 기억을 저장해두고 언제라도 꺼내 쓰기도 한다. 특히 운동 제어 기능은 정교하기 이를 데 없어서 오늘날의 로봇 공학자들도 얼굴을 들기 힘들 정도다. 뇌는 자체의 발전기를 우리 몸 안에 두고 있으며, 복잡한 문제를 해결하는 데 그치지 않고 문제 자체를 언어 형태로 표현해서 무엇에 초점을 맞춰야 하는지 정확히 전달할 수 있다는 게 무엇보다 인상적이다. 게다가 우리 뇌에는 글을 읽고 다른 뇌와 소통하며 정보를 교환하는 능력도 있다.

비유해서 말하면 우리 뇌는 공학적으로 무척 인상적인 작품이다. 어렸을 때 우리는 뇌를 이용해 학교에서 수학과 생물 등 여러 과목을 배운다. 더 나이가 들면 우리는 건강한 식사법과 신체 단련법을 가르치고, 심지어 소셜 미디어에 재밌는 글을 포스팅하는 기법을 가르치며, 뇌가 '좋아요'와 사회적 인정에 중독되게 만든다. 도자기를 빚는 법과 살사 댄스를 배우는 데도 뇌가 필요하다.

우리는 주변의 모든 것을 파악하고 통제하는 방법도 뇌에게 가르치지만 자신을 이해하고 통제하는 법을 가르치는 경우는 거의 없다. 기계에게 자신을 올바로 운영하는 방법을 가르친다는 개념에 대해 생각해보면 이상하게 들릴 수 있다. 그러나 자율주행 자동차 및 검색 방법을 스스로 터득하는 검색 엔진 등이 하루가 다르게 일상화되는 걸 보면, 이런 생각이 빠르게 수용되고 확산되는 듯하다. 우리가 뇌로 하여금 해내도록 유도하는 가장 가까운 근사치가 명상(meditation)이다. 명상은 뇌에게 분노를 가라앉히고, 끝없이 밀려오는 생각의 속도를 늦추며 집중하는 법을 가르친다. 명상의 이점에 대해서는 모두가 알고 있듯이, 명상을 꾸준히 수련하면 가장 중요한 뇌 기능 중 하나인 의도적인 집중력(deliberate attention)이 향상되어 질적으로 더 나은 삶을 살 수 있다. 따라서 우리가 오랜 기간 동안 명상을 수행하면 우리 뇌는 보상을 받고, 우리 삶은 개선된다. 뇌가 수행하는 다른 모든 기능까지 개선시키는 방법을 우리가 배우고 연습하면 어떻게 될까? 우리 삶 전체가 얼마나 더 나아질까?

우리 뇌가 어떻게 작용하는지 설명하는 방법이나 뇌의 작용을 어떻게 해야 개선할 수 있는지 알려주는 방법은 많다. 신경과학자들은 전두엽과 피질, 시냅스와 화학적 신호 등에 주목한다. 영성 지도자들은 마음 훈련, 심리학자들은 조건 형성과 심리적 외상에 주목한다. 어떤 관점에나 고유한 장점이 있지만, 뇌를 컴퓨터에 비유해 설명하는 접근법은 하나도 없다. 따라서 나는 부족한 부분을 채우고 싶고, 그 목적을 위해 뇌가 어떻게 작용하는지를 소프트웨어와 비교해 설명해보려 한다.

놀랍겠지만 우리 뇌는 컴퓨터 체제와 무척 유사하다. 신경과학과 심리학, 영성 등 뇌를 연구하는 그 밖의 많은 분야에서 밝혀낸 결과로 보면, 뇌가 수행하는 다양한 기능은 독립된 '프로그램'에 비유된다. 요컨대 우리 뇌에는 우리가 이성적으로 추론하는 걸 지원하는 코드가 있고, 감각 정보를 수집하는 코드도 있다. 물론 우리 몸, 즉 하드웨어를 통제하는 코드도 많다. 이 프로그램들은 독립적으로 운영되며 서로 상호 작용하기도 한다. 이 프로그램들을 잘 사용하면 지상에서 가장 정교한 기계를 원하는 방향으로 마음껏 활용할 수 있다. 그러나 잘못 사용하면 소프트웨어에 버그가 발생한다. 그로 인해 잘못된 결과가 초래되고 슬픔, 심지어 우울증에 빠지는 경우가 너무 잦다. 나는 까다로운 전문 용어를 피하면서 뇌를 소프트웨어에 비교하며 어떻게 작동하는지를 기본적인 수준에서 설명해보려 한다. 뇌라는 기계가 어떻게 작동하는지 알게 되면 프로그램이 제대로 기능하지 않아 우리를 불행하게 만드는 버그를 찾아내기가 더 쉬워진다. 그렇게 찾아낸 버그를 바로잡으면, 즉 뇌라는 컴퓨터가 우리에게 불필요한 고통을 주지 않으면서도 우리가 일상에서 맞닥뜨리는 문제를 해결한다면 우리는 최고의 시간을 맞을 수 있지 않겠는가.

입력 → 처리 → 출력

먼저, 공학과 관련된 용어를 잠깐 소개하는 것으로 시작해보자. 간략하게 요약된 운영 다이어그램에서도 우리가 시스템에 투입하는 입력, 시스템 소프트웨어에 의해 처리되는 과정, 그 과정의 결과로 주어지는 출력 사이의 관계가 표현된다. 시스템에 투입되는 입력이 예컨대 숫자 2와 6이고, 소프트웨어가 덧셈을 수행한다면 출력은 8이 된다. 간단하지 않은가!

하지만 실재하는 시스템들은 위의 다이어그램처럼 단순하지 않고, 무척 복잡하다. 대부분의 시스템에는 다수의 입력이 가해지고, 처리 과정도 한두 개가 아니다. 게다가 그 처리 과정들이 때로는 독자적으로 행해지고, 때로는 상호 작용하며 중첩되고 보완하지만, 때로는 서로 모순되며 충돌하기도 한다. 따라서 그렇게 복잡한 시스템들은 다수의 출력을 결과로 내놓는 경우가 적지 않다.

그렇지만 뇌가 어떻게 작동하는지 살펴보려면 변수를 합리적인 수준으로 단순화하는 게 낫다. 따라서 나는 뇌의 작동 과정으로 세 부분, 즉 '입력-몇 개의 다른 처리 과정-그 결과로 얻는 몇 개의 출력'으로 분해해서 접근해보려 한다. 결국 기계를 분해해서 각 부분을 포괄적으로 살펴보겠다는 뜻이다. 또 컴퓨터를 분석할 때 그렇듯이, 신경과학을 활용해 뇌의 어떤 부분이 어떤 특정한 소프트웨어를 운용하는지를 보여주고, 각 프로그램의 주된 기능이 무엇인지도 설명할 것이다. 소프트웨어를 사용하는 과정에서 버그가 발생하면 그 버그를 수정하는 방법도 설명해보려 한다. 각 프로그램 간의 관련성도 살펴보고, 두 프로그램이 서로 호혜 관계에 있거나 반대로 배척 관계에 있다면 그 이유도 추적해볼 것이다. 각 프로그램이 어떻게 작동하는지 마침내 알게 되면 우리는 기계를 다시 완벽하게 짜맞춰 일종의 사용자 설명서를 작성할 수 있게 될 것이다. 이 사용자 설명서에는 우리가 뇌라는 소중한 기계를 제대로 활용해 최적의 성과를 얻기 위해 채택해야 하는 사용법도 포함될 것이다.

복잡할 것이라고 지레짐작하며 겁먹을 필요는 없다. 전반적인 설명이 곧 간단해질 것이고 재밌기도 할 테니까. 게다가 전에는 몰랐던 것을 깨닫는 '아하!'의 순간도 연속될 것이다. 모든 사용자 설명서의 앞부분에는 당신이 구입한 물건을 개략적으로 묘사한 그림이 있고, 각 부분을 가리키는 그럴듯한 화살표의 끝에는 그 부분의 명칭이 소개된다. 따라서 "당신과 함께 일하게 될 사람들을 소개하겠습니다. 이쪽이 에마, 여기는 조너선과 김"이라고 말하는 것처럼 읽힐 수 있다.

뇌에도 사용자 설명서가 있다면 다음과 같은 그림으로 시작하지 않을까 싶다.

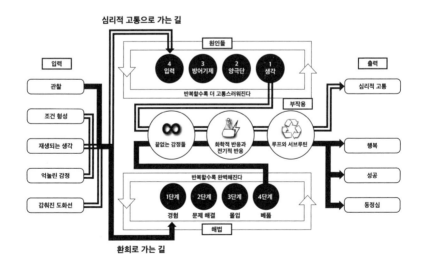

이 다이어그램을 건너뛰지 마라. 잠깐의 시간을 투자해 면밀히 살펴보고 내가 사용한 명칭이 당신에게 무엇을 뜻하는지 생각해보라. 이 책에 담긴 내용 전체가 바로 이 다이어그램에 압축되어 있기 때문에 이제부터는 원고지를 메우는 게 그다지 어렵지 않을 것이라 생각된다. 다이어그램에 나열된 요소들을 하나씩 재밌고 간결하게 설명하면 되지 않는가. 최대한 이해하기 쉽게 설명해보려 한다. 이 다이어그램이 책에 전반적인 내용을 파악하는 데 도움이 되는 뇌의 사용자 설명서가 되어줄 것이다.

성공은 어떤 모습일까?

수천 달러를 지불하고 오직 한 가지 기능밖에 없는 복잡한 컴퓨터를 구입한다고 해보자. 그 컴퓨터로 당신이 어떤 일을 하든 간에 컴퓨터가 화면에 항상 빨간 원을 만들어낸다면 그 컴퓨터는 컴퓨터라고 할 수 없을 것이다. 복잡한 기계는 규격화된 결과만을 만들어내진 않기 때문이다. 복잡한 기계는 탄력적이고 융통성이 있다. 복잡한 기계가 출력하는 결과는, 당신이 그 기계에 투입하는 입력 및 그 기계가 운용하는 처리 과정에 따라 달라진다. 결국 복잡한 기계는 당신 지시에 따르며 당신이 원하는 결과를 제공하는 도구다.

우리 뇌는 우리가 염두에 두는 어떤 것이든 만들어낼 수 있다. 뇌는 우리가 방정식을 풀고, 성적으로 반한 상대를 유혹하고, 즉석 냉동식품을 요리하고, 많은 돈을 버는 데 도움을 줄 수 있지만, 반대로 우리가 도박을 할 때마다 돈을 잃고, 우리를 비참한 기분에 사로잡히게 만들 수도 있다. 물론 우리가 코를 푸는 데도 뇌는 도움을 줄 수 있다. 따라서 뇌가 가치 있는 결과를 내놓게 만들려면 우리가 뇌로부터 기대하는 것이 무엇인지 파악하는 게 가장 중요하다.

뇌의 용도를 완벽하게 파악해서 뇌를 효과적으로 사용하는 사람은 어떤 뇌에서나 기대할 수 있는 궁극적인 결과를 만들어낸다. 그 결과는 크게 세 가지 형태로 요약될 수 있다. 첫째로는 개인적인 행복을 실현하는 것이고, 둘째로는 성공을 어떻게 정의하느냐에 따라 다르겠지만 합리적인 수준의 성공을 이뤄내는 것이고, 끝으로는 동정심을 갖고 살아가며 다른 사람들의 삶에 긍정적인 영향을 주는 것이다.

내가 쓴 책들, 내가 운영하는 팟캐스트(슬로모), 내가 지금까지 가르친 모든 훈련법, 내가 지금까지 행한 모든 강연, 즉 내 모든 작업의 목적은 당신도 위의 세 가지 목표를 이뤄낼 수 있도록 돕는 데 있다. 이 책도 예외는 아니다. 우리는 뇌가 내적으로 어떻게 작동하는지 심도 있게 살펴보며 당신을 행복의 길로 인도하겠지만, 당신도 행복의 길을 찾아가는 시간에서 부디 보람을 얻기를 바란다. 이제 나는 작업복을 입고, 연장통을 쥐고, 뇌라는 기계의 해체를 시작할 것이다. 내가 작업하는 동안 당신은 다음 연습을 하며 그 시간을 보내길 바란다.

당신의 사고 과정(thinking process)에 영향을 미치는 입력과 관련해 당신이 의존하는 정보의 출처는 어디인가? 우리 뇌에 입력되는 정보

자각 훈련

당신의 생각을 유발하는 것은 무엇인가?	
목표	당신의 생각이 무엇으로 이뤄졌는지를 자각한다
기간	5분
반복	필요하면 일주일 한 번 이상 반복하라
준비물	무엇에도 방해받지 않을 만한 조용한 장소 공책과 연필

는 제각각 성격이 달라서 우리를 다른 유형의 생각으로 인도한다. 시간이 지나면서 그 생각들이 우리를 지금의 우리로 만든 것이다. 결국 생각이 우리의 됨됨이에 큰 영향을 미치므로 생각을 유발하는 것에 관심을 기울이는 것은 당연하고, 이는 우리가 유념해야 할 가장 중요한 것이기도 하다.

조용한 곳을 찾아가 잠시 과거를 돌이켜보며 당신이 머릿속에 들어오는 걸 허용한 정보의 출처가 어디인지를 되짚어보라. 예를 들면 이런 식으로 공책에 적어보라. 학창 시절의 친구인 재클린이 자신의 식이요법에 대해 내게 말해주었다. 어머니에게 배운 직업의식이 직장에서의 내 근무 태도에 큰 영향을 미쳤다. 인스타그램에 최근에 올라온 글이 내 자존감에 상처를 주었다. 뉴스를 듣고 나는 이 세계가 안전하지 않다는 느낌이 들었다.

이 모든 것을 빠짐없이 공책에 써라. 생각나는 만큼 써보라. 이 시험은 자각 훈련에 불과하다. 지금 당장에는 그렇게 작성된 목록으로 실행할 작업이 없지만 우리가 뇌에 받아들이는 다양한 입력 정보를 분석하는 다음 장에서는 유용하게 쓰인다.

THAT
LITTLE
V◉ICE
IN YOUR HEAD

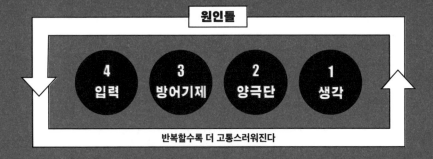

기계를 수리하려면 잘못된 게 무엇인지 먼저 찾아내야 한다.

당신의 뇌를 괴롭히는 불행을 치유하려면 불행을 야기하는 원인을 찾아내야

한다. 뇌가 우리를 불행하게 만든다면 그 원인들은 4-3-2-1이란 단순한 모형

으로 요약될 수 있다.

4. 진실에 대한 우리 인식을 왜곡하는 (잘못된) 네 가지 종류의 입력

3. 우리를 안전하게 지킨다고 하지만 오히려 우리를 고통스럽게 하는 (과장

   된) 세 가지 방어기제

2. 균형감을 상실한 (대립적인) 두 가지 양극단

1. 우리가 느끼는 모든 불행을 야기하는 (해로운) 한 가지 생각

무엇이든 꾸준히 반복하면 그것에 진짜로 능숙해진다.

불행해지는 연습도 마찬가지여서, 그 연습이 반복되면 정말 비참해진다.

1부

심리적
고통의 원인

2장
생각에 영향을 미치는
네 가지 잘못된 입력

'우리는 우리가 먹는 것이다'라고 흔히 말한다. 나는 그 말이 맞다고 믿는다. 우리가 생물학적 형태를 띤 우리 몸속에 투입하는 것들은 예외 없이 우리에게 영향을 미치며 우리 모습을 만들어간다. 그 영향은 우리 몸에서 시각적으로 나타난다. 즉각적으로 나타나는 경우도 있지만, 단 음료를 지나치게 많이 마시는 경우처럼 서서히 나타나는 때도 있다.

우리는 우리가 생각하는 것이기도 하다. 우리가 머릿속에 입력하는 것은 즉각적으로 행동을 유발하는 생각을 형성하기도 하지만, 장기적으로는 우리 사고방식으로 발전하고, 우리 믿음으로 이어지는 기억에 영향을 주며, 마음가짐과 선택 방향 등 우리 정체성을 결정하는 데 관여하는 경험이 된다.

우리는 지상에서 가장 강력한 컴퓨터를 보유하고, 그 컴퓨터에서 운용할 최고의 프로그램을 짤 수 있다. 하지만 그렇게 최고로 구성된 컴퓨터 앞에 앉아 키보드로 잘못된 데이터를 입력하면 어떤 결과를 얻겠는가? 잘못된 연산으로 잘못된 결과가 출력될 수밖에 없다. 프로그램 세계에는 이런 현상을 요약해주는 유명한 규칙이 있다.

[√] 기억하라! 쓰레기 입력=쓰레기 출력

컴퓨터의 성능 자체는 중요하지 않다. 잘못된 정보를 컴퓨터에 입력하면 잘못된 결과를 얻기 마련이다. 그렇다면 당신 뇌에 무엇을 입력해야 하겠는가?

쓰레기를 투입하면

이집트의 내 고향에서는 '지보(Jibo)'라는 표현이 부유한 소수에 의해 '덜 풍요로운 이집트 사회의 믿음과 전통을 완전히 포용하는 사람'이란 뜻으로 자주 쓰인다. 지보, 즉 '진정한 이집트인'은 경이로운 사람들이다. 그들은 친절하고 정직하며 자애롭고 재밌으며 아낌없이 베푼다. 이집트에서 하루를 보내면 차(茶)를 대접받고 친절한 도움도 받겠지만, 우연히 알게 된 사람의 집에 초대를 받아 그의 어머니가 조리한 맛있는 음식을 맛볼 수도 있다. 이집트인들이 어머니를 칭하는 명칭, '세트 엘 하바옙(set el habayeb)'은 '모든 사랑하는 사람들의 왕비'라는 뜻이다. 대도시에서 멀리 떨어질수록 그 아름다운 전통을 더 자주 경험할 수 있다. 세대에서 세대로 이어지는 '이집트다움'을 만날 수 있는 길이 전통에 있다. 이집트의 전통들은 진정한 이집트인들에게 깊이 배어들었다. 이집트 사회에서 원로는 항상 본보기를 보이며 그들의 지혜를 젊은 지보들에게 많은 말로 전해준다.

내가 태어나고 성장한 아랍어권은 말을 무척 사랑한다. 아랍 문화의 일부는 말, 즉 단어의 사용을 중심으로 구축되었다. 아랍어는 많은 면에서 상당히 복잡한 언어다. 아랍어에서는 전통적으로 한 단어가 많은 의미를 갖는다. 예컨대 '아사드(asad)'라는 단어는 사람 이름으로 쓰이지만 그 밖에도 사자, 용맹함 등등을 뜻할 수 있다. 게다가 어떤 의미 하나를 뜻하는 단어가 무수히 많기도 하다. 예컨대 '사자'를 뜻하는 단어가 위키피디아에서 한 페이지를 가득 채울 정도로 많다. 구체적으로 말하면 500여 개의 단어가 있고, 그 범위가 흔히 사용되는 '아사드'부터, 잠자리가 능숙한 남자도 뜻하는 '사베(sabe)'와 언젠가부터 록밴드 비틀스를 뜻하게 된 '카나페스(kanafes)'까지 실로 광범위하다. 이런 응용은 언어를 재밌게 사용하는 방법이지만, 아랍어로 쓰인 문장에서 가장 중요한 특징(문맥이 중요하다)을 여실히 보여주는 증거이기도 하다.

아랍어는 이처럼 놀라울 정도로 탄력적이기 때문에 과거의 시인들은 지독히 억압적인 체제에서도 저항가가 될 수 있었다. 그들은 단어를 사용해서 왕과 칼리프를 칭송하는 시를 썼지만, 다른 관점과 맥락에서 보면 왕을 절대적인 얼간이로 조롱하는 시로 읽힐 수 있었다. 따라서 아랍어는 듣는 사람에게 맥락을 이해하기 위해 분석하고 토론하라고 끊임없이 요구하는 진정으로 아름다운 언어가 아닐 수 없다. 요컨대 아랍어는 서둘러 결론으로 치닫지 않고, 단어의 '배치'가 의미할 수 있는 온갖 가능성을 찾아내기 위한 사색을 요구한다. 이런 사색을 통해 우리는 말해지는 것을 피상적으로 이해하는 데 멈추지 않고 실제로 의미하는 내용을 깊이 이해하게 된다.

내가 성장하던 시대는 전통적인 아랍어의 전성기가 오래전에 끝난 때였다. 당시에는 이 매혹적이고 복잡한 언어가 곧이곧대로 취해지며 과거의 풍요로운 맥락을 크게 잃어가고 있었다. 아랍 문화가 세대를 이어가며 지혜를 전해주던 방식의 근간을 이루던 잠언도 예외가 아니었다.

젊었을 때 나는 지혜의 말씀인 게 분명하지만, 맥락에 맞지 않게 잘못 해석되면 내 민족의 문화와 진보를 호도하는 데 그치지 않고 해칠 것 같은 격언들을 귀에 딱지가 앉도록 들었다. "Ala ad lehafak med reglaik"는 기근의 시대에 생겨난 격언으로, "담요로 덮을 수 있는 정도까지만 발을 뻗어라"라는 뜻이다. 기근이란 맥락에서 보면 이 격언에서는 깊은 지혜가 느껴진다. 그러나 그 맥락이 잊히면 '상황을 개선하려고 발버둥치지 마라'는 체념의 뜻으로 읽힌다. 주어진 것(짧은 담요)에 만족하고 그 상황에서 살아가는 법을 배우라는 뜻, 즉 현실에 안주하라는 뜻으로 해석될 수 있다. "Men sab adimo tah"는 "과거를 잊으면 길을 잃을 것이다"를 뜻하는 격언이다. 과거로부터 배우고 뿌리를 자랑스레 생각하라는 고결한 교훈이지만, 왠지 요즘에는 아랍 세계에서 이 격언이 진보를 거부하고 전통을 고수하라는 경고로 이해된다.

나는 어른들에게 이런 격언을 귀에 딱지가 앉을 정도로 들으며 자랐고, 라디오에서도 비슷한 격언이 노랫말로 담긴 노래를 자주 들었다. 그런 격언들은 지혜의 샘으로 여겨졌지만 일부는 나를 혼란에 빠뜨렸다. 결국 20대에 들어 나는 그런 격언들을 삶의 기준으로 삼지 않기로 다짐했다. 그러나 그 격언들은 미결된 과제처럼 내 마음속에 남아 있었다. 따라서 오랫동안 그 격언들은 시시때때로 절대적인 지혜까지는 아니어도 괜찮은 선택안이나 타당한 생각으로 다시 표면에 떠오르며 내 생각의 흐름을 방해했다. 많은 시간이 지나고 40대에 들어, 나는 내 믿음을 점검하는 데 오랜 침묵의 시간을 할애하기로 결심했다. 내가 삶의 여정에 받아들인 모든 격언과 전통, 종교적 교리와 자본주의적 가르침을 되짚어보며, 좋은 것은 더 깊이 받아들이고 잡초는 뽑아내려 애썼다. 늦게나마 그 과정을 통해 나는 더 나은 사람, 적어도 정직한 사람, 즉 성찰의 결과를 바탕으로 행동하는 사람이 되었다. 이제 나는 그 사람이 존경스럽고, 그 사람과 함께 사는 게 너무도 즐겁다. 당신도 개인적인 믿음을 돌이켜보는 시간을 가져보길 바란다. 그 이유는…

[√] 기억하라! 실제로 당신 것이 아닌 생각은 지워버려야 한다.

그 이유는 컴퓨터에 비유해 설명하면 쉽게 이해된다. 컴퓨터도 소중한 공간이 부족해지면 자료는 무궁무진하게 많아 보여도 성능이 떨어진다. 예컨대 휴대폰의 속도가 느려지거나 사진을 더 찍을 수 없던 때가 있었을 것이다. 불필요하거나 쓸데없는 정보가 기억 장치를 채우고 있을 때 그런 현상이 나타난다. 그런 정보가 계속 축적되어 기억 용량을 무의미하게 다 써버렸기 때문이다. 영리한 프로그래머라면, 당신에게 최적의 성능을 유지하고 싶다면 뒤처리를 해야 한다고 조언할 것이다. 특정한 처리를 위해 필요한 것을 기억 장치에 보관하고 있다면 그 일을 끝낸 뒤에는 그 자료를 삭제하라는 뜻이다. 이렇게 뒤처리하지 않으면 컴퓨터의 기억 용량이 빠른 속도로 채워져서 결국에는 컴퓨터가 제 기능을 못하게 된다. 그렇게 무심결에 남겨진 자료를 뒤처리하는 과정에는 이름까지 붙여졌다. 바로 '쓰레기 수집(Garbage collection)'이다.

당신은 최근에 쓰레기를 수집해본 적이 있는가? 당신이 믿는 것의 타당성에 대해 되짚어보는 시간을 가진 적이 있는가? 불필요하거나 유해한 개념을 당신의 기억 창고에서 청소한 적이 있는가?

바보들이 통치하는 국가가 한두 군데가 아니고 허황된 선전이 지혜로 여겨지는 세상이다. 따라서 쓰레기 같은 개념이 낡은 전통에서 비롯된 것인지, 주류 언론이나 친구와 가족에게 들은 것인지는 중요하지 않다. 중요한 것은 그 쓰레기를 근절하는 것이다. 우리가 무언가를 믿는 순간부터 그 무엇은 우리에게 영향을 미치기 시작한다. 우리가 머릿속에 받아들인 것이 쓰레기라면 그 쓰레기가 우리 마음속에 만들어내는 생각과 감정도 역시 쓰레기다.

앞 장의 끝부분에서 나는 당신에게 자각 훈련의 일환으로 '당신의 생각을 유발하는 것은 무엇인가?'라는 질문에 답해보라고 요구했다. 이제 그 훈련이 필요했던 이유를 충분히 짐작했을 것이다. 그 훈련은 당신에게 영향을 미치는 것들을 부분적으로라도 찾아내기 위한 첫 시도였다. 이제는 더 깊이 파고들어 우리에게 악영향을 미치는 쓰레기들의 모든 유형을 추적할 시간이다. 그 쓰레기들에 굳이 이름을 붙이자면…

생각을 유발하는 다섯 도화선

어느 일요일 아침, 잠에서 깨자마자 다음 휴가를 생각한다고 해보자. 직장 일에 심신이 지친 상태에서 창밖에 추적추적 내리는 비를 보자, 햇살이 화창한 휴가지를 머릿속에 그리기 시작한다. 그런 생각에 지난 휴가가 기억에 떠오르고 그곳에서 만난 친구의 안부가 궁금해진다. 하지만 당신 뇌는 미래로 훌쩍 넘어간다. 예부터 이집트를 방문하고 싶었다는 생각이 미치자 피라미드와 왕가의 계곡이 머릿속에 그려지고, 홍해 해변에서 헤엄치는 모습도 상상한다. 하지만 폭스 뉴스에서 그런 곳이 안전하지 않다고 알려주던 보도가 기억에 떠오른다. 그래서 당신은 테네시의 멤피스에서 휴가를 보낼까 생각하기 시작한다. 그때 문자 메시지가 도착했다는 신호음에 그런 생각의 순환이 중단된다. 한 친구가 당신의 옛 여자친구가 다른 남자랑 손잡고 있는 걸 보았다고 알려주는 메시지다. 그 메시지를 읽고 나자 휴가에 대한 생각이 끊어지고, 당신과 그 여자친구 사이에서 나빴던 모든 것이 두서없이 생각나기 시작한다.

우리는 무수히 많은 것이 머릿속에 입력되도록 허용한다. 그것들을 하나씩 나열하면 한도 끝도 없을 것이다. 따라서 단순화해서 다섯 범주(관찰, 조건 형성, 재생되는 생각, 억눌린 감정, 감춰진 도화선)로 분류해보려 한다. 다섯 범주 중 하나만이 진실에 가깝고, 나머지 네 가지는 우리를 잘못된 길로 인도할 뿐이다.

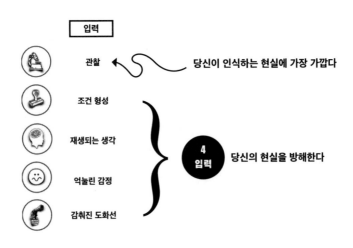

다시, 행복을 풀다

다섯 도화선 중 첫째, 즉 **감각 기관을 통한 관찰**(sensory observation)은 우리가 머릿속에 들어오는 걸 허용하는 유일한 정보원이며, 그 정보의 타당성에 대해서도 적정한 수준으로 신뢰한다. 적어도 이론적으로는 그렇다.

이슬람 신비주의에서는 우리가 '지식과 관찰과 경험'이라는 세 차원을 통해 무언가를 알게 된다고 말한다. 가령 내가 당신에게 부엌에 꿀단지가 있다고 말하면 당신은 '지식(knowledge)'을 갖게 된다. 그 지식은 사실인 '듯하다'. 그런데 그 지식을 당연한 것으로 받아들일 수 있을까? 만약 내가 말한 정보가 오래된 것이라면? 내가 아침에 보았던 꿀단지가 그 이후에 누군가에 의해 치워졌다면? 내가 거짓말을 한 것이라면? 당신이 부엌에 직접 들어가 꿀단지가 있는지 확인한다면 그 지식을 더욱 확신할 수 있지 않겠는가? '관찰'은 '지식'보다 한 차원 더 높은 단계의 앎이다. 관찰은 당신이 어떤 결정을 내릴 때 의존할 수 있는 최저 수준의 앎이다. 따라서 당신이 직접 확인하기 전까지는 남에게 들은 말은 의심하는 게 현명할 수 있다. 이런 삶의 필요성을 요약해주는 아랍 격언이 있다. "귀로 들은 말은 눈으로 확인하라. 그래야 견실한 결정을 내릴 수 있고, 그때서야 불충분한 정보를 바탕으로 내린 결정을 나중에 후회하지 않는다."

관찰은 모든 과학의 근간이다. 과학자들이 과학적 사실을 설명하려고 할 때 사용하는 '과학적 방법'은 관찰에 절대적으로 의존한다. 따라서 과학자라면 누구나 "관찰되지 않는 것은 과학의 관점에서 존재하지 않는 것이다"라고 말한다. 그러나 단지 안에 꿀이 아니라 캐러멜이 들었으면 어떻게 되는가? 단지 뚜껑을 열고 꿀을 맛보는 게 더 낫다. '경험(experience)'은 최고 단계의 지식이다. 경험하는 경우에만 당신은 단지가 가득 채워졌는지, 그 안에 든 것이 정말 꿀인지 알게 된다. 그렇다고 우리가 무언가를 항상 직접 경험할 수 있는 것은 아니다. 그런 경우에는 관찰을 충분한 형태의 앎으로 받아들여도 무방하다.

[√] 기억하라! 감각 기관을 통한 관찰은 우리가 물리적 실체의 진실에 가장 가까이 다가갈 수 있는 방법이다.

당신이 귀로 들은 것을 무작정 진실로 받아들이면 잘못된 길로 빠져들 수 있다. 안타깝게도 현대 세계에서는 이런 일이 너무 자주 일어난다. (말장난이지만) 내 말도 곧이곧대로 받아들이지 마라. 당신이 생각의 순환 고리에 받아들인 것 중에서, 감각 기관을 통해 관찰하지 않은 것이 얼마나 되는지 따져보라. 소문, 전해 들은 말, 가짜 뉴스는 얼마나 되는가? 또 어떤 주장의 타당성을 평가할 만한 자격이 없는 사람이 추측한 것에 불과한 말은 얼마나 되는가? 입증할 수 없는 정보의 출처는 이렇게 끝이 없어서 그 수를 헤아리는 게 거의 불가능할 지경이다. 안타깝게도 우리는 그런 정보를 지식의 주된 근거로 삼고서 무언가를 안다고 생각한다. 영어에서 'ignorance(무지)'라는 단어는 지식 또는 정보의 부재로 정의되는 반면, 아랍어에서 '무지'에 해당하는 단어 '알 자흘(al jahl)'은 '사실이 아닌 것을 아는 것'을 뜻한다. 안타깝게도 이런 종류의 무지가 현대 세계를 뒤덮어버렸다.

[√] 기억하라! 우리는 안다고 생각하지만, 우리가 아는 것이 사실이 아닌 경우가 많다.

'사실이 아닌 지식(false knowing)'이 심리적 고통을 야기하는 신경학

다시, 행복을 풀다

적 원인 중 첫째다. 현대 세계에서 그런 지식을 만들어내는 원인은…

네 가지 입력

우리가 감각 기관을 통해 인식한 것에, 다른 사람이 우리에게 제공한 것이 뒤섞이거나 우리 자신의 불합리한 추론이 더해질 때 우리는 현실과의 연결 끈을 놓치게 된다. 사실이 아닌 지식에 빠지면 우리는 세상의 모든 것이 제대로 맞아떨어지지 않는다는 기분에 사로잡힌다. 무언가가 잘못되었다고 느낀다. 그래서 걱정하기 시작하며 그 걱정을 입증할 단서를 찾아 나선다. 걱정거리를 찾아 나서는 순간 세상에 넘쳐나는 잘못된 지식에서 더 많은 걱정거리를 찾아낸다. 우리는 더 깊이 근심에 빠지고 마침내 불행이 우리 마음속에 깊이 뿌리를 내린다. 지금은 우리 삶에서 아무런 일이 없을지 모르지만 잘못된 지식은 우리에게 세상이 곧 종말을 맞을 것이라는 확신을 심어준다. 당신도 이렇게 걱정했던 적이 있지 않은가?

감각 기관을 통한 관찰 이외에 우리 뇌는 네 가지 다른 유형의 입력을 바탕으로 생각의 순환 고리를 만들어낸다. 먼저, 상대적으로 명백해 보이는 세 가지 입력(조건 형성, 재생되는 생각, 억눌린 감정)을 간략히 살펴보자. 그래야지 많은 악의 근원인 네 번째 입력(감춰진 도화선)에 더 많은 시간을 할애할 수 있지 않겠는가. 흥미롭게도 이 부정적인 입력 중 처음 세 가지는 우리 내면에 원인이 있다. 이 입력들이 우리가 세상을 보고 대응하는 방법에 영향을 주지만, 우리를 실제로 잘못된 길로 끌어가는 것은 주변 세계가 아니라 우리가 오래전부터 머릿속에 담고 다니는 내적인 짐이다.

조건 형성(conditioning)은 우리가 평생 동안 축적하고 맞닥뜨린 모든 믿음과 심리적 외상이 집약된 결과다. 조건 형성은 우리가 생각하는 방향, 우리가 결정을 내리는 방법에 영향을 미친다. 더 깊은 차원에서는 우리가 세상을 보는 관점에 일차적으로 영향을 준다. 당신의 내면에 조건이 형성되면 그 조건은 외적인 상황보다 당신에게 훨씬 큰 영향을 미친다. 예컨대 남녀를 불문하고 모두가 바람둥이라고 믿게 되면 당신 배우자가 천성적으로 정직하고 충실하더라도 당신은 그 배우자도 바람둥이라고 의심하게 된다. 진실이 무엇인지 명백하더라도 당신은 조건화된 시각으로 모든 것을 보기 때문에 그 진실을 올바로 보지 못한다. 따라서 당신의 삶에 대한 이야기는 당신이 실제로 경험한 사건들의 연속체가 아니라, 조건 형성의 결과로 당신의 뇌가 만들어낸 이야기의 연속체가 된다.

그 이야기가 진실인 경우는 극히 드물며, 그 이유는…

[√] 기억하라! 조건 형성은 실제 맥락과 무척 다른 맥락에서
이뤄지는 경우가 많다.

예를 들어 설명해보자. 내가 구글에 근무할 때였다. 내 조직 내에서 일하던 한 지역 담당 관리자는 어린 시절을 무척 힘들게 보냈고 전쟁통에 조국을 떠나야 했던 이민자였다. 우리가 함께 일하던 시기에 그는 캐나다 영주권을 신청했고, 아내와 두 딸을 캐나다에 보낸 뒤에 런던 비즈니스 스쿨에 입학해 MBA를 시작했다. 안타깝게도 같은 시기에 그의 아버지가 조국에서 암 진단을 받았다. 그는 자기의 임무를 다하기 위해 매달 일주일은 캐나다, 일주일은 런던, 일주일은 아버지 옆에서 보내야 했기 때문에 그가 맡은 지역에서는 정작 일주일밖에 지낼 수 없었다. 따라서 그의 업무 실적은 눈에 띄게 나빠졌고 우리는 그

문제에 대해 논의하지 않을 수 없었다.

내가 그에게 그렇게 무리하게 살아가는 이유를 묻자, 그는 "당신은 모르시는군요. 삶이란 것은 믿을 수 없는 겁니다. 나와 내 가족이 안전하려면 내가 성공해야 합니다"라고 대답했다. 이런 사고방식이 그의 조건 형성이었다. 전쟁과 가난과 역경이란 환경에서 빚어진 조건 형성이었다. 내가 다시 물었다. "어떤 게 성공인가? 이미 자네는 자네가 가장 좋아하는 국가에서, 세계에서 가장 전망이 좋은 기업의 지역 관리자가 아닌가? 이보다 어떻게 더 성공할 수 있겠나?" 지금도 구글의 지역 관리자라는 직책은 많은 사람에게 커다란 성공으로 여겨진다. 하지만 어린 시절의 조건 형성 때문에 그는 여전히 안전하지 않다고 느꼈다. 그는 여전히 폭풍의 한가운데에 있다고 생각했다.

[√] 기억하라! 조건 형성은 우리가 실재라고 생각하는 것을
거짓으로 다시 만들어내는 강력한 렌즈다.

그렇게 잘못된 인식이 우리의 사고 과정에 입력되는 경우가 많다. 그 인식이 사실이 아닌데도 우리는 그 의식에 의존하고, 그 결과로 심리적 고통을 받는다. 따라서 우리가 더 명료하고 행복한 삶의 길을 걸으려 한다면 우리를 지배하는 조건화된 믿음이 타당한 것인지 조사해서 바로잡아야 한다.

'성공이 행복보다 중요하다'라는 생각을 예로 들어보자. 많은 사람의 마음속에 일찍부터 뿌리를 내린 생각이다. 부모가 자식들에게, 교사도 학생들에게 그런 생각이 '그들을 삶의 역경으로부터 구해줄 진정하고 진실한 조언'이라고 가르친다. 우리가 성인이 된 이후에도 이하나의 생각은 우리 선택에 큰 영향을 미친다. 우리를 불행의 길로 끌

어갈 수도 있는 잠재적 성공의 길이 제시될 때, 우리는 성공의 길을 선택하며 고통을 자초한다. 성공을 우선순위에 두고 그 결과로 행복을 놓친다. 그리하여 많은 사람이 하루하루가 지옥 같은 직장을 떠나지 못하고 매일 먼 길을 출퇴근하는 스트레스를 견뎌야 하는 곳에서 살아간다. 게다가 경력을 우선시하며 사랑과 가족을 위한 기회를 포기하는 사람도 적지 않다.

그 하나의 생각이 곪아 터지면 우리 삶을 완전히 뒤덮는 생각의 거미줄처럼 커질 수 있다. 성공이 행복보다 중요하다면 행복을 포기하는 게 논리적으로 맞다. 불행은 궁극적인 성공을 위해 지불해야 할 세금이기 때문이다. 따라서 이런 생각은 '불행해도 괜찮다'라는 생각으로 이어질 뿐만 아니라, 행복을 우선시하는 것은 헌신의 부족을 뜻하는 것이란 생각으로도 발전한다. 성공은 우리가 과시할 수 있는 물질적 지위와 자존심을 높여주는 징표로 측정된다는 확신까지 더해진다. 이런 징표를 축적하지 못한 사람은 실패자로 여겨진다. 아무런 근거도 없이 전해지는 오래된 조언을 근거로 형성된 뒤 우리 마음속에 깊이 뿌리를 내리고 재생되는 생각들이 아닐 수 없다.

수백 개까지는 아니더라도 수십 개의 그런 생각이 하나의 잘못된 생각에서 파생된 뒤에, 상상할 수 있는 온갖 방식으로 우리 논리와 행동에 침투할 수 있다. 약간 옆길로 빠지는 것처럼 느껴질 수 있겠지만, 이쯤에서 잠깐 휴식도 할 겸 두 가지 간단한 훈련(하나는 '행복 대 성공', 다른 하나는 일반화해서 '생각과 믿음'에 초점을 맞춘 것)을 실시해볼 필요가 있는 듯하다. 그만큼 이 주제가 중요하다는 뜻이기도 하다.

성공을 비롯해 우리가 우선시하는 모든 것이 정말 행복보다 중요할까? 온갖 종류의 성공을 거두게 해주겠지만 결과적으로 불행한 삶을 살아야 한다는 제안을 받으면, 당신은 그 제안을 받아들이겠는가?

자각 훈련

지연된 만족	
목표	행복과 성공에 대한 당신의 생각을 재점검한다
기간	30분
반복	대화하는 걸 좋아하면 원하는 만큼 반복하라
준비물	허심탄회하게 대화할 수 있는 친구나 가족 및 열린 마음

논리적으로 생각하면 그 제안을 받아들여서는 안 된다. 그러나 너무도 많은 사람이 삶의 대부분을 그런 식으로 살아간다. 미친 짓이다. 따라서 우리 모두가 행복보다 성공을 우선시하는 생각을 다시 살펴보며 그런 생각의 타당성에 의문을 제기할 필요가 있다.

30분 정도의 시간을 할애해 친구나 가족을 직접 대면하거나 온라인에서 만나, "어떠어떠한 상황이 닥치면 나는 삶을 더욱 즐길 것이다"라는 식의 몇 가지 사례를 제시하고 그 사례들에 대해 그들과 함께 논의해보라. 구체적인 예를 들면,

- 앞으로 5년 동안 열심히 일해서 대출금을 줄인 뒤에는 개인적인 삶을 더 즐길 수 있는 직장으로 옮기기로 결심했다.
- 자식들이 모두 대학에 진학하면 나는 따뜻한 지역으로 이사할 예정이다.
- 현 대통령이 국가를 망가뜨리고 있는데 내가 어떻게 웃고 지낼 수 있겠는가?
- 내가 스스로 설정한 목표에 도달하면 어딘가에서 나를 기다리는 행복을 찾아 나설 것이다.

대화 구성원 모두가 각각 적어도 4~5가지 예를 제시한다. 여러 아이디어가 가능한 한 오랫동안 제시되도록 하라. 판단하지 말고, 수정하지도 마라. 해결책이나 대책을 제시하지도 마라. 당신과 친구가 우선적으로 선택한 예를 여기에 써보라.

나는 이것을 하면 행복할 것이다: _____
_____

나는 이것을 하면 행복할 것이다: _____
_____

나는 이것을 하면 행복할 것이다: _____
_____

나는 이것을 하면 행복할 것이다: _____
_____

당신과 친구가 그렇게 브레인스토밍을 끝내면 예를 하나씩 선택해 자세히 논의해보라. 그것을 할 때 행복할 것 같은 이유가 무엇인가? 당신이 손꼽아 기다리는 것이 현재를 충만하게 사는 것보다 더 중요하다고 믿는 이유가 무엇인가? 당신이 내린 선택의 결과로, 단기적으로나 장기적으로 무엇을 얻고 무엇을 잃는지도 따져보라.

끝으로, 당신의 행복을 늦추는 것이 당신의 목표를 성취할 수 있는 유일한 방법인지 확인하기 위해 대화 상대에게 도움을 구하라. 또 조금 더 늦추더라도 불행이란 세금을 지불하지 않고 당신이 원하는 곳에 도달하는 더 간단한 방법이 있는지도 물어보라.

그렇게 대화를 끝낸 뒤에는 두 눈을 감고, 당신이 행복에 더 높은 우선순위를 두고도 합리적인 수준의 성공을 이뤄내는 방법을 어떻게든 찾아낸다면, 그때 당신의 삶은 어떤 모습일지 상상해보라. 그게 더 나은 삶의 방식이지 않을까? 그렇다면 성공이 행복보다 중요하다는 낡은 믿음을 버려야만 할까?

당신이 열린 마음을 지녔다면 그 낡은 믿음을 떨쳐내야 하고, 행복이 삶의 과정에서 필수불가결하다는 것도 인정할 것이다. 우리가 조건화되어 평생 진리처럼 껴안고 살아가는 그 핵심적인 개념은 잘못된 것이다. 오늘날 서구의 많은 사회에서 광범위하게 받아들여지는 다른 개념들에도 똑같은 훈련을 실시할 수 있다. 그렇다고 서구 사회가 거짓투성이라고 말하는 것은 아니다. 다만, 서구 사회에서 인정되는 개념들을 점검해보라는 뜻이다. 먼저, 대화 상대에게 그 개념들을 기준으로 살아가는 방법에 대한 사례를 공유해 달라고 요구한다. 그러고는 그런 삶의 방식이 효과적인지 의문을 제기하고, 혹시 다른 방법은 없는지도 따져보라. 그런 뒤에는 어떻게 하면 다른 방식으로 삶을 살 수 있을지를 상상해보라.

현대 사회에 깊이 뿌리 내렸지만 내 생각에는 잘못된 것이 분명해서 점검할 필요가 있는 개념들을 대략 소개하면 다음과 같다.

- 물질의 소유가 성공 여부를 판단하는 가장 정확한 척도다.
- 불행은 성공의 대가로 지불해야 하는 세금이다.
- 체형과 외모가 중요하다.
- 우리의 진정한 가치는 다른 사람의 의견에서 드러난다.
- 우리는 환경에 적응해야 한다.
- 허세를 부려서라도 성공해야 한다.
- 약점을 드러내는 것은 나약한 짓이다.
- 재미는 진정한 행복을 대체하는 적절한 수단이다.

- 우리는 민주주의에 살고 있으며 민주주의는 최고의 통치 방식이다.
- 뉴스를 시청해야 시민들이 사회와 정부를 더 나은 방향으로 끌어갈 수 있다.

이런 잘못된 개념들은 얼마든지 나열할 수 있다. 당신이 소중하게 여기는 모든 것, 당신을 규정하는 믿음까지 포함해 마음껏 덧붙여보라. 이 작업을 끝낸 듯하면 연필을 내려놓고 다음 훈련을 실행하며 진실이 밝혀질 순간에 대비하라. 당신의 생각과 믿음에 제한적인 면이 있다면 무언가 조치를 취하는 편이 나을 것이다. 그것도 당장! 내일이나 다음 주로 미루지 말고 당장 시작하는 편이 낫다. 잡초를 뽑지 않고 방치해두면 금세 정원 전체를 뒤덮는다.

먼저, 앞의 자각 훈련에서 당신이 삶의 우선순위와 목표라 생각하며 나열한 목록을 살펴보며, 그 목표들을 추구하는 과정에서 현재의 순간을 즐기는 기쁨을 어떻게 뒤로 미루고, 오히려 우리에게 고통을 주는 환상에 구속되는지를 생각해보라. 한 번에 하나씩 생각하고, 필요한 기간 동안 매주 반복하라. 우리 존재는 우리의 신념 체계로 이뤄

실천 훈련

똑바로 바로잡아라	
목표	생각이란 정원에서 잡초를 제거한다
기간	한 번에 15분
반복	평생 동안 반복하라
준비물	무엇에도 방해받지 않을 만한 조용한 장소 모든 것을 바로잡겠다는 결단

진다. 내가 이 실천 훈련을 시작한 지 10년이 지났지만, 지금까지도 내 신념 체계에서 잘못된 것을 얼마나 자주 뽑아내고 있는지 안다면 모두가 놀랄 것이다.

믿음 하나를 제거하려면 세 가지 질문으로 구성되는 현실 점검이 필요하다.

질문 1: 어떤 특정한 믿음에 따르는 게 당신에게 도움이 되는가, 아니면 불리하게 작용하는가? 오히려 당신이 목표를 성취하는 데 도움이 되기는커녕 방해가 되지는 않는가? 굳이 성취할 필요가 없는 다른 목표로 당신을 끌어가지는 않는가? 나는 지금까지 직장 생활을 하며 이에 해당하는 사례를 무수히 보았다. 구체적으로 말하면 직장이 더 나은 삶을 보장할 것이라 믿으며, 그 직장을 싫어하면서도 참고 견디는 사람이 많다는 것이다. 그들은 산더미처럼 점점 커지는 불행을 견디다 못해 목표를 성취하기 전에 결국 사표를 쓰거나 사표를 쓰라는 요구를 받기 일쑤다.

질문 2: 내가 당신에게 목표(당신의 믿음이 당신에게 제시한 약속)를 성취할 기회를 주겠다고 제안하며 그 약속이 결국에는 당신에게 고통을 줄 것이라 말한다면, 당신은 그 제안을 받아들이겠는가? 반면에 당신이 목표를 포기하거나 약간 바꾸는 조건에서 행복을 보장하겠다고 제안하면 어떻게 하겠는가? 그 제안을 받아들이겠는가? 깊이 생각하고 대답해보라.

질문 3: 다른 더 나은 목표를 생각하겠는가? 아니면 행복을 누리면서, 현재 목표를 성취하는 다른 길을 생각하겠는가? 후자가 가능하다면 왜 다른 방법으로 일하지 않는가?

당신에게 정말 중요한 것이 무엇이고, 그 목표에 도달할 수 있는 가능한 대안적 경로들이 명확해지면 변화를 도모하는 데 필요한 단계를 하나씩 밟아나가길 바란다.

먼저 '내가 최우선시하는 것이 정말 행복이라면 달리 무엇을 해야 할까?'라고 생각해보라. 그리고 구체적으로 답해보라. 행복을 당신의 여정에 정식으로 포함하려면 어떤 조치들을 단계적으로 취해야 하는지 차례대로 써보라. 그렇게 계획한 단계를 충실히 따르며 모든 것을 바로잡아라.

우리 믿음을 철저히 분석해보면 우리 행동과 생각에 조건 형성의 흔적이 찾아진다. 그 흔적을 찾는 게 쉽지는 않지만 가능하기는 하다. 하지만 우리 생각에 입력된 것으로는 다음의 것들을 찾아내기가 가장 까다롭다.

재생되는 오래된 생각(recycled old thought)과 **억눌린 감정**(trapped emotion)은 우리 사고 과정에 완전히 뒤섞여 분석하고 구별하기가 어려운 경우가 많다. 그런 입력은 우리 모두의 내면에서 예외 없이 진행되기 때문에, 그래도 조금만 깊이 들여다보면 우리 안에 내재한 그 입력의 흔적을 찾아낼 수 있다.

재생되는 생각부터 시작해보자. 재생되는 생각과 조건 형성의 차이는, 재생되는 생각을 만들어내는 주체가 바로 우리 자신이란 점이다. 재생되는 생각의 원인은 외부에서 주어지는 조언이나 사건에 있지 않다. 오히려 우리가 점검하지 않은 채 방치하며 사실이라고 믿는 생각에서 기인한다. 예컨대 '그 사람이 나를 더는 사랑하지 않는 거야'라는 생각에서부터 '내가 못생겼기 때문인 거야. 그 사람은 곧 나를 떠날 거야. 나는 데이트하는 게 싫어. 다시는 사랑하지 못할 거야. 혼자 살다가 외롭게 죽을 거야'라는 부정적인 생각들이 꼬리를 물고 이어졌던 때를 누구나 한 번쯤은 경험했을 것이다. 하지만 그런 생각이 현실화된 적은 없었을 것이다. 그 모든 생각이 당신 뇌가 아무런 근거도 없이 새로운 입력으로 만들어낸 것에 불과했다.

이런 종류의 생각에는 다른 흥미로운 특징도 있다. 반복해서 되살아난다는 것이다. 옛 애인이 불륜을 저질렀다면 새 애인도 불륜을 저지를 것이라 생각할 가능성이 크다. 과거에 형성된 생각이 다시 살아나 재생된다. 처음의 생각은 실재한 사건에서 비롯된 것일 수 있지만, 재생되는 생각은 전적으로 뇌에서 만들어지는 생각이다. 우리 뇌는 먼저 그런 생각을 만들어낸 뒤에 그 생각을 뒷받침할 근거를 찾아 나선다. 그 결과로 과거의 생각이 되살아나며 일련의 다른 생각들이 연쇄적으로 이어진다.

이런 꼬리 물기는 많은 사람이 일상적으로 겪는 현상이다. 하지만 그 오래된 생각을 때로는 감지하기 힘들기 때문에 우리가 이런 순환을 항상 알아챌 수 있는 것은 아니다. 그 생각은 우리 잠재의식 뒤에 변형된 형태로 숨어 있다. '난 별로 착하지 않아.' '난 사랑받을 자격이 없어.' '사는 게 원래 힘든 거야.' '내가 운이 없기도 하지만 모두가 속이고 거짓말을 해.' 이런 생각들이 반박의 여지가 없는 사실이나 사회적으로 인정된 '지식'으로 제시되기 때문에, 우리는 그런 속임수에 넘어가 잘못된 생각을 받아들이고, 그런 생각은 재생될 때마다 우리 삶을 조금씩 갉아먹는다.

억눌린 감정도 거의 언제나 부정적인 생각을 자극한다. 어느 날 아침에 눈을 떴을 때 짜증스런 기분이 밀려오면 우리의 생각은 부정적인 방향으로 흐르기 마련이다. 따라서 '모든 것이 내게서 등을 돌렸어. 누구도 나를 이해하지 못해. 모두가 멍텅구리야!'라는 생각이 우리의 하루를 짓누를 게 분명하다. 그때 누군가 우리에게 다가와서 "좋은 아침"이라 말하면, 우리는 "나한테는 좋은 아침이 아니야"라고 퉁명스레 받아칠 것이다.

하지만 우리가 사랑에 빠지면 삶은 흥미진진해진다. 똑같은 출근길이지만 사랑하는 사람을 생각하는 기회가 되고, 핸드폰의 작은 자판을 누르는 게 더는 따분하게 느껴지지 않는다. 감정이 우리의 생각에 크게 영향을 미치지만, 생각과 감정을 따로 떼어놓을 수는 없는 듯하다. 현대 세계에서 우리가 감정과 거의 단절된 채 지내기 때문이다. 신뢰성과 예측 가능성, 구체적인 결과가 중요한 세계에서 우리는 감정을 억누르고 생각과 행동을 우선시하는 방법을 배운다. 부정적인 감정을 억누르면 그 감정들은 우리 마음의 바닥에 가라앉고, 우리의 생각에 나쁜 영향을 준다. 그 감정들을 찾아내서 포용하려면 많은 노력이 필요하다. 따라서 당분간은 한쪽에 밀어두고 뒤에서 자세히 살펴보기로 하자. 감정이 생각에서 비롯된다는 주장에 아직은 많은 사람이 동의하지 않겠지만, 감정이 생각을 만들어내고, 다시 생각이 더 많은 감정을 만들어내는 끝없는 악순환이 반복된다는 사실을 기억해두길 바란다.

깊은 조건 형성, 재생되는 생각, 억눌린 감정이 치명적으로 뒤섞이며 우리의 신념 체계를 만들어낸다.[1] 그 신념 체계가 우리의 행복 상태와 삶의 방식을 결정한다. 신념 체계는 우리 내면에 깊이 스며들어, 우리가 현재 느끼고 행동하는 모든 것에 끊임없이 파고들면서도 때로 정확히 찾아내기가 힘들다. 따라서 우리가 머릿속에 받아들이는 정보의 출처를 점검하는 게 중요하다는 것은 아무리 강조해도 지나치지 않다. 밥상을 받았지만, 음식이 상했거나 병원균에 오염된 것이란 걸 알면 누구도 먹지 않을 것이다. 당신이라면 맛이라도 보려고 하겠는가? 마찬가지로 나쁜 생각은 영화 〈인셉션〉이 시작되는 장면에서 디카프리오가 언급한 기생충에 해당한다. 따라서 삶의 귀감으로 삼을 만한 좋은 규칙은…

[⭐] 매우 중요! 부정적이고 타당하지 않은 정보가 머릿속에 들어가는 걸 허용하지 마라.

나쁜 정보가 머릿속에 들어가는 걸 막으려면 어떻게 해야 할까? **모든 것에 의문을 품으면 된다.** 다른 사람에게 들은 것만이 아니라 혼잣말로 중얼거린 것에도 의문을 품어야 한다.

언젠가 나는 벨기에에서 상당한 영향력을 지닌 경영자들로 이뤄진 소규모 모임에서 강의한 적이 있었다. 북유럽 문화가 흔히 그렇듯이 그 강의는 끝없는 토론장으로 변했다. 내가 무언가를 말하면 누군가 거의 즉각적으로 의문을 제기했고, 그럼 다른 구성원이 그 사람의 의견에 반론을 제기했다. 합리적으로 보면 실질적인 의견 차이는 없었지만 경청해야 할 필요가 있었다. 강의를 시작하고 4시간이 흘렀을 즈음에도 나는 첫 슬라이드의 셋째 줄을 넘어가지 못했다. 그래도 그런 모습을 통해 훨씬 중요한 것을 알게 되었기 때문에 아무런 불만이 없었다. 그래도 나는 그들에게 모두가 모든 의견에 끝없이 반박하는 이유가 무엇이냐고 물었다. 대답은 명쾌했다. 토론을 통해서 진실에 더 가까이 다가갈 수 있다는 것이었다. 나 자신도 진실 중독자였던 까닭에 그 태도에 아낌없이 박수를 보내며 "좋습니다. 모든 것에 의문을 품어보십시오!"라고 말했다. 그러나 동시에 이렇게 물었다.

[✓] 기억하라! 뇌가 당신에게 말한 것에 의문을 품어본 적이 있는가?

당신이 현재 알고 있는 지식이나 믿음에 모순되는 것에 반박하기 전에, 당신이 아는 것이 정말로 맞는 것인지, 역시 진실이라 여겨지는 다른 견해는 없는지 의문을 품어보라. 또 당신의 생각이 부모와 선생, 친구나 공적인 인물 및 여론 주도자가 당신에게 심어준 것이 아니라 정말 당신의 생각인지도 의문을 제기해보라.

우리는 우리 신념 체계를 구성하는 것이 항상 타당한 것은 아니라는 사실을 종종 잊고 지낸다. 또 우리가 자신만만하게 세상에 나가 다른 사람들이 믿는 것에 의문을 제기하지만, 정작 착각에 빠진 사람은 그들이 아니라 우리일 수 있다는 것도 잊고 살아간다. **세상과 접촉해 살아가는 동안, 또 생각을 재생하고 감정을 억누르며 살아가는 동안 우리가 잘못된 곳에 도달했을 수 있다는 것도 잊는다.** 우리를 잘못된 길로 끌어가는 많은 막연한 환상의 출처가 바로 우리 자신이어서, 우리에게 우리가 최악의 적일 수 있다는 것도 당연히 잊고 지낸다. 우리의 믿음은 수많은 작은 입력의 결과물이다. 그 기원을 추적해 올라가는 것은 거의 불가능하다. 최종적인 결과(우리 뇌를 가득 채운 현재의 생각)의 타당성을 점검함으로써 입력의 옳고 그름을 확인할 수밖에 없다.

나는 내면을 들여다보는 일상의 훈련('똑바로 바로잡기')을 통해 생각을 만들어내는 기계의 끝없는 활동을 감시한다. 나는 이 실천 훈련을 통해 찾아내는 것에 끊임없이 놀란다. 때로는 어떤 생각 앞에서 깜짝 놀라 멈추기도 한다. '아니, 이 생각은 어디에서 온 거야? 어떻게 이런 말을 믿게 되었을까?' 때로는 소리 내어 웃고, 때로는 내 어린 시절에 형성된 조건과 감정, 즉 생각의 가장 작은 씨앗 하나가 수십 년 동안 내 삶을 단독으로 규정했다는 사실을 알고는 경악해 눈물을 흘린다. 나는 그런 생각을 찾아낼 때마다 바로잡는다. 지금도 거의 매일 이 훈련을 반복해 실시하고 있다.

다시, 행복을 풀다

[√] 기억하라! 내면을 들여다보며 의문을 제기하라.
지상 최대의 쇼가 그곳에서 펼쳐지고 있으니까!

그 쇼가 나를 모든 악의 뿌리로 인도한다. 그 악의 뿌리가 네 번째 잘못된 입력이고, 수많은 입력의 출처이기도 하다. 따라서 그 입력에 즉각적인 조치를 취하면 앞에서 언급한 세 가지 입력이 더 만들어지는 걸 막을 수 있다. 내가 이 입력에 붙인 이름은…

감춰진 도화선

코드를 작성하는 도구가 개발되기 전에는 수천 줄의 코드를 컴파일러에 입력하는 방식으로 컴퓨터 프로그램이 작성되었다. 우리는 인간이기에 때때로 실수를 범하는 건 거의 불가피했다. 그런데 그 실수가 검출되지 않는 경우에 파국적인 결과로 이어지기도 했다. 프로그램이 편찬될 때, 즉 명령 구문에는 어떤 오류도 없을 때 실수를 찾아내기가 가장 어려웠다. 그런 프로그램은 잘못된 입력을 사용해 계산을 수행하지만 그럭저럭 작동하기 때문이다. 예컨대 당신이 알고리즘에 실수로 입력한 상수 y를 사용했어야 했을 곳에 x를 입력한 방정식, 기억 장치를 사용하기 전에 깨끗하게 제거하지 못한 데이터 등은 무작위로 잘못된 결과를 만들어내기 때문에 찾아내서 처리하기가 쉽지 않았다. 답이 틀렸다는 걸 알지만 오류를 빚어낸 원인을 추적하는 게 어려웠다.

이런 실수는 우리 인간에게도 일어난다. 우리는 건전한 논법을 사용해서 주변 세계를 분석하지만 의식하지 못하는 사이에 거짓된 정보를 받아들여 잘못된 결과를 빚어낼 수 있다. 그런 경우 우리는 오류의 원인이 무엇인지도 모른 채 잘못된 선택을 하게 된다.

오류를 야기한 것이 무엇인지 정확히 찾아낼 수 있으면 문제를 바로 잡는 게 한결 쉬워진다. 반면에 오류를 야기한 도화선을 감지하기 힘들면 상황이 한층 어려워지고, 그런 도화선이 꼬리를 물고 이어지면 더욱더 어려워진다. 그런데 정보는 이런 식으로 우리 머릿속에 끊임없이 입력된다. 어떤 의견과 기사, 사진과 영상이 그 자체로는 별다른 의미가 없을 수 있지만 매일 반복해서 주어지면 당신은 꼭두각시가 된다. 당신의 생각이 더 이상 당신 고유한 생각이 아니다. 당신은 머릿속의 생각이 어디에서 기원했는지 의식조차 못한 채 당신이 듣는 것을 되풀이하는 확성기가 된다. 나는 오늘날의 현대 사회에 끊임없이 뚝뚝 떨어지는 거짓된 정보를 '**감춰진 도화선**(hidden trigger)'이라 칭한다. 당신에게 거짓된 정보를 제공하면서 진실인 것처럼 믿게 만들며 은밀히 당신의 머릿속에 스며드는 생각이 감춰진 도화선이 된다.

이런 도화선 목록에서 가장 윗자리를 차지하는 것이 **매스 미디어**, 예컨대 TV 채널, 소셜 미디어, 리얼리티 방송, 인터넷 등이다. 그 아래로는 영화 산업이 있다. 영화가 만들어내는 픽션이 현실에 대한 우리 인식의 일부가 되기 때문이다. 다음으로는 수천만 명의 추종자를 몰고 다니는 유명인들이 있다. 추종자들은 그 유명인의 모든 말을 곧이곧대로 믿기 때문이다. 그 아래로는 친구와 배우자, 당신이 스승으로 삼는 사람들, 그리고 모든 걸 진실인 것처럼 그럴듯하게 말하는 책이 있다. 이 목록은 얼마든지 계속 이어질 수 있고, 우리는 이 모든 것을 당연하게 받아들인다.

어떤 주장을 삶의 지침으로 받아들이기 전에 약간의 시간을 투자해서라도 그 주장의 신뢰성을 살펴보는 게 당연한 것이라 생각하지 않는가? 당신의 생각과 믿음과 의견 및 그로부터 결과하는 행동을 지배하는 주장에 당신이 어떤 힘을 부여하고 있는지 상상할 수 있는가?

이 책을 계속 읽어가기 전에 잠시 짬을 내어 생각해보라. 어떤 주장이 사실인지 의문을 품지 않고 무작정 당신 머릿속에 집어넣는 그 주장이 어떤 영향을 미치는지 생각해본 적이 있는가?

　내가 현대 문명을 증오하는 것은 아니다. 정말이다. 나는 현대 세계가 우리에게 안겨준 모든 문명의 혜택을 사랑한다. 그러나 실수하지는 말자. 당신이 보고 읽고 듣는 모든 것을 맹목적으로 따른다면 진실을 발견할 기회, 따라서 행복 상태를 누릴 기회가 급속히 줄어 제로가 될 것이다. 그런 상황이 닥쳐도 당신에게 두려움, 그럴듯한 음모론, 이념과 구호를 심어준 사람들은 아무런 책임을 지지 않는다. 사실 우리 불행을 궁극적으로 책임질 사람은 우리 자신밖에 없다. 선과 악, 진실과 끝없는 거짓과 속임수를 구분 짓는 책임은 '당신'에게 있다.

　자본주의 세계가 내일 갑자기 정신을 차리고, 욕심을 탐하며 진실을 왜곡하는 것은 잘못이라고 인정할 가능성은 거의 없다. 우리는 내일 눈을 뜨면 거짓말로 뒤덮인 또 하루를 맞이해야 한다. 광고주는 우리에게 필요 없는 물건으로 계속 우리를 현혹하며 지킬 의도도 없는 약속을 쏟아낸다. 방송국은 지독히 부정적이고 편향된 시각으로 사건을 보도하며 시청자에게 TV 화면에서 떨어지지 못하도록 두려움을 심어준다. 친구들도 선의겠지만 자신들의 신념 체계로 우리를 끌어들이려 하며, 자신들의 의견을 우리에게 열정적으로 강요한다. 할리우드는 우리가 푼돈이라도 영화관 매표소에 떨구기를 바라며 섹스와 공포와 폭력이 난무하는 영화를 끊임없이 제작한다. 정치인과 기업가, 심지어 사상가도 우리에게 성공과 경력을 우선시하라고 설득하며 자극적인 강연을 끝없이 계속한다. 누가 그들을 탓할 수 있겠는가? 우리가 그들의 상품을 계속 구입하는데 그들이 굳이 변할 이유가 있겠는가?

이쯤에서 쓴소리를 좀 해야겠다. 마하트마 간디(Mahatma Gandhi)가 말했듯이 우리 세계가 변하려면, 먼저 당신이…

[√] 기억하라! 당신이 세상에서 보기를 바라는 변화, 먼저 당신이 그 변화가 되어야 한다.

매일 수억 대의 TV가 우리 각자의 집에서 성소를 차지한 채 누군가 다른 사람의 머리에 총구를 겨누고 방아쇠를 당기는 장면을 보여준다. 그런 장면을 보고도 우리는 마음이 조금도 아프지 않다. 인간의 본성에는 어울리지 않는 반응이다. 우리는 다른 사람의 상실이나 고통에서 연민을 느껴야 마땅하다. 그런 폭력적인 장면을 영화 장면 중 하나에 불과한 것으로 받아들일 때, 우리를 인간답게 만들어주는 생득적 자질들과 연결되는 우리 능력도 쇠락하기 마련이다. 그런 잔혹 행위를 당연하게 받아들이는 현상에 이름을 붙인다면…

현실의 과잉 정상화

우리 뇌는 뛰어난 게 분명하지만 계산 역량에서는 제한적이다. 우리 뇌는 효율적으로 기능하기 위해 성공하는 데 필요하다고 여겨지지 않는 것들을 걸러내는 경향을 띤다. 이런 여과 작용은 여러 형태로 행해진다. 예컨대 우리는 길을 건널 때 움직이는 자동차와 신호등에 집중하며 나머지 주변 환경은 무시한다. 따라서 우리 뇌는 가장 중요한 것, 즉 우리의 안전에 모든 자원을 투입할 수 있다. 이런 종류의 여과 작용은 우리에게 유익한 것이다. 그러나 이렇게 자원을 보존하는 의도적인 행위가 우리에게 불리하게 작용할 수도 있다. 우리가 현실을 '과잉 정상화(hypernormalization)'할 때 그런 경우가 발생한다.

우리 뇌는 무엇보다 안전을 우선시하도록 설계되었다. 따라서 필요하면 변칙적인 방식을 선택해서 위험한 상황에 대응한다. 예컨대 자리에서 벌떡 일어나며 폭력적이고 공포스런 상황에 반응한다. 그러나 영화나 뉴스를 통해 그런 장면에 반복적으로 빠져들면 그런 반응을 정상적인 것으로 생각하기 시작한다. 따라서 자원을 보존하려고 우리 뇌는 폭력과 거짓말, 타인의 고통을 무시하며 그것을 새롭게 인정되는 현실로 생각하게 된다. 이런 이유에서 우리는 1월의 추운 날씨에 힘겨워하는 노숙자의 존재를 무시한 채 그들을 무심코 지나치며 가던 길을 재촉한다. 잘못하는 게 분명하다.

한편 정반대의 현상도 일어난다. 우리 뇌는 아름답고 매력적인 사람을 보면 경외감을 느끼고 감탄하며 성적으로 흥분하기도 한다. 나비 농장에서 일하면 '현실의 과잉 정상화'로 인해 나비의 경이로움이 당연한 것처럼 보이게 된다. 포르노를 지나치게 오랫동안 시청하면 성적으로 지극히 정상적인 사람도 당신의 마음을 더는 사로잡지 못하게 된다. 어느 쪽이든 우리는 무감각해지고 삶이 재미없어진다. 경외감과 즐거움이 비정상적으로 많이 입력되면 과잉 정상화되어 평범한 현실로 여겨지기 때문에 경외감과 감탄을 즐기는 기쁨을 잃어버린다.

우리가 의식하지 못하는 사이에 폭력적이고 공포스런 입력, 또 자극적이고 거짓된 입력이 우리 뇌를 완전히 재설정해 우리가 세상을 바라보는 시각마저 바꿔버린다. 결국 우리는 이렇게 뒤엉킨 인생관을 받아들이고, 그 인생관은 조금씩 우리의 새로운 기준이 된다. 우리는 이 기준 아래 모든 것을 결정하고, 모두가 그 기준을 받아들일 것이라 생각하며, 학교 총격 사건과 폭력적인 범죄가 잦은 이유에 놀라워한다. 삶의 동반자를 만나 데이트하는 게 지독히 어려워진 이유, 우리 삶이 무미건조하고 따분하게 느껴지는 이유도 궁금해한다. '어쩌다 이런 지경에 이르렀을까?' 이렇게 묻는다면 나는 미디어와 엔터테인먼트 산업에 가장 큰 책임이 있다고 대답하고 싶다.

판타지 소설 '디스크월드(Discworld)' 시리즈의 저자인 테리 프래쳇(Terry Pratchett, 1948~2015)은 《시간 도둑(Thief of Time)》이란 소설에서 죽음의 천사를 통해 다음과 같이 멋지게 말한다.

> 너는 그것을 인간에게 넘겨줘야 했다. 인간에게는 우주에서 가장 이상한 힘 중 하나가 있었지. (…) 세계 어디의 어떤 종도 권태라는 걸 만들어내진 않았어. 어쩌면 진화의 사다리에서 인간을 밀어 올린 게 지능이 아니라 권태였을지도 몰라. (…) 우주를 바라보면서 '아, 어제랑 똑같네. 정말 재미없군. 내가 이 바위에 머리를 세게 부딪치면 어떻게 될까?'라고 생각하는 이상한 능력에서 모든 걸 '정상화'하는 힘도 나온 게 아닌가 싶어. 세상이 힘차게 변하면 며칠이 지나지 않아 인간들은 그 변화를 정상적인 것이라 생각하니까. (…) 인간은 설명할 수 없는 것을 설명하고, 모든 것을 정상적인 것으로 바꿔버리는 작은 이야기들을 계속 만들어냈지.[2]

권태(boredom)는 권력자들을 전쟁과 정치와 기업 활동에 열중하도록 몰아가듯이, 미디어와 엔터테인먼트 산업이 제공하는 오락거리에 많은 사람을 빠져들게 만든다. 그 이후에는 이상하게도 현실을 과잉 정상화하는 우리 능력에 날카로운 모서리가 감춰지고, 모든 것이 그럴싸하게 변한다. 느릿하지만 집요하게 강요되는 이념 공세에 진정한 인간다운 모습이 갈기갈기 찢어지지만 우리는 멀뚱히 앉아 지켜볼 뿐이다.

내가 보기에, 2017년에 공개되어 큰 찬사를 받은 영화 〈원더우먼〉

만큼 이런 현상을 명료하게 보여주는 것은 없는 듯하다. 영화의 초반부에 원더우먼이 공주이자 보호자인 섬에 잘생긴 남자가 도착한다. 원더우먼은 섬을 지키려고 그 남자에게 신속히 접근해 정체를 밝히려 하지만 그가 수많은 사람에게 쫓기는 신세라는 걸 알게 된다. 원더우먼이 "왜 그들이 당신을 쫓는 겁니까?"라고 묻자 그는 "그들은 나쁜 사람들입니다"라고 대답한다. 그 한 문장으로 원더우먼에게 새로운 현실이 만들어진다. 그 주장의 타당성을 점검하지도 않은 채 원더우먼과 그녀의 군대가 그 불쌍한 영혼들을 깡그리 죽이려고 나서기 때문이다.

내 눈앞에 펼쳐진 대형 스크린에서 속절없이 죽어가는 사람들도 하나같이 자기만의 이야기와 꿈과 야망을 지닌 인간이었고, 그를 그리워할 가족이 있었다. 그러나 대부분의 관객에게 그들은 영화를 재밌게 해주는 조역에 불과했고, 게다가 조금 전 '나쁜 사람들'로 묘사된 까닭에 그들은 그렇게 죽어가도 괜찮은 듯했다. 이렇게 우리는 곧이곧대로 쉽게 속는 사람으로 전락해버렸다. 영화는 '나쁜 사람들'(여기에서는 독일군)이 대량 살상 무기를 제조해 수많은 사람을 죽이려 한다는 계획을 폭로한다. 그 악랄한 계획에 여주인공 원더우먼의 너그러운 마음이 크게 흔들리고, 원더우먼은 '좋은 사람들'을 구하려고 나선다. 이리하여 현실의 과잉 정상화가 최고조에 이른다.

내 말을 오해하지 않기를 바란다. 독일군이 두 번의 세계 전쟁 동안에 비인간적 행동을 저지른 것은 사실이다. 역사는 앞으로도 그들을 나쁜 사람들로 기억할 것이다. 그러나 역사가 기억하듯이 제2차 세계대전에서 50만 명에 달하는 무고하고 평범한 시민의 목숨을 앗아간 대량 살상 무기는 핵폭탄이었다. 나는 당신이 누구인지 모르지만, 내 책에서는 핵폭탄도 나쁜 것으로 간주된다. 전쟁에서는 양쪽 모두가 비인간적인 잔혹 행위를 저지른다. 이런 면에서 모두가 나쁜 사람이다. 따라서 영화와 역사가 그런 현실을 다른 식으로 해석하며, 그 해석을 우리에게 강요해서는 안 된다. 우리가 영화라는 이유로 무고한 시민의 살상을 괜찮은 것으로 받아들이면 진실을 보지 못하게 된다. 언제부터 사람을 죽이는 게 괜찮은 것이 되었나? 언제부터 생명의 가치가 바닥에 떨어졌는가? 우리가 스크린에서 벌어지는 살상을 새롭게 인정된 현실로 과잉 정상화한 때부터였다. 이제부터라도 달라져야 한다.

내가 폭력 영화를 보지 않기로 결심한 지 12년을 넘었다. 내가 TV에서 적당한 수준의 폭력 영화를 시청하는 유일한 경우는, 다섯 명 정도의 믿을 만한 친구가 내 생각에 영감을 주며 내게 무언가를 가르쳐 주거나 내가 더 나은 사람으로 발전하는 데 도움을 주기에 충분한 영화라고 적극 추천하는 경우다.

[☆] **매우 중요!** 나는 폭력 영화의 시청을 중단하려 한다.

폭력의 폐해가 내 하찮은 자아를 넘어가는 순간 나는 내 삶에서부터 폭력 자체를 없애버리려 한다. 이 세상에서 내가 완전히 책임져야 할 부분, 즉 '나'라는 존재에서 시작해 대체로 '나'로 끝나는 내 작은 세계를 책임지려 한다. 그러나 자신만의 변화가 갖는 파급력을 과소평가해

폭력을 중단하라

현실의 과잉 정상화와 감춰진 도화선이란 개념에 대한 경각심을 다른 사람들에게 심어줌으로써 그들이 조금이나마 행복한 삶을 살도록 도와주길 바란다. 모임을 구성해 서로 돕고, 폭력과 공포와 가짜 뉴스 및 우리 현실을 과잉 정상화하고 이 땅을 인간다운 삶에서 점점 밀어내며 모든 해악을 퍼뜨리는 주류 미디어를 멀리하라.

다시, 행복을 풀다

서는 안 된다. 정말이다! 한 사람의 변화가 전 세계를 바꿀 수 있다.

당신을 포함해 이 글을 읽은 모든 사람이 유익하지 않은 폭력 영화를 멀리하는 운동에 동참한다면 폭력 영화의 매출이 크게 떨어질 것이고, 그럼 할리우드가 재밌게 웃을 수 있는 영화를 더 많이 제작하지 않겠는가. 우리 모두가 여성을 성적 도구로 삼는 노랫말을 더는 듣지 않는다면 음악도 긍정적인 방향으로 진화할 것이다. 우리 모두가 성생활을 포르노처럼 묘사한 영상을 더는 보지 않는다면, 우리 모두가 가짜 뉴스를 듣고 퍼뜨리는 실수를 더는 되풀이하지 않는다면 우리 세계가 변하기 시작할 것이고, 그 과정에서 우리 머리를 가득 채운 쓰레기도 깨끗이 청소될 것이다.

시간을 두고 나는 위의 모든 것을 중단했다. 그런 결단은 내가 삶의 환희를 되찾는 데 큰 도움을 주었다. 당신도 시도해보지 않겠는가? 10년 전부터 나는 뉴스를 시청하는 시간을 대폭 줄였다. 세상의 흐름을 따라갈 목적에서만 인터넷에서 내 관심을 끄는 머리기사만을 검색할 뿐이고, 수개월 동안 뉴스를 완전히 끊기도 한다. 그렇다고 내가 무언가를 놓치고 있다는 기분이 들지는 않는다. 소셜 미디어와도 거의 담을 쌓고 지낸다. 저자로서 독자에게 응답해야 한다는 책임감에 간혹 들여다볼 뿐이다. 내가 소셜 미디어에서 보내는 시간의 대부분은, 소셜 미디어가 허용하는 만큼 인간적으로 팔로워들과 교감하는 데 쓰인다. 추천 엔진이 내게 추천하는 글을 아무런 생각도 없이 클릭하는 경우는 거의 없고, 내 삶을 풍요롭게 해주는 글을 쓰며 희망을 주는 계정만을 팔로우할 뿐이다. 이렇게 나는 내 삶에서 모든 독소를 씻어내었고, 이는 지금도 현명한 판단이었다고 생각한다.

순진하게 속지 마라. 현대 세계가 당신에게 믿기를 바라는 거짓말에 휩쓸리지 마라. 그럴듯한 감언이설에 넘어가지 마라. 행복을 찾고 싶다면 신중하게 선택해야 한다. 감춰진 도화선이 당신에게 아무런 도움이 되지 않으면…

[√] 기억하라! 솎아내라.

그렇다고 이 세상을 버리고 황무지에 나가 살라고 말하는 것은 아니다. 신중하게 선택하라는 것이다. 당신에게 도움이 되는 것과 당신에게 불리한 것을 결정할 때 똑똑해져야 한다는 뜻이다. 세상의 흐름을 놓치지 않으면 당신의 삶과 세상을 더 나은 방향으로 바꿀 가능성이 높다는 거짓 약속을 따르지 마라. 당신이 뉴스에서 보았던 것을 근거로 마지막으로 행동했던 때가 언제인가? 그렇게 행동해서 무언가가 실제로 달라졌는가? 부정적인 뉴스만을 시청함으로써 당신이 얼마나 부담스러워졌고, 그것이 당신에게 얼마나 자주 나쁜 영향을 미쳤는가? 이제 선택을 해야 한다. 나쁜 것을 솎아내는 것은 금욕이 아니라 지혜다.

환상을 깨뜨려라

뉴스 방송국은 특정한 이념을 옹호하거나 상업적 이익을 얻기 위해 방송한다. 폭력과 공포는 우리를 화면에서 떨어지지 못하게 만든다. 그들의 목표는 우리에게 정보를 주는 게 아니다. 우리가 TV 앞에 죽치고 앉아 계속 시청하게 함으로써 이익을 얻는 게 목표다. 우리는 고객이 아니라 상품이다.

며칠 동안 뉴스를 접하지 않으면 어떤 일이 벌어질지 생각해본 적이 있는가? 당신의 삶이 유의미한 방향으로 변하고 기분도 더 나아지지 않을까? 아니면 당신이 소파에 앉아 이러쿵저러쿵 논평하는 걸 중단한 까닭에 세상의 기능도 멈췄을까? 당신이 할 수 있는 게 아무것도 없는데 TV를 계속 시청하는 이유를 생각해본 적이 있는가? 어린아이가 어딘가에 우물에 빠졌을 때 당신이 그 뉴스를 본다고 그 아이를 구할 수 있는가? 오히려 당신을 상심의 늪에 밀어 넣지는 않는가? 따로 할 말이 없다. 게다가 스톡홀름 증후군이란 것도 있다. 어떤 사람은 자신을 괴롭히는 것만으로 충분하지 않은지 자신을 괴롭히는 사람과 사랑에 빠진다. 당신은 그런 사람이 아니기를 바랄 뿐이다. **나쁜 것은 솎아내라!**

유명인도 당신과 나처럼 인간일 뿐이다. (그들은 생김새도 우리와 똑같고, 우리와 똑같이 똥을 싼다.) 합리적으로 생각하면 우리 모두가 그렇다는 걸 알지만 우리는 그들을 신으로 추앙한다. 우리는 세상에 대한 그들의 의견을 예언처럼 귀담아듣는다. 그들이 입는 것을 입고, 그들이 말하는 것을 앵무새처럼 되풀이한다. 그들이 우리 세계를 더 낫게 만들려고 노력하는 게 사실일까? 아니면 스타의 반열에 올라서려고 꾸미는 것일까? **나쁜 것은 솎아내라!**

또 우리는 구호를 맹목적으로 따른다. 온갖 구호가 우리 머리를 소음으로 채우지만 정작 우리 마음은 공허하다. 복잡하게 들리면 이해하기 힘들지만 오히려 심오한 뜻이 담겼을 것이라 착각하게 된다. 내가 다니는 명상 교실에서 언젠가 선생이 한 학생에게 "산만한 자아에서 벗어나 혼자가 된 존재 자체와 연결 고리를 찾고, 심장 차크라를 통해 신성한 여성성과 대자연이 평화롭게 결합된 상태에서 당신의 내적 에너지와 연결해보십시오"라고 말했다. 그가 학생에게 요구한 것은 쉽게 말하면 하루에 15분씩 편안한 자세로 앉아 명상하라는 것이었다. 하지만 그 말에 심오한 뜻이 담겼다는 듯이 그 학생은 선생의 말을 한 단어도 틀리지 않게 그대로 되풀이했다. 특정한 분야의 용어, 신비주의, 유명인의 이름을 마치 친구처럼 부르는 행위 등은 모든 것을 실제보다 더 그럴듯하게 들리게 만들며, 우리 세계를 무가치한 정보와 진실이 아닌 것으로 채운다. 진실은 부풀려질 필요가 없다. **솎아내라.**

광고에서 당신을 유혹하는 어떤 상품도 당신의 삶을 바꿔주지는 못한다. 내 전처인 니발은 "정말 좋은 상품이고, 내게 실제로 필요한 물건이라면 굳이 광고할 필요도 없었을 것"이라고 입버릇처럼 말했다. 당신이 지금 사용하는 휴대폰에, 당신이 과거에 사용하던 휴대폰에 없는 중대한 기능이 더해진 것은 없다. 앞으로도 이런 경향은 달라지지 않을 것이다. **솎아내라!** 다 잊어버려라.

이 장을 끝내기 전에 분명히 해두고 싶은 게 있다. 현대인의 삶에서 규범이 되어버린 많은 것을 완전히 솎아내는 것은 불가능하다. 소셜 미디어에도 괜찮은 면이 있고, 때로는 뉴스를 시청하는 게 중요하기도 하다. 하지만 내가 요구하는 것은, 당신의 삶에 받아들이는 것이 당신에게 유리하게 작용하도록 냉철하게 판단하라는 뜻이다. 이익을 추구하고 폐해를 멀리하라.

[⚔★] 매우 중요! 현대 세계의 거짓말이 아니라, 당신의 행복에 투자하라.

우리는 온갖 쓰레기 더미를 머릿속에 집어넣는다. 오랫동안 쓰레기가 우리 안에 몰래 기어 들어와 자리를 잡았다. 이제 조금이라도 청소할 때가 되었다. 그 감춰진 도화선들이 당신의 생각에 지금까지 어떻게 영향을 미쳤는지 돌이켜보는 것도 보람 있는 시간일 것이다. 그 작업은 두 단계로 이뤄진다. 먼저, 감춰진 도화선이 당신의 기분과 생각의 명료성에 미친 영향을 써보라. 다음 단계에서는 그 부정적인 생각들을 당신의 삶에서 하나씩 제거하기 위한 실행 계획을 세워보라.

타이머를 30분에 맞춰라. 시간이 지나서도 시간이 더 필요하면 마

다시, 행복을 풀다

실천 훈련

감춰진 도화선을 제거하라	
목표	오염된 정보원에서 해방된 삶
기간	한 번에 30분
반복	필요하면 일주일에 적어도 한 번 이상 반복하라
준비물	무엇에도 방해받지 않을 만한 조용한 장소 공책과 연필 믿을 만한 친구와 함께라면 더욱 효과적이다

음 편히 재설정하라. 누구에게도 방해받지 않을 조용한 곳을 찾고, 종이와 연필을 가져가라. 시간에 구애받지 말고 당신의 삶을 돌이켜보기 시작하라.

미디어와 인터넷에서 보았던 것, 지난주에 친구들과 대화하며 들었던 것이 당신의 생각과 기분 및 행동에 어떻게 영향을 미쳤는지 돌이켜보라. 찾아낸 결과를 종이에 써라. 예컨대 이렇게 쓰면 된다. 'TV에서 방영된 정치 지도자들에 대한 토론을 듣고, 나는 우리나라의 미래에 대해 크게 걱정하게 되었다.' '데이트 애플리케이션과 친구 연결 애플리케이션에 대해 한 친구와 대화를 나눴다. 그런 애플리케이션을 통해 만나도 헌신적인 관계가 가능할지 의문이다.'

다음 질문을 통해 당신의 뇌가 어떤 종류의 입력을 받아들이고 있는지 확인해보라.

- 어떤 유명인의 일거수일투족이 내 선택에 영향을 미치는가?
- 웹사이트에 실린 기사에 내 의견이 흔들리는가?
- 내가 맹목적으로 따르는 이념이나 정당, 스승이나 사상가가 있는가?

- 지난 며칠 동안 소셜 미디어에 실린 글이나 평가에 기분이 달라진 적이 있는가?
- 뉴스에서 들은 소식으로 인해 앙금처럼 남은 부정적인 생각이나 두려움이 있는가?
- 내 삶의 일부처럼 존재하는 어떤 친구가 나를 불필요한 생각으로 끌어들이는가?
- 휴대폰이 알려주는 모든 알림이 내게 즐거움을 주는가, 아니면 스트레스를 더해줄 뿐인가?

이런 질문을 계속해보라. 최근에 관계를 맺은 외부의 모든 정보원을 찾아내서, 그 하나하나가 당신에게 유익한지 해로운지 생각해보고 당신의 행복과 명료한 생각에 어떤 영향을 미치는지 추적해보라. 이 훈련은 믿을 만한 친구와 함께 하면 훨씬 효과적이다. 감춰진 도화선들을 써두고, 시간을 내어 친구와 채팅을 하거나 쪽지를 주고받아라.

이번에는 행복이 당신에게 최우선순위라 생각하며, 다시 15분을 할애해 '내가 더 행복해지려면 모든 감춰진 도화선 중에서 무엇을 먼저 제거해야 하는가?'라는 중대한 질문에 답해보라. 당신에게 악영향을 미치는 감춰진 도화선의 영향을 제거하고, 당신의 삶에서 나쁜 도화선을 없애기 위한 실행 계획을 명확히 수립해보라. 내 개인적인 경험에 따르면, 당신이 취해야 할 행동으로는…

- 휴대폰의 알림 기능을 끈다. (알림 기능을 끄려면 생각보다 복잡한 과정을 거쳐야 한다. 애플리케이션 제공자는 당신이 알림 기능을 항상 켜두기를 원하기 때문에 알림 설정을 끄는 기능을 깊숙이 감춘 경우가 대부분이다.)

- 종류를 불문하고 폭력과 공포 및 피가 난무하는 영화의 시청을 중단한다.
- 사흘을 주기로 뉴스의 머리기사만을 읽는다. (뉴스는 자극적이고 부정적인 이야기에 집착하고, 자신들의 의제에 부합하는 메시지를 며칠 동안 반복해 전달하는 경향을 띤다.)
- 앞으로 보름 동안 뉴스를 철저히 외면한 채 생활한 뒤, 실제로 중요한 뉴스를 놓치지는 않았는지 살펴본다. 중요한 것을 놓친 게 없고 내 기분이 극적으로 향상된 것으로 판명 나면, 유해한 뉴스로부터 해방되는 시간을 한 달 더 연장한다. (1년까지, 아니 영구히 연장해도 상관없다.)
- 친구가 내게 영향을 미치려는 태도를 바꾸지 않으면 그에게 내 삶에서 나가 달라고 정중히 요청하는 동시에, 더는 남을 험담하는 걸 그만두라고도 부탁한다.

글쓰기, 운동하기, 사람 만나기 등 내가 실행 계획에 넣은 행동들이 위의 목록을 차근차근 채워간다. 왓츠앱(WhatsApp)의 사용을 하루에 30분 이내로 제한한 것도, 내가 선택한 실행 계획의 하나다. 그러나 지금까지 예시한 것은 내 목록에 불과하다. **당신에게는 당신만의 실행 계획이 필요하다.**

그렇게 실행 계획이 준비되면 목록에 나열된 목표와 다짐에 언제까지 완료하겠다는 목표 일자를 써둬라. 이 훈련은 단거리 경주가 아니라 마라톤이다. 당신 머리를 오염시킨 독소를 완전히 제거하고 당신이 오랫동안 반복하던 습관을 바꾸는 데는 몇 달이 걸릴 수 있다. 가장 시급하고 가장 깊이 감춰진 도화선 한두 개로 시작해보라. 그 뒤에 매주 추가로 목표를 설정하고 실천해보라.

당신이 이런 변화를 도모하는 데 도움을 줄 만한 친구를 찾아낼 수 있다면 크게 도움이 될 수 있다. 예컨대 기간을 정확히 정해두고 당신의 진전 상황을 친구에게 매일 저녁 짤막한 메시지로 알린다. 이런 구속이 있을 때 약속을 더 잘 지킬 수 있게 된다. 감춰진 도화선을 찾아내 제거할수록 기분이 어떻게 더 나아졌는지를 자주 되돌아보라. 이런 반추가 긍정적인 변화를 계속 추구하도록 독려하는 원동력이 될 것이다.

솎아내라

당신이 나쁜 것을 솎아내며 경험한 것을 행복을 추구하는 다른 사람과 공유함으로써 그들이 하루라도 빨리 행복해질 수 있도록 도와라. 당신이 삶에서 무엇을 제거했고, 그 결과로 상황이 어떻게 더 좋아졌는지도 다른 사람들에게 알려줘라.

3장
우리와 함께하는
세 가지 방어기제

우리가 만들어내는 컴퓨터는 여러 부품으로 이뤄지고, 각 부품은 고도로 전문화된 작업을 수행하도록 설계된다. 그래픽 처리 장치(graphic processor)는 그래픽을 만들어내는 데 집중하고, 중앙 처리 장치(central processing unit, CPU)는 연산을 실행하는 데 집중한다. 기억 저장 장치는 우리에게 필요한 정보를 지체 없이 보관하고, 확장 하드 드라이브는 대용량 파일을 예비로 보관하는 데 쓰인다.

이런 구성은 우리 뇌와 신경계의 여러 영역이 기능하는 방법과 무척 유사하다. 각 영역은 고유한 역할에 따라 정교하게 설계되었다. 따라서 컴퓨터와 마찬가지로 뇌와 각 영역이 어떤 용도로 쓰이는지 알게 되면 어떤 이유에서 그렇게 작동하는지 쉽게 이해된다.

왜 우리는 생각하는가

'왜(why)', 즉 누군가의 행동 뒤에 숨겨진 이유를 이해하는 게 '무엇(what)'과 '어떻게(how)'를 이해하는 가장 쉬운 길이다. 고등학교 시절에 제이크는 샐리를 짝사랑했기 때문에 그녀의 주변에서 다른 남자들과는 다르게 행동했다. 제이크는 샐리를 지나치게 보호하려 했고, 샐리가 다른 남자들에게 친절하게 행동하면 침울하게 변하기도 했다. 제이크가 샐리를 짝사랑한다는 걸 모르는 사람에게는 제이크의 행동이 이해되지 않았을 수 있지만 제이크가 자신의 심정을 당신에게 털어놓았다면 모든 게 맞아떨어지기 시작할 것이다. 우리 뇌도 누군가를 짝사랑한다. 그 짝사랑이 대부분의 행동과 반응을 유발한다. 우리 뇌는 문자 그대로 우리에게 집착한다. 그 때문에 뇌는 우리를 과보호하고 행동에도 영향을 받는다. 이런 집착은 우리 뇌의 구조에 애초부터 심어져 있다.

이런 집착이 우리 뇌의 모든 선택에 어떻게 개입하느냐를 이해하려면 다른 생물학적 기관과 비교하는 게 도움이 된다. 예컨대 우리 다리 근육에는 하나의 주된 기능(도주)밖에 없다. 포식자가 우리에게 위협을 가하면 우리는 다리를 이용해 죽어라 뛰어서 달아난다. 우리 인간은 이 기본적인 기능을 극단까지 밀어붙여 장거리를 뛰고 춤을 추며, 축구를 하고 짝을 유혹하는 데도 다리를 사용한다. 그러나 두 다리가 아무리 매력적이더라도 다리는 본질적으로 도주하기 위해 만들어진 게 분명하다. 따라서 그 주된 기능이 필요한 경우에 다른 기능들은 무시된다.

뇌의 경우도 다를 바가 없다. 우리는 뇌를 일차적인 기능 너머까지 밀어붙여 스마트폰을 발명하고 문명을 건설하는 데도 사용했다. 하지만 뇌의 주된 기능은 여전히 전적으로 생존(survival)에 맞춰져 있다. 하지만 뇌와 다리에는 큰 차이가 있다. 뇌에게는 모든 것이 위협으로 보일 수 있다는 것이다. 예컨대 당신이 소셜 미디어에 쓴 글에 덧붙여진 험악한 댓글로부터 달아나기 위해 두 다리를 이용할 수는 없지만, 당신의 뇌가 그 무가치한 댓글을 임박한 위협(당신이 다리를 이용해 죽어라 뛰어서 달아나야 할 포식자)으로 인식한다면 그 댓글을 처리하기 위해 뇌의 능력을 동원할 수 있다.

이런 비유가 맞아떨어진다면 당신의 뇌는 과잉보호하는 게 된다. 그 이유는…

[✓] 기억하라! 당신의 뇌는 당신을 엄청나게 짝사랑한다.

학창 시절의 제이크처럼 당신의 뇌도 변덕을 부리는 것처럼 보일 수 있지만 그 강박적 짝사랑을 가정하면 모든 게 완벽하게 설명된다.

우리 뇌의 기본적인 구조는 얼핏 보더라도 우리를 안전하게 지키는 의무에 헌신적이라는 게 드러난다. 그 목적을 위해 우리 뇌는 어떤 것도 운에 맡기지 않는다. 우리 뇌에는 인간의 뇌에만 존재하는 안전 메커니즘만이 아니라 다른 종에서 훌륭하게 작동하며 효력이 검증된 원시적인 뇌까지 들어 있다. 우리 뇌는 이 둘을 결합해서 모든 것을 정교하게 짜맞추는 시스템이다.

세 가지 방어기제

생존이란 관점에서 뇌를 연구하면 세 가지 다른 하위 시스템이 찾아진다. 우리 뇌에서는 중심을 차지하는 뇌간(brainstem)이 파충류가 **위험을 피하기 위해 사용하는 생존 기능**을 담당한다. 이 뇌는 '파충류 뇌(Reptilian Brain)'라고 흔히 일컬어진다. 그다음 변연계(Limbic System)는 다른 포유동물에서도 발견되는 생존 기능을 복제한 것으로, 단순하지만 효과적인 생존 메커니즘으로 주로 **고통을 피하고 보상을 구하는 기능**을 담당한다. 이 뇌는 '포유류 뇌(Mammalian Brain)'라 칭해진다. 끝으로는 인간을 다른 모든 종과 구분해주는 부분들로, **논리적으로 생각하고 계획을 세우는 기능 및 자기 개념화**를 담당하는 신피질(neocortex)이 있다. 이 부분들은 유기적으로 협력해 기능하며 '이성적인 뇌(Rational Brain)'라 일컬어진다.

'삼위일체 뇌(Triune Brain)'로도 알려진, 이렇게 계층화된 뇌의 방어기제는 미국의 의사이며 신경과학자이던 폴 맥린(Paul MacLean, 1913~2007)이 1960년대에 처음 제안했고, 1990년에 발표한 《진화에서 삼위일체 뇌(The Triune Brain in Evolution)》에서 요약해주었던 진화의 한 모형이다. 하지만 여기서 나는 삼위일체 뇌를 진화의 한 모형으로 보지 않고 인간 행동을 이해하는 데 유용한 모형으로 본다는 점을 미리 언급해두고 싶다.

파충류 뇌

우리 뇌에서 이 부분은 가장 원시적인 형태의 생존을 담당하며 주로 파충류에서 발견된다. 우리에게 접근하며 친근하게 다가오는 강아지와 달리 도마뱀은 달아난다. 우리가 신선한 녹황색 채소 위에 귀뚜라미를 얹은 접시를 쥐고 있어도 도마뱀은 전혀 재고하지 않는다. 사실상 포유류 뇌는 그다지 생각하지 않고 주로 기계적인 기능을 담당할 뿐이다. 우리가 생존하려면 심장은 계속 뛰어야 한다. 따라서 심장 박동을 관장하는 제어 시스템은 뇌간에 있다. 뇌간이 뇌와 신경계를 이어주는 부분이기 때문이다. 심장에게 뛰라는 지시가 기계적으로 전달되므로 우리는 그에 대해 구태여 생각할 필요가 없다. 분비선 작용, 호르몬 조절, 호흡, 음식물의 소화, 몸 곳곳으로의 혈액 순환은 모두 자율적으로 이뤄진다. 이런 이유에서 신경과학은 이런 기능을 통제하고 조절하는 시스템을 '자율 신경계'라 칭한다.

자율 신경계는 공포에서 비롯된 위험 회피도 담당한다. 편도체, 시상하부, 부신이 순식간에 투쟁-도피 반응(fight or flight response)을 유발하기 때문에 우리는 다가오는 위협을 피하게 된다. 제한된 신체적 자원의 재분배에 관련된 결정은 신경계에서 이뤄진다. 따라서 논리적인 뇌에게 의견을 구하지 않은 채 심장 박동 속도가 빨라지고, 소화 작용이 멈추며, 시력이 예민해진다. 파충류가 대부분의 현상에 반응하는 초기 상태는 두려움이다. 따라서 파충류는 최소한의 위협이라도 감지되면 즉각적으로 도피한다.

포유류 뇌

포유류 뇌, 즉 변연계는 감정을 담당한다. 구체적으로 말하면 즐거움을 추구하고 고통을 회피하는 기능을 책임진다. 우리 생존을 즉각적으로 위협하지 않는 것을 관장하며 우리 생존을 보장하는 게 포유류 뇌의 기능인 셈이다. 예컨대 번식은 우리가 1년을 더 살기 위한 전제조건은 아니지만, 번식이 없으면 우리는 멸종하고 말 것이다. 이런 이유에서 우리는 성행위를 즐긴다. 우리 주변에 식량이 풍부할 때는 미래의 기근에 대비해 지방을 축적하려고 하지 않는다. 과자가 없어도 우리는 죽지 않는다. 우리가 필요한 수준 이상을 섭취하며 잉여분을 지방으로 안전하게 축적해두려면 먹는 즐거움이 있어야 한다(내게는 이 어리석은 원초적 본능을 뒤집을 방법을 찾는 게 절실하게 필요하다).

감정과 호르몬은 포유류 뇌의 기능을 뒷받침한다. 예컨대 우리 자식을 보호하는 행동은 혹독한 환경에서 살던 혈거인(caveman) 시대에는 개인의 생존을 위협하는 반(反)직관적인 행동이었다. 하지만 부모의 감정이 변연계에 반영되며 인간종이 번식되도록 우리는 자식들을 보호해야만 했다. 성인으로서 소속감을 갈망함으로써 부족 간의 결속이 더욱 끈끈해졌고, 그 결과로 부족은 위험에 직면할 때 하나의 단위로서 더욱더 강해졌다. 우리 존재에 즉각적인 위협이 되지 않는 것에 관련해서는 포유류 뇌가 우리의 생존을 담당한다.

이성적인 뇌

세 번째로 뇌에서 가장 정교하다고 추정되는 영역은 이성적인 뇌다. 우리를 인간으로 만들어주는 부분이고, 계획 수립과 논리적 추론을 담당하는 부분이기도 하다. 문제를 해결하고 분석적으로 생각하는 능력을 우리에게 주고, 특히 자아라는 개념을 형성하게 해주는 영역이기도 하다. 이성적인 뇌는 우리가 다른 모든 생명체와 구분되는 존재라는 걸 일깨워준다. 이런 구분으로 인해 우리를 다른 사람들과 분리하는 경계가 세워지고, 우리는 개체가 되며 우리 자신을 다른 누구보다 우선시한다. 이 모든 것이 이성적인 뇌에서 일어난다. (분리라는 개념 자체가 그다지 이성적이지 않기 때문에 이런 구분이 우스꽝스럽다는 생각이 든다.)

이성적으로 생각하는 능력을 원동력으로 삼아 우리 인간종은 빠르게 진화할 수 있었다. 생존은 호랑이를 보면 무작정 달아나는 것만을 의미하지 않는다. 호랑이가 어디에 숨는 경향을 띤다는 걸 알아내서 그곳을 피해 다른 경로를 계획하는 게 더 나은 생존 방식일 수 있다. 또 생존을 위해서는 겨울나기를 위해 식량을 비축하거나 수렵과 채취에만 의존함으로써 기아의 가능성에 노출되지 않고 농사를 짓는 게 더 나은 선택일 수 있다. 다른 동물들도 계획이란 걸 세우지만, 인간은 계획 수립을 완전히 다른 차원까지 끌어올려 은퇴와 자식 교육, 생명 보험 등을 계획한다. 요컨대 우리는 즉각적인 생존만을 위해 뇌를 사용하는 게 아니다. 우리는 늙고 약해질 때까지 살아남기 위해 뇌를 사용한다.

여기에서 뇌의 어떤 영역이 어떤 기능을 수행한다며 생물학 강의를 하고 싶지는 않다. 당신이 이 책의 목적(행복, 성공, 동정심)을 향해 나아가는 데는 그런 강의가 실질적인 도움이 되지는 않을 것이다. 그런데도 내가 뇌에 존재하는 세 가지 방어기제를 언급하는 주된 이유는 그 하위 시스템이 육체적 고통 이외에 인간이 겪는 고통의 세 가지 원인과 완벽하게 맞아떨어지기 때문이다. 우리를 심리적으로 고통스럽게 하는 그 원인들에 이름을 붙인다면…

AAA

적잖은 사람이 살아 있는 매 순간 불행할 수밖에 없는 이유가 생긴다고 느낄지도 모르겠다. 그러나 이런 느낌은 눈곱만큼도 사실이 아니다. 삶은 끊임없이 변하기 때문에 우리가 대응해야 할 조건도 변화무쌍할 수밖에 없다. 우리의 행복 상태는 이런 조건들의 결과가 아니라 우리가 그 조건에 대응하는 태도의 직접적인 결과다. 불행한 사람은 혐오(aversion), 애착(attachment), 만연한 불만(all-pervasive dissatisfaction), 즉 'AAA'의 세 방법 중 하나(또는 그 이상)로 삶에 대응한 사람이다.

기본적인 욕구가 채워지고 육체적 고통이 없는데도 당신이 불행하다고 느낀다면 그 불행의 원인은 주로 당신의 머릿속에 있다. 따라서 당신의 불행은 당신의 뇌가 두려워하는 것에 대한 생각(혐오)이나, 당신의 뇌가 획득하거나 지키고 싶어 하는 것(애착), 또는 당신의 뇌가 '만족할 만큼 좋은 게 없다'라는 설명되지 않는 감정(만연한 불만)에 사로잡힌 결과물이다.

혐오

혐오는 파충류 뇌의 결과물이다. 파충류 뇌가 우리를 안전하게 지키려고 만들어내는 두려움은 회피로 나타난다. '지금 남자 친구가 나를 학대하지만 혼자 살지는 않을 거야. 다른 남자를 만나지도 않을 거고.' '지금 직장에 나가는 게 죽도록 싫지만 새 직장을 구할 생각은 없어.' '이곳이 정말 마음에 들지 않지만 다른 곳에 살고 싶지는 않아.' 이런 두려운 생각은 구체적으로 어떤 것에 대한 욕구에서 비롯되는 것이 아니라 삶에서 원하지 않는 것에 대한 두려움에서 비롯되는 것이다.

2013년 나는 구글 부사장이었다. 나는 신흥 시장으로 부각되는 세계의 많은 지역에서 구글을 대표해 신규 사업을 시작하고 운영했다. 7년 동안 나는 구글이 진출한 전 세계 사업장의 거의 절반까지 신규 사업을 확장했지만 2013년쯤에는 확장 속도가 느려졌고, 내가 사업을 운영하는 데도 사내 정치에 순응할 필요가 있었다(그렇다, 구글에도 정치가 상당히 많다). 당시 내 밑에서 일하던 관리자는 내게 우호적인 동료인 척했지만 끊임없이 내 삶을 힘들게 만들었다. 그래서 나는 구글에서 일하는 게 더는 즐겁지 않았고, 새출발을 할 때가 되었다고 생각했다. 당시에는 많은 기업이 구글 출신의 인재를 고용하고 싶어 했고, 구글 내에도 많은 기회가 있어서 내가 새로운 일을 찾으려 했다면 많은 시간을 들이지 않고도 일자리를 충분히 구할 수 있었을 것이다.

하지만 내가 구글을 떠나기로 결정한 순간 내 파충류 뇌가 작동하기 시작하며 나를 겁주려 애썼다. 당시 이렇게 생각했던 게 지금도 기억에 생생하다. '글쎄, 너답지 않은 결정인데? 세계가 점점 불안정해지고 있다는 건 우리 모두가 알고 있잖아. 전쟁이 나면 어떻게 할 거야? 네 재산의 대부분이 있는 두바이를 이란이 핵공격하면 어떻게 할 거야? 또 네 딸 아야가 더 안전한 곳에 살아야 할 정도로 기후 변화가 악화되면 어떻게 할 거야? 구글에서 받는 안정된 수입이 없으면 너는 아야에게 아무런 도움도 주지 못할 텐데.'

정말이다. 내 파충류 뇌는 나를 이런 식으로 겁주었다. 우리 뇌가 최악의 경우를 상상하며 비현실적인 시나리오를 꾸미기 시작하면 멈출 줄을 모른다. '내 남편이 비욘세(Beyonce)를 만나고 비욘세가 내 남편을 사랑하게 되면 어떻게 하지? 우버 기사들과 택시 기사들이 전쟁을 벌이기 시작한 날, 기차가 탈선하면 어떻게 하지? 그때 어떻게 해야 내가 제시간에 회의에 참석할 수 있을까? 경제가 붕괴되고 내가 다니는 회사가 파산하면 어떻게 하지? 내가 좋아하는 얼굴 크림의 가격이 네 배로 뛰면 어떻게 하지?'

이렇게 상상한 사건보다 먼저 당신이 미끄러져서 목이 부러지면 어떻게 되겠는가? 통계적으로 보면 당신 뇌가 만들어낸 으스스한 상상보다 이 사건이 일어날 확률이 더 높다. 더구나 비욘세가 당신 남편과 사랑에 빠질 확률보다는 훨씬 더 높지 않은가? 사실 약간의 혐오는 괜찮다. 만일의 경우를 대비해 돈을 저축하고, 안전한 동네에서 살면서, 길을 건너기 전에 좌우를 살피는 행위는 모두 바람직한 것이다. 그러나 비욘세? 제발, 정신을 차리자.

당시 내 머릿속에 달라붙은 귀신을 처리하는 데는 현실을 돌이켜 보는 잠깐의 시간과 간단한 스프레드시트 한 장이면 충분했다. 나는 내가 가진 자원들과 현실적인 지출 상황을 정리해보았고, 안전을 위한 약간의 완충 장치도 추가했다. 몇 분 만에, 세상이 정말 엉망진창이 되지 않는 한 괜찮을 것이라는 결론을 얻었다. 이에 힘입어 나는 구글 내에서 할 수 있는 다른 일을 찾아보았고, 결국 당시 지상에서 최고의 일자리였을 구글X의 신규사업 개발 총책임자가 되었다. 두려움에 굴복하지 않는 내 장점 덕분에 얻어낸 좋은 결실이었다.

당신을 겁주는 생각을 정확히 찾아내서 그 생각에 의문을 제기하려면 높은 차원의 자각(awareness)이 필요하다. 이 문제는 뒷부분에서 감정에 대해 살펴볼 때 깊이 다루도록 하겠지만, 큰 그림을 이해하기 위해서라도 당신이 오늘 삶의 과정에서 겪을지도 모를 혐오가 정말 필요한 것인지 의문을 제기해봐야 한다. 물론 우리 뇌의 원초적인 집착은 우리를 안전하게 지키려는 데 목적이 있다. 따라서 그 집착을 억제하고 싶다면 이렇게 직설적으로 질문해보자. 나는 안전한가?

우리가 행복의 길에서 일탈하지 않도록 결정적이고 중대한 개입이 필요하다면 그것이 무엇일까? 에둘러 말하지 말고 곧바로 본론으로 들어가자. 내 뇌의 최우선순위가 나를 안전하게 지키는 것이고, 그래서 나를 혐오의 늪에 가두는 것이면 그런 혼란 상태를 정리하는 지름길은 내 안이란 쟁점 자체에 의문을 품는 것이다.

우리는 공포스런 이야기를 거의 매일 듣는다. 뉴스에도 실리고, 친구들과 으스스한 이야기를 주고받는다. 게다가 소셜 미디어에도 시시때때로 섬뜩한 이야기가 게시된다. 고통과 역경에 대해 끝없이 나열되는 그런 이야기들을 통해 우리는 재난이 끊이지 않는다고 믿게 된다. 하지만 수학적 사고에 길들여진 내 머리는 우리 삶에서 좋은 일이 일어날 확률과 비교할 때 나쁜 일이 일어날 확률은 극히 낮다고 내게 말해준다. 설령 나쁜 일이 일어나더라도 우리가 두려워하는 수준

자각 훈련

나는 안전한가?	
목표	뇌가 유도하는 만큼 안전이 중대한 쟁점이 아닐 수 있다는 확신을 갖는다
기간	30분
반복	불안감을 주는 모든 원인에 대해 적어도 한 번씩 반복하라
준비물	무엇에도 방해받지 않을 만한 조용한 장소 공책과 연필 신뢰하는 친구와 함께 하는 것도 고려해보라(낙천적인 친구라면 더 큰 도움이 될 것이다)

보다 훨씬 견딜 만한 경우가 많다. 요컨대 우리는 거의 언제나 안전하다. 내 말을 믿지 못하겠는가? 그럼 직접 계산해보길 바란다. 당신 자신의 삶을 돌이켜보면 계산하는 게 그다지 어렵지 않을 것이다.

무엇에도 방해받지 않을 만한 조용한 곳에 들어가 타이머를 30분에 맞춰라. 걱정의 본질에 들어갈 때까지 필요하면 자각 훈련을 몇 번이고 반복해도 상관없다. 걱정하지 말고 충분한 시간을 두고 훈련해보라. 진실을 알게 되는 순간 큰 보상을 받은 기분일 것이다. 다음 제시된 질문 하나하나에 필요한 만큼의 시간을 투자하라. 각 질문을 읽는 데도 몇 초밖에 걸리지 않지만, 적나라한 진실을 알아내는 데는 몇 분, 때로는 며칠이 걸릴 수 있다. 신뢰할 수 있는 친구나 집단과 함께 하는 것도 좋은 방법이다. 다양한 관점은 우리 뇌를 오랫동안 갇혀 있는 곳에서 끌어내는 최적의 수단이다.

• 내 말이 빈정대는 것처럼 들릴 수 있겠지만 그럴 의도는 전혀 없다. 지금까지 거의 제기되지 않은 의문을 제기하려는 것일 뿐이다. 물리적

위협으로 시작해보자. 주위에 호랑이가 있는가? 여하튼 당신을 잡아먹으려는 다른 포식자가 있는가? 길을 건널 때 조심하고, 도심에서 위험한 곳을 피하고, 책임감 있게 운전하면 일상의 삶에서 치명적인 위협이 될 만한 다른 것이 있는가? 건강에 관해서도 냉정하게 생각해보자. 당신이나 당신의 지인이 연간 며칠을 건강하게 지내고, 며칠이나 병에 걸리는가? (이쯤에 첨언하자면 오늘날 우리가 살아가는 문명 세계에서 우리가 맞닥뜨리는 포식자는 안타깝게도 인간이다. 구체적으로 말해, 여성을 학대하고, 권력을 이용해 나를 포함한 유색인을 차별하는 사람들이다. 우리는 항상 경계심을 품고, 우리 자신의 안전만이 아니라 우리가 사랑하는 사람의 안전을 위해 예방 조치를 취하고, 더 안전한 공동체를 요구하는 목소리를 높여야 한다. 우리가 두려움에 떨며 살아야 할 이유가 없다. 조심해서 살면 그것으로 충분하다. 오늘날의 세계가 적절한 조치를 통해 우리가 거의 언제나 안전하다고 느낄 수 있는 기회를 제공하고 있다는 사실을 인정하고 고마워해야 마땅하다.)

- 신체의 안전 이외에 당신이 걱정하는 다른 위협들은 얼마나 치명적인가? 나쁜 인간관계, 실직, 최신 휴대폰이 없는 삶, 소셜 미디어에 게시한 글에 대한 악의적인 댓글, 이런 것들이 정말 당신의 안전에 위협된다고 생각하는가? 살아 있기에 누릴 수 있는 재미와 도전이고, 무언가를 새롭게 깨닫게 해주는 또 다른 사건에 불과한 것은 아닌가?

- 주류 언론은 부정적 편향성을 띠고, 균형감을 상실하고 과장해서 보도하는 경향을 띤다. 언론의 보도 방식을 꿰뚫어볼 수 있어야 한다. 당신이 폭행 사고, 쓰나미, 학교 총격 사고의 피해자가 될 확률이 얼마나 되겠는가? 통계적으로 보면 극히 미미하다. 어제 누군가와 즐겁게 사랑을 나눈 사람의 숫자에 비교할 때 누군가에게 총격을 가한 사람의

숫자가 얼마나 되겠는가?

- 무언가가 잘못되는 극히 드문 경우에도 당신이 두려워하는 것에 영향을 받은 사람이 살아남고, 오히려 번창하는 걸 본 적이 없는가? 당신 친구가 주변 사람들에게 놀림을 받았지만 그래도 죽지 않은 경우가 숱하게 많지 않은가? 명백한 위협의 순간이 그를 성공의 길로 끌어가는 전환점이 되었던 걸 목격한 적은 없는가? 당신이 상상한 최악의 시나리오가 실제로 일어난 적이 있는가? 혹시 삶이 우리를 더 낫고 더 강하게, 또 더 융통성 있게 키워가기 위해 설계된 일련의 도전으로 이뤄진 것은 아닐까?

- 특정한 무언가가 다시 반복되지 않았는데도 그것에 대한 두려움이 한동안 지속된 때를 기억할 수 있는가? 어떤 것을 며칠 또는 몇 년 동안 기대했다는 사실만으로도 그 일이 일어날 확률이 무척 낮다는 충분한 증거가 아닐까?

- 특정한 두려움을 돌이켜보며 그 두려움을 삶의 과정에서 다른 시기, 또 지금은 변한 다른 환경에서 만들어낸 게 아닌지 생각해보라. 학창 시절에 당신보다 몇 살이 많고 덩치도 큰 학생에게 괴롭힘을 받아 형성된 두려움이라면 당시에는 충분한 근거가 있었지만, 지금도 그 두려움이 타당한 것일까?

- 당신과 유사한 조건에서 살지만 당신이 두려워하는 것에 신경 쓰지 않고 두려워하지도 않는 친구나 가족이 있지 않은가? 당신은 모르는 것을 그들은 알고 있는 걸까? 그렇다면 그것이 무엇일까? 왜 그들은 안전하게 느끼는 걸까?

- 걱정하는 것에 집중하면, 그 걱정거리가 실제로 일어나는 경우 당신의 삶에서 당신을 안전하게 지키는 데 도움이 될 긍정적인 면은 무시하는 경향이 있는가? 예컨대 실직이 두렵다면 실직한 이후에도 수개월 동

안 지탱할 수 있을 만큼 저축을 해두겠다고 생각해본 적이 있는가?

위의 질문들에 정직하게 대답하다 보면 당신의 두려움이 무척 과장된 감정이란 걸 깨닫게 될 것이다. 터무니없이 부풀려졌다는 뜻이다. 근거 없는 환상을 피하면 우리 뇌가 믿게 만드는 수준보다 우리는 훨씬 안전한 게 사실이다. 치유되지 않는 심리적 외상, 즉 전문가의 도움을 받아야 하는 '외상 후 스트레스 장애(post-traumatic stress disorder, PTSD)'의 경우에도, 고통을 받는 순간에도 환자는 안전하다. 말하자면…

[✡★] 매우 중요! 당신을 두렵게 하는 것을 생각하는 데
뇌를 사용한다는 사실 자체가, 당신이 지금 여기에서 안전하다는 분명한 증거다.

지금 호랑이가 당신을 공격하고 있다면 당신을 겁주는 게 무엇인지 생각할 여유조차 없지 않겠는가.

캐나다계 미국인 인지심리학자이자 심리언어학자이고 대중과학 저술가인 스티븐 핑커(Steven Pinker)의 주장에 따르면, 인류의 삶은 전반적인 수준에서 과거보다 훨씬 안전해졌다. 살인과 전쟁, 가난과 오염 등에 대한 최근 자료를 분석한 핑커는 "30년 전과 비교할 때 현재 세계는 모든 면에서 더 안전하다"라는 결론을 끌어냈다.[1] 그런데도 우리가 실제보다 더 위협받는다고 간혹 느끼는 유일한 이유는, 뉴스 매체나 인터넷을 통해 지구 반대편에서 일어나는 사건을 보며 무언가 잘못된 게 무척 많다고 느끼기 때문이다. 그러나 실제로는 그것이 훨씬 더 적은 데도 쓸데없는 정보들을 받아들인 결과다. 감춰진 도화선을 기억하는가?

세계는 더 안전하다. 우리가 가장 두려워하는 것이, 우리 뇌가 묘사하는 것처럼 전개될 가능성은 거의 없다. 설령 그런 최악의 상황이 닥치더라도 그때쯤 당신은 이 땅에 없을 것이다. 누구나 예상하겠지만, 고난도 삶의 일부에 불과하므로, 당신의 도마뱀 뇌에게 이르기를…

[√] 기억하라! 당신은 안전하다!

애착

한편 애착은 감정을 관장하는 포유류 뇌에서 형성된다. 보상과 즐거움에 집중하고 불편함과 고통을 멀리함으로써 우리는 우리에게 친숙한 것에 애착을 갖게 된다. 그 친숙한 것이 실제로 얼마나 소중하고 우리 행복에 얼마나 기여하는지는 중요하지 않다. 한 번도 입지 않은 옷들로 가득한 옷장, 오랫동안 무작정 모아온 폐물들로 채워진 상자, 우리 삶을 조금도 윤택하게 해주지 못하는 인간관계 등이 어느덧 우리에게 안전지대(comfort zone)가 되었기 때문에 버리지 못한다. 포유류 뇌가 삶을 주도할 때 우리는 미래에 일어날 법한 위협에 대해서는 걱정하지 않지만 과거의 안락과 즐거움을 떨쳐내지 않으려 한다.

내 멋진 아들인 알리가 이 땅을 떠났을 때 아들이 남겨놓은 것들을 그대로 간직하는 게 당연하게 여겨졌다. 우리는 알리와 함께한 기억들, 알리의 손때가 묻은 모든 것을 소중히 간직해두고 싶었다. 그러나 냉정하고 현명한 어머니 니발은 전혀 다른 의견을 제시했다. 장례식 날, 우리는 알리의 절친한 친구들에게 알리와 그들을 가장 가깝게 이어주는 유품을 가져가라고 독려했다. 게임용 컴퓨터는 괴짜 친구가 가져갔고, 베이스 기타는 밴드의 일원이 가져갔다. 알리가 입던 티셔츠들은 알리에게 상당한 의미가 있던 사람들에게 하나씩 나눠주었고, 비디오 게임과 게임 장치는 알리와 함께 게임을 즐기던 친구들에게 주었다. 물론 나도 몇 장의 티셔츠와 귀걸이 하나를 간직했다. 특히 귀걸이는 목걸이로 만들어 내가 항상 차고 다니며, 어느덧 내가 지상에서 가장 소중하게 생각하는 물건이 되었다. 니발도 귀걸이 하나와 특별한 기억이 담긴 물건들을 알리의 유물로 챙겼다. 아야도 마찬가지였다. 우리는 각자 예닐곱 개의 물건을 챙겼고 남은 것은 모두 나름대로 필요해서 소중히 간직할 사람들에게 나눠주었다.

알리의 방을 장식하던 가구들과 커튼, 책벌레처럼 열중해 읽던 책들이 조금씩 사라졌고, 시간이 지난 뒤에는 완전히 비워졌다. 우리는 알리의 유물을 다른 사람들에게 도움이나 행복을 주는 공덕으로 바꿔가고 싶었다. 니발과 나는 아들을 향한 사랑의 박물관으로 알리의 방을 보존해두고 싶었지만 그렇게 빛으로 가득한 빈 공간으로 만들었다. 니발의 지혜에 도움을 받아 우리는 알리를 놓아줄 수 있었다. 니발은 "알리가 남긴 물건들이 알리는 아니에요. 알리를 떠올려줄 물건이 내게 없어도 알리는 내 마음속에 살아 있어요"라고 말했다. 나는 알리가 남긴 물건들이 더는 사용되지 않는 걸 볼 때마다, 그 물건들을 사용할 사람에게 나눠줌으로써 그 물건들에 생명을 주고 싶었다. 아들이 떠나면서 나눠준 물건들을 통해 아들이 계속 살아 있다는 걸 느끼고 싶었다.

알리의 은행 계좌에는 저축해둔 돈이 조금 있었다. 어느 날 밤, 길가에 주차해둔 그의 자동차가 들이받혀 완전히 파손되었을 때 보험금으로 받은 것이었다. 그때 알리는 자동차가 필요하지 않다며 그 돈을 저축해뒀다. 우리는 그 전액을 알리의 이름으로 자선 단체에 기부했다. 그렇게 모든 것을 나눠주고, 그렇게 나눠어진 것들이 다른 사람들에게 도움이 된다는 걸 알게 되자 기분도 좋아졌다. 그 물리적 물건들에 대한 애착으로부터 해방되었을 때 우리의 마음은 한결 가벼웠다.

그런 나눔은 우리를 떠난 잘생긴 알리의 몸뚱어리에 대한 애착으로부터의 해방을 상징했고, 대신 우리를 그의 아름답고 순수한 본질에 연결해주었다. 물리적인 물건으로부터 해방됨으로써 우리는 정말 중요한 것, 즉 알리를 향한 사랑을 소중히 간직할 수 있었다.

니발의 케냐 친구가 고향으로 돌아갈 때 그녀에게 알리의 옷가지를 좀 챙겨주었다. 그녀는 돌아와서는 알리의 장화를 한 젊은이에게 주었다고 우리에게 알려주었다. 그런 장화가 절실하게 필요하던 젊은이였던지, 며칠 뒤에 그녀를 만났을 때 그는 그 장화를 신으면 하늘을 날 수 있을 듯한 기분이라 말했다고도 전해주었다. 나는 마음속으로 매일 그 젊은이가 하늘을 날아오르고 높은 명성을 쌓아 우리 세계를 바꿔주기를 기도한다.

내 경험에 비춰, 애착을 버릴 때 얻는 긍정적인 면에 대해 지금까지 살펴보았다. 우리에게 진정으로 필요하지 않은 것들이 때로는 우리를 짓누르고 구속한다. 우리에게 필요하지 않은 것들을 떨쳐내면 우리는 자유롭게 날 수 있다. 그것들을 다른 사람들에게 나눠주면 그것이 필요한 사람들도 훨훨 날 수 있다.

[√] 기억하라! 자유를 선택하라. 애착을 버려라.

'가진 것이 많아질수록 물건이 우리 주인이 된다'라는 격언이 있다. 불필요한 것을 버려라. 내 딸이 넷플릭스에서 좋아하는 프로그램 중 하나는 〈곤도 마리에: 설레지 않으면 버려라〉다. 가끔 딸의 집을 방문하면 나는 딸과 나란히 앉아 그 프로그램을 시청한다. 우리가 삶의 공간을 정돈하고 불필요한 물건들을 버리는 데 도움을 주는 프로그램이다. 그러나 내게 그 프로그램의 핵심이 무엇이냐고 묻는다면 바로 애착을 버리라는 것이다. 내가 보았을 때 느낀 점은 그랬다.

곤도 마리에(Marie Kondo)의 방법은 먼저 잡동사니, 예컨대 옷을 모두 꺼내 방 한가운데에 차곡차곡 쌓는다. 그렇게 쌓인 더미의 크기를 보고, 당신이 오랫동안 얼마나 많은 것을 축적했는가를 실감하게 된다. 다음에는 그 더미에 쌓인 모든 것을 하나씩 살펴보며, 마지막으로 사용한 때가 언제였는지, 앞으로 보름 내에 사용할 예정인지, (잘 들어라, 가장 중요하다) **당신에게 즐거움을 주는 것인지**를 생각해보라.

마리에의 조언에 따르면, 즐거움을 주지 않는 것이고 지금까지 사용하지 않은 것이면 당신이 앞으로도 사용할 가능성이 전혀 없는 것이다. 그런 물건은 다른 사람에 주는 게 낫다. 그렇게 그 물건에게 생명을 주는 게 낫다. 당신에게 불필요한 것은 나눠주고, 당신에게 즐거움을 주는 것만 간직하라.

이 방법을 우리 삶의 모든 면에 적용해보자. 먼저 당신을 짓누르는 물건부터 시작해서 당신에게 아무런 즐거움을 주지 않지만 당신을 관계로 옭아매는 사람들에게도 적용해보라. 예컨대 한 친구가 당신의 삶에 끊임없이 부정적인 영향을 미친다면, 그에게 변하라고 요구하든지 당신 곁을 떠나라고 요구하라. 그렇게 할 때 당신을 심리적 고통에 옭아매는 이념과 관념으로부터 해방될 수 있다.

매주 토요일, 나는 한 시간 동안 작고 아담한 집 구석구석을 돌아보며 누군가에 나눠줄 물건 10가지를 고른다. 오래된 티셔츠, 다 읽은 책, 선물로 받았지만 다른 사람에게 주면 나도 살이 찌는 걸 피하고 그 사람도 더 행복하게 해줄 법한 초콜릿, 아무리 보아도 별다른 감흥을 주지 못하는 커피 잔…. 항상 10개를 고르는 건 아니지만 그래도 노력한다.

또 한 달에 한 번, 내가 일주일이나 그 이상의 간격을 두고 한 번 정

실천 훈련

도 만나는 사람들을 머릿속에 그리며, 그 관계가 나를 힘들게 하거나 내가 최고의 자아로 지내는 걸 방해하지는 않는지 냉정하게 따져본다. 나 자신을 위해서라도 나는 그 사람과 대화를 나누며, 어떻게 하면 양쪽 모두를 위해 더 나은 관계로 발전할 수 있을지를 상의한다. 그렇게 합의한 방법으로 다시 한 달 동안 노력한다. 그런데도 그와의 관계가 여전히 나를 힘들게 하면 나는 그 사람을 덜 만나거나 아예 만나지 않기로 결정하고, 그에게 우리가 노력해보았지만 별다른 효과가 없었다고 진심을 담아 말한다. 이런 작은 결별이 약간은 몰인정하게 여겨질 수 있지만, 모든 역기능적인 관계가 그렇듯이 이런 결별은 양쪽 모두를 위해 최선의 길이다.

또 매년 크리스마스에는 묵은해의 마지막 주와 신년의 첫 주를 묵상하며 보낸다. 내 생각과 믿음을 점검하며 내게 긍정적인 영향을 미친 것이 무엇이고, 부정적인 영향을 끼친 것이 무엇인지를 살핀다. 그러고는 내 삶에서 지워내야 할 것을 명확히 결정하고, 새해에 내게 가장 큰 기쁨을 줄 것이라 예측되는 하나를 고른 뒤에 그것을 새해의 주제로 선언한다.

애착을 떨쳐내고, 실패할지도 모른다는 두려움을 극복하는 능력은 포유류 뇌의 속성과 모순되는 초월적인 힘이다. 의도적인 자기개발을 통해 그 힘을 길러야 한다. 따라서 이 실천 훈련을 평생의 과제로 삼아야 한다. 당신의 삶을 환희로 채우고, 그 밖의 모든 것과 관련된 당신의 욕구를 억누르려면 반드시 필요한 훈련이다. 자유의 땅에 온 것을 환영한다!

만연한 불만

두려움과 애착을 극복한 뒤에는 삶이 충분히 만족스럽지 않다고 끊임없이 잔소리하는 듯한 만연한 불만을 상대해야 한다. 지금 괜찮은지는 전혀 중요하지 않다. 만연한 불만이 당장이라도 조금이나마 더 나아질 수 있고, 반대로 더 커질 수 있기 때문이다. 예컨대 더 좋은 것을 발견하면 언제든 지금도 충분히 만족스럽지 않을 수 있다. '더 예뻐져야 해. 인스타그램에 있는 여자들을 보라고. 더 큰 집이 필요해. 우리 이웃집을 보라고. 내 직함이 내 상관의 직함만큼 멋지지도 않아. 구두 한 켤레가 더 필요해. 흠잡을 데 없이 완벽한 휴가를 즐기고 싶어. 남자 친구의 키가 더 컸으면 좋을 텐데. 여자친구가 좀 더 아담하면 좋은 텐데…' 이렇게 불만거리를 늘어놓자면 한도 끝도 없다.

　이런 불만의 연쇄 고리는 당신 삶에 실질적으로 어떤 문제, 즉 채워지지 않은 실질적인 욕구가 있어 시작되는 게 아니다. '영 별로'라는 느낌, 즉 현재 상태에 대한 불만, 상황이 더 나아져야 한다는 믿음에 불과하다. 따라서 더 나은 것과 더 큰 것이 더 많이 주어지며 그 검증되지 않는 욕구가 채워지더라도 우리는 잠깐 행복감에 젖고는, 목표를 바꾸고 현재 갖지 않은 것에 관심을 돌리며 다시 불만에 쌓인다.

　내가 처음으로 고급 승용차를 구입한 때를 지금도 생생히 기억한다. 당시의 최고급 선택 사양을 모두 갖춘 푸른색 BMW5 시리즈였다.

나는 그 자동차를 친구에게서 중고로 정말 싼값에 구입했다. 자동차의 상태가 실질적으로 새 차와 다를 바가 없었지만 나는 신차 가격의 일부만으로 주인이 될 수 있었다. 그날 나는 바로 자동차를 등록했고, 서비스를 받는 데 필요한 절차를 밟으려고 대리점에 가져갔다. 나는 새로운 보물을 마련한 기분에 무척 행복했고, 애지중지 다루고 싶었다. 그 자동차는 나를 행복하게 해주었다. BMW 전시실에 앉아 서비스 등록 절차가 끝나기를 기다리는 동안에는! 그런데 판매 중이란 팻말이 걸린 황금색 중고 BMW7 시리즈가 느닷없이 눈에 들어왔다. 그 순간 '저 차를 살 걸 그랬나? 내 것보다 훨씬 멋져 보이잖아'라는 생각이 들었다. 내 차는 여전히 멋졌지만 조금 전까지 느꼈던 행복감이 사라지고 더 멋진 차를 갖지 못한 불만이 밀려왔다.

지금 당시의 나를 돌이켜보면 놀랍기만 하다. 그러나 젊은 시절의 나를 탓할 수야 없지 않은가. 불만은 우리 논리적 뇌의 설계에서 비롯된다. 불만은 지적 생명체의 핵심 특징 중 하나다. 우리의 헌신적인 뇌는 지금 만족스럽더라도 편하게 쉬지 않는다. 내일 어떻게 될지 모르기 때문이다. 우리 뇌는 지금 충분히 행복하더라도 만족하지 않는다. 쟁취해야 할 더 많은 것이 있기 때문이다. 이렇게 더 많은 것을 갈구하며 만족할 줄 모르기 때문에 우리는 마땅히 가져야 할 것보다 덜 가졌다고 느끼며 불만에 쌓인다. 이를 빗댄 아랍 속담이 있다.

[√] 기억하라! 인간의 욕망하는 눈을 채워주는 유일한 것이 있다면 모래, 즉 무덤의 모래밖에 없다.

하지만 모래 말고도, 우리가 무덤에서 영면하기 전보다 훨씬 전에 우리 욕망을 채워줄 수 있는 게 있다. 바로 '감사하는 마음(gratitude)'이다.

감사하는 마음은 우리가 원하는 것을 확보하는 훈련을 통해 얻어지는 게 아니다. 우리가 현재 가진 것을 사랑하는 훈련을 통해 얻어지는 것이다. 잠깐 시간을 내어, 지금 당신이 가진 것이 무엇인지 알아보고 그것을 감사하게 생각하는지 냉정하게 따져보라.

내가 지금까지 공부한 영적인 가르침에서는 감사하는 마음을 함양하는 훈련이 어김없이 소개된다. 이 훈련은 '어떤 것도 충분히 만족스럽지 않다'라는 만연한 불만과 환상을 약화시킨다는 점에서 행복의 주춧돌이다.

행복에 대해 가르치는 모든 것을 포괄하는 훈련법 하나를 추천해 달라는 요청을 받는다면, 감사하는 마음도 강력한 후보다. 지금 우리가 가진 좋은 것을 나열해보는 훈련은 우리 삶이 그다지 나쁜 게 아니라는 걸 깨우치는 최고의 방법이다. 대부분의 사람에게 삶은 그다지 나쁘지 않다. 우리가 감사해야 할 것을 찾아 기억을 더듬어보면, 극단적으로 신중하고 이성적인 우리의 뇌가 끊임없이 감추려고 하는 진실이 있다는 걸 알게 된다. 거의 모두에게 슬퍼할 이유보다 기뻐할 이유가 더 많은 것이다. 당연한 말이겠지만 감사하는 마음을 가지면, 우리 삶에서 일어나는 많은 사건이 우리 기대에 충족할 뿐만 아니라 기대치를 넘어서는 경우가 많아 감사하지 않을 수 없다는 걸 깨닫게 된다. 사건이 우리 기대를 충족하거나 넘어설 때 우리의 행복 방정식이 정확히 풀리고 우리는 행복을 느끼게 된다.

이 훈련을 하는 데는 매일 밤 잠들기 전에 10분을 투자하면 충분하다. 당신 뇌에게 그날 감사해야 할 것, 세 가지(또는 그 이상)만 찾아보라고 명령하라. 다음 날에는 당신의 삶에서 갖고 싶은 것들에 대해 생각해보라. 기본적인 것(예컨대 감사해야 할 친구, 등을 대고 누울 수 있는 보금자리, 먹는 음식)부터 시작하라. 다음 단계에서는 (지상의 많은 사람이 매일

자각 훈련

당신이 지금 가진 좋은 것에 감사하라	
목표	당신의 삶에서 좋은 것을 찾아보고 근거 없는 불만을 중단하라
기간	매일 밤 10분
반복	죽을 때까지 반복하라 당신이 의도적으로 개발할 수 있는 최고의 습관 중 하나다
준비물	매일 밤 잠들기 전에 조용히 묵상하는 시간 당신이 가진 좋은 것을 기록할 공책 당신이 가진 좋은 것이 무궁무진하게 많을 수 있다

시달리는) 역경과 고난으로부터 당신을 지켜주는 고마운 것들에 대해 생각해보라. 가령 당신이 전쟁 지역에서 도피한 난민이 아니라면, 만성적인 고통에 시달리는 환자가 아니라면, 뉴욕의 길거리에서 혹독한 겨울을 지내야 하는 노숙자가 아니라면, 그것만으로도 당신은 감사해야 할 것이 넘치는 사람일 수 있다. 당신이 예컨대 시리아나 북한에서 태어나지 않은 행운만으로도 얻을 수 있었던 게 얼마나 많았는가!

불운하게도 당신이 그런 곳에서 태어났다면 내 마음이 당신과 함께한다는 걸 알아주기를 바란다. 상황이 점점 나아지기를 바란다. 가혹하기 그지없는 환경에서 살아야 하는 고통에도 불구하고 당신이 현재 가진 것에서 감사할 이유를 어떻게든 찾을 수 있기를 바란다. 그리고 잠들기 직전에는 당신에게만 허락된 소중한 것(예컨대 당신과 삶을 함께하는 사랑하는 사람의 존재, 당신이 능숙하게 해내며 철저하게 즐기는 취미, 당신이 매일 밤 어김없이 이 간단한 훈련을 실행할 수 있게 해주는 깨달음과 지적 능력)에 대해 잠깐 생각해보라.

나는 지금 내가 가진 좋은 것을 생각할 때 공책에 써두는 것에 만족하지 않는다. 그것을 소리 내어 크게 읽는다. 또 그것을 완전히 시각화하고 다시 살려낼 것처럼 마음속에 그린다. 내게 베풀어진 모든 사랑에 감사하고, 내가 다른 사람들에게 베풀 수 있는 사랑에도 감사한다. 내가 더 나은 사람으로 성장하게 해준 경험들에도 감사한다. 내 딸 아야가 건강하게 내 곁에 있고, 니발이 여전히 내게는 최고의 친구로 남아 있는 것에도 감사한다. 지금까지 살면서 겪은 고난, 행복과 고통 등 삶의 여정에도 감사한다. 당신도 행복하고 싶다면 당신의 뇌가 구시렁대는 만연한 불만을 무시하라. 대신에…

[⚹✦] 매우 중요! 마음을 크게 열고, 삶이 얼마나 아름다운지를 보라.

'AAA'의 건강한 복용량

세 가지 방어기제가 지나치게 작동해서 통제할 수 없는 지경에 이르면 크나큰 불행을 초래한다. 군이 말할 필요도 없겠지만, 그 방어기제들이 과도하게 개입하면 우리 삶이 더 안전해지기는커녕 오히려 괴로워진다. 그렇다고 진정한 위협에 대한 혐오, 생명의 유지를 위해 무엇보다 중요한 것에 대한 애착, 잘못된 것에 대한 적절한 정도의 불만이 안전하고 예측 가능한 삶을 위해 필요하다는 걸 부인할 수는 없다.

우리를 안전하게 지켜주지만 괴롭게 만들지는 않는 미묘한 균형점을 찾아내려면 마음의 관찰자가 되어 언제 어떻게 과장된 반응을 보이는지를 알아내야 한다. 우리 뇌가 과장되게 반응하는 이유는 우리를 미워하기 때문이 아니라 우리 안전에 강박적으로 집착하며 우리가 결코 안전할 수 없다고 믿기 때문이다.

[√] 기억하라! 우리 뇌는 위협으로 발전할 가능성이 지극히 낮아

안전하다고 인식하는 것보다, 무언가가 위협이 되지 않는데도
위협으로 인식하는 게 더 현명하다고 판단한다.

우리 뇌는 흥미진진하더라도 불확실한 모험에 마음을 여는 것보다 무언가에 집착하는 게 더 현명하다고 판단한다. 또 더 많이 가지면 우리가 삶의 과정에서 맞이하는 불확실성에 더 효과적으로 대응할 가능성이 높아지기 때문에, 우리 뇌는 더 많이 원하는 게 더 현명한 짓이라 판단한다.

하지만 실제로는 그렇지 않다. 대부분의 경우 우리는 잘 살아가고 있다. 우리 뇌가 그렇게 법석을 피울 이유가 거의 없다. 우리가 주도권을 쥐고 뇌에게 세상을 다르게 보고 인식하도록 가르칠 필요가 있다. 그렇게 할 때 우리는 'AAA'를 적절히 배합해 건강하게 살아갈 수 있다. 뇌가 그렇게 행동하도록 훈련시켜야 한다. 내친김에 다음 주제, 즉 '뇌 훈련'으로 넘어가자.

올바른 선생이라면 학생을 가르치기 전에 학생이 어떻게 학습하는지를 먼저 파악할 것이다. 따라서 우리도 뇌의 학습 습관을 파악하는 데 도움을 주는 간략한 자각 훈련을 실행해보려 한다. 내가 '두뇌 편향성 테스트(Biased Brain Test)'라 칭하는 훈련이다. 나는 이 신속하지만 효과적인 훈련법을 브라운대학교의 신경과학자 윌러비 브리튼(Willoughby Britton)의 테드 강연에서 배웠다. 이 훈련법은 당신의 뇌가 지난 수년 동안 무엇을 효과적으로 학습했는지를 알아내는 데 도움을 줄 것이다.

휴대폰에서 스톱워치 애플리케이션을 찾아내라. 준비가 되면 다음에 제시된 세 가지 질문을 하나씩 읽기 시작하라. 질문 하나를 읽자마자 스톱워치를 작동시키고 답이 머릿속에 떠오를 때까지 몇 초가 걸

자각 훈련

목표	당신 뇌의 어느 부분이 발달하고 성장했는지 알아낸다
기간	3분
반복	한 번이면 충분하다
준비물	무엇에도 방해받지 않을 만한 조용한 장소

렸는지 측정해보라.

질문 1: 어제 점심으로 무엇을 먹었는가?

질문 2: 당신 자신에 대해 마음에 들지 않는 한 가지가 무엇인가?

질문 3: 당신 자신에 대해 정말 마음에 드는 한 가지가 무엇인가?

잘했다. 훈련에 참여해줘서 고맙다. 각 질문에 대답하는 데 정확히 몇 초가 걸렸는지는 중요하지 않다. 중요한 것은 어떤 질문에 가장 신속히 대답했고, 가장 오랜 시간이 걸린 질문은 무엇이냐는 것이다.

나는 수백 명을 대상으로 이 시험을 해보았다. 그 결과에 따르면, 대부분이 질문 1을 대답하는 데 가장 오랜 시간이 걸렸다. 질문 3에는 조금 더 빨랐고, 질문 2에는 훨씬 더 빨랐다. 당신의 경우에는 그 순서가 어떻게 되는가? 그 순서를 써둬라. 우리가 다음 장에서 이 개념을 다룰 때 여기로 다시 돌아올 것이다.

가장 빠른 대답   질문 _____

두 번째로 빠른 대답   질문 _____

가장 느린 대답   질문 _____

빈칸을 메웠으면 지체하지 말고 바로 다음 장으로 넘어가라. 뇌에 대한 기초를 공부하는 곳에서 다시 만나자.

4장
반복할수록 더
고통스러워진다면

교사나 부모에게 훈련을 거듭할수록 완벽해진다는 말을 들어보았을 것이다. 그 말이 맞지만 틀릴 수도 있다. 무엇을 반복하느냐에 따라 우리는 더 약해지거나 혼란에 빠지고, 폭력적으로 변할 수도 있다. 예컨대 불행이 지겹도록 반복되면 우리는 더욱더 고통스러워질 뿐이다.

체로키족 사회에서 유래했다고 여겨지는 전설로, 할아버지가 모닥불 옆에 앉아 손자에게 전해주었다는 오래된 이야기가 있다.

손자가 물었다. "사람은 본래 선한가요?" 할아버지가 대답했다. "우리 모두의 안에서는 두 마리의 늑대가 맹렬히 싸우고 있단다. 한 녀석은 악해서 분노와 질투, 원한과 탐욕, 허영과 오만, 열등감과 거짓, 자기 연민과 자기도취와 자존심의 대명사였지. 다른 녀석은 선해서 환희와 만족, 사랑과 희망, 차분함과 겸손, 친절과 동정, 관용과 진실과 연민을 상징하고."

잠시 침묵이 있은 뒤, 손자가 다시 물었다. "어떤 늑대가 이겼나요?" 할아버지가 미소를 지으며 대답했다. **"네가 키우는 늑대."**

실천과 반복의 효과

나는 극도로 내향적이다. 유튜브에서 내가 수천 명의 관객 앞에서 공개 강연을 하고, 그 뒤에 많은 사람과 어울리는 걸 본 사람들은 이 말이 이해가 되지 않을 수 있다. 그러나 정말이다. 믿기지 않겠지만 어렸을 때부터 나는 조용했고 수줍음이 많았다. 나는 따분하기 이를 데 없는 꼬마였다. 책이나 컴퓨터 앞에 앉아 혼자 지내는 걸 좋아했다. 무척 친한 친구나 사랑하는 사람이 아니면 다른 사람들과 어울리는 게 힘들었고 혼자 있을 때 기운을 얻었다. 요즘에도 똑같다. 선택권이 주어진다면 나는 세상으로부터 멀리 달아나 세상과 소통하는 나만의 방식으로 글을 쓰며 지내고 싶다. 따라서 요즘에도 가능하면 만찬이나 파티에 거의 참석하지 않는다. 또 내가 친구라고 부르는 극소수와 일대일로 만나 친밀한 대화를 나누는 게 인간관계에 투자하는 시간의 대부분이다. 요컨대 나는 여전히 따분한 사람이고 극도로 내향적인 사람이다.

그럼에도 나는 매일 적잖은 시간을 공개 행사에 사용한다. 이런 삶을 오래전부터 살았던 까닭에 내가 이름을 기억하고, 내가 마지막으로 만난 때의 상황을 구체적으로 기억하는 사람도 거의 수천 명에 이른다. 당신이 그들 중 누구에게라도 나에 대해 묻는다면, 모두가 지금껏 만난 사람들 중에서 모가 가장 사교적이고 외향적인 사람이라고 대답할 것이다. 분명히 말하지만 나는 외향적인 사람이 아니다. 그렇다고 외향적인 척하는 것도 아니다. 시간이 지나면서 내 사회적 능력이 진화해 외향적인 사람처럼 행동하는 게 내게도 자연스러워진 것이다. 따라서 이제는 혼자 재충전하는 시간을 즐기는 만큼이나 사람들과 어울리는 걸 즐긴다. 불편할 정도로 수줍음이 많던 내향적인 사람에서, 극도로 내향적 성격과 시끌벅적한 외향적 성격을 편하게 오갈 수 있는 사람으로 변할 수 있었던 이유가 무엇일까? 바로 **실천과 반복이었다.**

나는 그렇게 변신하기로 결심한 순간을 지금도 생생히 기억한다. 1995년 내가 팀을 처음으로 관리하기 시작한 때였다. 그 전까지 내가 거둔 성공은 개인적으로 이뤄낸 성과였다. 나는 방에 틀어박혀 하룻밤에 물리학 교과서를 처음부터 끝까지 읽었고, 사흘을 두문불출하며 복잡한 코드를 완성했다. 내가 개인적으로 성장하는 데 다른 사람의 도움은 필요하지 않았다. 솔직히 말하면 방해물로 여겨졌다. 그러나 관리자가 되면서 상황이 달라졌다. 관리자로서 나는 인간이 사물보다 훨씬 더 복잡하다는 걸 금방 깨달았다. 인간은 변덕스럽다. 인간에게는 확신을 줘야 하고, 당신을 좋아할 때 더 적극적으로 돕는다.

이 말의 잘잘못을 따지지는 말자. 어쨌든 나는 그런 깨달음을 얻었고, 솔직히 말하면 짜증스럽기도 했다. 웬 난리야? 왜 인간은 컴퓨터처럼 반응하지 않는 거야? 관리자로서 내가 요구한 걸 잘 정리해서 간단한 코드처럼 실행하지 못하는 이유가 대체 뭐야? 하지만 내가 직면한 그 새로운 딜레마, 즉 인간 관리 문제가 지속될 것이라는 걸 깨닫는 데는 오랜 시간이 걸리지 않았다. 오히려 더 격심해질 뿐이었다. 결국 내 성공은 다른 어떤 항목보다 팀원들과 교감하는 능력에 달려 있었다. 아이고!

당시 내가 모든 일을 처리할 때 그랬던 것처럼 이번에는 내가 가장 잘하는 방법을 동원했다. 그래서 인간 관리, 낯선 사람에게 말을 거는 방법, 친구를 만들고 다른 사람들에게 영향을 주는 방법 등을 다룬 책들을 구입해 읽었다. 심지어 48가지 힘의 법칙에 대해서 읽었다. 그런 책들을 읽으며 인간이 그렇게 행동하는 이유를 파악하려 노력했고, 회사가 관리자들에게 제공한 인력 관리를 주제로 실시한 훈련에 참가하기도 했다. 그렇게 얻은 지식은 인간관계라는 개념을 머릿속으로 파악하는 데 도움이 되었다. 하지만 그 지식이 행동으로 이어지지는 않았다. 인간관계에 대해 이론적으로는 대가가 되었지만, 그렇다고 내가 더 사교적이고 외향적으로 변하지는 않았고 그때쯤 그럴듯하게 감추던 수줍음이 줄어든 것도 아니었다. 여전히 수줍음은 안에서부터 나를 파먹고 있었다.

내가 글에서 읽은 것을 실천하기 시작한 뒤에야 내 삶도 달라지기 시작했다. 내가 책에서 읽은 조언을 실천하겠다는 마음가짐으로, 한 책에서 '위험도가 낮은 개체(low-risk individual)'라 칭한 사람에게 먼저 말을 걸며, 내 사회적 부적응성 중에서 작은 부분(낯선 사람에게 말을 걸고 대화를 유지하는 걸 힘들어 하는 성격)을 바꿔보려는 훈련을 시작했다. 내 분석적인 뇌가 그 책의 주장을 이해한 바에 따르면, 우리는 모든 사람에게 똑같은 정도로 수줍어하지는 않는다. 또 나 같은 젊은 남자는 스타벅스의 바리스타나 슈퍼마켓 계산대에 줄을 선 멋진 노부인에게 말을 거는 것보다 아름다운 슈퍼 모델에게 다가갈 때 훨씬 더 어색하게 느낀다는 것이다.

따라서 나는 간단한 실험을 해보기로 했다. 카페나 엘리베이터, 또는 상점에 들어가 적어도 한 사람에게 말을 걸어보기로 했다. 처음에 나는 그들에게 간단한 질문을 하는 식으로 말을 걸었다. 내가 말을 걸어도 대부분의 사람이 나를 물어뜯지 않는다는 걸 내 수줍은 뇌가 알게 된 뒤에는 용기를 내어 세상사를 가볍게 언급하거나 농담을 건네기도 했다. 그 횟수는 빠르게 늘어났고, 오랜 시간이 지나지 않아 예정에 없던 네다섯 번의 대화를 하기도 했다. 체육관에 다닌 것처럼 내 사회적 근육도 커지기 시작했다. 이제 나는 언제 어디서나 누구에게나 쉽게 말을 걸 수 있다. 하지만 깊은 내면을 들여다볼 수 있는 안전지대에 있게 된다면 나는 누구에게도 말을 걸지 않았을 것이다.

이처럼 오랫동안 조금씩이라도 무엇이든 반복해 훈련하면 나아진다. 우리 뇌가 작동하는 방식이 그렇다.

우리는 어떻게 학습하는가

앞서 이미 두세 번 언급했듯이 우리 뇌는 고도로 정교하지만 결국에는 고깃덩이에 지나지 않는다. 이 때문에 우리 뇌는 근육에 비교된다. 적어도 하나의 중요한 법칙에 관련해서는 그렇다.

[√] 기억하라! 우리가 사용하는 것은 커지고,
사용하지 않는 것은 줄어드는 경향이 있다.

20세기 거의 내내 이 법칙은 특정한 연령까지만 적용되는 것으로 여겨졌다. 예컨대 그것은 20대 초반까지만 발달하고, 그 이후에는 노년까지 그 상태를 유지하면 다행이고 더 이상 발달할 가능성은 거의 없고 오히려 쇠퇴한다고 믿어졌다. 하지만 최근의 여러 연구에서 이

법칙이 맞지 않다는 게 증명되며, 우리 뇌가 끊임없이 변하고 신경 가소성(neuroplasticity)과 신경 발생(neurogenesis)이란 두 과정을 통해 발달한다는 게 밝혀졌다. 전문적인 분야지만 이에 대해 간략히 설명한 뒤에 우리가 실질적으로 사용할 수 있는 도구로 넘어가도록 하자.

신경 발생은 뉴런이라 불리는 신경계의 세포가 줄기 세포로부터 생성되는 과정을 일컫는다. 뇌의 일부 영역에서는 성인이 된 이후에도 새로운 뉴런이 계속 만들어진다.[1] 이 과정은 어떤 사고로 손상된 뇌의 영역을 복구하고 나이가 들어도 그것이 계속 발달하는 데 도움을 준다. 즉 우리는 계속 더 많은 '뇌'를 만들어낼 수 있다. 그야말로 좋은 소식이 아닐 수 없다.

더 좋은 소식은 신경 가소성이란 개념에서 전해진다. 물리학에서 가소성은 쉽게 새로운 형태로 변하고 유지되는 특성으로 정의된다. 신경 가소성은 뇌가 주어진 과제를 더 효과적으로 수행하기 위해 뉴런들을 새롭게 연결하며 재조직하는 능력을 가리킨다.

신경 가소성에 대한 글을 처음 읽었던 날, 나는 한량없이 행복했다. 끝없는 자기개발 중독자였던 까닭에 내가 나 자신에게 계속 투자해서 배우면 뇌의 연령과 상관없이 나날이 나아질 수 있다는 걸 알게 되자 정말 기뻤다. 지금도 그렇지만, 나 자신을 최고의 자아로 만들어가는 게 내 삶의 목적이다. 아직 그 단계에 이르려면 턱없이 부족해 계속 앞으로 나아가려면 더 많은 신경 가소성이 필요하다.

예컨대 행복과 관련해 다른 사람들에게 좋은 영감을 주려면 내가 행복 분야의 올림픽 챔피언이 될 때까지 계속 발전해야 할 필요가 있다. 훈련과 신경 가소성이 내가 그 목표를 향해 다다갈 수 있는 유일한 방법이다. 역사상 최고의 수영 선수 마이클 펠프스(Michael Phelps)가 수영 방법을 습득할 때, 지미 헨드릭스(Jimi Hendrix)가 기타 연주를 학습할 때, 알베르트 아인슈타인(Albert Einstein)이 물리학을 공부할 때 사용한 접근법과 조금도 다르지 않다. 어떤 경우든 우리는 세 과정(화학적 신호 전달, 구조 변화, 기능 변화)이 향상되는 방향으로 뇌를 훈련시켜야 한다. 세 과정이 각각 어떻게 우리 뇌를 다시 만들어가는지를 차근차근 살펴보자.

기억 만들기

수개월 전, 나는 행복을 전파하려고 했던 일이 너무 과중하다는 생각에 포기할까 진지하게 고민했다. 재단, 팟캐스트 방송과 집필, 소셜 미디어 관리와 가끔 게시되는 부정적인 댓글, 인터뷰와 공개 강연 등으로 힘에 벅찬 날이 적지 않았다.

지금도 그렇지만 정말 힘들 때 나는 아들 알리의 조언에 귀를 기울인다. 알리가 세상을 떠난 뒤에 우리는 음악을 통해 서로 교감하는 방법을 찾아냈다(이 말이 형이상적으로 들리면 이 부분을 건너뛰어도 상관없다). 알리가 내게 무언가를 말하고 싶은 듯하면 이상하게도 내 머릿속에서 노래가 윙윙거리고, 그것은 대체로 내가 싫어하는 노래인 경우가 많다. 나는 음악 재생기의 음악을 무작위로 틀고, 네 번째 노래를 기다린다(알리가 내게 전하려는 조언이 네 번째 노래라는 걸 나는 우여곡절 끝에 알아냈다). 언젠가 내가 몹시 힘들어 하던 날, 듣게 된 네 번째 노래는 내가 전에 한 번도 들은 적이 없는 노래로, 록밴드 식스에이엠(Sixx:A.M.)이 연주한 〈인생은 아름다워(Life is Beautiful)〉였다. 나는 곧바로 그 노래에 집중했다. 하지만 처음 두 악절을 듣자마자 나는 창문을 등지고 약간 불편한 식탁 의자에 앉아 그 옆 다른 의자에 두 발을 올린 채 그 부분을 연속해서 20번 이상 반복 재생했다. 커피가 끓는 짙은 냄새가 코끝을 자극했고 어떤 구절이 반복될 때마다 어린아이처럼 눈물을 흘렸다. 그 구절은 알리가 내게 포기하지 말라고 격려하는 소리처럼 들렸다. 그의 죽음이 세상에 행복을 가져다줄 수 있게, 누구도 그의 죽음을 슬퍼하지 않게 해 달라고 요구하는 듯했다. 마음속으로 나는 그 구절을 '자신의 죽음을 슬픔의 이유로 삼지 말고, 내가 그를 사랑한다면 내가 세상을 떠날 때까지 그를 잊지 않고 기억해주면 충분하다'라는 뜻으로 이해했다.

그때 내 뇌에서는 일부의 뉴런이 내 몸을 떠받친 두 의자를 불편하게 느끼며 활성화되었고, 다른 뉴런들은 거북한 자세로 방을 둘러보며 활성화되었지만, 짤막한 노랫말과 반복되는 기타 연주 및 짙은 커피 냄새에 더 많은 뉴런이 활성화되었다. 게다가 또 다른 뉴런들이 활성화되며 알리의 장례식에서의 특별한 순간을 기억나게 해주었고, 내 눈물샘을 자극하는 활동도 했다. 그 눈물은 알리를 그리워하는 감정, 알리가 여전히 내 곁에 있다는 안도감, 또 알리의 요구에 따라 내가 권한을 주변 사람들에게 넘겨줘야 한다는 느낌 등이 복합적으로 어우러진 결과였기에 특별한 경험이었다. 정말 여러 감정이 이상하게 뒤섞인 경우였다.

그 이후로 그 노래를 들을 때마다 그때의 경험이 더 강력하게 머릿속에 기억되었다. 그날 이후로 며칠 동안 나는 같은 의자에 앉아 그 노래를 100번은 넘게 들었을 것이고, 요즘에는 매주 서너 번은 듣고 있다.

♪♫

〈인생은 아름다워〉

식스에이엠의 앨범 《세븐》에 수록된 노래를 들어보라. 그 노래를 들으며, 내 아들이 다른 차원의 세계에서 어떻게 접촉을 유지했는지 짐작해보는 것도 재밌을 것이다.

이제 내 뇌는 그 기억의 주인이다. 따라서 내가 그 노래를 들을 때마다 나는 그때의 의자와 커피를 자연스레 떠올린다. 거꾸로 똑같은 커피 냄새를 맡을 때마다 그 노래가 내 머릿속에 떠오른다. 노랫말이 기억날 때마다 그때처럼 눈물이 쏟아지고, 아들이 우리 곁을 떠나며 나를 이 길에 들어서도록 유도했다는 기억에 눈물을 흘릴 때마다, 그 노래가 내 머릿속에 연주되기 시작하며 내 마음을 달래준다. 그 기억을 중심으로 얽힌 신경세포망이 내 머릿속에 새겨진 셈이다.

기억을 만들어가는 과정은 우리가 재능을 개발하는 과정과 똑같다. 비디오 게임을 예로 들어보자. 알리는 일곱 살쯤이었을 때 비디오 게임을 시작했고 우리는 〈철권〉이란 격투 게임에서 서로 맞붙어 싸우기도 했다. 적어도 게임에서 나는 보통의 아버지처럼 자애롭지 않았고 언제든 이기고 싶었다. 게임을 시작하기 전이 되면 나는 알리에게 "이번에는 네 어디를 걷어차줄까?"라고 묻곤 했다. 그때마다 알리는 그 나이에도 냉정하게 "아빠, 게임은 그냥 재미로 하면 안 돼요?"라고 되물었다. 그랬다, 우리는 게임을 했고 재밌게 놀았다. 그러나 어김없이 내가 이겼다. (알리야, 미안하구나. 지금 생각하면 아빠가 그랬다는 게 믿기지 않다.) 그렇게 시간이 지났고 알리가 여름 방학을 맞은 동안에 나는 장기 출장을 떠나게 되었다. 집에 돌아온 날, 상당히 늦은 시간이었지만 알리가 문 앞에서 나를 맞아주며 말했다. "아빠, 이번에는 내가 어디를 걷어차줄까요?" 나는 게이머로서의 자존심에 자극을 받아 지체 없이 대답했다. "좋아, 이번에도 네가 질 거다." (정말 몰인정한 아버지였다.)

하지만 승자는 알리였다. 그날 밤만이 아니라, 그 이후로 알리가 세상을 떠나던 날까지 줄곧! 알리는 진정한 비디오 게임의 전설이 되었고 나는 한 번도 승리하지 못했다. 나는 알리에게 "대체 어떻게 한 거

다시, 행복을 풀다

니?"라고 물었다. "하루에 4시간씩 게임을 했어요, 매일." 알리의 대답을 한 단어로 요약하면 '신경 가소성'이다. 당신이 지금까지 개발한 모든 재능은 뇌가 신경 가소성을 사용한 결과다. 신경 가소성은 어떻게 기능하는 것일까?

전화 교환대

신경 가소성이 어떻게 기능하는지 가장 쉽게 설명하는 방법은 초기 전화 교환대 시스템(switchboard system)에 비교하면 된다. 1900년대 초까지 전화 통화는, 당신이 송신기를 들고 교환원에게 전화할 상대가 누구인지를 알려주면 교환원이 당신 전화기에 연결된 선을 상대방의 전화기에 연결된 선에 물리적으로 이어주는 방식으로 이뤄졌다.

우리 뇌도 무척 유사한 방식으로 작동한다. 우리가 뇌에서 두 영역이나 그 이상이 협력해야 하는 기술을 연마하거나 기억을 심으려 할 때 우리 뇌는 신호를 전달하는 것으로 시작한다. 전화 교환대 시대에 교환원이 양 끝에 단자가 달린 연결선을 사용해 전화를 연결했다면, 우리 뇌는 신경전달물질(neurotransmitter)이란 화학 물질을 사용한다.

축삭(axon)이란 섬유처럼 길게 뻗은 돌기가 신경 세포의 접합부, 즉 시냅스(synapse)에 연결된다고 상상해보라. 축삭은 전화기와 교환대를 연결한 선에 비유된다. 전화기를 들면 그 선이 우리와 교환원을 연결했지, 반대편 전화기를 연결한 게 아니었다. 뉴런이 활성화되면 전기 자극이 그 선을 타고 흐른다. 그러나 그 자극은 다른 뉴런에 곧바로 전달되지 않고 신경전달물질로 알려진 화학 물질의 분비를 촉발한다. 교환원의 연결선이 두 전화기를 이어주듯이 그 화학 물질이 신경 세포 사이의 작은 간격을 메운다.

널리 알려진 신경 세포로는 수면과 기분과 섭식을 조절하는 데 관여하는 세로토닌, 움직임을 조절하고 즐거움을 자극하는 데 관여하는 도파민, 통증을 완화해주는 엔도르핀이 있다. 일단 연결이 된 이후에는 신경전달물질의 기능이 저하되고 전화를 끊는 것처럼 시스템이 초기 상태로 돌아간다. 그리하여 시냅스는 다음 신호에 대응할 준비를 다시 갖춘다.[2]

이번에는 이런 상상을 해보자. 당신이 교환원에게 계속 전화해서 같은 사람을 다시 연결해 달라고 부탁하면 교환원은 그 통화를 무척 능숙하게 처리하게 될 것이다. 교환원은 연결선을 일정한 위치에 두고 당신이 전화를 걸면 거의 기계적으로 연결하려고 할 것이다. 이런 현상은 우리 뇌에서도 일어난다. 가령 기타로 몇 소절의 연주를 배우려 할 때, 또는 비디오 게임에서 몇 명의 외계인을 특정한 순서로 사격해 쓰러뜨려야 할 때 그 부분을 반복할수록 예전보다 조금은 쉬워진다는 걸 느낄 수 있다. 그 이유는 동일한 화학적 신호가 반복되며 관련된 뉴런들이 더욱 긴밀하게 활성화되기 때문이다.

하지만 화학적 신호 전달 효과는 다음 날까지 지속되지 않을 수 있다. 그 효과가 지속되게 하려면 '구조 변화(structural change)'가 필요하다. 구조 변화가 있을 때 진정한 마법이 일어나기 시작한다. 이번에는 구조 변화가 어떻게 일어나는지 알아보자.

당신이 시어도어 루스벨트(Theodore Roosevelt)였고, 과학기술이 발전하던 초기에 거의 매일 빈번하게 이야기를 나누던 몇몇 사람이 있었다고 상상해보자. 그런 수요에 신속히 대응하기 위해서 전화 회사는 당신 전화기를, 당신이 빈번하게 통화하는 사람들의 전화기에 유선으로 연결했을 것이다. 우리 뇌도 이런 식으로 대응한다. 두 뉴런이 반복해서 함께 활성화되면 그 둘을 항구적으로 묶어두는 구조 변화가 일어난다. 우리 뇌에서 분리된 부분들을 이렇게 연결하는 과정은 뇌의 설계 자체가 달라지는 것과 같다. 컴퓨터에 비유해서 말하면 복잡한 계산을 하면서도 현재의 문제를 더 효과적으로 해결하는 데 필요한 것을 갖추려고 컴퓨터 시스템을 업그레이드하는 것과 같다. 신경과학자 도널드 헵(Donald Hebb, 1904~1985)의 표현을 빌리면,

[√] 기억하라! 함께 활성화되는 뉴런들은 서로 연결된다.[3]

우리는 생각할 때마다 새로운 사고 패턴을 만들어낸다. 그 패턴은 우리 뇌에 형성된 연결망을 통해 강화된다. 따라서 미래에는 이 새로운 연결망을 사용해서 생각하는 게 더 쉽고 효과적일 수 있다.

이렇게 구조가 재설계됨으로써 특정한 연결이 강화될 뿐만 아니라 사용되지 않는 연결들이 폐기된다. 우리가 태어날 때는 각 뉴런이 시냅스를 통해 5,000개의 다른 뉴런과 연결될 가능성을 갖는다. 그중 일부는 빈번하게 사용되지만 일부는 거의 사용되지 않아 사라진다. 구글이 초기 데이터 센터를 세울 때 꼭 필요한 서버만을 남기는 방식으로 작업했던 것과 다를 바가 없다. 컴퓨터에서 구글이 기대한 기능에 실질적으로 부합하지 않는 부분들을 제거함으로써 구글의 컴퓨터들은 초점을 맞춘 작업을 더 효율적으로 해낼 수 있었다.

시간이 지나며 우리 뇌에서 일어나는 구조 변화가 축적된다. 그 결과로 일부 영역은 더욱 강화되는 반면에 일부는 완전히 사라진다. 앞서 언급했듯이 우리가 사용하는 것은 커지고, 사용하지 않는 것은 줄어드는 경향을 띤다. 처음에는 화학적 신호가 전달되어 우리가 어떤 임무를 더 잘해내게 되고, 다음에는 구조 변화가 일어남으로써 그런 기능 개선이 영구화된다. 다음 단계에서 우리 뇌는 한 걸음을 더 나아가 책임지고 수행해야 할 기능을 최적화한다. 이른바 '기능 변화

(functional change)'로 알려진 학습 단계다.

뉴런은 처음에 의도된 기능 이외의 기능(뇌가 우선순위에서 더 높게 평가하며 더 많은 자원을 할당하는 기능)을 수행하도록 재설계된다. 이런 현상은 사고 이후의 회복 과정에서 쉽게 관찰된다. 예컨대 사고로 뇌의 특정 부분이 손상되면 특정 운동 제어 기능의 상실로 이어진다. 시간이 지나고 환자가 회복되기 시작하면 뇌에서 다른 부분이 손상된 부분의 원래 기능을 맡기 시작하며, 손상된 세포를 되살리지 않고도 운동 능력을 점진적으로 되찾는다. 우리가 특정한 기능에 집중하기 위해 더 많은 세포가 필요할 때 세포가 재설계되는 방법도 다를 바가 없다. 예컨대 점자를 읽는 사람들의 우뇌에는 손 운동을 제어하는 영역이 상대적으로 크고, 런던의 택시 기사들의 우뇌는 공간 기억을 담당하는 영역이 상대적으로 크다. 그들이 매일 오랫동안 수천 번을 실행하며 그 기능에 더 많은 자원을 할애한 까닭이다.

이 모든 걸 종합해보면 지금 당신의 뇌는 이 책을 읽기 시작하던 때의 상태와 다르다는 걸 알게 된다. 물론 이 장이 끝날 즈음에도 다시 달라질 것이다. 결국 세포들 간의 연결이 달라진 것이고 그 세포들에 새로운 기능이 맡겨졌을 수 있다. 정말 흥미롭지 않은가!

내부로부터의 학습

이번에는 우리가 주목해야 할 중요한 점에 대해 살펴보자. 근육을 키우려면 체육관에 규칙적으로 다니며 운동량을 늘려야 한다. 근육을 늘리는 데 필요한 운동을 효과적으로 하려면 외적인 자극, 예컨대 덤벨을 사용할 필요도 있다. 하지만 뇌의 경우에는 그렇지 않다. 뇌의 발달에 관한 한, 회상(recall)은 새로운 훈련만큼 효과적이다. 당신도 인정하겠지만 맞는 말이다. 가령 당신이 가판대 앞을 지나며 어떤 신문의 머리기사를 보고 그 제목을 외우려 한다면 가판대에 돌아가 그 제목을 다시 읽을 필요가 없다. 그 제목을 머릿속에서 몇 번이고 웅얼거리며 기억하려 애쓰면 충분하다. 직업 무용수와 운동선수는 전혀 움직이지 않은 채 똑바로 앉아 여러 동작을 시각화함으로써 자기의 것으로 만들어간다. 우리는 '훈련이 완벽을 만든다(practice makes perfect)'라고 말한다. 이때 훈련은 머릿속에서 반복되는 생각에 불과할 수 있다.

회상은 강력한 훈련이지만 당신이 회상하는 기억이나 기능에 작은 변화를 가하면 그 힘이 당신에게 불리하게 작용할 수 있다. 예컨대 당신이 한 친구와 똑같은 걸 경험했지만 그 경험에 대해 이야기를 나눌 때 서로 기억하는 게 다른 경우가 있지 않았는가? 물론 있었을 것이다. 당연한 말이겠지만 그런 차이는 두 사람의 관점 차에서 비롯되는 것일 수 있다. 사람이 똑같은 것을 보았더라도 시간의 흐름과 회상의 빈도에서 두 이야기가 크게 달라질 수 있다. 예컨대 당신이 친구와 공유한 어떤 사건이 약간 어둑한 곳에서 발생해 시각적으로 명확히 알아볼 수 없는 제3자가 있었다고 해보자. 당신이 그때의 기억을 처음 떠올렸을 때 당신의 뇌가 긴 머리카락을 기억의 단편으로 만들어냈다면, 계속되는 회상에서는 드레스나 하이힐 같은 세부적인 면을 꾸며서 더 만들어낼 가능성이 있다. 반면에 친구가 첫 회상을 대머리로 시작했다면 그 친구의 이야기에서 제3자의 최종적인 모습은 나를 닮은 모습에 가까울 수 있다.

이런 현상은 어떤 기능을 배울 때도 똑같이 나타난다. 나는 기타 연주법을 독학했다. 10대 초반에 기타 연주를 혼자 연습하면서 몇몇 기법에서 잘못된 습관을 키우고 말았다. 더구나 반복된 연습을 통해 그 습관이 완전히 몸에 밴 까닭에, 나중에는 그 습관을 버리는 게 새로운 기법을 배우는 것보다 훨씬 더 어렵다는 걸 실감해야 했다.

나를 따라 반복해보라

주목해야 할 또 하나의 중요한 것은, 어떤 기능을 집중적으로 수행할 때가 아니라 그 기능을 반복해 수행할 때 학습 효과가 나타난다는 것이다. 이런 결과는 체력 단련에서 쉽게 확인된다. 당신이 원하는 수준의 체력을 얻기 위해 한 달에 한 번씩 체육관에 들러 엄청나게 무거운 역기를 들더라도 아무런 효과가 없다. 당신에게 정말 필요한 것은 일주일에 서너 번씩 체육관에 들러 운동하는 습관이다. 그렇게 근육 운동을 할 때마다 당신은 조금씩 더 강해지고, 상당한 기간 동안 꾸준히 운동할 때 목표를 향해 조금씩 다가갈 수 있다. 뇌가 학습하는 방법도 다를 바가 없다.

끔찍했던 학창 시절을 떠올려보면 무언가를 한 번 암기해서는 좀처럼 기억에 남지 않았다. 몇 번이고 암송하면 효과가 있었다. 우리가 뇌를 매번 사용할 때마다 조금씩 달라진다면 시간과 반복된 사용은 바위를 뚫는 물방울과 같은 것이 된다. 한 방울 한 방울이 모두 중요하지만 한 방울로는 눈에 띄는 변화를 끌어낼 수 없다.

[√] 기억하라! 시간과 반복된 사용이 우리 뇌를 재구조화하는 유일한 방법이다.

결국 우리가 선택한 것

시간이 지남에 따라 변하는 능력은 어쩌면 우리 인간이 보유한 가장 경이로운 자질일 수 있다. 하지만 이 능력은 양날의 검이어서 우리에게 유리하게만 작용하지 않고 불리하게 작용할 수도 있다.

행복으로 이어지는 습관(예컨대 현재의 순간에 충실하게 살아가는 태도)을 반복하면 시간이 지남에 따라 분노로 가득한 사람도 차분한 수도자처럼 바뀔 수 있지만, 자기중심적인 자아에 몰입하는 이기적인 시간을 오랫동안 보내면 정상적인 아이도 도널드 트럼프가 될 수 있다. 알지 않는가? 뇌를 비롯해 우리의 생물학적 기관은 우리 결정을 무작정 받아들이지, 선택하지 못한다. 달리 말하면 생물학적 기관들은 우리가 제공하는 환경에 반응하고 그 환경에서 최적으로 기능하는 데 관련된 부분을 발달시킬 뿐이다.

일주일에 네 번씩 체육관에 가서 상체를 반복적으로 훈련하면 결과가 확연히 나타날 것이다. 상체는 더 커지고 강해지겠지만 전체적으로는 역삼각형으로 보일 것이다. 반대로 체육관에 갈 때마다 무거운 역기를 짊어지고 스쿼트만 한다면 결국 하체만 굵어져서 커다란 서양배처럼 변할 것이다. 몸 자체가 당신을 중단시키고 바로잡거나 다른 운동을 해야 한다고 경고하지는 않을 것이다. 당신이 아무리 이상한 선택을 하더라도 몸은 당신의 선택을 무비판적으로 따른다. 무거운 것을 귀에 걸고 빙빙 돌리는 훈련을 하는 사람도 있지 않은가.

그렇다. 그런 경기가 실제로 있기도 하다. 무거운 물건을 귓불에 매달고 돌리는 경기의 세계 챔피언은 '도마뱀 인간'으로 더 많이 알려진 에릭 스프래그(Erik Sprague)로, 구멍을 뚫은 귀에 16킬로그램을 들어올린 뒤에 빙빙 돌릴 수 있다. 그렇다고 에릭의 몸은 폭동을 일으키며 '미쳤어. 난 이런 짓을 하고 싶지 않아!'라고 반항하지 않았다. 에릭의 선택에 순응했고 그의 귀와 뒷목은 실제로 더 강해졌다.

우리에게 그런 특이한 야심에 목숨을 바치게 만드는 것이 무엇인지는 모르겠다. 그러나 오래전에 일어난 일을 불평하는 데 아까운 시간을 허비하는 사람들이나, 완벽하게 좋은 삶을 살면서 잘못된 것을 찾아내려고 안달하는 사람들도 나는 이해할 수 없다. 여기서 스프래그를 판단하고 싶은 마음은 추호도 없다. 내가 그의 삶을 살았다면, 나도 온몸에 문신을 하고 무거운 것을 귀에 걸어 빙빙 돌렸을지도 모른다. 결국 내가 말하려는 요점은…

[√] 기억하라! 우리 뇌는 우리가 시간을 들여 훈련하는 것을 배운다.

우리 뇌는 어느 영역을 키우겠다고 까다롭게 가리지 않는다. 우리가 무언가를 선택해서 훈련을 거듭하면 뇌에서 결실을 보게 된다. 결국 우리 곁에 있는 늑대는 우리가 먹여 키운 것이다. 그 늑대는 계속 무럭무럭 자라지만 우리 자신이 그 늑대를 먹이고 키우고 있는 것조차 모르는 때가 적지 않다.

습관화

우리 뇌는 막강한 능력을 지녔지만 한꺼번에 이용할 수 있는 자원에는 한계가 있다. 우리 뇌가 동시에 모든 것을 생각할 수 있는 것은 아니다. 대체로 우리는 즉각적인 대답을 원하지만 우리 뇌는 슈퍼컴퓨터가 아니다. 따라서 우리 뇌는 생각하는 힘을 집중할 곳을 까다롭게 선택하는 경향을 띤다. 그 때문에 우리 뇌는 당면한 과제들에 똑같은 정도로 관심을 집중하지 않는다. 뇌는 어떻게 그렇게 하는 걸까? 습관화(habituation)에 답이 있다.

최근에 슈퍼마켓에서 사과를 구매한 적이 있는가? 요즘에는 사과 하나하나에 작은 상표가 붙어 있는 경우가 많다. 그 짜증 나는 작은 스티커는 나무에서 자라는 게 아니다. 그 스티커는 얼마 전에 누군가가 자신의 상품인 걸 알리는 동시에 소비자의 관심을 끌거나 사과를 분류하는 작업을 더 쉽게 하려고 고안해낸 혁신이었다. 그 스티커는 우리 소비자에게는 아무런 도움이 되지 않는다. 오히려 정반대다. 사과를 집어 들고 먹을 때마다 짜증스럽기만 하다. 손톱을 아래로 밀어 넣

다시, 행복을 풀다

고 사과에서 스티커를 떼어낸 뒤 손가락에 달라붙은 스티커를 뜯어 내 버릴 곳을 찾아야 한다. 그렇지만 사과를 즐겨 먹는 사람들의 삶에 짜증거리를 더해준 스티커의 제거에 누구도 큰 관심을 기울이지 않는다.

매년 수천 억 개의 사과가 소비된다는 걸 생각해본 적이 있는가? 따라서 우리가 조그만 관심을 기울이면 그 작은 스티커가 유의미한 영향을 미쳤다는 걸 생각해낼 수 있을 것이다. 그 영향이 무엇인지 짐작하겠는가? 수천 억 개의 작은 종잇조각이 매년 낭비되며 지구를 살리기 위해 보존되었어야 할 작은 숲 하나가 사라진다는 것이다. 게다가 우리가 그 스티커를 제거하는 데 낭비된 시간도 더해진다. 더 구체적으로 말해보자. 매년 9,000만 톤 정도의 사과가 생산된다. 모든 사과에 스티커가 붙고 그 스티커를 떼는 데 5초가 걸린다면, 하나에는 고작 5초에 불과하지만 전체적으로는 스티커를 떼는 데만 20만 년을 낭비하는 게 된다. 우리가 사과 스티커에 길들여진 까닭에 그 많은 시간이 무시된 채 넘겨진다.

이렇게 습관화된 삶의 일부가 되는 것은 우리 뇌에서 무시된다. 이 원칙은 스티커에만 적용되는 게 아니라 우리가 살아가는 도시의 소음과 오염 물질에도, 물론 우리를 불행의 늪으로 끌어가지만 우리에게 이미 익숙해진 작은 습관에도 똑같은 정도로 적용된다. 우리가 습관적 행동을 반복할 때마다 그 행동은 관심에서 멀어지고 주목할 만한 가치도 잃어버리는 듯하다. 그러나 신경 가소성과 더불어 시간과 반복이 더해지면 우리가 살아가는 방식이 결국 크게 달라진다.

당신이 사과를 구입할 때 스티커의 영향에 대해 생각해본 적이 있을까 모르겠다. 그렇다고 스티커가 없는 사과를 찾으려고 애쓰거나, 지난번에 스티커를 떼려고 했던 걸 기억조차 할 수 있을지도 의심스럽다. 하지만 이제는 달라졌을 것이다. 틀림없이 달라졌을 것이다. 그 이유가 무엇일까? 내가 스티커를 당신의 관심 영역에 끌어넣었기 때문이다. 다시 말하면 기계적으로 습관화된 당신의 뇌로부터 스티커를 떼어내서 자각의 영역에 끌어다놓았기 때문이다. 우리 인지 과정에 뒤섞여 있는 다른 모든 습관, 특히 우리를 불행하게 만드는 습관들도 이렇게 할 필요가 있다.

우리 뇌가 학습하는 방법에 관한 한, 사과 스티커처럼 간과되는 습관은 쓰레기통에 버려지는 것으로 끝나는 게 아니다. 습관은 신경 가소성을 통해 우리 뇌에 흔적을 남기고 그 결과로 우리는 약간 다른 우리가 된다. 예를 들어 설명해보자.

우리 뇌는 당혹스러운 것을 발견할 때마다 머릿속으로 그것을 묵묵히 분석하며 시간을 보내는 데 익숙하다. 그런 순간이 반복될 때마다 우리 뇌는 그런 현상에 맞닥뜨리는 데 있어서 조금씩 나아진다. 시간이 지나면 당혹스런 순간을 아무 일도 아닌 것처럼 넘기게 된다. 이 모든 게 눈에 띄지 않게 하루하루 진행되며 우리 삶은 병들어간다. 우리 뇌가 부정적인 생각을 붙들고 집착할 때마다 그런 생각을 능숙하게 유지하게 되며, 결국에는 부정적인 생각에 사로잡힌 채 며칠, 심지어 몇 년을 보낸다. 따라서 두려움을 떨쳐내지 못한 채 방치하면 우리 뇌는 두려워하는 것에 길들여지고, TV에서 정치 토론을 시청하며 흥분하면 그때마다 거실의 격렬한 토론자가 되고 결국에는 불만으로 가득한 수동적인 운동가가 된다.

시간이 지남에 따라 이 작은 습관들이 모여 눈에 띄는 부정적인 영향을 남긴다. 오래전부터 나는 그런 습관들에 이름을 붙였고, 이제는 통칭해서 '스티커'라 부른다(맞다, 습관은 스티커처럼 달라붙어 떨어지지 않아 짜증스럽다). 게다가 그런 습관을 찾아 없애는 방법까지 알아냈다.

뇌의 어느 부분이 발달하고 있는지 알아내는 게 중요하다. 당신이 발달하지 않기를 바라는 부분이라면 방향을 뒤집는 데 필요한 자각을 위한 정보를 확보해야 한다. 그러나 뇌의 어느 부분이 발달하고 있는지를 찾아내기는 무척 어렵다. 뇌는 두개골 안에 감춰져 있기 때문에 우리가 체육관에 가서 근육을 키울 때처럼 어느 부분이 커가고 있는지 확인하는 게 불가능하다. 게다가 행복을 위해 훈련된 뇌와 불행을 낳는 기계로 변해가는 뇌를 구분할 수 있는 신체적 징후도 없다. 당신이 어느 쪽에 있는지 다른 사람들은 쉽게 파악할 수 있어도 당신은 판단하기가 쉽지 않다. 시간이 지나면서 습관적 행동에 길들여지기 때문이다. 완전히 삶의 일부가 되어, 나쁜 습관이라는 걸 인지해서 바로잡는 게 불가능해지기 때문이다.

우리가 무의식적으로 반복하는 탓에 인지하는 게 불가능하다면, 어떻게 해야 뇌의 어느 부분이 발달하고 있다는 걸 알아낼 수 있을까? 뇌에서 빈번하게 움직이는 부분이 더 효과적으로 작동하기 마련이다. 일반적으로 더 신속하게 작동하기 때문에 우리가 더 자주 의존하고 더 빈번하게 사용하게 된다. 달리 말하면 우리가 끊임없이 훈련하며 우리 자신에게 최악의 적으로 변해가고 있다는 뜻이다. 우리는 그 행동에 점점 익숙해지고, 결국 그 행동은 우리가 가장 잘하고 가장 빈번하게 하는 게 된다. 시간이 지나면서 최고의 습관과 최악의 습관이 우리 삶에서 가장 두드러지게 드러나는 행동과 현상이 된다.

[√] 기억하라! 우리가 반복해서 행하는 습관이 불행 자체라면, 습관은 우리를 불행하게 만든다.

지나치게 단정적으로 말해서 이 말이 확실한 것으로 들릴 수 있다.

하지만 신경 가소성이란 맥락에서 보면 이 말은 최종적인 결론이다. 결국 행복과 불행은 우리 자신의 책임이다. 반복적인 훈련과 좋은 습관을 통해 우리는 얼마든지 행복해질 수 있다. 이런 사실을 염두에 두고 당신의 뇌를 둘러보기로 하자. 이제부터 사과 스티커까지 눈여겨볼 필요가 있다. 당신이 지금까지 뇌에 학습용 자원으로 무엇을 투자했는지 차근차근 찾아보자.

지금까지 무엇을 배웠는가

'두뇌 편향성 테스트'(3장을 끝낼 때 제시한 자각 훈련)를 기억하는가? 그때 나는 세 가지 질문을 했고, 각 질문에 답하는 데 걸린 시간을 측정해보라고 했다. 그 결과로 다시 돌아가자. 각 질문에 당신이 답한 속도는 당신 뇌에서 가장 적합한 부분과 관계가 있다. 즉 당신의 삶에서 가장 자주 작동한 부분이다.

예컨대 당신 자신에 대해 마음에 들지 않는 것을, 마음에 드는 것보다 더 빨리 찾아냈다면 자기 사랑보다 자기비판을 더 자주 실행했다는 뜻이 된다(어제 먹은 점심에 대해 물은 질문 1은 순전히 당신 정신을 딴 곳으로 돌려놓으려고 제시한 것에 불과하다). 내가 확인한 바에 따르면, 대부분이 자신을 가혹하게 평가하는 데 믿기지 않을 정도로 익숙하다. 경쟁이 치열한 현대 세계에서 자신의 좋지 않은 면을 찾는 작업은 긍정적인 행동으로 칭찬을 받는 듯하다. 그렇게 해야 '더 나아지려고' 더 노력할 것이라 믿기 때문이다. 하지만 나는 이 전제에 전혀 동의하지 않는다.

어렸을 때 우리는 현상의 부정적인 면에서 동기를 부여받는 방법을 배웠다. 학교에서 열심히 공부한 이유는 (긍정적인 결과로) 무언가를 배우기 위해서가 아니라, 나쁜 성적을 피하고 성공을 자랑하기 위한 것이었다(부정적으로 동기화된 결과). 나도 행동하는 데는 부정적인 자극

다시, 행복을 풀다

이 필요하지 않다는 걸 깨닫기 전까지는 마찬가지였다. 그러나 이제는 긍정적인 결과에 자극을 받더라도 적절히, 더 잘 행동할 수 있다. 요컨대 이제는 더 나은 사람이 되기 위해서 내게 무언가 문제가 있다고 생각할 필요가 없다. 내가 현재로도 좋은 사람이라 굳게 믿으며 더 나아지려고 노력할 수 있다.

변화와 개선을 위한 동기부여를 받기 위해 자기비판적이어야 한다고 아이들에게 가르치는 것은 잘못이다. 그런 가르침은 자부심을 깎아내리고, 세 번째 A, 즉 만연한 불만을 부추길 뿐이다. 그런데도 우리는 매일 자기비판에 열중하며 많은 시간을 보낸다. '난 엉덩이가 더 크면 좋겠어.' '엉덩이가 더 동그라면 좋겠어.' '그게 더 옅으면, 더 짙으면, 더 단단하면, 더 부드러우면 좋겠어.' '내 엉덩이가 내 엉덩이가 아니면 좋겠어.' '나는 대머리에 뚱뚱하고 못생긴 데다 멍청해. 게다가 신중하지 못하고 집중력도 없고 벽창호인 데다…' 이런 불만은 끝없이 이어진다.

우리가 자기비판을 담당하는 뇌 근육을 훈련할 때마다 우리 자신에 대한 비판이 능숙해지고 쉬워지기 마련이다. 이렇게 더 쉬워지면 더 자주 하고, 더 자주 하면 더욱더 능숙해지며 끝없는 악순환에 빠져들어, 결국에는 우리에게 정말 나쁜 짓을 하는 데 정말 능숙해진다. 게다가 나쁜 습관이 우리의 몸에 배면 그로 인한 부작용이 당연히 뒤따른다. 이렇게 자기비판과 관련된 뉴런을 활성화하며 깨어 있는 시간을 적극적으로 보내면, 자기 사랑과 관련된 뉴런의 활성화가 중단되고 그 결과로 그 뉴런이 줄어든다. 그렇게 되면 당신에게 정말 좋은 것에 정말 못 할 짓을 하게 되는 악순환에 빠진다.

그러나 우리는 이런 변화를 전혀 눈치채지 못한 채 우리에게 불리하게 작용하는 것을 서서히 그러나 확실하게 학습하고 있는 셈이다.

내친김에 '그 밖에 무의식적으로 또 무엇을 배웠을까?'라는 의문을 풀어보자.

사회자가 출연자들을 아무렇지도 않게 조롱하고 놀리는 심야 코미디 프로그램을 시청할 때 무엇을 무의식적으로 학습하고 있는 걸까? 온라인에서 게시글에 공격적으로 댓글을 단다면 무엇을 학습하고 있는 걸까? 화면에서 등장인물이 덧없이 죽고, 고문과 구타를 당하는 폭력 영화를 즐겨 본다면 무엇을 학습하고 있는 걸까? 공정한 재판을 받지 못한 채 죽음을 맞은 사람이 적이었다는 이유로 언론에서 그 죽음을 정당화하더라도 당신마저 그 죽음에 박수를 보낸다면 무엇을 학습하고 있는 걸까? 여성이 살덩어리에 불과한 존재로 묘사되는 포르노를 즐겨 시청한다면 무엇을 학습하는 걸까? 노숙자 옆을 걸어가면서도 동정심을 전혀 느끼지 못한 채 그의 존재를 무시한다면 무엇을 학습하고 있는 걸까? 소셜 미디어에 친구들에 대한 부정적인 감정을 야기하는 사진을 게시한다면 무엇을 학습하고 있는 걸까?

더 중요한 질문이 있다. 그 많은 시간과 뇌 자원을 그런 학습에 쓰고 있다면 무엇을 학습할 기회를 놓치고 있는 걸까? 현대 세계에서 우리는 뇌를 폭력과 탐욕, 공포와 부정, 조롱과 경멸, 자기애와 자아도취에 끊임없이 노출하고 있다. 우리는 이런 현상에 다른 이름을 붙여주고, 우리가 애국심과 야망, 자유와 유머를 실천하고 있다고 확신하고 있다. 하루하루 우리는 부정적인 인간으로 변해가고, 그 과정에서 더욱더 불행해진다. 개인으로서 지녔던 본연의 아름다운 본성을 상실하고 세상은 더더욱 삭막해진다.

악순환이 반복되며 우리 사회, 더 나아가 인류 전체에도 악영향을 미친다. 당신이 인류의 축적된 뇌에 하나 더 더해진 뉴런이라면 인류의 집단 뇌는 무엇을 학습하고 있는 걸까? 우리가 학습하고 있는 게 지금 어떻게 나타나고 있는가? 우울증 비율이 하늘을 찌를 듯이 높고, 10대의 자살률은 역대 최고치를 찍은 뒤에도 계속 상승하고 있다. 여성의 자살률도 사상 최고치다. 기후도 변하고 있다. 지상에서 가장 소중한 자원들 중 일부가 고갈되었고, 생태학자들은 우리가 집단 멸종으로 치닫고 있다는 데 동의한다.[4]

잠시 등을 기대고 앉아 우리의 집단 두뇌를 냉정하게 관찰해보자. 내가 보기에, 인류 전체의 심리 상태는 무척 기분이 나쁜 상태인 듯하다. 이렇게 쌓여가는 부정적 현상은 우리에게 강요된 것이 아니다. 우리 자신이 선택하고 우리가 지속적으로 학습한 것의 결과에 불과하다. 따라서 현재의 추세를 뒤집으려면 리더 한 명의 노력으로는 턱없이 부족하다. 소수에게 맡겨서 해결될 일도 아니다. 우리 각자가 참여하는 연합된 노력이 있어야 한다. 1,000개의 뉴런이 우리 뇌 안에서 끊임없이 재배치되듯이 우리 세계를 바꿔가는 작업도 우리부터 시작되어야 한다. 개인의 행복만이 아니라 주변 사람 모두의 행복을 위해 우리는 우리 자신부터 면밀히 살피고…

[√] 기억하라! 변해야 한다!

사소한 행동도 오랫동안 반복되면 어떤 하나의 행동보다 치명적이다. 작은 행동은 찾아내기 어렵고, 그런 행동이 오랫동안 당신과 다른 사람들에게 미친 영향을 평가하는 것은 훨씬 더 어렵다. 똑똑하고 긍정적인 마음가짐을 지닌 사람들의 모임이 당신의 삶에서 나쁜 습관을 찾아 없애는 데 진정한 도움을 줄 수 있다.

실천 훈련

거울 효과	
목표	달갑지 않은 재주로 이어지는, 반복하고 있는 행동이 무엇인지 정확히 찾아낸다 나쁜 습관을 없애기 위해 모임의 구성원들과 함께 노력한다 다른 구성원들에게도 그렇게 하도록 영향을 미친다
기간	60분
반복	필요하면 일주일에 적어도 한 번 이상 반복하라
준비물	무엇에도 방해받지 않을 만한 조용한 장소 주의: 혼자 훈련하는 걸 선호하는 사람이면 혼자 해도 상관없다 그에 맞게 훈련 방법을 조절하면 된다

긍정적인 마음가짐을 가진 사람들을 먼저 모아라. 두세 명의 좋은 친구면 충분하다. 비슷한 생각과 변하려는 의지가 무엇보다 중요한 조건이다.

당신이나 친구들이 일주일에 서너 번은 실행하는 활동을 생각해내라. 예컨대 '나는 기본적으로 매일 뉴스를 시청한다', '나는 출근길에 인스타그램을 훑어본다', '나는 일주일에 서너 번씩 배우자와 말다툼을 벌인다', '내가 직장을 잃으면 어떻게 될까 거의 매일 생각한다' 등이 있을 것이다. 어떤 활동을 특별히 생각해내야 하는 것은 아니다. 머릿속에 떠오르는 다양한 예를 생각해낸 뒤에 중요한 것부터 하나씩 다루면 된다.

생각의 흐름이 느려지면 다음 단계로 넘어가, 그런 행동이 반복되어 습관으로 굳어지면 장기적으로 어떤 영향이 있을지 토론하는 시간을 갖는다. 그 행동의 장기적 영향에 대해 10분 동안 생각해보거나 친구들과 논의해보라. 대화가 원만하게 진행되면 대화가 길어지더라도 계속하라. 하나의 주제가 충분히 다뤄졌다고 생각되면 다음 주제로 넘어가라. 실제로 활용할 만한 질문들을 참고로 제공하면 다음과 같다.

- 이런 습관을 반복하면 개인적으로 어떤 좋은 교훈을 얻을 수 있을까?
- 반대로 문제점은 무엇일까?
- 이런 습관으로부터 우리가 배울지도 모르는 특징을 현재 보여주는 사람을 생각해낼 수 있겠는가? 친구도 좋고, 유명인이나 정치인도 상관없다. 그 습관이 당신의 외모를 과장하거나 당신의 삶을 멋지게 꾸민 사진을 소셜 미디어에 게시하는 것이라 해보자. 그런 습관을 극단까지 행하는 어떤 유명인이 머릿속에 그려지는가? 화려한 의상, 값비싼 장신구, 성형수술 등 당신이 삶에서 진정으로 원하는 게 그런 사람의 모습인가?
- 동일한 결과를 얻을 수 있는 다양한 대안적 활동이 있다면 어떤 활동을 채택하는 게 더 나을까? 예컨대 구글에서 직접 뉴스 머리기사를 검색하는 게 뉴스를 알림으로 받거나 시청하는 것보다 나을까?
- 그런 대안적 습관으로 개발된 특징을 보여주며 긍정적인 역할 모델을 하는 본보기를 생각해낼 수 있겠는가? 예컨대 그 대안적 습관이 유익하고 영감을 주는 내용만을 온라인에서 공유하는 것이라 해보자. 그런 글만을 온라인에 종종 게시하는 친구를 생각해낼 수 있는가? 좋은 느낌을 공유하고 긍정적인 사고방식을 퍼뜨리려 애쓰는 오프라 윈프리(Oprah Winfrey) 같은 공인은 어떤가? 그의 어떤 면을 존경하는가? 당신에게도 그런 특성이 부분적으로 있다고 자부할 수 있는가?

현재의 학습 방향을 뒤집기 위해 기꺼이 실천하고 성과를 측정할 수 있는 행동들을 써보라. 예컨대 '나는 소셜 미디어에 내 사진을 게시할 때 얼굴을 보정하지 않을 것이다', '나는 긍정적이고 영감을 주는 메시지를 공유할 것이다', '내가 동의하지 않더라도 다른 사람의 게시글을 긍정적인 자세로 받아들일 것이다', '나는 신중하고 정중한 단어만을 사용할 것이다' 등이 있을 수 있다.

성취 가능한 목표를 세워라. 나쁜 습관을 하룻밤에 없애기는 어렵다. 신경 가소성의 흐름을 뒤집는 데 반복 훈련이 필요하다. 목표를 정했으면 곧바로 시작하라. 차일피일 미루면 일상적인 일을 처리하느라 처음의 열의가 시들해질 수 있기 때문이다. 목표를 성취하면 자축하고 나쁜 습관을 당신의 삶에서 완전히 축출할 때까지 조금씩 목표를 높여가라.

이 훈련을 친구들과 함께하면 또래의 지원을 받아 마음을 크게 열고, 변하고 발전하겠다는 의욕을 적극적으로 불태울 수 있을 것이다. 서로 책임감 있게 실천하고 발전하면 함께 축하하라. 이 방법이 효과가 있다면 당신이 좋은 친구들과 모임을 구성했다는 뜻이다. 함께 계속 나날이 나아져라. 오래된 이슬람 속담에서도…

[√] 기억하라! 친구를 보면 그 사람을 알 수 있다.
당신과 삶을 함께할 사람과 당신의 삶에서 지워낼 사람을 치열하게 찾아내라.

다시, 행복을 풀다

5장
양극단에 있는 두 뇌

개인용 컴퓨터와 관련해 일어난 가장 큰 혁신 중 하나는 그래픽 처리 장치의 발명이다. 이 프로세서는 컴퓨터 화면에 뛰어난 화질의 영상을 만들어내는 역할을 한다. 그래픽 처리 장치는 이미지를 확실히 파악해서, 개인용 컴퓨터의 CPU보다 더 신속하게 이미지를 만들어내도록 설계되었다. 한편 CPU는 숫자를 분석하고 과제를 수행하는 데 더 능숙하다. 이 둘이 합쳐진 개인용 컴퓨터는 전 세계의 진지한 게이머들이 선택하는 플랫폼이 된다. 두 종류의 프로세서가 무척 다른 기능을 해내는 동시에 각각에 부여된 과제를 훌륭하게 해내기 때문이다. 따라서 만약 당신이 컴퓨터에서 그래픽 프로세서를 제거한다면 컴퓨터는 느려지고 전혀 작동하지 않을 수도 있다.

놀랍겠지만 이런 작동은 우리 뇌가 작동하는 방법과 전혀 다르지 않다. 지금 당신 손안에 인간의 뇌가 놓여 있다면, 우리 두개골 안에 실제로 존재하는 뇌가 하나가 아니라 둘이라는 걸 확인할 수 있을 것이다. '뇌들보(corpus callosum, 두 반구를 연결하는 섬유 다발)'라 일컬어지는 무척 가는 섬유로 연결된 두 반구가 눈에 들어온다. 이른바 좌뇌와 우뇌로 완전히 다른 기능을 수행한다. 각자에게 맡겨진 역할은 무척 능숙하게 해내지만 반대편의 역할에는 서투르기 짝이 없다.

안타깝게도 현대 세계에서 우리는 한쪽을 상대적으로 더 많이 사용하는 경향을 띤다. 구체적으로 말하면 **색깔과 감정과 창의력을 우리 삶에 더해주는 우뇌를 도외시하는 반면에, 숫자를 중심에 두고 분석하고 통제하며 성과 지향적인 좌뇌를 우선시한다.**

남자다운 나의 의미

그래픽 프로세서가 개인용 컴퓨터에 도입되며 컴퓨터를 한층 더 완벽하게 해주었을 즈음, 나는 20대 후반에 들어섰다. 당시 현대 세계는 나를 불완전한 존재로 만드는 방향으로 움직이며 나를 가차 없이 끌어갔다. 내가 일터에서 받는 모든 메시지, 게다가 내가 얼마 전에 끝낸 경영학 석사부터 내가 열심히 탐독한 자기계발서까지 모든 것이 내게 분석적인 프로세서, 즉 좌뇌를 우선시하고, 직관적이고 창의적이며 감성적인 프로세서, 즉 우뇌를 무시하라고 가르쳤다. 이런 가르침은 내가 성장기를 보낸 중동의 교육 방법과도 맞아떨어졌다. 그곳에서도 남자아이는 경쟁적이고 투지에 넘쳐야 하며 완강해야 한다고 배우기 때문에 남자답지 못한 자질은 멸시되기 일쑤였다.

그 결과? 성과와 경력 및 돈을 버는 내 능력은 크게 발달했지만, 정서적으로는 불행했다. 오랫동안 깊은 우울증에 시달리는 경우가 잦았다. 사랑하는 가족에게도 냉혹했고 지독히 엄격했다. 우울증을 벗어나려고 시도할 때도 좌뇌에 매몰된 행동을 고집스레 계속하며 나자신을 더욱 가혹하게 밀어붙였다. 나는 독선적으로 변해가며 당시 아내가 너그러운 마음으로 건네던 합리적인 조언들도 매몰차게 외면했다. 당시 내게는 자신을 사랑하는 마음이 너무도 부족했고, 끊임없이 나 자신에게 남자답게 행동하고 더 많이 일하라고 명령할 뿐이었다. 내가 분석적인 엔진의 회전 속도를 높일수록 더 열심히 노력하면 시간문제일 뿐 결국 승리하고 행복해질 것이라는 믿음도 강해졌다. 그러나 내가 틀렸다. 나는 불행과 옹고집과 혼란의 수렁에 더 깊이 빠져들었다. 사랑하는 가족으로부터도 점점 멀어졌다. 지독히 불쾌하고 공격적인 성격이었던 까닭에 누구도 내 곁에서 1분을 함께하려 하지 않았다. 나는 혼자였다. 슬프고 외로웠다.

당시 나는 지나치게 남성 중심적인 좌뇌 사회가 내게 쏟아냈던, 이기적이고 자본주의적인 직장 문화가 확대했던 거짓말(게다가 내가 맹목적으로 믿은 거짓말)이 별개의 프로세서로 움직이는 인간적인 면을 내게서 빼앗고 있다는 걸 거의 몰랐다. 나는 분석하고 절제하는 수준을 넘어 많은 것을 해낼 수 있는 존재였지만 내가 살아온 환경이 내게서 우뇌적 자질을 철저하게 박탈해왔음을 인식하지 못했다. 그로 말미암아 대안적 존재의 가능성도 전혀 보지 못했다. 나는 스스로 판 구덩이에서 빠져나오는 데 필요한 직관, 감성과 정서 및 자각력이 부족했다. 기능적인 좌뇌를 사용해서 공학적인 접근으로 행복의 길(내 첫 책인《행복을 풀다》의 주제)을 찾는 데까지는 오랜 시간이 걸렸다. 그렇게 행복으로 가는 길에 대해 수개월, 때로는 수년을 연구한 끝에 심오한 비밀을 찾아내면, 곧장 나는 내 경이로운 아들이자 멘토이던 알리에게 달려가 내가 찾아낸 것에 대해 말해주었다.

내게는 균형감이 절실히 필요했지만 알리는 균형감을 잃는 법이 없었다. 어렸을 때도 알리에게는 진실을 알아내려는 머리, 공감하며 느끼려는 가슴이 있었고, 모든 것을 몇 단어로 요약하는 지혜가 있었다. 내가 고도로 논리적이고 체계적인 공학자의 방식으로 행복에 대해 찾아낸 것을 말해주면 알리는 내게 가볍게 몇 가지 질문을 던졌다. 알리의 입장에서 굳이 제기할 필요도 없는 질문이었지만, 그 질문은 내 말이 그의 관심을 끌었다는 걸 느끼게 해주었다. 알리는 내 대답을 유심히 듣고는 내게 미소를 지어 보이며 "우아, 난 아빠가 너무 자랑스러워요"라고 말했다. 알리가 그렇게 말해주면 나는 어린아이처럼 기뻤고 가슴이 두근거렸다. 내가 원하는 것은 아들의 존경이 전부였다. 알리는 내가 직접 지명한 내 멘토였고 알리의 지지는 내게 올바른 길을 걷고 있다는 확신을 주었다.

그 뒤에는 마법이 펼쳐졌다. 알리는 내가 좌뇌를 사용해 말한 것을 가슴으로 느끼고 우뇌로 표현하여 다시 설명해주었다. 그럴 때마다 그림이 갑자기 뚜렷해졌고, 나는 마침내 모든 걸 더 뚜렷이 이해할 수 있었다. 내가 가슴으로 느끼는 법을 터득할 때까지 오랫동안 알리는 내 가슴이었다. 알리는 내 우뇌였고, 내 그래픽 프로세서였다. 알리는 나를 완벽하게 해주었다.

내가 20대 후반에 겪은 갈등은 직장이나 대부분의 사회에서 특별한 게 아니었다. 사회에 대한 기여, 특히 전통적으로 남성적인 행동과 관련된 기여는 지나치게 미화되는 경우가 많았다. 남녀를 떠나 대다수가 우리 처리 능력의 절반에만 의존해 살아간다. 대다수가 뇌의 왼쪽 영역을 찬양하는 까닭에 행동하고 행동하는 데 집중한다. 우리는 우뇌의 힘을 무시한다. 그 때문에 우리 자신과 우리 세계에 절실히 필요한 균형만이 아니라 적절히 존재할 기회마저 상실한다.

현대 사회가 좌뇌를 지나치게 강조하는 경향을 띠는 것은 사실인 듯하다. 우리가 오늘날 직장에서 마주하는 네 사람 중 세 사람은 정서 지능(emotional intelligence, EQ)보다 논리 지능(logic intelligence, IQ)을 더 우선시한다. 이런 현상은 분석적 사고와 결과 지향, 계획 수립, 경쟁력 등 좌뇌의 기능에 높은 가치가 부여되는 사회의 요구에 대한 자연스런 반응이다. 한편 감성은 감춰야 하는 것이고, 확실한 증거가 없는 직관은 혼자 속으로 간직해야 하는 것이다. 그러나 우리 뇌의 절반, 특히 우리를 인간답게 만들어주는 쪽이 나머지 반쪽보다 더 유용한 게 아닐까?

두 대뇌 반구의 기능 차이에 대한 현재의 이해는, 뇌전증 연구로 1981년 노벨상을 수상한 로저 스페리(Roger Sperry, 1913~1994)의 연구에서 기원한 것이다. 스페리는 뇌들보를 절단하면 발작을 줄이거나 아예 없앨 수 있다는 걸 알아냈다. 그 과정에서 스페리의 연구는 좌뇌와 우뇌가 분리된 상태에서 기본적으로 어떻게 기능하는지를 파악할 가능성을 제시해주었다.

스페리의 환자들은 회복 과정에서 발작 횟수가 줄어들었을 뿐만 아니라 다른 징후도 보여주었다. 두 반구를 연결하는 통로가 절단된 까닭에 환자들은 왼쪽 눈으로 관찰한 사물, 다시 말하면 우뇌로 처리한 사물이 무엇인지 말하지 못했다. 하지만 좌뇌로 처리한 사물, 즉 오른쪽 눈으로 관찰한 사물이 무엇인지 말하는 데는 아무런 문제가 없었다. 이런 정보를 근거로 스페리는 좌뇌가 언어 기능을 담당한다는 의견을 제시했다.[1] 그 이후에 많은 학자가 대뇌의 두 반구에 대한 연구를 시작했고, 그 결과로 우리는 두 반구의 기능에 대해 자세히 알게 되었다. 전문적인 부분은 생략하고 두 반구를 일상적인 언어로 이야기하듯이 소개해보자.

두 반구를 두 사람이라고 상상해보자. 둘을 구분하기 위해 각각 레프티와 라이티라고 해보자. 둘은 무척 다른 사람이다. 레프티는 분석적인 경향을 띠고, 라이티는 직관적인 편이다. 레프티는 세부 사항에 대해 말하고 싶어 하고, 라이티는 전체를 다소 시적으로 표현하려 한다. 레프티는 상황을 합리적으로 분석한 뒤에 신중한 계획을 세우는 반면, 라이티는 모험적으로 접근하고 충동적으로 행동할 가능성이 크다. 레프티는 짤막하고 논리적으로 말하며 절제력을 보여주려 한다면, 라이티는 상상력과 창의력을 사용해서 그림처럼 모호하게 말하는 편이다. 레프티는 라이티의 그런 표현에 별 의미를 두지 않고 '행동'하기 시작하고, 라이티는 '존재' 자체에 의미를 두고 자신의 느낌에 충실하려 한다. 어느 쪽이 당신에 대해 말하는 것 같은가? 당신이 어느 쪽에 속하는지 알아낼 수 있겠는가?

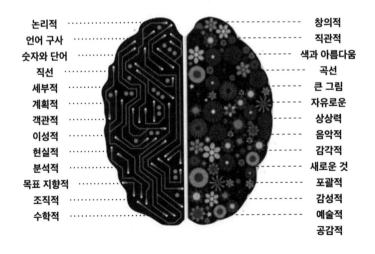

논리적	창의적
언어 구사	직관적
숫자와 단어	색과 아름다움
직선	곡선
세부적	큰 그림
계획적	자유로운
객관적	상상력
이성적	음악적
현실적	감각적
분석적	새로운 것
목표 지향적	포괄적
조직적	감성적
수학적	예술적
	공감적

다시, 행복을 풀다

더 깊이 들어가기 전에 내가 분명히 해두고 싶은 것이 하나 있다. 여기서 나는 좌뇌의 속성이 전형적으로 남성성('수컷'이 아니다)을 띠고, 우뇌의 속성은 전형적으로 여성성('암컷'이 아니다)을 띤다고 말할 것이다. 이런 구분은 두 반구를 연구하기 위한 편의에 불과한 것이지 젠더와 동일시하는 것은 아니다. 현대 신경과학이 분명히 말하듯이, 좌뇌와 우뇌는 인간의 생물학적 남녀 구분과 직접적으로 일치하지 않는다. 우리 모두가 두 반구를 갖고 있다는 것은 명확한 사실이다. 다만 여기서 나는 행동과 특성에서 일반적으로 여성성이나 남성성과 관련 있는 특징들이 두 반구에서 다르게 나타난다는 걸 보여주고 싶을 뿐이다. 두 반구의 특성을 더 폭넓게 알게될 때 우리는 두 반구를 더 효과적으로 활용할 수 있을 것이다. 내가 전형적인 구분을 사용하는 궁극적인 이유에는 우리 모두에게 여성성과 남성성이 동시에 내재한다는 걸 보여주려는 의도도 있다.

뇌졸중과 새로운 깨달음

내가 아는 범위 내에서, 좌뇌와 우뇌의 차이를 신경과학자 질 볼트 테일러(Jill Bolte Taylor)만큼 명쾌하게 설명한 전문가는 지금까지 없었다. 그녀는 《나는 내가 죽었다고 생각했습니다》를 출간한 2008년에 가진 테드 강연에서 뇌졸중으로 쓰러져 좌뇌의 기능을 상실했던 당시의 경험을 생생하게 설명해주었다. 좌뇌의 여러 기능이 그가 세상을 보는 방법에 아무런 제약을 가하지 않은 덕분에 그녀는 순전히 우뇌로만 세상을 새롭게 경험할 수 있었다. 그녀의 표현을 빌리면,

한동안 내 좌뇌의 목소리는 완전히 침묵에 빠졌다. 마치 누군가 리모컨을 쥐고 음소거 버튼을 누른 것 같았다. (…) 당신 뇌의 목소리와 완전히 단절되면 어떤 느낌일지 상상해보라. (…) 나는 지금 이 공간에 있고 내 일을 하고 있다. 따라서 내 일과 관련된 스트레스도 있기 마련이다. 하지

만 그때는 아무것도 없었다. 몸이 한결 가벼워진 기분이었다. (…) 그야 말로 평온감을 온몸으로 느꼈다. 37년 동안 쌓인 감정의 짐이 사라졌을 때 어떤 기분이었을지 상상해보라. 희열! 너무 좋았다.[2]

신경과학을 통해 지금까지 밝혀진 바에 따르면 우리 뇌의 목소리, 즉 머릿속에 떠오르는 혼잣말 및 전반적인 언어 사용은 좌뇌의 영역이다. 이런 특징이 극단적으로 나타나는 현상, 예컨대 치열한 토론이나 지능은 뛰어나지만 공감력이 있는 사람은 전형적으로 남성적인 면과 관련이 있다. 그런데 좌뇌가 무력화되면 내면의 목소리가 침묵에 빠지고 우뇌가 활성화된다.

테일러가 우뇌의 활성화를 통해 어떤 경험을 했는지 직접 들어보자.

나는 팔을 내려다보았다. 내가 내 몸의 경계를 더는 규정할 수 없다는 걸 깨달았다. 내가 어디에서 시작하고, 내가 어디에 존재하는지도 규정할 수 없었다. 내 팔을 구성하는 원자와 분자가 벽을 비롯해 내 주변의 모든 것을 구성하는 원자와 분자와 뒤섞여 있기 때문이었다. 나는 병에서 금방 빠져나온 지니처럼 거대하고 팽창하는 기분이었다. 존재하는 모든 에너지가 하나가 된 기분이었다. 나는 그렇게 열반을 맛보았다.

테일러가 묘사한, 모든 것과 하나가 된 느낌은 우뇌의 기능인 게 분명하다. 이 느낌이 여성성과 깊은 관련이 있는 것도 사실이다. 두 반구의 차이를 더 깊이 알고 싶으면 테일러의 책을 읽어보길 바란다. 하지만 우선은 우리 모두에게 두 개의 다른 뇌가 있다고 말해두는 것으로 충분한 듯하다.

레프티가 인간이면 공장 감독관으로 일하는 수학 괴짜일 가능성이 크다. 그에게 가치관과 마음가짐에 대해 물으면, "나는 일차적으로 개인이고, 사회의 구성원이란 존재는 그다음이다. 내 성공은 전적으로 내 책임이다. 나는 체계적으로 생각하며 문제를 해결하고, 과거로부터 배우고 미래를 위한 계획을 세운다. 나는 세세한 것에 관심이 있다. 단어를 잘 다루고, 무언가를 염두에 두면 완결될 때까지 옆길로 새지 않는다"라고 대답할 것이다.

한편 라이티는 젊고 자유로운 사고방식의 소유자이고 자연에서 시간을 적잖게 보내는 사람일 것이다. 그에게 자신에 대해 평가해 달라고 부탁하면, "나는 존재하는 모든 것과 하나다. 모든 생명체가 내게 말을 건다. 나는 존재하는 모든 것, 감지되는 모든 것, 느껴지는 모든 것을 담은 큰 그림을 전체적으로 받아들인다. 나는 온전히 존재하며 삶이 가고 싶은 곳으로 나도 흘러간다. 나는 창의적이고 모험적이다. 나는 느끼고 상상한다. 이치에 맞지 않는 말을 받아들이고, 생명을 가꾸며, 아름다운 것을 높이 평가하고 영감을 주는 삶을 살려고 한다"라고 대답할 것이다.

기질이 완전히 다른 두 사람이라 할 수 있다. 누가 더 나을까? 흥미롭게도 이런 질문은 레프티만이 제기한다. 레프티는 모든 것에 딱지를 붙이고 분류하려 하기 때문이다. 여하튼 대답은 '어느 쪽도 더 낫지 않다'.

좌뇌와 우뇌의 차이는 인류에게 주어진 가장 큰 선물 중 하나라는 걸 우리는 망각할 때가 많다. 그럴진대 어떻게 어느 한쪽이 더 나을 것이라 생각할 수 있겠는가? 좌뇌와 우뇌의 양극성(polarity) 덕분에 우리는 다양한 관점에서 세상을 보고, 인지 능력과 지적 능력을 처리하는 범위도 넓어진다. 다양성과 독창성도 이 양극성에서 비롯된다. 좌뇌의 기능은 우리 삶에 질서를 주고 수학 문제를 풀고 전략적으로 계획하는 데도 도움을 준다. 우리 조상이 사냥하고 지금 우리가 경이로운 과학기술을 발전시킨 데에도 큰 역할을 했다. 정말이다. 좌뇌가 없었다면 인류는 오래전, 오래전에 사라졌을 것이다.

그러나 우리에게 좌뇌만 있다면 삶이 무색무취하고 재미없고 따분하기 이를 데 없을 것이다. 미술도 없고 음악도 없을 것이고 상대에게 공감하는 능력도 없어 사회를 형성하지도 못했을 것이다. 그저 머리로 생각만 하고 가슴으로 느끼지를 못할 것이다. 사랑도 없고 웃음도 없을 것이고, 엄격한 질서를 넘어 새로운 것을 탐험하거나 도전하지도 못할 것이며, 삶이 제공하는 것을 즐기지도 못할 것이다. 좌뇌의 도움을 받아 우리가 무엇을 건설할 꿈도 꾸지 못하고, 더 큰 그림도 머릿속에 그리지 못할 것이다. 우뇌가 없다면 우리는 기계의 톱니바퀴와 다를 바가 없을 것이다. 다른 방식의 삶을 상상하지 못해 지금도 사냥하며 살아갈 것이다. 우뇌가 없었다면 인류는 창의성이 없어 발전하지 못해 일찌감치 사라졌을 것이다. 그렇지 않았더라면 우리는 따분함을 견디지 못하고 죽었을 것이다.

[√] 기억하라! 우리를 인간으로 번성하게 해주는 것은 좌뇌도 우뇌도 아니다. 두 반구의 균형과 상호 작용이다.

하지만 지나치게 남성적인 현대 사회는 우리에게 생각하고 행동하며, 분석하고 비판하며, 잘못된 것을 찾아내고 미래를 위해 계획을 세우라고 독촉한다. 모든 것이 좌뇌의 기능이다. 인류의 오랜 역사 내내 그랬지만 지금보다 심했던 적은 없었다. 생명의 양식을 주는, 소중한 여성적 특성을 억누르라는 강요를 받는다. 항상 무언가를 해야 하고, 직관을 믿어서는 안 되며, 감정을 드러내서도 안 된다는 말은 너무 자주 들어 귀에 딱지가 앉을 지경이다. 우뇌에 힘을 실어주지 않아 우리를 인간답게 해주는 것만이 아니라 우리를 행복하게 해주는 것을 크게 잃고 있다. 하지만 안타깝게도 남녀를 불문하고 특히 직장에서 우리가 여성적인 면을 인정하는 것은 잘못이라 생각하도록 배운 까닭에 좌뇌적 삶을 자랑스러워한다는 게 더 큰 문제다.

옳고 그름

내가 태어난 도시 이집트 카이로의 매혹적인 구시가를 걸을 때마다 그곳이 먼 옛날에는 어떤 모습이었을까 간혹 상상해본다. 아라비아가 영화에서 묘사되는 모습은 예부터 항상 똑같다. 당신이 디즈니에서 제작한 실사 영화 〈알라딘〉(2019)에서 보았던 것도 비슷하다. [윌 스미스(Will Smith), 당신 연기는 최고였다.] 나는 내가 알라딘이면 좋겠다고 생각한다. 무엇보다 내게도 그런 램프가 있으면 좋겠다. 내가 소원으로 가장 먼저 말할 것은 자명하다. 그 전능한 새파란 지니는 내 임무 '10억 명 행복 프로젝트'를 달성하기 위한 치트 키(cheat key)가 될 것이다. 나는 램프를 손에 쥐는 즉시 램프를 문지르며 조금도 망설이지 않고 10억 명을 행복하게 해 달라고 소망할 것이다. 그래도 두 가지 소원이 남는다. 어쩌면 세 번째 소원은 영원히 빌지 않을지도 모르겠다. 지니가 무척 재밌는 데다 정말 의좋게 지낼 수 있을 것 같아, 즉 그를 계속 곁에 두고 싶으니까. 그래도 한 가지 소원이 남아 있다. 나라면 내게 세상을 바꿀 힘, 세상을 바로잡는 힘을 달라고 빌고 싶다. 그래도 흥미로운 문제가 남는다. 당신에게 단 하나, 하나를 바꿀 힘이 허락된다면 무엇을 바꾸고 싶은가?

나라면 인간의 뇌에서 우측에 힘을 실어주고 싶다. 하나의 변화에 불과하지만 이 전략적인 선택이 우리 지구의 상태를 완전히 바꿔놓고, 현대 세계를 괴롭히는 대부분의 문제를 해결할 것이라 믿는다.

생각해보자. 인류가 직면한 문제를 개별적으로 해결해야 한다면 무수히 많은 기법이 필요할 것이다. 예컨대 기후 변화에 따른 현재의 환경 문제를 해결하려면, 전쟁 기계에 대한 경제의 의존성을 줄이는 데 필요한 역량보다 더 많은 과학적 역량이 개발되어야 한다. 기아를 종식하고 미래의 잠재적 팬데믹으로부터 인류를 보호하려면 또 다른 과학적 역량이 필요하다. 기능적인 면에서 겉보기에는 아무런 관련이 없는 문제들이 계속 불거질 때 문제 해결을 위해 공학적으로 접근하면 근원적인 원인을 찾게 된다.

> **[√] 기억하라!** 오늘날 인류가 직면한 많은 문제의 근원은
> 과도한 좌뇌 중심적 사회 분위기에 있다.

전체적으로 보면 우리는 우뇌의 힘을 지금까지 제대로 활용하지 않았다. 인간다움을 완전히 발휘하려면 여성적 특성이 더 필요하다. 우리 세계가 더 나아지려면 여성성을 우위에 둬야 한다.

이언 맥길크리스트(Iain McGilchrist)는 《주인과 심부름꾼》에서 우리 각자가, 더 나아가 인류 전체에서 균형을 회복하기 위해서는 우뇌에 힘을 실어주고 리더의 위치를 부여해야 한다고 주장했다. 중요한 게 무엇인지 결정할 때 공감 능력과 직관력을 먼저 사용하고, 창의력을 활용해 문제를 해결해야 한다는 뜻이다. 모두 여성적 특성을 띤 자질들이다. 그 뒤에야 좌뇌에게 권한을 넘겨 문제를 마무리 지으면 된다. 여성적 특성을 통해 무엇을 해야 하는지에 대해 올바로 결정하지 않

은 채 행동이 앞서면 잘못된 방향으로 빠지기 쉽다. 그 책의 결론에서 맥길크리스트는 좌뇌가 지배하며 우뇌의 특성이 철저히 억압되는 세계를 이렇게 설명했다.

> 좌뇌는 인격적인 것보다 비인격적인 것을 더 좋아한다. 이런 경향은 과학기술이 끌어가고 관료적으로 운영되는 사회에서 어떤 경우에나 어렵지 않게 확인될 것이다. 비인격적인 것은 인격적인 것을 대체하고 살아 있는 것을 희생하면서까지 물질적인 것에 집중할 것이다. 사회적 결속 및 인간과 인간 간의 유대가 중요하고 각자가 속한 공간과 인간 간의 유대도 그에 못지않게 중요하지만, 그런 관계는 자체적으로 활성화되는 좌뇌에게는 불편하고 이해할 수 없는 것으로 등한시되어, 결국 소멸될 것이다. (…) 협력보다 착취가 인간과 인간의 관계에서, 인간과 세계의 관계에서 기본값이 될 것이다.[3]

이 구절을 다시 읽어보길 바란다. 지금 우리가 살고 있는 세계의 모습이 아닌가? 그런데 지금은 어떤 것도 우리를 행복하게 해주지 못한다. 더 많이 행동하고 더 많이 생각하며, 더 많이 만들고 더 많은 것을 손에 넣지만 우리가 진정으로 갈구하는 것, 즉 행복은 점점 멀어진다. 결국 우리가 그다지 똑똑하지 않다는 뜻이다. 그렇지 않은가, 레프티?

인간다워지자

우리를 인간답게 해주는 특성은 수백 가지가 넘는다. 그런 특성이 우리 마음가짐과 행동 방식을 결정한다. 그런 특성에는 공감과 포용, 집중과 절제, 내구력과 상상력 등이 있고, 나열하자면 얼마든지 이어갈 수 있다. 우리는 이런 특성을 때때로 '수컷(male)' 자질과 '암컷(female)'

자질로 분류한다. 나는 이런 분류를 근본적으로 반박해보려 한다.

이 연구를 시작한 초기에 나는 100여 개의 인간적 특성을 자세히 들여다보았고, 사회학과 영성 및 일반적인 관념이 그렇듯이 다수의 관점에 근거해 전형적인 여성성 자질(우뇌)과 남성성 자질(좌뇌)을 분류해보았다. 그리고 이 책의 목적에 맞춰 나는 그 자질들을 17가지로 좁혔다. 그 17가지가 무엇이고, 왜 하필이면 17가지로 분류하느냐는 중요하지 않다. 곧 보겠지만 이 책은 정밀과학이 아니다. 복잡한 주제(무엇이 여성성의 원형이고, 무엇이 남성성의 원형인가)를 단순화해서, 하지만 모두가 수긍할 수 있는 방법으로 설명해보려는 시도일 뿐이다.

내가 선정한 17가지는 직관, 회복 탄력성, 포용, 창의성, 공감, 자각, 열정, 소통, 연민, 절제, 책임, 행동 지향, 용기, 집중, 내구력, 선형적 사고, 자기주장이다. 이 자질 중 어떤 것도 그 자체로는 나쁘지 않을 수 있다. 그저 하나의 자질이고 특성일 뿐이다. 하지만 모든 것이 그렇듯이 무엇이든 지나치면 나쁘다. 내가 선정한 자질도 예외가 없어서 지나치면 긍정적인 것에서 부정적인 것으로 변한다. 예컨대 선형적 사고(linear thinking)는 문제 해결을 위한 접근법을 체계화하기에는 좋은 방법이다. 하지만 지나치면 중요한 정보를 놓치거나, 문제를 더 효과적으로 해결할 수 있게 해주는 창의적 해법을 놓칠 수 있다. 반대편에 있는 직관도 긍정적인 자질이다. 특정한 문제에 대한 정보가 지나치게 많거나 거꾸로 지나치게 적을 때 직관을 활용할 수 있다. 하지만 직관에 지나치게 의존하면 비합리적이 되어 중요한 사실을 간과할 수 있다.

내가 선형적 사고를 남성적 원형에, 직관을 여성적 원형에 속하는 것으로 분류하는 이유는 간단하다. 여성적이라 인식되는 사람은 직관적일 가능성이 상대적으로 높고, 남성적이라 인식되는 사람은 선형적으로 사고할 가능성이 높기 때문이다. 우리가 남성적이라 판단

다시, 행복을 풀다

하는 사람들에게서 어떤 자질이 얼마나 폭넓게, 즉 얼마나 흔하고 강렬하게 발견되는지 관찰함으로써 그 자질을 남성적인 것으로 분류하고, 우리가 여성적이라 판단하는 사람들에게서 폭넓게 발견되는 자질은 여성적 자질로 분류하는 게 사회적 통념이다.

여기서 강조해두고 싶은 또 하나의 중요한 요점은, 여성성과 남성성은 생물학적 정체성과 직접적인 관계가 없다는 것이다. 성 정체성이 고정되어 있지 않다는 젠더 유동성(gender fluidity)에 대한 세계적인 각성으로, 여성성과 남성성이란 고정된 틀 안에서 살아야 하는 선택이 사회나 생물학적 요인에 따라 강요되지 않아야 한다는 게 증명되며 의심의 여지를 남겨놓지 않았다.

여성적이든 남성적이든 간에 인간적 특성들은 우리 각자에게서 다른 정도로 존재한다. 소수에게만 배타적으로 존재하는 자질은 없다. 그러나 여기에 숨은 문제가 있다. 어떤 자질이 좌뇌에 강하게 나타나면 우뇌에서는 약하게 나타나는 경향을 띤다는 것이다. 물론 반대의 경우도 마찬가지다. 또 어떤 자질이 여성성 원형에 강하게 나타나면, 반대되는 자질은 남성성 원형에서만 거의 나타난다. 따라서 통계 표본을 대규모로 확대하면, 우리에게서 확인되는 각 자질의 강도는 중국에서 여성성과 남성성 간의 균형을 상징하는 형상[음양(陰陽)]과 무척 유사하게 보이는 분포 곡선을 따르는 경향을 확인할 수 있다.

다음의 도표는 내가 선택한 17가지 자질이 각각 우뇌(검은색으로 표시된 양)와 좌뇌(회색으로 표시된 음)에 어느 정도 속하는지를 시각적으로 표현한 것이다. 우리 뇌에서 각 자질을 담당하는 영역이 다르다. 달리 말하면 생물학적인 이유가 아니라 뇌가 어떻게 관여하느냐에 따라 각 자질이 다른 특성을 갖는 것이다. 또 달리 말하면 뇌의 발달 과정에서 각 영역이 신경 가소성이란 동일한 규칙을 따른다는 뜻이다. 따라

서 어떤 자질 하나를 받아들이면 그 자질에 더 능숙해지고, 어떤 자질을 억누르면 그 자질이 쇠퇴하게 된다.

성인이 되어 사회에 진출하고 기업에 입사하면 우리는 여성적 특성이 환영받지 못한다는 걸 직감한다. 결국 사회와 직장이 우리에게 여성적 특성을 억누르라고 강요하는 셈이다. 이런 사회적 분위기와 현상에 부응하려면 우리 본성에 충실하지 못한 삶을 살아야 하는 까닭에, 우리는 불행해질 수밖에 없다. 여성적 자질이 없으면 우리가 삶에서 균형을 찾는 데 필요한 많은 것을 잃게 된다. 우리 사회가 남성적 특성을 중심으로 구조화된 탓에 우리 모두가 '여성적' 자질의 부족에 시달린다는 사실은 좀처럼 이야깃거리가 되지 않는다. 이런 관점에서 나는 우리 자신의 특성들을 되짚어보고, 그 특성들을 우리의 숨겨진 여성성에 연결하는 시간을 가져보려 한다. 이 시도는 우리가 자유로워지는 방향으로 나아가는 중대한 첫걸음이 될 것이다.

당신은 어떤 자질들을 중심으로 삶을 살아가는가? 지체 없이 대답할 수 있겠는가? 다음의 짤막한 훈련을 통해 당신의 고유한 특성을 되짚어보며, 두 반구를 모두 만나는 시간과 공간을 마련해보라.

　　　　　　　　　　　　　　　　　　다시, 행복을 풀다

자각 훈련

좌뇌와 우뇌, 모두	
목표	어떤 특성(좌뇌와 우뇌, '남성성'과 '여성성')이 당신을 규정하는지 알아낸다
기간	15분
반복	한 번이면 충분하다
준비물	무엇에도 방해받지 않을 만한 조용한 장소

더 읽기 전에 잠깐 짬을 내어, 위에서 언급한 특성 중 어느 것이 당신 행동에 영향을 주고, 개체로서 당신의 정체성을 결정할 만큼 당신의 내면에 많이 존재하는지를 조사해보길 바란다. 이 연습을 건너뛰지 않기를 바란다. 당신의 진정한 자아를 알아내기 위해 진작 행해졌어야 했을 중요한 과정이기 때문이다.

여성적 특성	남성적 특성
직관	
회복 탄력성	
포용	
창의성	
공감	
자각	
열정	
소통	
연민	
	절제
	책임
	행동 지향
	용기
	집중
	내구력
	선형적 사고
	자기주장

좌뇌와 우뇌의 특성은 우리 모두의 일부라는 논리에 모두가 동의하기를 바란다. 또 우리를 전형적으로 여성적이거나 남성적으로 만들어주는 특성들은 엄격히 말해 뇌 기능에 불과하므로, 계속 발달할 수 있을 뿐만 아니라 거꾸로 억제될 수 있다는 데도 동의하기를 바란다. 현대 세계에서 우리는 여성성을 대체로 억압해왔지만 우리 세계가 제대로 기능하려면 더 많은 여성성이 필요하다.

직관을 예로 들어보자. 많은 문화권에서 직관은 전통적으로 '여성적'인 특성으로 여겨진다. 당신의 직관은 얼마나 강렬한가? 무언가를 선택하고 행동을 결정할 때 어느 정도까지 직관에 의존하는가? 개인으로서 당신은 이 질문에 대답할 수 있어야 한다. 예컨대 당신이 대부분의 경우에 직관을 사용하고 그렇게 하는 걸 정말 편안하게 여긴다고 해보자. 그 때문에 당신이 '여성적'이라 분류되는가? 엄격히 말하면 그 때문에 당신이 직관적인 사람이라 분류되는 것도 아니다. 직관에 의존하는 정도에 따라 상대적으로 더, 또는 덜 직관적이라 평가될 수 있을 뿐이다. 이런 분류는 당신이 직관에 의존하는 빈도만이 아니라 직관력의 효율성, 즉 강도로도 측정되기 때문에 무척 복잡한 작업이다. 요컨대 직관은 단순한 개폐식 스위치가 아니다. 직관은 사용 빈도 이외에 0부터 100까지 다양한 강도를 갖는다.

[√] 기억하라! 우리 각자를 규정하는 특성들은 본질적으로
이분법적인 게 아니라 계산자에 비유된다.

우리 각자를 하나의 불연속적인 범주에 끼워 맞추려는 시도는 진실에 가까이 다가가려는 시도에 불과하다. 검은색과 흰색 사이에 고

정된 수의 불연속적 범주가 있다고 가정하면 회색의 진정한 속성에 대한 이해를 제한하는 게 된다. 예를 들어 왼쪽 도표에서는 검은색과 흰색 사이에 회색 음영이 14개밖에 없는 것처럼 보인다. 우리가 도표를 이런 식으로 그리면 무수히 많은 다른 음영은 14가지 중 가까운 것에 끼워 맞추게 된다. 우리가 할리우드를 믿으려고 한다면 적어도 50개의 음영이 있어야 한다. 그보다 더 많아야 할까?

회색의 진정한 속성은 오른쪽 도표에서 더 잘 드러난다. 이 계산자의 어떤 지점이 회색인지 알아낼 수 있는가? 정도의 차이는 있지만 거의 모든 점이 회색이다. 따라서 하나의 특정한 점에 회색이란 특성을 부여하는 것은 잘못이다. 그런 결정은 수많은 다른 점도 진정한 속성에서는 역시 회색으로 인정받을 자격이 있다는 걸 부정하는 것이기 때문이다.

불연속적인 범주는 풍요롭고 복잡한 우주를 단순화하려는 인간의 시도에 불과하다. 어떤 것에나 수많은 변형이 있다는 걸 좌뇌가 이해하는 것은 거의 불가능하다. 범주화는 인간의 제한적인 두뇌가 처리할 수 있는 '진실의 근사치(approximation of the truth)'이지만…

[√] 기억하라! 진실의 근사치가 진실은 아니다.

달리 말하면 거짓이다. 진실의 근사치라는 거짓이 우리를 잘못된 길로 인도한다. 가령 당신이 직관이라는 '여성적' 특성을 극한까지 활용할 수 있다면, 그래서 당신이 지상에서 가장 직관적인 사람이라면 직관이 당신을 여성스럽게 만들까? 반드시 그렇지는 않다. 당신은 대단히 직관적일 수 있지만 무척 절제력 있고, 용기와 끈기를 겸비하고,

자기주장이 강할 수도 있다(이는 모두 '남성적'인 특성이다). 이 특성이 당신을 어떻게 만들까? 우리에게 익숙해진 범주, 즉 선호하는 식단이란 범주를 사용해서 이 질문에 대답해보자.

나는 25세가 된 때부터 육식을 중단했다. 따라서 일반적인 기준으로는 채식주의자가 되었다. 달걀을 먹지 않고 우유도 마시지 않는다. 치즈와 요구르트를 계속 먹는 작은 결함만 없었다면 나는 완전한 채식주의자가 되었을 것이다. 지금도 식탁에서 나는 그와 관련된 대화를 나눈다. 그때마다 '나는 누구일까?'라는 질문을 나 자신에게 던진다. 나는 어떤 범주에 완벽하게 맞아떨어지지 않는다. 그럼, 어떤 선택을 해야 할까? 답은 간단하다.

[√] 기억하라! 나는 나만의 고유한 범주다.

내 식습관에 대해 답하자면 나는 '모-타리언(Mo-tarian)'이다. 말하자면 나는 '모'가 먹고 싶어 하는 걸 먹는다. 나는 복잡한 삶을 살면서도 인지 과정을 단순화하겠다고 나를 하나의 범주에 끼워 넣고 싶지 않다. 나는 나이고, 그것은 그것이다.

이 원칙은 '여성성'과 '남성성'이란 범주와의 관계에도 그대로 적용된다. 나는 내가 남성적이란 느낌이 들지 않는다. 중동에 뿌리를 둔 남자로서는 대단한 고백이 아닐 수 없다. 나 자신에게 진실하자면 나는 58퍼센트 정도로 여성적이라 생각한다. 내가 58퍼센트의 여성적인 면을 지닌다고 생각한다는 것은 내가 내 진정한 특성들의 크기를 알아냈다는 뜻이다. (그런데 이 계산은 정확한 것이다. 나는 우리 안에 잠재된 특성들을 개별적으로 측정하는 도구를 이미 개발했다. 앞에서 다룬 '좌뇌와 우뇌, 모두' 훈련법을 확대한 것이어서, 이에 대해 설명하려면 또 한 권의 책이 필요한 주제다.) 그 특성들이 복잡하게 뒤섞여 나를 규정한다는 사실을 이해하면 나는 이 세상에 존재하는 유일한 존재가 된다.

달리 말하면 내가 속한 유일한 범주는 남자나 여자, 동성애자나 이성애자, 남성적 존재나 여성적 존재가 아니다. 내가 진정으로 소속된 유일한 범주는 그저 '모(the Mo)'라 불리는 범주다. 인간의 다양성을 보여주는 끝없는 계산자에서 유일하게 한 점만이 나에게 맞아떨어진다. 마찬가지로 당신이 완벽하게 맞아떨어지는 유일한 범주는 당신밖에 없다. 과학자들이 광대한 우주에서 발견하는 수많은 별들 하나하나에 이름을 붙이듯이 그 범주에 당신 이름을 붙여도 상관없다. 당신이 소속된 유일한 구성원인 그 범주는, 각각 다른 강도로 느껴지고 무궁무진한 형태로 표현되는 특성들이 유일무이하게 뒤섞인 결합체다.

[√] 기억하라! 당신이 소속된 유일한 범주는 '당신'이다.

이런 사실을 깨닫는 순간 당신은 필요할 때마다 남성적인 면과 여성적인 면을 원하는 만큼 적절하게 조절해 당신의 진정한 모습을 자유롭게 표현할 수 있을 것이다. 당신의 본성에 충실한 방향으로 존재하고 행동함으로써 당신이 삶에서 마땅히 누려야 할 성공을 이뤄낼 수 있을 것이고, 어쩌면 당신에게 고통을 안기는 신경학적으로 고질적인 이유 중 하나를 찾아내 없애며 새롭게 정의된 당신에게 적응하려 애쓰는 더 중요한 성과를 거둘 수도 있다.

이 장에서 행복이란 주제에 접근하기 위해 이미 많은 페이지를 할애하고 비전통적인 개념까지 적잖게 도입했다는 걸 알고 있다. 그러나 이제부터는 한결 쉬워진다. 계속해 읽기 전에 잠깐 일어나 몸과 팔다리를 쭉 펴며 시원하게 기지개를 켜보라.

좌뇌와 우뇌, 그리고 행복

좌뇌와 우뇌의 불균형이 어떻게 다른 무엇보다 불행의 주된 원인이 될 수 있는지를 논의할 준비가 이제야 끝난 듯하다. 우리는 누구나 삶의 과정에서 힘든 사건을 적잖게 맞닥뜨리기 마련이다. 우리가 그 사건들을 툴툴 털어내지 못하고 기억에 담아둔다면 불행해질 수밖에 없다. 어떤 도전에 직면하면 그때까지 삶의 과정에서 얻은 모든 것을 쏟아붓는 게 현명한 대처 방법이다. 일부의 역량만으로 그 도전에 대응한다면 성공하기가 더 어려워진다. 그럼 어떻게 해야 우리가 가진 모든 것을 끌어모아 도전에 대응할 수 있을까?

내가 관찰한 바에 따르면, 행복의 대가들은 체계적인 접근법을 활용해서 과거의 행복했던 상태로 신속하고 예측한 대로 되돌아간다. 그 접근법은 무척 효과적인 데다 누구나 그대로 사용할 수 있어, 여기에서 간략하게 요약해보려 한다. 내가 '행복 흐름도(happiness flow chart)'라 칭하는 이 방법은 11장에서 자세히 다뤄지므로, 여기에서는 큰 그림만 간략히 살펴보기로 하자.

행복을 비롯해 무언가의 성공을 향해 가는 길의 전반부는 자각과 관계가 있다. 자각은 당신이 원한다고 아무렇게나 해낼 수 있는 게 아니다. 자각은 당신의 내면과 주변에 존재하는 것에 의도적으로 주의를 기울일 때 얻어지는 상태다. 자각에 이르는 수준의 주의를 기울이려면 모든 것을 멈춰야 한다. 그저 존재해야만 한다. 성공으로 가는 길의 후반부는 세상에 차이를 만들어내기 위해 취하는 행동과 관계가 있다. 자각 자체는 수동적이다. 주변 세계가 변하기 위해서는 반드시 행동이 있어야 한다. 도전에 부딪친 경우도 마찬가지다.

생물학적 차이에 상관없이 우리 대부분은 존재와 행동, 둘 중 하나에 더 익숙하다. 어떤 사람은 무언가를 하려고 항상 분주하게 뛰어다니고, 어떤 사람은 잠시 모든 것을 멈추고 자신이 왜 행동하는지를 생각해보려 하지도 않는다. 한편 나머지는 감정과 감성에만 파묻힌 채 아무런 조치도 취하지 않는다. 우두커니 앉아 상황이 바뀌기만을 기다린다. 어느 쪽도 행복으로 가는 온전한 길을 걷지 못하는 셈이다.

우뇌형 사람은 존재하는 데 익숙하고 행복의 길을 걷기 시작하지만 중간쯤에서 멈춘다. 좌뇌형 사람은 행동하는 데 익숙해서 시작하지도 않은 것을 끝내려 하며, 굳이 할 필요도 없는 걸 하면서 시간을 헛되이 보낸다. 좌뇌가 주도하는 세계는 행동 부분을 선호한다는 것은 굳이 말할 필요도 없다. 모든 잡지가 행복을 다룬 글에서 붙잡기 힘든 즐거운 감정을 만끽하기 위해서는 무언가를 해야 한다고 말하고, 우리는 그 권고에 따라 행동한다. 휴가지를 예약하고 파티에 참석하며 물건을 구입한다. 행복을 가져다준다는 주문(呪文)과 긍정의 말을 반복해 암송한다. 반드시 해야 한다고 들은 것을 행동에 옮기지만 지속적인 행복 상태에 이르지 못한다. 왜 그럴까? 그 이유는…

[√] 기억하라! 행복으로 가는 길을 온전히 걸으려면
'행동'하기 전에 '존재'해야 한다.

존재하는 법을 배우려면

우리가 본래의 특성들을 완전히 활용하지 못하는 이유는 개인을 중시하는 현대 사회의 극심한 조건화 때문이다. 어쩌면 어렸을 때 우리를 양극성 중 한쪽으로 억지로 몰아넣은 부모나 또래의 압력도 원인일 수 있다. 하지만 그 특성들은 활동을 중지했을 뿐 여전히 우리 안에

있다. 훈련하면 당신을 비롯해 누구나 필요에 따라 존재와 행동 사이에서 유연하게 전환할 수 있다. 반복된 훈련을 통해 그렇게 전환하는 방법을 터득하면 행복만이 아니라 삶의 모든 면에서 다른 사람들을 크게 앞설 수 있다는 것, 이는 좋은 소식이 아닐 수 없다. 좌뇌와 우뇌의 균형을 이루면 당신은 과거의 어느 때보다 완전해진 느낌일 것이다. 그 수준에 이르려면 상당한 시간이 필요하겠지만 그 상태에 도달하기 위해 시간과 노력을 투자할 가치는 충분하다.

자각의 진정한 속성을 이해한 사람이면 완전한 자각의 수준에 이르는 게 무척 힘든 과제라는 것도 알기 마련이다. 존재하려면 행동을 멈춰야 하고, 행동하기 시작하면 그 순간부터 존재할 수 있게 된다. 행복에 이르는 이 접근법을 완전히 습득하려면, 뇌의 양쪽을 똑같이 능숙하게 사용할 수 있어야 할 뿐만 아니라 각 부분을 의도적으로 분리해 사용하는 방법도 알아야 한다. 그래야 좌뇌의 간섭에서 완전히 벗어나고 우뇌의 일탈을 방지할 수 있지 않겠는가. 분명히 말하지만 제다이 마스터의 능력에 버금가는 이 수준에 이르려면 힘든 과정을 거쳐야 한다. 우리는 그 목표를 향해 함께 매진할 것이다. 그러나 그 훈련법을 실행에 옮기기 전에 배워야 할 것이 더 있다.

당신이 현재 어디에 있고, 당신이 무엇을 해야 하는지를 완전히 알고 있다면 해야 할 것을 제대로 하는 방법을 배우는 데 시간을 투자하는 게 이익이다. 이 명제가 이 책에서 내가 말하려는 접근법의 근간이라는 걸 이미 눈치챈 사람도 있을 것이다. 앞으로 '존재하라-학습하라-행동하라'고 칭하게 될 접근법이다.

자각 훈련과 집단 토의는 당신이 존재하

는 걸 도와줄 목적에서, 즉 생각과 느낌과 믿음에 관련해 당신의 내면에서 진행되는 걸 자각하는 능력과 연결할 목적에서 고안된 것이다. 반면에 실천 훈련은 상황을 개선하고 더 행복하게 살기 위해 당신이 취해야 할 행동을 취하도록 도와주려고 고안된 것이다. 엄격히 말해서 이 책의 이후는 모두 학습과 관련된 것이다. '존재하고 학습한 뒤에 행동하라'는 접근법을 자연스레 따라가려면, 우리가 지금까지 뇌에 대해 배운 것(존재에는 우뇌, 학습에는 신경 가소성, 행동에는 좌뇌)을 능숙하게 이용할 수 있어야 한다. 우리는 이 접근법을 곧 실제로 적용해볼 것이다. 그러나 먼저, 지극히 개인적인 이야기이지만 우뇌로 살아가는 삶의 경이로움에 대한 내 경험을 공유해보려 한다.

균형 잡힌 시각을 키우려면

내 아들 알리는 어떻게 그런 멋진 사람이 되었을까? 그의 생전에는 그 이유를 도무지 짐작할 수 없었다. 알리에게는 모든 걸 끌어당기는 매력이 있었다. 그의 곁에 있으면 사랑이 느껴졌다. 그에게 더 가까이 다가가고 싶은, 모든 걸 아우르고 감싸는 듯한 사랑이었다. 말 한마디가 없어도 알리의 품에 안기면 안전함이 느껴졌다. 알리에게는 모든 게 괜찮다고 느끼게 해주는 능력이 있었다. 돌이켜보면 알리는 남성적인 중동 문화권에서 자랐지만, 커가면서 어떤 이유로든 여성성을 완전히 받아들인 게 분명하다는 생각이 든다. 그의 어머니 니발은 순수한 사랑의 전형이다. 알리도 어머니의 영향을 받아 순수한 사랑이 된 게 아닌가 싶다.

이 땅을 떠나기 3년 전, 알리가 속한 밴드인 폭스 힐파이브(Fox HillV)가 유명한 록밴드의 미국 순회공연에 초대를 받았다. 네 명의 밴드 멤버 중 세 명은 미국에 도착했지만 마지막 한 명이 예측하지 못한 이유로 미국에 들어올 수 없었다. 시간도 촉박한 데다 외국에 있었던 까닭에 밴드는 그를 대체할 멤버를 구할 수 없었고, 결국 그들은 순회공연에 참가하지 못한 채 세 명만이 미국의 조그만 마을에서 3주를 지내게 되었다.

두바이에 돌아왔을 때 알리는 그야말로 피골이 상접한 모습이었다. 나는 가슴이 철렁 내려앉아 무슨 일이 있었느냐고 물었다. 알리는 "아빠, 미국은 내가 생각했던 곳이 아니에요. 고통받고 가난에 찌든 사람이 너무 많았어요. 우리가 머물렀던 곳은 돈도 없고 먹을 것도 없었어요. 사람들은 마약에서 도피처를 찾고요. 내 가슴도 그들처럼 찢어지는 것처럼 아팠어요. 먹을 수도 없고 잠을 잘 수도 없었어요"라고 대답했다.

그 여행을 계기로 알리의 삶이 완전히 달라졌다. 알리는 존재하는 모든 것과 자신을 분리하지 못했다. 장막이 걷혔고 알리는 모두와 하나가 되었다. 그리고 남은 생애 동안 알리는 모든 사람의 행복과 고통을 함께 나누었다. 알리는 더 많은 사람과 교감을 나누었고 접촉할 수 있는 모두에게 더 많은 변화를 요구했다. 나는 알리가 개방적으로 변해가고 더욱더 관대해지며, 세상에 대한 불만을 토로하면서도 하루하루를 더 평온하게 보내는 것을 볼 수 있었다. 알리는 말투도 변했다. 알리가 옹호하는 이념, 그 이념의 타당성을 전개하는 방식도 달라졌다. 알리가 원하는 것은 고통받지 않는 세계, 그것뿐이었다.

그 이후의 시간은 그의 지혜가 정점에 이른 때였다. 알리는 실제로 죽기 전에 이미 죽었다. 알리는 충만하게 살고 있었지만 이미 죽은 것 같았다. 수피즘의 가르침에서 말하듯이 알리는 죽기 전에 죽었다.

알리는 내게 마음의 문을 열고 감정적인 우뇌를 과잉 분석적인 좌뇌에 연결하라고 가르치려 애썼다. 하지만 나는 완고했다. 나는 알리에게 좌뇌적 특성들 덕분에 내가 성공하고 차이를 만들어냈던 것이라고 말했다. 또 행동이 중시되는 세계에서 우리가 살고 있기 때문에 우리가 행동하지 않으면 어떤 것도 변하지 않을 것이라고도 말했다. 내가 어리석었기에 알리는 나를 변화시키지 못했지만 이 세상을 떠나기 이틀 전까지도 나를 바꿔보려는 노력을 멈추지 않았다.

그날 알리는 내게 단도직입적으로 말했다. "아빠, 내가 아빠한테 일하는 걸 중단하라는 건 아니에요. 내가 아빠에게서 달라지기를 원하는 건 하나밖에 없어요. 조금만 더 자주 가슴의 소리를 믿어보라는 거예요." 죽어가는 현자가 유언하는 것 같았다. 알리는 내 삶과 내 주변 사람들의 삶을 바꾸는 방법이 있다면, 내가 스스로 남성성(일하는 걸 중단하지 않는 것)과 여성성(가슴의 소리를 믿는 것) 사이에 균형을 찾는 수밖에 없다는 걸 알았던 게 분명하다.

알리가 세상을 떠나고 수년이 흐른 지금, 나는 세계 최고의 테크놀로지 기업에서 오랫동안 일하며 이뤄낸 업적보다 '10억 명 행복 프로젝트'라는 현재의 임무로 우리 세계에 더 큰 변화를 가져왔다. 우뇌로 충만히 살아가고, 내 가슴이 이끄는 대로 살아가는 삶이 어떤 것인지를 살그머니 들여다보며 알리처럼 나도 완전한 평화를 찾는 법을 터득했다. 이제 나도 알리가 살고 있는 열반의 세계를 찾아가고 있다고 감히 말할 수 있다. 고맙다, 알리.

테일러는 내가 앞에서 언급한 테드 강연을 마무리 지으며 이렇게 말했다.

지금 여기에서 나는 좌뇌의 의식에 들어가는 길을 선택함으로써 생명의 흐름과 분리된 독립된 개체가 될 수도 있고, 우뇌의 의식에 들어가는 길을 선택함으로써 내가 모든 것과 하나가 되는 우주의 힘, 즉 생명력 자체가 될 수도 있다. 나는 우리가 인간으로 가장 먼저 해야 할 일은 서로 사랑하는 것이라 생각한다. 서로 사랑하는 것은 우리 인간의 기본적인 존재 방식이며 우뇌의 본질이기도 하다.

성인이 된 이후로 나는 대체로 행복한 삶을 살았지만 내 오른쪽 반쪽이 뚜렷이 드러날 때까지 완전한 행복감을 느낀 적이 없었다. 이제 마침내 그 반쪽을 만나 기쁘기 한량없다.

[√] 기억하라! 존재하는 법을 배워라. 우뇌의 스위치를 올려라.

앞의 자각 훈련(좌뇌와 우뇌, 모두)에서 나는 당신이 우리에게 좌뇌적 특성과 우뇌적 특성이 모두 있다는 걸 직접 경험할 수 있기를 바랐다. 하지만 우리는 예외 없이 둘 중 하나를 더 많이 사용하는 경향을 띤다. 당신은 어느 쪽을 더 많이 사용하는지 지금부터 알아보자.

존재 자체를 우선시하는 삶을 사는 사람이 있는 반면, 행동을 우선시하는 삶을 사는 사람이 있다. 당신은 개인적으로 어느 쪽에 더 의존하는지 아는 게 중요하다. 좌뇌와 우뇌는 각기 다른 습성을 만들어낸다. 따라서 그 습성을 면밀히 관찰하면 당신의 두뇌 편향성을 알아낼 수 있다.

잠깐 짬을 내어 당신의 성향을 되돌아보라. 감정이 어떤 방향으로 흐르더라도 그 감정을 깊이 느끼며 공감하고, 공유하거나 되짚어보는 경향을 띠는가? 그렇다면 당신은 여성적인 면에 더 의존하며 살아가는 편이다. 존재하는 자체가 더 쉽다는 걸 알지만 행동할 때가 되면 적잖은 어려움에 대비해야 한다.

목표를 설정하고 내면의 느낌에는 아랑곳하지 않고 그 목표를 성

자각 훈련

목표	좌뇌와 우뇌 중 어느 쪽에 더 자주 의존하는 경향이 있는지를 알아낸다
기간	15분
반복	한 번이면 충분하다
준비물	무엇에도 방해받지 않을 만한 조용한 장소

취하기 위해 가차 없이 일하는 경향을 띠는가? 그 목표가 당신에게 정서적으로 어떤 영향을 주는지 살펴보거나 주변의 더 큰 세계, 예컨대 가족 구성원이나 사랑하는 사람의 목표에 맞추려고 일을 멈추는 경우가 거의 없는가? '이런저런 것을 공유하는 한담'보다 행동과 해결책을 더 선호하는 경향을 띠는가? 그렇다면 당신은 '남성적'인 절반에 더 의존해 살아가는 편이다. 행동하는 삶에서는 두각을 나타내지만 존재하는 것에 그치는 삶은 당신에게 생소하게 느껴진다.

조용한 곳을 찾아가 최근에 당신을 불행하게 했던 것을 떠올려보고 그것에 어떻게 반응했는지도 되짚어보라. 혼자 가만히 앉아 무엇이 잘못되었는지 생각하고, 그것에 대해 불평하며 반복해서 분석하고 주변 사람들에게 도움을 구하지만, 그들이 해법을 제시했을 때 거북하게 느끼지는 않았는가? 게다가 한밤중에 잠에서 깨어 그 문제를 끝없이 되씹지는 않았는가? 그랬다면 당신은 문젯거리에 직면했을 때 여성적인 면을 따르는 경향을 띠는 사람이다.

반면에 자리를 박차고 일어나 즉각적으로 행동하고 그 문제를 잊으려고 일에 몰입하거나 파티나 오락거리에 탐닉한다면, 느낌은 도외시하고 해법과 행동에 생각을 집중한다면, 또는 쟁점 자체를 일축하며 되돌아보는 시간을 갖지도 않은 채 그 문제를 충분히 해결할 수 있을 정도로 강하다고 자기 최면에 빠진다면, 과거의 나처럼 당신은 불행하다고 느껴지는 이유가 있을 때도 천성적으로 좌뇌를 기본 상태에 두는 사람이다.

이번 훈련은 순전히 자각을 위한 것이다. 행동할 필요도 없고, 찾아낸 것에 변화를 줄 필요도 없다. 당신이 어느 한쪽에 기울어졌다는 이유로 비판을 받을 이유도 없다. 어느 쪽이 좋거나 나쁜 게 아니다. 그저 다를 뿐이다. 이 훈련의 유일한 목적은 당신이 어느 쪽에 더 기울어진 삶을 사는가를 알아내는 것이다. 요컨대 미래에 더 자주 행복을 느끼려면 어느 쪽을 공들여 개선해야 하는지를 알아내려는 것이다.

이번에는 당신이 알아낸 결과를 바탕으로 내게 필요한 것에 대해 다음 중 하나를 소리 내어 말해보라.

나는 좀 더 자주 '존재'에 힘쓸 필요가 있다.

or

나는 좀 더 자주 '행동'에 힘쓸 필요가 있다.

다음에 소개되는 훈련은 뇌의 어느 한쪽으로 생각하는 게 무엇과

자각 훈련

좌뇌와 우뇌가 보는 것?	
목표	좌뇌와 우뇌가 세상을 어떻게 보는지를 경험하게 된다
기간	15분
반복	여유 시간이 있을 때마다 다른 이미지를 사용해서 반복하라
준비물	무엇에도 방해받지 않을 만한 조용한 장소

비슷한지를 파악하는 데 도움을 줄 수 있다. 관찰을 시작할 때 작동하는 쪽을 알게 되면, 관찰이 필요한 경우에 그쪽 뇌를 활성화할 수 있지 않겠는가. 여하튼 적어도 당신이 언제 어느 한쪽에 편향성을 띠는지 알 수 있지 않겠는가.

아래의 이미지를 유심히 살펴본 뒤에 당신 눈에 무엇이 보였는지를 써보라. 그리고 1~2분의 여유를 가진 뒤에 다시 읽기 시작하라.

분주한 거리(큰 그림)가 가장 먼저 보였는가? 세부적인 것에 먼저 집중했는가? 그림의 테두리가 직사각형이 아니라 굴곡진 걸 보았는가? 큰 그림을 보는 것에 집중했다면 우뇌적 성향이고, 세부적인 것에 집중했다면 좌뇌적 성향의 특징을 드러낸 것이다.

그림 중앙과 우측의 맵시 있는 여자가 즉시 눈에 들어왔는가? 그랬다면 우뇌가 작동한 것이다. 예술적이고 아름다운 것에 대한 판단도 우뇌의 영역이다. 대부분의 사람이 오른쪽으로 걷는 걸 보았는가? 왼쪽으로 걷는 사람을 보려면 세부적인 것에 주목해야 하므로 좌뇌를 사용해야 한다. 왼쪽으로 걷는 사람을 찾아보라. 그들 중 한 명은 휴대

폰으로 통화하고 있다. 나머지 한 명은 어디에 있는가? 좌뇌에게 찾아 달라고 부탁하라. 좌뇌를 동원하면 보행자들이 들고 있는 가방이나 배낭의 형태 같은 것만이 아니라 오른쪽 배경에 감춰진 문자 e를 찾아 내는 데도 도움이 된다. 그림 중앙의 위쪽에 교통 신호등이 있다는 걸 알아내는 것도 좌뇌의 기능에 속한다. 좌뇌는 목적 달성을 위한 계획 을 세우는 데 필요한 정보와 잠재된 위협에 더 많은 주의를 기울이기 때문이다.

미끄러져 넘어진 불쌍한 사람에게 주목한 것도 좌뇌가 개입한 증 거다. 그러나 그 사람이 어떤 기분이었을지 생각했다면 우뇌의 공감 력이 작동한 것이다. '미끄럼 주의'라 쓰인 안전 표시판을 읽을 때는 좌뇌를 사용한다. 좌뇌가 단어를 처리하기 때문이다. 한편 숫자 11이 머릿속에 떠올랐다면 11은 왼쪽 위에 있는 방정식의 답이기 때문에 좌뇌로 그 방정식을 계산했다는 증거다. 길거리에 세워진 시계가 5시 5분을 가리키고 있다는 걸 인지하는 것도 역시 현실적인 왼쪽 측두의 기능이다.

당신의 우뇌가 실질적으로 작동한다면 부산한 횡단보도의 소리와 소음을 듣는 듯 느꼈을 것이고 사람들의 옷차림을 보고 여름의 후덥 지근한 열기를 느꼈을 수 있다. 그림과 양식을 전체적으로 파악하는 것도 우뇌의 기능이다. 우뇌는 이 그림에서 인물들의 상호 작용 및 그 들이 차지하는 위치의 상대성도 관찰한다. 우뇌는 온갖 형태로 표현 되는 예술 행위가 인식되는 곳이다. 끝으로, 활발한 우뇌를 지닌 사람 이라면 지금쯤 '모가 무엇을 하려는 건지 알겠어. 그런데 이러저러한 것을 더했더라면 그의 의도를 더 분명히 전달할 수 있었을 텐데…'라 고 생각하고 있을지 모르겠다. 이런 능동적인 상상력과 창의력은 우 뇌의 기능을 가장 잘 보여주는 증거라 할 수 있다. 이 훈련이 재밌었기

실천 훈련

상대방을 존중하라	
목표	여성성과 남성성이 우리의 관점과 능력에 가져다주는 다양한 특성을 존중한다
기간	60분
반복	재밌는 놀이라 생각하며, 가능하면 자주 반복하라
준비물	균형 잡힌 긍정적인 사고방식과 상대에 대한 존중심을 지닌 친구나 동료로 구성된 모임

를 바란다. 재미와 몰입은 우뇌의 영역이다.

이제 좌뇌와 우뇌의 차이를 알았을 테니 또 하나의 중요한 훈련을 해보자. 우리는 상대의 특성과 기여를 진실한 마음으로 깊이 존중하는 경우가 드물다. 우리와 다른 사람들이 어떻게 생각하고 행동하는지 제대로 모르기 때문이다. 자신이 생각하고 행동하는 방법이 더 낫다고 믿는 게 인간의 본성이다. 그 본성을 바꾸도록 해보자.

균형 잡힌 사고방식으로 여성성과 남성성을 폭넓게 보여주는 친구들이나 동료들로 구성된 모임에 참여하라. 토론할 과제를 선정하고, 그들에게 그 과제를 함께 풀어보자고 부탁하라. 사회자는 모임에 참석한 모두에게 나름의 의견을 개진할 기회를 주어야 한다. 또한 누구도 발언자를 도중에 방해할 수 없고 모두가 주의 깊게 경청해야 한다는 원칙을 지켜야 한다.

모임의 주된 목적은 당면한 문제를 해결하는 것보다 각 구성원이 제시하는 다양한 관점을 주의해서 듣는 데 있다. 남성적 특성은 행동을 더 선호하고, 여성적 특성은 존재를 더 선호한다는 사실에 주목하라. 그런 차이를 각자 면밀히 관찰한 뒤에 그 결과를 구성원들과 공유하라. 그러고는 구성원들에게, 다른 구성원들의 다양한 견해를 알게 되었기 때문에 더 나은 해결책을 찾기 위해 현재의 접근법에 변화를 줄 것인지, 그렇다면 어떻게 변화를 시도할 것인지 물어보라.

구성원들의 그런 차이가 가져오는 가치를 인정하고, 심지어 높이 평가하는 방법을 학습할 때 우리는 상대방을 존중하는 법도 더불어 알게 된다. 그러나 상대방의 입장이 되는 것보다 상대방의 소중함을 깨닫게 해주는 방법은 없다. 단 하루라도 상대방의 입장이 되어보라.

다음에 훈련할 '역지사지' 과제가 바로 이것이다. 글로 백 번을 읽는 것보다 한 번 실천해보는 게 훨씬 더 효과적이다. 이 훈련을 통해 우리는 당신의 약한 부분을 균형으로 가는 길로 밀어 넣어보려 한다. 앞서 당신은 다른 사람들이 어떻게 생각하는지를 관찰했다. 이제는 당신이 그들처럼 생각할 차례다.

'상대방을 존중하라' 훈련을 함께한 모임을 다시 결성하고 어떤 문제를 토론하는 행위를 똑같이 반복하라. 하지만 이번에는 존중하는 법을 배운 결과를 적용해보자. 상황을 지나치게 단순화한 것일 수 있지만, 당신이 다른 사람의 입장이 되어 "내가 나에게 익숙한 안전지대를 벗어나야 할 상황이라면 그 문제를 이런 식으로 해결할 것이다"라는 식으로 대답을 시작한다고 생각해보라.

실천 훈련

역지사지	
목표	상대적으로 약한 부문을 강화하는 법을 배운다
기간	60분
반복	여유 시간이 있을 때마다 다른 이미지를 사용해서 반복하라
준비물	균형 잡힌 긍정적인 사고방식과 상대에 대한 존중심을 지닌 친구나 동료로 구성된 모임

다시, 행복을 풀다

당신이 행동 지향적인 성향을 띤다면 관찰과 감정과 공감에 집중해보라. 느끼고 연결해보려 하라. 곧장 행동에 뛰어들고 싶은 욕구를 억눌러라. 반면에 당신이 존재 지향적이라면 그 상황에서 해볼 수 있는 것에 집중하려 하라. 무언가를 해내는 데 필요한 단계들을 계획하라.

이 훈련이 끝나면 모임의 구성원들에게 반대되는 특성을 사용하는 동안 무엇을 경험했고, 어떤 점에서 힘들었는지 솔직히 말해보라고 권해보라.

지금까지 좌뇌와 우뇌, 양면을 어렴풋이 들여다보았으니, 이번에는 전 과정을 학습해보자. 우리 뇌의 두 반구는 모두 존중과 관심을 받을 자격이 있다. 이렇게 생각하고 신경 가소성, 즉 훈련의 효과를 인정한다면 당신에게 내재한 특성들에 전체적으로 준비가 된 것이다.

조용한 곳을 찾아가 타이머를 30분에 맞춰라. 당신이 해결하고 싶은 특정한 개인 문제를 글로 써라. 그 문제에 당신이 할애하는 전체 시간을 정확히 분배하라. 예컨대 존재하는 데 3분의 1, 학습하는 데 3분의 1, 행동하는 데 3분의 1을 분배하라.

'존재'의 시간에는 당면한 문제를 포괄적으로 인식해보라. 그 문제를 모든 각도(속성과 원인, 당신에게 미치는 전반적인 영향, 당신의 행동과 다른 사람에게 미치는 영향, 당신의 지인들에게는 그 문제가 어떤 식으로 존재하는가 등)에

실천 훈련

존재하라-학습하라-행동하라	
목표	성공을 위한 체계적인 접근법을 따른다
기간	30분(또는 며칠)
반복	문제 해결을 위해 원할 때마다 반복하라
준비물	무엇에도 방해받지 않을 만한 조용한 장소

서 생각해보라. 이 단계에서는 사실과 느낌을 관찰하는 데 주력하고, 해결책을 찾으려 하거나 행동을 취하려 해서는 안 된다. 당신의 인식이 끊이지 않고 계속되면 존재에 더 많은 시간을 할애하고, 그 과정을 계속하라. 인식에 당신을 맡겨라. 그 과정에 몰입하라.

존재의 시간이 끝나면 '학습' 단계로 넘어가라. 이 단계는 다양한 형태로 이뤄진다. 당신이 관찰한 결과를 친구에게 알려주고 그에 대한 자세한 설명을 부탁하는 것도 학습이 될 수 있다. 당신이 관찰한 결과에 대한 전반적인 정보나 당면한 문제의 속성을 인터넷에서 검색하는 것도 학습이라 할 수 있다. 다른 사람들이 행동에 필요한 단계와 조건을 설명한 글을 읽고, 동영상을 시청하는 것도 학습의 한 형태다. 이 단계에서도 학습이 진행되는 한 학습의 끈을 놓지 마라. 발견하고 탐색하는 권리를 스스로 포기하지 마라. 필요하면 며칠이고 계속하라. 평생 학습자인 나는 지금도 종종 학습 과정에 몰입한다. 학습 단계에 있을 때는 행동하고 싶은 욕구를 억눌러야 한다. 충분히 알아냈다고 느껴지면 그때 다음 단계로 이동해 '행동'하기 시작하라.

행동도 다양한 형태, 즉 계획을 세우고 일정표를 짜는 작은 행동부터 까다로운 대화까지, 더 나아가 직장을 그만두거나 반려자와 헤어지고, 금연하고 집을 매각하는 행동까지 무척 다양하게 이뤄진다. '행동'을 시작할 때 중요한 것은 반드시 해야 할 것에 집중하는 것이다. 원하는 결과를 얻을 때까지 원칙에 따라 체계적으로 행동해야 한다. 하지만 당신 행동이 기대한 결과를 얻지 못하면 섣불리 행동을 바꾸지 말고, 다시 '존재' 단계로 돌아가라. 왜 당신 행동이 기대한 결과를 내놓지 못했고, 무엇을 바꾸면 좋을지 관찰해보라. 그렇게 새롭게 얻은 인식을 바탕으로 당신에게 필요한 것이 무엇인지 학습한 뒤에 행동 단계로 돌아가라.

당신이 무엇을 하더라도 당신의 삶을 바꾸고, 온 세상을 바꾸기에 충분한 잠재력을 지닌 황금률 하나가 있다.

[✦] 매우 중요! 학습하기 전에 존재하고, 행동하기 전에 학습하라.

6장
모든 불행의 근원,
말 말 말

3+7은 무엇인가? 간단한 산수 문제나 논리적 질문에 대한 답을 구할 때 어떤 감정이 북받치는가? 접시를 닦을 때도 감정이 끓어오르는가?

문제를 해결하고 운동을 제어하는 능력은 우리 뇌가 규칙적으로 수행하는 기능에 속한다. 우리가 답을 찾아내는 데 집중할 때 그 생각이 실질적으로 감정을 유발하지는 않는다. 우리가 대부분이 머릿속에 떠올리는 생각들은 특별한 관심을 두지 않으면 쉽게 사라지고 만다. 문제는 그럼에도 불구하고 머릿속에서 반복되는 '나는 수학에 젬병이다' 또는 '나는 접시를 닦으며 여생을 보낼 거다' 같은 생각들이다. 이는 문제를 해결하거나 세상을 조금이나마 다르게 만드는 데 아무런 도움이 되지 않고, 우리를 불행하게 만들 뿐이다. 이런 유형의 생각은 흔히 '끊임없이 되풀이되는 생각(incessant thinking)'이라 알려진 것이다.

우리를 죽이는 것

나는 과학과 수학, 논리와 공학을 좋아한다. 또 일을 열심히 하는 성향도 있다. 나는 이 모든 기질을 아버지에게 물려받았다. 아버지도 이름이 알려졌고 무척 머리가 좋았다. 아버지는 그 시대에 가장 뛰어난 공학자 중 한 명으로 알려졌고, 당시 이집트에서 가장 큰 건설 회사에 교량 및 도로 건설부를 설립해 이집트에도 크게 기여했다. 그 부서는 값비싼 외국 자문 회사로부터 배운 경영 기법과 전문 지식을 국내로 들여옴으로써, 엄청난 액수의 재정 지출을 절약한 동시에 수많은 일자리를 만들어냈다. 그리하여 도로 건설에 투자하려는 이집트의 의욕도 커졌고, 그 결과 아버지가 그 부서를 이끌던 20년 동안 많은 도로와 교량이 건설되었다. 그 회사는 이집트의 경제에서 상당한 위치를 차지했고, 창업자이자 최고경영자였던 아버지의 상관은 국토건설부 장관으로 발탁되기도 했다. 그러나 그의 후임자가 회사를 물려받자 아버지의 상황도 달라졌다.

대기업이 흔히 그렇듯이 고위층의 개편은 정책의 변화로 이어졌다. 아버지는 자기 손으로 세운 뒤에 성공적으로 끌어가던 부서에서 물러나 한 지역의 사업을 운영해 달라는 요구를 받았다. 그 직책도 무척 전략적이고 영향력이 큰 역할이었지만 아버지는 크게 실망해 깊은 시름의 악순환에 빠져들었고, 그 악순환은 수년 동안 지속되었다. 아버지는 급속히 활력을 잃었고 한 주가 지날 때마다 노화의 징후마저 뚜렷이 나타났다. 결국 우울증이 아버지의 목숨을 삼켜버렸고, 아버지는 58세에 급작스레 닥친 심장마비로 세상을 떠나고 말았다.

내가 사랑하던 아버지, 원래의 알리는 아들 알리만큼이나 현재의 나에게 많은 영향을 미쳤다. 아버지는 나를 넘치도록 사랑했고 아낌없이 가르쳤다. 아버지가 우울증에 빠지자 대부분의 사람들이 아버지에게 근본적인 원인이 있는 것처럼 말했지만, 그들은 아버지가 똑똑하고 합리적이라는 걸 알았다. 따라서 아버지가 스스로 딛고 다시 일어설 것이라 기대했다. 그러나 우울증은 그렇게 녹록지 않았다. 나는 아버지를 멀리하지 않는 좋은 아들이 되고 싶었다. 아버지 곁에서 많은 시간을 보냈고, 아버지에게 필요한 것을 가져다주고, 아버지가 누군가에 말하고 싶어 할 때 그 말을 진실한 마음으로 들어주었다. 내가 아버지에게 슬퍼하는 이유가 뭐냐고 물을 때마다 아버지의 대답은 언제나 똑같았다. "그들은 내 업적을 제대로 평가해주지 않았다!"

지금 생각해보면 아버지의 생각이 틀렸다. 아버지의 똑똑한 머리에서 그 잘못된 생각이 점점 커졌겠지만 그 생각은 진실이 아니었다. 그들은 아버지가 20년 동안 이뤄낸 업적을 높이 평가하며 고마워했다. 그러나 어떤 이유에서든 아버지는 그 사실을 부정하는 길을 머릿속에서 찾아냈다. 그 잘못된 생각이 아버지의 머릿속에서 끝없이 반복되며 결국에는 아버지를 내게서 빼앗아갔다.

아버지가 세상을 떠난 날, 나는 아버지 옆에서 밤을 꼬박 보내며 슬퍼했다. 아버지가 다음 여정을 안전하게 끝내기를 기도하며 아버지에게 충실하지 못했던 순간들에 대해 용서를 빌었다. 그리고 아버지의 목숨을 빼앗은 야수 같은 우울에 분노를 터트렸다. 하지만 나이가 든 뒤에 나는 아버지의 우울증은 징후에 불과했고, 아버지를 내게서 빼앗아간 진범은 그 하나의 생각이었다는 걸 깨달았다. 지금 돌이켜 보면 행복에 대한 내 집착은 그때 시작된 게 분명한 듯하다. 행복으로 가는 길을 지금까지 몇 번이고 일탈했지만, 그럼에도 나는 물론이고 내가 사랑하는 사람이 다시는 그런 잘못된 생각에 사로잡히는 걸 허용하지 않겠다고 다짐했다. 생각해보면 그때 그 모든 것이 시작되며 나를 지금까지 끌고 왔고, 10억 명의 인류를 위협하는 가장 위험한 질병을 퇴치하도록 돕겠다고 맹세했다.

끊임없이 되풀이되는 생각

끊임없이 되풀이되는 생각은 '강박 되새김(obsessive rumination)'이 반복되는 폐쇄 회로로 정의되고, 이 폐쇄 회로에 갇히게 되면 우리는 똑같은 생각을 끝없이 반복한다. 생각을 반복하는 행위는 염소와 양과 젖소 같은 반추 동물들이 이미 삼킨 음식물을 다시 게워내어 씹는 행위와 비슷하다는 이유로 '되새김'이라 칭해진다. 해묵은 생각을 끌어내 다시 씹다니…. 윽, 역겹지 않은가?

우리가 끊임없이 되풀이되는 생각에 사로잡히면 뇌에서 '디폴트 모드 네트워크(Default Mode Network, DMN)'로 알려진 영역이 활성화된다.[1] DMN은 우리 마음이 두서없이 오락가락하며 회상에 잠기거나 자기 지시적인 생각에 빠졌을 때 활성화되는 영역들이 널찍하게 연결된 네트워크다. 우리가 어딘가에 의도적으로 집중하지 않은 채 생각에 잠길 때 DMN은 일반적으로 활성화된다. 이런 종류의 생각은 우리 뇌의 한구석, 때로는 비합리적인 구성을 탐색하려는 것처럼 일관성이 전혀 없다.

〈인셉션〉

역대급 영화 〈인셉션〉을 보라. 〈인셉션〉에서 가장 흥미로운 통찰 중 하나는 코브(레오나르도 디카프리오)가 아내 맬[마리옹 코티야르(Marion Cotillard)]의 머릿속에 그녀의 세계가 실재하는 게 아니라는 생각의 씨앗을 심어줌으로써, 꿈의 세계에서 맡은 오랜 사명으로부터 현실 세계로 돌아오게 하는 것이다. 그러나 그들이 현실 세계로 돌아왔을 즈음에는 그 생각이 맬의 머릿속에 깊이 각인된다. 그녀는 잠에서 깨어난 뒤에도 여전히 그녀의 세계가 실재하는 게 아니므로, 잠에서 깨어나려면 자살하는 수밖에 없다고 확신한다. 결국 그녀를 비극적 자살로 몰아간 것은 그녀의 머릿속에 질주하며 끝없이 반복된 생각 하나였다.

'그녀가 나를 떠난 이유는 내가 냉장고에 있던 마지막 요구르트를 먹었기 때문이야. 달리 무슨 이유가 있겠어. 그녀가 냉장고를 열자마자 떠났잖아. 그녀가 그 요구르트를 좋아한다는 걸 알고 있으면서도 내가 왜 그 짓을 한 걸까? 베이글을 먹을 수도 있었는데. 그녀가 보고 싶어. 다시는 요구르트를 먹지 않겠어.'

이처럼 끝없이 되풀이되는 생각은 무척 특이한 특징을 띤다. 이것은 우리가 스스로 만들어내는 것으로, 우리 자신이나 사랑하는 사람을 목표로 삼는다. 특별히 주의를 기울이지 않으면 그 생각은 우리 안에서 오직 우리에 대해서만 생각하며 동력을 얻는다. 여기서 우리가 그런 생각을 되새김질하는 이유에 대한 단서를 찾아낼 수 있다.

우리 뇌는 어디에도 얽매이지 않는 자유와 공간이 허용되면, 의도적으로 어떤 생각에 집중해서는 찾아낼 수 없는 잠재적 위협이나 기회를 탐색하려고 두서없이 돌아다닌다. 우리가 잃어버린 물건을 찾는 경우와 약간 비슷하다. 우리가 그 물건을 마지막으로 사용한 곳과 때를 정확히 기억할 수 있다면, 그 특정한 곳을 향할 것이고 그곳에서 그것을 찾아낼 가능성이 크다. 이 과정은 '의도적 사고(deliberate thinking, 명확한 문제를 능동적으로 처리하려고 할 때 시도하는 유형의 사고)'와 유사하다. 하지만 그곳을 기억하지 못한다면 사방을 뒤지기 시작하며 이곳저곳을 돌아다니고, 주머니에서부터 선반까지 그 물건이 있을 만한 온갖 곳을 뒤적거릴 것이다. 이 과정은 '끝없이 반복되는 생각'과 무척 유사하다. 끝없이 반복되는 생각도 정확히 무엇을 찾는지는 실질적으로 모르고 있기 때문이다.

생각의 구석구석을 헤매고 돌아다니는 게 때로는 유익하기도 하다. 이른바 '아하!'의 순간이 그때 생기기도 한다. 뇌에게 어떤 문제를 미리 알려주고, 그 문제를 논리적 맥락 없이 이리저리 생각하면 놀라운 결과를 얻을지도 모른다. '그녀를 대면할 필요가 없이 이 관계를 끝내려면 어떻게 해야 할까? 그래, 알아. 내가 앞으로도 그녀의 요구르트를 먹으면 될 거야. 요구르트는 그녀가 정말 좋아하는 거지! 내가 요구르트를 질리도록 먹으면 그녀는 나와 더는 함께하고 싶어 하지 않을 거야.' 생각에 두서가 없다고? 맞다!

그렇지만 끝없이 되풀이되는 생각 덕분에 창의적이 된다. 농담이 아니다. 역사상 가장 위대한 발견들도 천재들의 뒷머리 구석에서 적잖게 일어났다. 아르키메데스(Archimedes)가 왕이 건넨 울퉁불퉁한 황금 덩어리의 부피를 측정하는 문제를 찾아내려고 의도적으로 생각하는 동안 '유레카' 순간을 맞은 게 아니었다. 그가 자신의 울퉁불퉁한 몸을 목욕통에 담갔을 때 넘치는 물을 보고 통찰의 순간을 맞은 것이다. 이처럼 두서없이 넘치도록 흐르는 생각은 때로는 우리에게 도움을 주지만, 통제되는 생각은 대부분의 경우 우리를 불행하게 할 뿐이다.

하버드대학교의 연구원인 매트 킬링스워스(Matt Killingsworth)는 애플리케이션을 사용해, 실험 참가자들에게 하루에 몇 번씩 특정한 순간에 무엇을 하고 있으며 어떤 기분인지를 기록하라고 요청하는 흥미로운 연구를 실시했다. 그 연구의 주된 목적은 사람들이 무언가를 하고 있을 때 집중해서 일하는지, 그렇지 못하고 마음이 여기저기를 오락가락한다면 어떤 느낌인지를 측정하는 것이었다. 연구 결과는 명백했다.

[⚔★] 매우 중요! 방황하는 마음은 불행한 마음이다.

실험 참가자들의 기록을 확인해보니 그들은 무언가에 집중할 때 훨씬 더 행복했다. 그 일을 좋아하지 않더라도 그 일에 완전히 집중할 때 평균적으로 더 큰 행복감을 느꼈다. 하지만 참가자들은 마음이 딴 곳에 있을 때는 그 일을 실질적으로 즐겁게 했더라도 덜 행복하다고 느끼는 경향을 띠었다.

이런 연구 결과는 일반적인 생각보다 훨씬 더 만연한 현상이다. 다수의 임상 연구에서 확인되듯이 우울증을 경험한 사람들은 수치심과 분노, 후회와 슬픔에 관련한 생각을 반추하며 반복하는 경향이 더 짙다. 전전두피질(prefrontal cortex, 뇌에서 주의력을 관장하는 영역)은 많은 임상 조건에서 활동이 불충분한 경향을 띤다. 주의력 결핍 과잉 활동 장애(attention deficit hyperactivity disorder, ADHD)가 이 상태의 임상적 정의지만, 통제되지 않은 주의력은 우울증, 약물 남용, 불안증 등 불행한 상황을 초래하는 듯하다. 극단적인 불행으로 고통받는 환자들이 더 자주 반추하고 주의력을 통제하는 데 어려움을 호소한다는 명백한 증거가 있다. 그들은 삶의 상황을 개선하고 불행한 상태를 완화하는 데 도움을 줄 만한 생각을 의도적으로 떠올리는 것도 어려워한다.

스탠퍼드대학교의 폴 해밀턴(Paul Hamilton) 박사가 2015년 7월에 실시한 연구에서 입증되었듯이, 우리가 주의력을 통제하지 못하고 어떤 한계점을 넘어가면 우리 생각은 부분적으로 우리에게 불리하게 작용하고 부정적인 것에 집중하게 된다.[2] 달리 말하면 우리 마음이 두서없이 흐를수록 우리 생각은 부정적으로 변해간다는 뜻이다. 그리고 부정적인 생각은 신속하게 우리 감정에 파고든다.

전전두피질은 변연계, 즉 우리 감정을 다스리는 곳을 조절하거나 억제한다. 주의력을 통제하는 계통이 약하면 우리의 감정은 더 민감하게 반응하며 통제할 수 없는 상태가 된다. 신경과학에서 '전두엽 활동량 감소(hypofrontality)'로 알려진 이런 현상은 청소년기에 자주 나타난다. 변연계가 10대 초반에 활발히 활동하기 시작하면 이들은 열정적으로 변하고 감정을 쉽게 드러낸다. 전전두피질은 10대 후반과 20대 초반이 되어야 발달하므로 그전까지는 그런 현상을 쉽게 억제하지 못하기 때문이다.[3] 따라서 10대 아이들이 갑자기 화를 내고 변덕스러운 감정을 드러내는 걸 보면서, 의도적으로 어딘가에 주의력을 집중할 수 있는 당신의 능력에 감사해야 한다.

통제되지 않는 주의력과 불행 사이에 상관관계가 있는 것은 분명하지만 서로 인과관계를 갖고 있지는 않다. 그렇다면 어느 쪽이 먼저일까? 주의력을 조절하는 능력이 부족한 사람이 불행해질까? 아니면 습관적으로 슬픔에 잠기는 사람이 신경 가소성에 의한 주의력 집중이 떨어져서 결국 더 자주 불행해질까?

어느 쪽이든 내게는 중요하지 않다. 중요한 것은, 우리가 자주 사용하는 것은 자란다는 것이다. 따라서 그 추세를 뒤집고 우리를 괴롭히는 끊임없이 되풀이되는 생각으로부터 벗어나려면, 의도적으로 집중하는 횟수를 늘리고 반추를 멀리하는 훈련을 더 자주 해야 한다. 신경 가소성에 의해 주의력에 집중하는 횟수가 증가할수록 우뇌가 더 활성화된다. 따라서 시간을 할애해 반복해 훈련하면…

[√] 기억하라! 의도적인 주의력은 학습될 수 있다.

엄격히 말해서 방황하는 마음을 완전히 없앨 수는 없다. 유아의 뇌에도 DMN이 있다는 제한적인 증거가 있다. DMN은 9~12세 사이에 더욱 공고해지며 불행으로 이어지는 발전적 변화를 겪는다는 증거를 보여준다. 따라서 우리는 상대적으로 안정된 마음으로 삶을 시작하지만 나이가 들면서 오히려 산만해지는 법을 조금씩 학습해나가는 듯하다.

이런 점에서 우리 뇌는 길들이는 과정에 있는 작은 야수와 같다. 괜찮다면 핏불 강아지에 비교해도 상관없다. 잘 훈련시키면 당신을 보호하고 행복하게 해주는 충성스럽고 멋진 반려견이 된다. 하지만 잘못 길들이면 당신만이 아니라 주변 사람까지 물어뜯는 포악한 야수가 된다. 만약 내가 당신에게 어떤 짐승을 길들여 달라고 부탁하면 당신은 가장 먼저 그 짐승을 관찰하며 행동 방식을 파악하려 할 것이다. 그렇지 않은가?

이제부터는 우리 뇌의 야수적인 행동 방식을 관찰해서 파악하는 데 도움을 주는 훈련법들에 대해 살펴보기로 하자. 이때 가장 먼저 필요한 것은 경청(listening)이다. 우리 머릿속에 일어나는 대화를 주의 깊게 들어야 한다.

나는 내 뇌를 베키(때로는 브라이언)라 칭한다. 그렇다, 이름을 붙여두는 게 내 뇌가 아니라는 걸 나에게 깨닫게 해주는 가장 쉬운 방법이다. 또한 머릿속에 끝없이 되풀이되는 생각을 듣고 순종하거나 닥치라고 소리치는 것은 전적으로 내 몫이라는 걸 깨닫게 해주는 좋은 방법이기도 하다. 베키는 특히 무시받을 때 말이 더 많아진다.

자각 훈련

베키를 만나라	
목표	당신의 뇌가 무엇이라 말하는지 경청하라
기간	25분
반복	나는 일주일에 적어도 3~4회 실시한다
준비물	조용한 장소, 타이머, 연필과 공책

내가 알아낸 바에 따르면, 내 뇌를 달래는 가장 좋은 방법은 하소연을 들어주는 것이다. 달리 말하면 베키를 만나 시간을 보내는 것이다. 베키는 내가 들어주고 있다는 느낌을 받으면 끊임없이 말하는 의욕을 놀랍게도 상실한다.

무엇에도 방해받지 않을 만한 조용한 장소를 찾아가라. 핸드폰 타이머를 25분에 맞춘 뒤에 핸드폰의 앞면을 아래로 향하게 놓아라. 마음을 다스리는 명상 훈련을 하려는 것은 아니다. 오히려 당신 뇌가 제멋대로 날뛰도록 내버려둬라. 뇌가 원하는 만큼 많은 생각을 떠올리게 내버려둬라. 두 가지 규칙만 지키면 된다.

1. 머릿속에 떠오르는 모든 생각을 주의 깊게 듣고 인정하며 소리 내어 되풀이한 뒤에 놓아버려라. 어떤 생각에도 매달려서는 안 된다. 분석하지도 말고 해법을 제시하지도 마라. 그 생각을 인정한 뒤에 뇌에게 다른 생각을 요구하라.
2. 뇌가 원하는 어느 방향으로 치닫게 놓아둬라. 그러나 어떤 생각도 두 번 되풀이하도록 허용하지는 마라. 뇌가 똑같은 생각을 되풀이하면 즉시 지적하며 다른 생각을 해보라고 요구하라.

이 훈련은 우리의 본능적 행동과 모순된다. 정상적인 경우에 온갖 생각이 우리 머릿속으로 향해 달려든다. 그중 일부는 찍찍이처럼 달라붙고 우리는 그대로 방치한다. 우리는 그 생각을 되풀이하고 그 생각은 다른 생각들, 대체로 부정적인 생각들과 합쳐지며 한층 강력해진다. 그리하여 마침내 우리는 맑은 눈과 밝은 귀를 뒤덮는 검은 망토를 짓게 된다. 다른 모든 생각은 철저히 무시되기 때문에 그 생각들은 우리 의식의 뒤편으로 밀려난 백색 소음이 된다.

위의 훈련에 익숙해지려면 약간의 반복이 필요하다. 머릿속에 떠오르는 모든 생각을 주의 깊게 듣고, 그 뒤에는 놓아주며 다른 생각이 빈자리를 차지하도록 하라. 이 훈련에 익숙해지면 당신의 머릿속에서는 여러 생각이 다음의 표와 같은 방식으로 흘러갈 것이다.

타이머가 울릴 때까지 멈추지 말고 계속해보라. 제대로 했다면 두 가지 뚜렷한 특징을 눈치챘을 것이다. 첫째, 당신의 생각에 주의 깊게 귀를 기울이자마자 무작위로 쏟아지는 듯하던 생각들이 하나의 흐름

생각	반응
전에는 냉장고가 돌아가는 소리에 신경이 쓰이지 않았는데 이제는 짜증스럽네.	그래, 냉장고 소리가 우리를 짜증스럽게 하기는 해. 다른 건 없나?
선생님이 나를 미워한다.	알았다, 오버. 선생님은 우리를 미워해.
아야한테 잊지 않고 전화를 해야 해.	알았어, 수첩에 써둘게. 아야에게 전화할 것. 다음 생각은 뭐야?
나는 축구를 좋아한다.	좋았어, 나도 축구를 좋아해. 다른 생각은 없어?
선생님이 나를 미워한다.	전에도 말했잖아. 다른 건 없어?
미친 XX.	욕하지 마라. 딴 건 없어?

으로 변한다는 걸 눈치챘을 것이다. 당신이 주의 깊게 듣고 있다는 걸 뇌가 알고는 깜짝 놀라서 행동을 바로잡은 것과 거의 같은 셈이다. 당신 뇌가 무작위로 두서없이 생각을 드러내지 않고, 모든 생각을 분석해서 당신에게 하나씩 차례로 제시하게 된다. 당신이 그 생각을 알고 있다는 듯 인정할수록 당신 뇌도 '저런, 내 말을 귀담아듣고 있잖아. 그럼 나도 이성적인 말을 하는 게 낫겠지'라고 생각하기 시작할 것이다. 그 결과로 흐름은 점점 느려져서 결국에는 똑똑 떨어지는 물방울로 변한다.

반복되는 생각을 받아들이지 않는 걸 강조함으로써 똑똑 떨어지던 물방울마저 점점 더 느려져서 그 간격은 멀어지고, 결국에는 멈춰버린다. 당신 뇌에게 다음 생각은 무엇이냐고 묻지만, 당신 뇌가 망설이는 게 뚜렷해지고 급기야 '음… 정말이지 말할 게 이제는 없어!'라고 말하는 게 느껴질 것이다. 침묵이 길어지고 커다란 환희가 시작될 것이다. 그 순간은 당신의 삶에서 가장 기억하고 싶은 순간으로 영원히 남게 될 것이다. 첫 키스보다 더 달콤하게 느껴질 것이다. 그 순간은 하늘이 당신에게 내려준 첫 천복(天福)으로 기억될 것이다. 그 천복의 순간 믿기지 않는 통찰이 밀려든다. 당신의 뇌가 오랜 침묵을 깨뜨리며 전해주는, 완벽하게 형성된 천재적 통찰이 들릴 것이다. 유레카! 당신이 나와 같다면 타이머를 25분 더 연장하고 또 연장하며 환희의 시간도 늘리게 될 것이다.

주의 깊게 경청하는 것으로 당신은 그 야수를 지켜보았다. 축하한다! 그 야수를 완전히 길들이지는 못했겠지만, 야수가 길들여지면 당신 삶이 어떻게 달라질지 조금이나마 맛보았기를 바란다. 산만해지고 정신을 집중하기 어렵다면 이 훈련이 당신에게 가장 필요할지도 모르겠다. 나는 이 훈련법에 시대를 초월해 내가 가장 좋아하는 펑크

실천 훈련

네가 여기에 있으면 좋을 텐데	
목표	신경 가소성을 활용해 의도적 주의력 향상에 필요한 뇌 회로를 개발한다
기간	5분씩, 매일 여러 번
반복	21일 동안 반복하라
준비물	조용한 장소

플로이드 노래 중 하나의 제목을 따서 '네가 여기에 있으면 좋을 텐데 (Wish You Were Here)'라는 이름을 붙였다.

오랫동안 나는 사랑하는 사람들과 좋은 친구들에게 이 훈련을 21일 동안 반복해보라고 조언했다. 그들은 한결같이 이 훈련 덕분에 삶이 바뀌었다고 말하며 고마워했다. 의도적 주의력은 행복의 근간이고, 집중은 삶에서 성취와 성공을 이루기 위한 주춧돌이다. 이 훈련을 통해 당신은 의도적 주의력과 집중력의 향상에 필요한 능력을 함양할 수 있을 것이다.

하루에 몇 번씩 5분을 할애해 주변의 물리적 세계를 관찰해보라. 당신의 뇌와 간단한 게임을 해보라. 뇌에게 어떤 것을 찾아내서 가리키거나, 당신이 어떤 과제를 평소에 행하는 방법과는 다른 방식으로 해보라고 명확하게 지시해보라. 이 훈련에 도움이 될 만한 과제를 소개하면 다음과 같다. 당신 뇌에게 다음의 지시를 내리고, 그 과제가 완료될 때까지 중단하지 말고 끝까지 해내라.

뇌야, 네가 여기에 있으면 좋겠어. 이 방에서 흰 것(빨간 것, 검은 것, 푸른 것)을 모두 찾아 내게 알려줘.

다시, 행복을 풀다

뇌야, 네가 여기에 있으면 좋겠어. 내가 최근에 만난 열 사람이 누군지 알려줘.

뇌야, 네가 여기에 있으면 좋겠어. 163부터 거꾸로 세어봐.

뇌야, 네가 여기에 있으면 좋겠어. 2분 동안 집게손가락을 리드미컬하게 두드려봐.

뇌야, 네가 여기에 있으면 좋겠어. 이 문장을 한 글자씩 거꾸로 읽어봐.

뇌야, 네가 여기에 있으면 좋겠어. 어머니 생일까지 며칠이 남았지?

뇌야, 네가 여기에 있으면 좋겠어. 이 덤불에 꽃이 몇 송이가 있는지 세어봐.

뇌야, 네가 여기에 있으면 좋겠어. 이 파리에게서 눈을 떼지 마. 파리가 네 관심 밖에 벗어나도록 하지 마.

뇌야, 네가 여기에 있으면 좋겠어. 핑크 플로이드의 〈네가 여기에 있으면 좋을 텐데〉의 노랫말을 알려줘. 그냥 말로 하고 노래로 하지 마.

뇌야, 네가 여기에 있으면 좋겠어. 우리가 출퇴근할 때 숫자 9가 보일 때마다 알려줘.

위에 소개한 과제는 일부에 불과하다. 당신만의 게임을 얼마든지 만들 수 있다. 신경 가소성은 반복을 통해 더욱 강화된다는 걸 기억하길 바란다. 전전두피질의 주의 자원(attention resource)을 개발하려면 하루에도 몇 번씩 5분 정도를 할애해 반복적으로 훈련하는 게 필요하다(하루에 한 번, 길게 25분을 훈련하는 것보다 훨씬 더 효과적이다). 21일 동안 이 훈련을 반복하면 기적을 맞이할 수 있을 것이다. 지금 여기에 우리와 함께 있어 감사하다. 우리 곁에 당신이 있어 정말 기쁘다.

당신이 주의력을 조절할 수 있을 때 당신 뇌의 진정한 기적이 환히 빛난다. 머릿속에서 두서없이 전개되는 생각 대신 당신 삶의 현실에 주의를 집중함으로써 지금 여기에 충만히 있는 방법을 찾아보라. 그때 당신은 진정한 행복의 세계를 경험하게 될 것이다.

우리가 행복을 찾는 데 도움을 주는 최고의 조건에 대해 질문을 받을 때마다 내 대답은 언제나 의도적 집중이다. 의도적 집중을 언제든 실행할 수 있어야 한다. 헛된 바람은 금물이다.

[√] 기억하라! 지금 여기에 있으라.

THAT
LITTLE
VOICE
IN YOUR HEAD

4-3-2-1, 이것들이 우리를 불행하게 만드는 원인들이다.

4, 네 가지 (잘못된) **입력**은 진실에 대한 우리 인식을 왜곡한다. 세 가지는 우리 안에 존재한다. 조건 형성, 재생되는 생각, 억눌린 감정이다. 가장 큰 입력은 우리 주변에 만연한 것으로 감춰진 도화선이다. 뉴스 매체부터 엔터테인먼트 산업까지 어디에나 감춰진 도화선이 있고, 심지어 우리 삶의 상황에 적용되지 않는 친구의 조언도 감춰진 도화선일 수 있다. 내면의 입력들에 생각이 영향을 받지 않도록 해야 한다. 그 입력들이 어떻게 생겨난 것인지 확인하고, 뽑아내야 한다. 당신의 생각이 당신을 만든다. 다른 사람들의 생각이 당신을 만드는 걸 더는 방치하지 마라.

3, 세 가지 (과장된) **방어기제**는 우리를 안전하게 지켜주지만 우리에게 고통을 주기도 한다. 우리 뇌에서는 다른 종들을 돕는 모든 방어기제가 만들어진다. 파충류 뇌는 위험을 피하기 위해 존재하고, 포유류 뇌는 보상을 구하고 고통을 피하는 역할을 하며, 이성적인 뇌는 끊임없이 계획하고 분석한다. 이 방어기제들 때문에 우리는 혐오와 애착과 만연한 불만에 사로잡힌다. 당신의 파충류가 안전하다고 느끼게 해주고, 포유류가 현재 존재하는 것을 즐기게 해주며, 이성적인 인간에게 모든 게 괜찮다는 걸 일깨워주는 방법을 배워야 한다.

2, 두 가지 (대립적인) **양극단**은 우리 모두에게 내재된 것으로, 여성성과 남성성이 그것이다. 여성성과 남성성은 생물학적 특성, 젠더, 성적 취향에 의해 결정되지 않는다. 삶의 한 방식일 뿐이다. 여성성은 존재를 중시하고, 남성성은 행동을 더 선호한다. 현대 세계와 우리는 행동에 열중한다. 하지만 이제 우리에게는

더 많은 여성적 특성이 필요하다. 존재하는 법을 배워야 한다.

1, 한 가지 (해로운) **생각**은 우리가 의도적 주의를 통해 견제하지 않고 어떤 생각이 끊임없이 되풀이되는 걸 방치한 결과다. 많은 임상 조사에서 확인되듯이 불행과 관련된 조건은 두서없는 생각과 방황하는 마음의 결과다. 의도적으로 주의를 집중하는 방법을 배우라는 것이, 행복을 추구하는 사람들에게 내가 권하는 최고의 조언이다. 지금 여기에 있으라!

나쁜 습관이 자주 반복되면 신경 가소성을 통해 그 고약한 습관에 정말 능숙해진다. 하지만 반복될수록 더 고통스러워진다. 불행을 스스로 키우는 습관을 당장 멈춰라. 그 과정을 반대 방향으로 뒤집어라. 행복을 훈련하는 체육관을 찾아가 4-3-2-1 모델을 뒤집는 습관을 키워라.

당신에게 좋은 정보만을 받아들이는 '정보 다이어트'를 실행하고, 감사하는 근육을 키우는 것도 잊지 마라. 여성적인 특성에 더 기반한 삶을 살고, 의도적인 주의력을 키우는 데 집중하라. 이렇게 작더라도 한 걸음씩 내딛다 보면 행복이 기본 상태가 되도록 당신 뇌가 재설정될 것이다.

끝없는 감정들

화학적 반응과
전기적 반응

루프와 서브루틴

우리 뇌는 두개골 안에 갇혀 지내는 걸 원하지 않는 듯하다. 우리 뇌는 과감히 밖으로 나가 우리 감정과 신체 감각에 영향을 준다. 심지어 자신의 선택에 대한 생각을 되풀이하며 자신에게도 영향을 미친다.

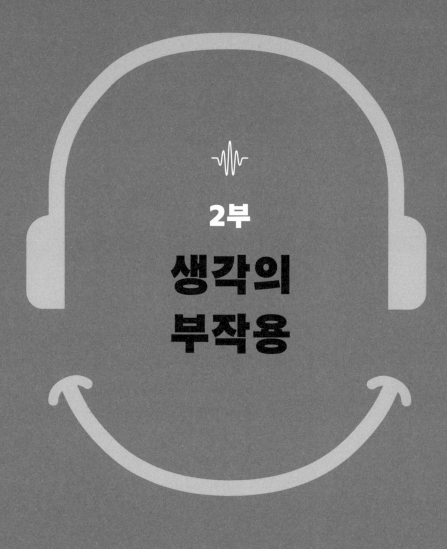

2부

생각의
부작용

7장
감정을 느낄 수 있는가

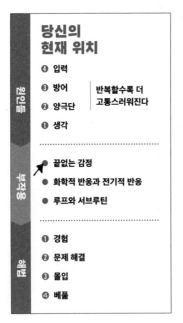

앞서 말했듯이 생각의 주된 목적은 우리를 안전하게 지키는 데 있다. 하지만 뇌의 권한은 뇌가 만들어내는 생각에 국한되지 않는다. 우리 뇌는 감정과 신체 감각도 지배한다. 따라서 뇌의 선택에 따라 우리는 특정한 방향으로 느끼게 된다. 어떤 생각이 시작되고 그 생각이 반복되는 것도 궁극적으로는 뇌의 선택이다. 뇌는 진짜 독재자처럼 우리 몸 안의 모든 것을 지배한다. 다시 말하면 뇌는 우리를 전적으로 지배한다. 뇌가 사용

다시, 행복을 풀다

하는 도구에는 감정, 화학적 신호(호르몬)와 전기 신호, 반복되는 생각 및 함께 모여 무리를 이루는 생각들이 있다. 여기에서는 컴퓨터에 빗대어, 반복되는 생각은 '루프(loop)', 함께 모여 무리를 이루는 생각들은 '서브루틴(subroutine)'이라 칭하려 한다.

감정의 형성

우리는 매일 매 순간 어떤 감정을 느낀다. 분노, 행복, 흥분, 불안, 성욕 등 나열하자면 얼마든지 계속할 수 있다. 아무런 감정이 없을 때는 지루함을 느낀다. 이런 느낌이 물리적 자극과 항상 반드시 관련되는 것은 아니다. 예컨대 당신이 무언가와 공감하기 위해 그 무엇을 어떤 식으로 당신 몸과 접촉하거나 당신 몸과 상호 작용하게 할 필요는 없다. 이런 이유에서, 당신이 여태껏 개인적으로 만난 적이 없는 사람에게 욕정을 느낄 수 있고, 전혀 경험한 적이 없는 사건을 두려워할 수 있는 것이다. 감정은 우리 신체 감각을 무디게 할 수도 있지만 모방할 수도 있다. 탈진한 듯한 기분에도 약간의 공포가 밀려오면 피로감이 싹 가시며 벼룩처럼 도망칠 수 있다. 반복되는 고난에 절망해서 감각이 완전히 사라진 듯해도 누군가 비윤리적 행동을 부인하는 걸 보면 역겨운 감정에 사로잡혀 금방이라도 토할 것 같다. 이런 마법적인 감각의 정체는 무엇일까? 그런 느낌은 어디에서 생겨나는 것일까? 그런 느낌의 목적은 무엇일까? 행복과 성공이란 목표에 도달하려면 감정을 어떻게 다뤄야 할까? 이 질문들에 대한 답은 대단히 흥미롭다.

　기본부터 시작하자. 감정(emotion)이란 무엇일까? 영어가 내 모국어가 아니기 때문에 나는 어떤 개념에 대해 글을 쓰기 시작할 때 정의를 찾아 구글을 검색하기 시작한다. 그 개념이 복잡한지 단순한지는 상관없다. 다행스럽게도 언어 장벽은 나를 겸손하게 만들고 완전한 의미가 번역 과정에서 사라질 수 있지만 내가 아는 게 정확하지 않을 수 있다는 것도 깨우쳐준다. 당신은 감정의 정의를 찾아본 적이 있는가? 깜짝 놀라겠지만 그 정의에 과학적으로 일치된 의견은 없는 듯하다. 나는 많은 정의를 찾아낼 수 있었고, 모두가 동의하는 정의는 없었다.

위키피디아는 이렇게 시작한다. "감정은 다양한 생각과 감정 및 행동과 관련된 정신 상태며, 쾌감이나 불쾌감의 정도기도 하다." 구글로 검색하면 "감정은 상황이나 분위기 또는 타인과의 관계에서 비롯되는 강렬한 느낌이다"라는 답을 내놓는다. 《브리태니커 백과사전》에서는 "어떤 사물이나 사건에 대한 개인적인 의미를 반영하는 의식과 신체 감각과 행동으로 이뤄진 복잡한 경험"이라 정의한다.

감정은 느낌일까, 정신 상태일까, 아니면 경험일까? 대체 감정이란 무엇일까? 감정만큼 우리 삶에 영향을 주고 흔히 사용되는 개념에 어떻게 합의된 정의가 없을까? 공학자인 내가 무엇인지도 모르는 것에 대해 어떻게 작업할 수 있을까? 더욱더 흥미로운 것은, 내가 공학자로서 감정에 대해 내리는 정의가 위의 정의 모두와 다를 수 있다는 것이다. 이 문제는 잠시 뒤에 들여다보기로 하고 감정이 세계 곳곳에서 어떻게 표현되는지를 먼저 살펴보기로 하자.

무감각해지다

감정에 대해 합의된 정의가 없는 이유는 어쩌면 현대 세계에서 감정을 경시하기 때문일 수 있다. 특히 서구 세계에서 감정이나 취약성을 드러내면 유약한 것으로 여겨진다. 우리는 직장 문화 뒤에 숨는다. "성공할 때까지 속내를 감춰라!"는 인류 역사상 최악의 조언이라 할 수 있다. 동료 집단으로부터 받는 압력도 있고, 받아들여지기 위해서는 최선의 모습을 보여야 할 필요도 있다. 실제로는 감성적이고 예민

하며 부드러운 마음씨의 소유자지만, 행복하고 역동적이며 성공한 사람이라는 가면을 세상에 보여주려 한다. 또 실제로는 도움을 받아야 마땅한 처지인 때도 슈퍼히어로의 모습을 잃지 않는다.

우리는 감정을 숨기라는 말을 듣고 자랐다. 그래서 우리 자신에게도 감정을 숨기고 그 자체를 느끼지 않으려 한다. 감정의 존재를 의식하지 못하면 감정을 숨기는 게 더 쉽기 때문이다. 어떤 기분이냐는 질문을 받으면 "좋아!"라고 기계적으로 대답한다. 우리의 진정한 감정에게 묻지도 않는다. 하루하루를 그렇게 지내다 보면 거짓말하는 게 편안해진다. 그렇게 우리는 무감각해진다.

감정을 감추라는 요구는 일반적으로 여성보다 남성에게 더 가혹하다. 범세계적으로 어떤 문화권에서나 남자아이들은 울지 않아야 한다는 말을 귀에 딱지가 앉도록 듣는다. 남자아이들은 '남자답게' 행동하며 감정을 억눌러야 한다. 감정 표현을 삼가야 한다는 이런 의식은 우리에게 깊이 뿌리박혀 있다. 이런 이유에서 우리는 역경 앞에서도 이를 악물고 '괜찮아, 아프지 않아'라고 말한다. 극도의 고통이 있을 때도 마찬가지다. 해묵은 고통을 이겨내는 유일한 방법은 그런 고통이 존재하지 않는 척하는 것이다. 그리하여 수많은 남자가 무감각해지고 실제로 어떻게 느끼는지도 자각하지 못한다. 그리고 우리는 그런 사람을 정서적으로 여유가 없다고 나무라고 마음의 문을 열지 않는다고 비난한다. 그러나 내가 장담하지만 남자아이들도 운다. 눈물을 꾹 눌러 참는 듯한 남자를 나는 자주 만나지만, 그도 진정한 감정과

♪♪♫
〈기분 좋게 무감각해졌어요(comfortably numb)〉

핑크 플로이드의 전설적인 명곡이다. 내가 뭐라고 평가할 수 있겠나? 그냥 들어보라.

연결되는 순간 울기 시작한다. 감정을 스스로 억제하며 잃어버린 시간을 아쉬워하며 울고 또 운다. 나도 그런 덫에 거의 빠질 뻔했다.

　처음에는 나도 주변 사람들의 행동을 그대로 따라 했다. 기분이 어떠냐는 질문에 나는 기계적으로 대답했다. "잘 지내고 있어." 그러고는 흠칫 놀랐다. 내가 거짓말을 했으니까. 때로는 힘들었고, 때로는 견디기 힘들 정도로 모든 게 뒤죽박죽인 날도 있었다. 그래서 변하기로 다짐했다. 사무실 복도를 걸을 때 누군가 "요즘 어떻게 지내나, 모?"라고 물으면, 나는 걸음을 멈추고 그의 눈을 똑바로 쳐다보며 잠시 생각에 잠겼다가 이런 식으로 대답했다. "오늘은 기분이 좋아. 기운 넘치는 것 같아. 그러나 이런이런 프로젝트 때문에 스트레스가 조금 있어…. 자네는 어때?" 처음에 그는 약간 당황하는 표정을 지었다. 그가 예상하던 대답이 아니었을 테니까. 그는 잠시 얼어붙었지만 곧바로 로봇 모드로 되돌아가 대답했다. "응, 난 괜찮아." 하지만 나중에 많은 사람이 나를 찾아와 진실한 마음을 드러내며 내가 자신의 취약함을 숨김없이 보여준 걸 칭찬했다. 나는 그들이 나와 더 가까워지고 나를 더 깊이 알고 싶어 한다는 걸 느낄 수 있었다. 훗날 그들에게 왜 그런 행동을 했느냐고 물었을 때 대다수는 "자네가 진실했으니까, 자네 옆에 있으니 기분이 좋아졌어"라고 말했다.

　현대 세계에서 감정을 억제하는 현상은 직장 밖에서도 멈추지 않는다. 많은 친구가 나를 찾아와 눈물을 지으며 애인과의 관계가 원만하지 않다고 하소연한다. 그들은 자신에게 필요한 애인에게 마땅히 받아야 하지만 결코 얻지 못한 것들을 한없이 늘어놓는다. 그래서 내가 "무엇이 필요한지 솔직하게 말하고 감정을 숨김없이 표현한 적이 있나?"라고 물으면, 그들은 나를 이상하게 쳐다보며 대답한다. "물론 없지. 그렇게 하면 겁먹고 나를 떠날 거야." 그들은 감정을 드러내지 않고 억누르지만, 결국에는 억눌린 감정이 고조되어 터질 것이고, 그러면 애인이 진짜로 겁먹고 떠날 것이다.

언젠가 나는 한 친구에게 감정 표현이 직장에서 사라진 이유, 더 나아가 감정이 직장과 개인적인 관계에서도 억제되는 이유에 대해 물었다. (구글이 아닌 다른 기업의) 인사 담당 책임자이던 그 친구는 이렇게 대답했다. "감정은 무척 다양하다. 비합리적이고 예측할 수 없는 것으로 여겨진다. 예기치 않게 불쑥 나타나서 격렬하고 혼란스러운 상황을 만든다. 그래서 개인적인 감정을 직장까지 가져와서는 안 된다고 생각하는 것이다. 게다가 그런 불확실성을 다룰 만한 기반 시설이 직장에는 없다. 여하튼 직장은 결과를 내는 곳이다. 우리에게 필요한 것은 예측 가능성이다. 그러므로 감정을 억누르는 게 더 쉬운 길이다."

하지만 내 생각은 전혀 다르다. 우리가 누구를 속이고 있는가? 감정을 드러내지 않는 사람은 그런 척하고 있는 것일 뿐이라는 걸 모르는 사람이 있는가? 최근에 정신 건강이 우리 주변 사람들의 행복과 생산성에 미치는 영향에 대한 각성이 있으면서, 감정 표현과 관련된 문제를 더는 방치해선 안 된다는 깨달음도 더불어 시작되었다. 억눌린 채 표현되지 않은 감정은 터질 때를 기다리는 재앙이고, 그 결과는 대차대조표에서 탈진과 의료비 및 대인관계의 감소 등과 관련된 정신 건강 문제가 점점 큰 비용으로 더해진다.

게다가 일반적인 믿음과 달리 감정도 얼마든지 예측 가능하다. 누군가 나를 열받게 하면 나도 화를 낸다. 그런 반응은 충분히 예측 가능하다. 앞서 인용한 내 친구와의 대화가 있은 뒤 나는 '감정은 비이성적이라는 신화'를 깨부수기 위한 연구에 돌입했다. 무엇보다 좌뇌 편향성을 뒤집어야 할 필요성을 느꼈다. 생각할 뿐만 아니라 가슴으로도 느끼는 완전한 인간답게 살아야 할 필요성을 절감했다. 내가 감정의 합리성을 입증하겠다는 불가능한 목표를 이뤄낸다면 주변 사람들도 자진해서 가슴으로 느끼는 삶을 시작할 것이라 생각했다. 그럼 그들도 마음의 문을 활짝 열고 감정을 숨김없이 표현할 것이고 우리 모두가 다시 서로 연결되는 길을 찾아낼 것이라 생각하기도 했다.

이 문제를 풀려면 어디에서부터 시작해야 할까? 내게는 한 가지 길밖에 없다. 혼란스럽고 복잡하면 나는 언제나 수학에 의지한다.

충분히 예측 가능하다

우리 과학기술이 세균의 존재를 알아내기 전까지 사람들은 어떻게 생각했을까? 그 전까지는 그 모든 것이 거대한 주사위를 굴리는 것과 같았다. 사람들이 병드는 이유를 누구도 몰랐다. 누군가 병들면 마을 사람은 무덤을 팔 준비를 시작했다. 그러다 환자가 회복되기도 했지만 무엇 때문에 그가 살아났는지는 누구도 몰랐다.

현대 과학이 발전한 덕분에 이제 질병이 진행되는 과정도 예측 가능하다. 이런 생각을 해보자. 오늘날 우리는 독감에 걸리면 현미경으로만 보이는 세균이 원인이라는 걸 알고 있다. 독감 바이러스가 몸에 들어와 번식하기에 좋은 환경을 찾아내서 우리 건강에 나쁜 영향을 준다는 뜻이다. 바이러스가 독감의 원인이지만 열은 우리 면역 체계가 독감 바이러스와 싸울 때 발생하는 것이다. 염증은 다른 세균, 즉 박테리아가 우리의 약해진 면역력을 공격한 결과물이다. 어디에도 주술적인 마법은 없다. 모든 게 예측 가능하다.

그러나 우리가 질병 뒤에 감춰진 과학, 즉 눈에 보이지 않는 작은 세균의 존재를 알게 될 때까지는 이 모든 게 비이성적으로 보였을 게 분명하다. 감정도 마찬가지다. 세균이 질병을 일으킨다면⋯

[√] 기억하라! 우리 생각이 우리 감정을 유발한다.

우리가 지금까지 느낀 적이 있었던 모든 감정에 예외 없이 적용되는 진실이다(무조건적인 사랑은 예외지만 이 문제를 다루려면 또 한 권의 책이 필요하다). 우리가 감정에 휩싸이면 온갖 생각이 미친 듯이 우리 머릿속에 밀려들기 때문에, 생각이 감정을 유발한다는 말이 의심쩍게 들릴 수 있겠지만 특정한 생각이 먼저 감정을 유발한다는 것은 사실이다. 그 뒤에 우리가 감정에 휩싸이면 이런저런 생각이 봇물처럼 밀려들고, 우리 뇌는 무슨 일이 벌어지고 있는 것인지 분석하려 한다. 여기에는 닭이 먼저냐, 달걀이 먼저냐는 혼동은 없다. 닭(머릿속의 생각)이 달걀(감정)을 낳고, 달걀이 더 많은 생각으로 부화되고, 다시 생각이 감정을 낳는 것일 뿐이다.

예컨대 어떤 여성이 남자 친구가 한동안 전화도 없고 문자도 없다는 이유로 불안해하며 짜증을 낸다면, '내가 먼저 전화할까? 그럼 내가 너무 집착하는 것처럼 보이지 않을까? 하지만 내가 전화조차 하지 않으면 내가 신경조차 쓰지 않는 걸로 보일 거야. 그에게 계속 매력적으로 보이려면 살을 빼야겠어. 그가 친구들과 너무 많은 시간을 보내도록 놓아두면 안 될 것 같아. 아냐, 그렇지 않아. 그에게도 자유를 허용해야지'라는 생각들이 봇물처럼 그녀에게 밀려들었을 수 있다.

생각은 저마다 조금씩 다른 감정을 유발한다. 그러나 근본에서 보면 하나의 특정한 생각이 사태를 일으킨다. 어쩌면 모든 게 '그가 정말 내게 관심이 있는 걸까?' 또는 '그가 나를 사랑하지 않는 걸까?'라는 생각에서 시작되었을 수 있다. 개인적으로 나는 이 추론이 어느 경우에나 맞다고 생각한다. 어떤 생각이 우리 머릿속에 스며들고 그 후에 감정이 폭발한다. 여기서 수학이 끼어든다.

감히 말하자면 생각이 감정을 유발할 때까지 따르는 길은 뉴턴 (Newton)의 운동 법칙들만큼이나 예측 가능하다. 예측 가능하고 반복되는 것은 무엇이든 수학으로 표현될 수 있다. 감정은 그만큼 예측 가능해서 어떤 감정이든 간단한 수학 방정식으로 요약될 수 있다. 예컨대 부러움은 '다른 사람이 가진 걸 나도 가졌으면 좋겠는데 내게는 없어'라는 생각에서 유발되는 감정이다. 요컨대 당신이 가질 수 있기를 바라는 것과 당신이 실제로 가진 것의 비교에서 비롯되는 감정이다. 따라서 부러움을 수학 방정식으로 표현하면…

부러움 = 다른 사람이 가진 것으로 나도 가질 수 있기를 바라는 것

- 내가 실제로 가진 것

후회의 중심에는 '다른 식으로 했어야 했는데'라는 생각이 항상 있다. 따라서 후회의 방정식은…

후회 = 내가 했어야 했던 것 - 내가 실제로 한 것

물론 행복과 불행의 경우도 다를 바가 없다. 당신이 불행하다고 느꼈던 때를 돌이켜보면 '내 삶에서 어떤 사건이, 내 삶에 대한 내 기대(희망, 바람, 믿음)에 미치지 못했다'라는 생각이 항상 있었을 것이다.

행복 ≥ 당신 삶의 사건들 - 삶에 대한 당신의 기대치

이제 감을 잡겠는가? 두려움은 안전에 대한 내 인식에서 미래의 어떤 순간(T_1)이 현재(T_0)보다 낮을 때 생긴다.

$$두려움 \geq 안전에 대한 인식 @ T_0 - 안전에 대한 인식 @ T_1$$

불안은 '나는 예상되는 위협을 감당할 수 없을 거야'라는 생각에서 비롯된다.

$$불안 \geq 내가 안전하다고 느끼기 위해 필요한 것$$
$$- 내가 할 수 있다고 생각하는 것$$

공황은 두려움을 유발하는 위협이 임박한 때 생긴다.

$$공황 \geq 1 / 임박한 위험 전에 인지된 시간$$

감정을 수학 방정식으로 표현하는 작업은 얼마든지 계속할 수 있다. 나는 수학을 단순화하는 걸 좋아한다. 그러나 나머지는 당신에게 맡기려 한다. 잠시 짬을 내어 반드시 수학 방정식으로 표현하지 않아도 좋으니, 다른 주된 감정이 유발되는 논리적 과정을 생각해보길 바란다. 자존심은 어떤 생각이 유발하는가? 낙관주의는? 신뢰는? 성욕은? 도화선을 알아내면 감정이 생겨날 때 그 감정을 처리하는 게 한결 쉬워진다. 그 이유는…

[⭐] 매우 중요! 감정은 뉴턴의 운동 법칙만큼이나 예측 가능하다.

금기시되는 문제

감정은 그냥 사라지지 않는다는 점에서도 예측 가능하다. 느껴지고 표현되고 공유되지 않은 감정은 우리 안에 계속 머물며 작은 괴물로 커지는 경향을 띤다.

감정을 충분히 표현하지 못하면 우리는 자신만이 아니라 주변 사람에게도 상처를 준다. 물론 매몰차고 무례한 사람에게 품던 감정을 철회하기로 결정했다면 그런 결정은 이해된다. 우리의 취약한 면에 관련해서는 선택적인 게 좋다. 그러나 모든 감정을 억제하는 것은 재앙이고, 결국에는 폭발한다. 우리는 그런 폭발을 주변에서 한두 번 목격한 게 아니다. 스트레스에 짓눌린 직장 동료의 탈진, 사랑하는 사람의 감정 폭발이 대표적인 예다. 억눌린 감정이 결국 분출할 때 그 에너지는 어마어마해서 파괴적일 수 있다. 하지만 그런 감정이 느껴질 때마다 분출되었다면 그 에너지는 한층 작았을 것이다.

우리가 다른 사람들에게 마음을 터놓지 못하는 이유는 많다. 상처를 받을지 모른다는 두려움, 손가락질을 받고 이용당할 수 있다는 두려움도 그 이유에 속한다. 그러나 가장 중요한 것은, 우리가 우리 자신에게도 문을 닫기 때문에 다른 사람에게도 마음을 열지 않는다는 것이다. 현대 세계의 프로그래밍이 우리 안에 깊이 뿌리박혀 우리는 우리 자신에게 감정을 표현하지 않는다. 감정의 존재를 부인하고, 가슴으로 느끼는 즐거움을 망각한 채 무감각하게 차갑고 충족되지 않은 삶을 살아갈 뿐이다. 우리가 느끼는 감정을 인정하고 받아들이지 않으면서 그 감정을 어떻게 다른 사람들과 공유할 수 있겠는가.

감정의 공유는 우리가 인간으로서 진실로 연결될 수 있는 유일한 방법이다. 우리가 감정을 충분히 드러내지 않은 채 누군가와 공간을 공유하고 식사를 함께하며 지적인 대화를 나눈다면 로봇에 불과한 셈이다. 우리는 진실이 담기지 않은 단어, 직장에서 사용하는 단어, 또는 TV와 소셜 미디어의 가상 인물로부터 배운 단어로 말한다. 그런 대화는 뇌가 지배하는 대화가 된다. 뇌가 뇌에게 말할 뿐이다. 감정의

다시, 행복을 풀다

교감이 없으면 수많은 사람에게 둘러싸여 있어도 우리는 외로움을 느낀다. 감정이 없으면 너무도 많은 걸 잃은 것 같다. 그 이유는…

[√] 기억하라! 우리는 감정을 느낄 때만 살아 있다는 걸 느낀다.

손바닥 안의 나비

감정은 유약하고 섬세하다. 따라서 사랑하고 수용하는 마음으로 부드럽게 다뤄져야 한다. 또 감정을 드러낼 정도로 강해지는 데 충분한 공간이 허용되어야 한다. 손바닥에 앉은 나비를 감싸듯이 당신의 마음을 다정하게 감싸보라. 당신 가슴이 어떤 감정을 느끼더라도 그걸 두고 비난하지 마라.

당신 마음에 용솟음치는 감정을 다룰 때는 넘어져 무릎을 다친 귀여운 여섯 살짜리 소녀를 머릿속에 그려보라. 그 꼬마가 서럽게 운다면 어떻게 위로하고 다독거리겠는가? 꼬마를 꾸짖으며 마음으로 느끼는 감정은 불필요한 것이라 말하겠는가? 아니면 괴성을 지르며 울더라도 포근히 안아주고 꼬마의 감정을 이해하며, 모든 게 금방 괜찮아질 것이라 위로하겠는가?

당신 가슴이 감정을 느낄 때까지 다정하게 대해줘라. 거기에서 멈추지 말고 더 나아가, 다른 사람들도 감정을 느끼도록 도와줘라. 당신이 먼저 다른 사람들에게 다가가야, 그들이 마음을 열고 내면에 깊이 억눌린 감정과 접촉하는 걸 도와줄 수 있다는 걸 기억하라. **공간을 확보하라.** 그래야 당신과 상호 작용하는 사람들이 안심하고 당신에게 자신의 감정을 드러낼 수 있다. **심판하지 마라.** 그들의 입장이 된다면 그들의 심정을 똑같이 느낄 가능성이 커진다. **공감하라.** 당신도 그들만큼 취약할 수 있다고 느끼면 당신이 대접받고자 하는 대로 그들을 대접하라. 이렇게 하면 당신이 자신을 냉정하기 이를 데 없는 사람이라 생각하더라도 언젠가는 이 경지에 이르게 된다.

하루라도 좋으니 이렇게 시도해보라. 당신도 자유롭게 느끼고, 다른 사람들도 당신 앞에서 자유롭게 느끼도록 도와줘라. 그럼 당신 세계 전체가 변할 것이다. 당신에게 사람들이 모여들기 시작하고 당신을 피난처, 드문 안식처, 즉 자신의 진실한 모습을 안심하고 보여줄 수 있는 사람이라 생각할 것이다. 가면을 벗고 감정을 자연스레 흐르게 할 때 당신은 진정한 환희[주변 사람들을 사회의 철권(鐵拳)이 만들어낸 로봇이 아니라 인간으로 대하며 그들과 연결되는 기쁨]를 찾게 될 것이다. 낯 뜨겁게 들릴 수 있겠지만 그 환희는 신체적 접촉만 없을 뿐 당신이 지금껏 경험한 최고의 섹스만큼 좋은 것이며, 다른 사람의 본질과 연결된다는 점에서 진정한 성관계의 진수라 할 수 있다.

감정을 감추지 않고 표현하는 사람을 심판하기를 멈출 때, 더 나아가 우리 자신도 자유롭게 느끼며 감정을 드러낼 때 무엇이 우리를 인간답게 만드는지 기억하고, 감정이 삶의 양념이라는 것도 깨닫게 될 것이다. 감정이 없으면 우리 삶은 재미도 없고 단조롭기만 할 것이다. 사랑과 웃음과 설렘, 심지어 약간의 불안과 부끄러움과 후회는 우리가 실제로 무언가를 배우고 사랑하고 살아가는 순간들이다.

[✦★] 매우 중요! 살아 있음을 느껴보라! 감정을 마음껏 표현하라!

감정을 느낄 때 우리는 '존재'하기 시작한다. 감정이 자각의 일부가 될 때 진실이 보인다. **감정을 느끼는 게 '존재'하는 유일한 방법이고, 행복을 향해 가는 길의 첫걸음이다.**

감정을 자유롭게 느끼고 온전히 받아들여라. 처음에는 힘들 수 있겠지만 우리에게 진정으로 필요한 것은 본래의 마음에 진실한 것이다. 시간이 흐름에 따라 신경 가소성은 우리에게 유리한 방향으로 작용할 것이다. 느끼고 또 느끼면 우리 뇌가 재설정될 것이고, 그때 뇌도 한결 쉽게 감정을 느끼게 될 것이다.

느끼는 법을 배워라

감정은 예측 가능하다고 내가 말했을 때 당신은 가장 먼저 저항감을 느꼈는가? 그 뒤를 계속 읽을 때는 숨이 막히지 않았는가? 혹시 이렇게 생각하지는 않았는가? '제기랄, 그의 말이 맞아. 감정도 예측할 수 있어. 결국 감정도 우리가 논리적으로 규정하고 추적할 수 있는 과정의 결과로 생겨나는 거니까. 감정은 방정식으로도 표현될 수 있어. 정말 맞는 말이야!'

당신도 이렇게 생각했기를 바란다. 이 개념을 제대로 이해해야 당신의 감정을 정성스레 관리하는 중요한 전환점을 맞이할 수 있기 때문이다. 다시 말하면 감정을 자유롭게 풀어놓더라도 당연히 있어야 할 곳으로 신중하게 인도할 수 있기 때문이다.

감정만큼이나 충분히 예측 가능한 것으로 또 무엇이 있는지 아는가? 신경 가소성이다. 위에서 언급했듯이 사람은 절대 변하지 않는다고 흔히 말하지만 이 말은 맞지 않다. 20대 후반에 나는 항상 침울하고 걸핏하면 화를 내며 모든 걸 내 뜻대로 하려는 괴물이었다. 지금의 나를 보라. 나는 거북이처럼 침착하고 냉철하다. 시간이 허용되면 신경 가소성은 어김없이 작동한다. 감정적 습관의 경우에도 단호한 마음가짐으로 훈련하면 얼마든지 달라질 수 있다.

신경 가소성은 뇌에서 시작되는 모든 과정에 적용된다. 뇌에서 우리가 사용하는 영역들은 더 강해진다. 달리 말하면 기억과 기량이 그렇듯이…

이런 현상을 당신 자신이나 친구에게서 이미 보았을지 모르겠다. 화를 잘 내는 사람이 더 쉽게 화를 내고, 대체로 침착하고 차분한 사람은 시간이 지날수록 더 침착해진다. 요컨대 우리가 빈번하게 느끼는 감정일수록 더 쉽게 느껴진다. '그녀는 이렇게 말했고, 그는 저렇게 행동했어.' 우리는 극적인 사건을 좋아한다. 그 사건에 대한 이야기에 당신은 가슴이 아프지만 똑같은 이야기를 반복해 계속 되풀이한다. 그 이야기를 할 때마다 당신의 신경망은 강화된다. 기억에 관련된 신경망만이 아니라 감정과 관련된 신경망도 강해진다. 그런 과정을 통해 당신은 마음을 아프게 하는 방법을 반복해 학습한다. 그렇게 한 사이클이 지날 때마다 당신은 상처 받고 가슴 아픈 감정을 느끼는 데 더 능숙해진다.

우리가 두려움을 소중하게 생각한다면 그 이유가 무엇이겠는가? 두려움이 우리를 안전하게 지켜준다고 생각하기 때문이다. 그 결과로 우리는 더 자주 두려움을 구하게 된다. 더 많은 뉴스를 보고, 더 많은 의견과 더 많은 음모론을 찾아다닌다. 우리를 겁나게 하는 것을 찾아 헤매고 마침내 그것을 찾아낸다. 그런데 그것에 만족하지 않고 또 다른 것을 찾아 나선다. 결국 우리는 두려움을 느끼는 데 더 이상 능숙해질 수 없을 정도까지 능숙해진다.

감정을 느끼는 능력이 다른 능력처럼 발달하는 것은 당연하다. 어떤 감정을 느끼려면 어떤 유형의 생각을 전개하거나 특별한 기억을 소환할 때처럼 뇌에서 특정한 부분이 개입해야 한다. 이때 감정이 형성되는 과정에 상응해 우리가 사용하는 뉴런들은 자기들끼리 더 강력한 네트워크를 구축한다. 반대로 우리가 사용하지 않는 뉴런들, 즉 다른 감정에 개입하는 뉴런들은 더 약해지고 그것들의 네트워크는 결국 서서히 사라진다.

믿기지 않겠지만 화를 내고 유약해지는 것도 일종의 능력이다. 다른 능력이 그렇듯이 이 능력도 자주 사용할수록 능숙해진다. 그렇다면 당신이 능숙하게 해내는 능력은 무엇인가? 당신의 뇌근육에서 어떤 영역이 지금까지 당신의 감정을 표현하는 데 사용되었는가? 더 중요한 것은, 앞으로는 어떤 영역을 개발하려는가?

습관적으로 화를 내면 시간이 지남에 따라 화를 내는 게 더 쉬워지는 것처럼 감사한 마음을 자주 느끼면 그 근육이 발달하기 마련이다. 만족감의 경우도 마찬가지고 사랑하는 사람을 향한 욕구도 훈련을 통해 키울 수 있다. 우리 삶이 제공하는 모든 아름다움을 즐기며 경외하는 마음도 연습할 수 있다. 우리 주변을 둘러싼 모든 것에서 장점을 좋아하고, 심지어 동경하는 것도 연습할 수 있다(하지만 비판과 부정적 성향의 연습은 당장 멈춰라). 물론 사랑과 자기애 및 연민도 훈련을 통해 살찌울 수 있다.

습관을 바꾸고 싶을 때 취해야 할 첫걸음은 '자각'이다. 변화를 위한 모형은 자명하다. '학습하기 전에 존재하고, 행동하기 전에 학습하라'는 것이다. 존재하는 것부터 시작해야 한다. 감정이 어떻게 작용하는지 완전하게 알아내려면 존재하는 훈련법부터 시작하는 것보다 나은 방법은 없다. 이는 내가 '드라마를 관찰하라'라고 칭하는 훈련법으로 그다지 힘들지 않다.

이 훈련의 목적은 생각이 감정으로 전환되는 과정을 관찰하는 걸

자각 훈련

드라마를 관찰하라	
목표	뇌가 생각을 감정으로 바꾸는 과정을 관찰한다
기간	15분
반복	이 개념이 확고히 이해될 때까지 반복하라
준비물	무엇에도 방해받지 않을 만한 조용한 장소

돕는 데 있다. 생각을 바꾸면 감정이 어떻게 달라지는지 관찰함으로써 감정이 뇌의 산물이라는 걸 한 줌의 의심도 없이 확신하게 될 것이다. 요컨대 감정은 생각에 의해 유발되는 것이다.

조용한 곳을 찾아가 충분한 시간을 가져라. 두 감정을 느꼈던 때, 즉 행복했던 때와 슬펐던 때를 기억에 떠올려보라. 각 기억이 지금은 당신에게 어떤 느낌을 주는지 깊이 생각해보라. 그 느낌을 한 단어로 요약해보라.

그 느낌으로 이어졌던 과거의 사건들을 기억나는 대로 써보라. 그 사건들에서 주로 떠올렸고, 그 느낌과 가장 밀접한 관계가 있다고 여겨지는 생각을 짧막하게 써보라. 예컨대 '나는 굴욕감을 느꼈다'와 '모두가 내 성공을 부러워했다'라고 썼다고 해보자.

이번에는 몇 초의 시간을 두고 머리를 깨끗하게 비운 뒤에 두 생각을 번갈아 해보자. 먼저 '모두가 내 성공을 부러워했다'라는 행복한 생각을 머릿속에 떠올리고, 관련된 사건을 다시 기억하면 그때의 감정이 되살아나는지 확인해보라. 그러고는 다시 두 눈을 감고, 몇 초 동안 아이스크림을 생각하거나 큰 소리로 노래하며 조금 전의 행복한 생각을 머릿속에서 지워라. 그 생각이 더는 머릿속에 남아 있지 않으면 두 번째 생각, 즉 '나는 굴욕감을 느꼈다'를 생각하며 지금은 어떤 느낌인지를 살펴보라.

어떤 생각을 다시 하기 시작했을 때 그때의 감정이 어떻게 되살아나고, 그 생각을 떠올리기 전에는 그 감정이 어떤 이유에서든 머릿속에 존재하지 않았으며, 생각을 멈추면 감정이 어떻게 사라지는지를 관찰해보라.

생각이 없으면 감정도 없다. 생각이 감정의 도화선이다. 이 훈련이 쉽지는 않다. 따라서 처음부터 제대로 해낼 필요는 없다. 제대로 해낼 수 있을 때까지 계속 훈련하면 된다. 우리는 감정이 무작위로 느껴지는 것, 즉 아무런 원인도 없이 생겨나는 것이라 믿도록 길들여졌다. 따라서 생각과 감정을 잇는 중요한 연결 고리에 주목하는 법을 터득하는 게 이 훈련을 성공하는 지름길이다. 다른 생각이 어떻게 다른 이야기, 다른 드라마, 다른 감정을 유발하는지 이해할 수 있을 때까지 이 훈련을 계속하라.

그다음 훈련의 목적은 감정과 연결된 상태를 유지하는 소중한 기회를 당신에게 제공하는 데 있다. 사회가 우리에게 빈번하게 제기하는 자극을 이용해서 우리는 자기만의 귀중한 감정에 접촉하는 기회를 누릴 수 있다.

누군가 안부를 물을 때 당신이 어떻게 대답하는지 아는가? 당신이 실제로는 괜찮지 않은데도 때로는 기계적으로 "괜찮아!"라고 대답하는 경우가 있지 않은가? "난 괜찮아"라고 얼마나 자주 기계적으로 대답하는가?

이런 경우 그렇다고 상대가 당신 대답을 진지하게 받아들이는 것도 아니어서 당신은 커뮤니케이션을 실질적으로 하는 게 아니다. 그저 당신과 그 사람 사이에 교환되는 단어일 뿐 진실한 인간적인 교감은 없다. 이런 관계는 이제 끝내야 할 때다.

자각 훈련

괜찮다고 말하지 마라	
목표	나 자신의 감정과 자주 접촉한다
기간	2분씩, 하루에 여러 번
반복	평생 동안 반복하라
준비물	경계심을 늦추지 않고, 올바르게 행동하겠다는 마음가짐

이 단순한 훈련을 위해서는 앞으로 누군가 당신에게 안부를 물으면 대답하기 전에 잠깐 생각하는 시간을 가지길 바란다. 무작정 "괜찮아"라고 대답하지 마라. 대신 당신이 실제로 어떻게 느끼는지 알아보는 기회로 활용해보라. "기운이 넘쳐. 하지만 핸드폰에 입력을 너무 많이 했더니 엄지손가락이 조금 아파." "꽉 막힌 도로에 한 시간이나 갇혀 있었더니 약간 짜증이 나지만, 그래도 제시간에 도착할 수 있어서 기뻐." "내일까지 제출해야 할 보고서 때문에 걱정이야. 하지만 어젯밤 데이트를 생각하면 지금도 가슴이 두근거려! 근데 변비가 조금 있어."

이제부터 누군가 "무슨 일이 있어?"라고 물으면 기계적으로 "없어!"라고 대답하지 마라. 대신 "왜 묻는 건데? 무슨 일이 있는 것처럼 보이나? 잠깐만 기다려봐. 무슨 일이 있는지 알아볼게"라고 되물어라. 당신이 어떤 감정을 느끼는지 궁금해하는 습관을 키워라. 그런 작은 자극에 반응하는 걸 습관화하라. 그렇게 할 때 당신 자신과 빈번하게 접촉하는 능력이 향상된다.

[√] 기억하라! 당신이 실제로 어떤 감정을 느끼는지를 알아내라.

행복의 씨앗을 널리 퍼뜨리는 임무의 일환으로, 다른 사람들이 자신의 감정에 연결할 수 있도록 도움을 줘라. 어떻게 지내느냐는 당신의 질문에 기계적으로 대답하는 사람이 있으면, 그를 멈춰 세우고 "더 자세히 말씀해주세요. 요즘 어떻게 지내셨어요?"라고 물어라. 그의 대답에 관심을 보이며 주의 깊게 들어라. 공감하는 모습을 보여줘라. 많은 사람이 마음의 문을 열고, 자신의 감정에 연결하려는 걸 보면 놀라지 않을 수 없을 것이다. 당신과 그 사람, 둘 모두에게 유익한 진정한 윈윈(win-win)이다.

지금이 잠깐 휴식을 취하며 당신 자신과 연결해 현재 기분이 어떤지 살펴보기에 좋은 시간일 수 있다. 최근의 상황은 어땠는가? 가슴에 밀려오는 감정을 충분히 느끼고 경험했는가?

감정은 중요하다. 무시하거나 검열하거나 억눌러서는 안 된다. 잠깐 짬을 내어 감정이 당신의 삶에서 어떤 위치를 차지하는지 돌이켜보며, 지금까지 우리가 감정에 대해 논의한 내용에 대해 생각해보라. 마음이 편안해지고 새로운 기운이 느껴질 때 다시 읽기 시작하라. 아직도 감정에 관련해서 학습하고 훈련해야 할 중요한 능력이 적잖게 있다.

여기서 배워야 할 가장 중요한 능력은, 기분에 어떤 변화가 있을 때 어떻게 해야 즉각 주목할 수 있느냐는 것이다. 처음에는 기분의 변화에 주목한다는 게 무척 생경하게 느껴질 수 있다. 무수한 감정이 슬그머니 우리 마음속에 파고들기 때문이다. 그러나 훈련을 통해 우리는 작은 변화도 눈치채고 중요한 감정이 불쑥 튀어나오는 순간을 포착할 수 있게 된다.

당신이 종종 드러내는 부정적인 감정, 예컨대 분노, 수줍음, 지루함이 언제 나타나는지를 앞으로 며칠 동안 면밀히 살펴보라. 경계심을 늦추지 말고 그 감정이 표면화되는 때를 정확히 찾아내라. 필요하면

자각 훈련

경계심을 늦추지 마라	
목표	감정이 변할 때 알아챈다
기간	끼어들기 순위가 설정되면 항상 켜둔다
반복	평생의 습관으로 삼고 필요한 만큼 반복하라
준비물	많은 연습

일지에 기록해둬도 괜찮다. 그 감정을 인지할 때마다 그 기록에 일정한 표식을 추가하라.

당신이 지금 추적하는 감정이 표면화되면 '충분히 체험해보라'. 다시 말하면 몸이 어떻게 반응하는지를 완전히 느껴보라는 뜻이다. 어떤 부정적인 감정도 당신에게 영향을 미치지 않는 때부터 시작하라. 그때는 어떤 기분인가? 편안하고 평온한 느낌이 몸에서 느껴진다. 그러나 부정적인 감정이 밀려오면 그 상태가 변한다. 예컨대 불안하고 초조하면 체한 것처럼 몸이 불편해진다. 이 문제는 뒤에서 자세히 다루기로 하자. 몸에서 나타나는 이런 변화를 나는 '감정의 신체적 특징(physical signature of an emotion)'이라 칭한다. 따라서 감정과 신체 상태 사이의 관련성을 알아두면 유용하다. 하지만 우선은 변화(평온하고 편안한 상태로 다른 상태로의 변화)에만 주목하자. 이렇게 할 때 우리는 고통과 즐거움과 피로를 인식하는 것처럼 감정 상태의 변화를 알아챌 수 있다.

자각 훈련이므로 어떤 실질적인 조치가 필요하지는 않다. 당신이 느끼는 감정에 대해 무언가를 바로잡으려고 하지 마라. 그 감정이 표면화될 때마다 어떤 변화가 있는지 알아내는 방법을 배우자는 것일 뿐이다. 그에 따른 신체의 변화를 알아내는 것은 당신의 끼어들기 순위(interrupt level, 당신의 일상적 틀에 변화가 필요하다는 걸 인지하는 데 필요한 자각)로 여겨질 수 있다.

하루를 마무리할 때 매일 그날 느낀 감정들을 찬찬히 되짚어보라. 침대에 누워 잠들기 전에 잠깐 짬을 내어 그날 하루가 어땠고, 당신이 어떤 감정을 느꼈는지 돌이켜보라. 특히 신체적 변화, 즉 각 감정과 관련해서 몸이 어떻게 반응했는지를 기억해보라.

하나의 감정에 대한 파악을 끝내면 다른 감정으로 넘어가라. 그렇게 하나씩 살펴보며 반복되는 부정적 감정을 모두 점검할 때까지 그 과정을 반복하라.

각 감정에 대해 그 감정을 유발한 사건의 연쇄 과정을 되짚어보라. 반복되는 패턴(예컨대 '누군가 내게 틀렸다고 말할 때마다 나는 화가 치밀고 방어적이 된다', '내가 잘 모르는 사람들 앞에서 말을 해야 하면 부끄러워진다' 등)을 찾아내려 해보라. 거듭 말하지만 이 단계에서는 잘못된 것을 바로잡으려 하지 마라. 그저 관찰하라. 그냥 존재하는 것으로 그쳐라.

이 훈련을 완전히 익히는 데만도 몇 주일이 걸릴 수 있다. 그 단계에 이를 때까지 계속 연습하라. 연습을 반복하며 이 책을 계속 읽어라. 지금 우리는 토끼굴의 입구에 있는 것일 뿐이다.

폭풍을 경험하라

얼마나 많은 사람이 구글에 질문하는지 아는가? 수십 억이다. 간혹 중요한 뉴스가 발표되면 수십 억 명이 동시에 동일한 정보를 검색한다. 구글은 그 많은 질문에 어떻게 대답할까? 각 질문을 별개의 요청 사항으로 간주하며 대답을 완료할 때까지 일관되게 처리한다. 우리 뇌는 수십 억 개의 과정에 결코 끼어들지도 않지만, 동시에 많은 요구와 요청이 제기되면 주의력이 산만해지는 경우가 많다. 많은 자녀를 둔 부모라면 그게 어떤 느낌인지 알 것이다. 한 아기의 기저귀를 갈고 있을 때 다른 아기는 형에게 맞았다고 울고, 또 다른 아이는 과자를 달라고 칭얼거린다. 이때 노련한 부모라면 어떻게 할까? 정신줄을 놓지 않고 기저귀를 먼저 갈아준 뒤에, 우는 아이를 달랜 후 과자통을 집어 들고 연다.

이처럼 여러 과제가 한꺼번에 밀려들면 우선순위를 정하고 하나씩 끝내는 방법을 터득해야 한다. 하지만 많은 사람이 감정을 이런 식으로 처리하지 못한다. 우리는 감정을 억누르려 한다. 나 역시도 예외가 아니다. 한때 의욕에 넘치고 분석 지향적이던 경영자로서 나는 오랫동안 감정을 무시하고 지냈다. 하지만 내가 감정을 완전히 받아들이지 않는 한 결코 완전해질 수 없다는 걸 결국 깨달았다. 감정을 완전히 받아들이려면 배워야 할 것이 있었다.

[√] 기억하라! 먼저 느끼고, 그 뒤에 분석하라.

우리가 감정이 사라진 세계를 만드는 데는 네 가지 이유(사회적 전통과 압력, 감정 폭풍, 감정 위장, 불편한 감정)가 있다. 사회적 전통과 압력이 우리에게 미치는 영향에 대해서는 지금까지 충분히 살펴보았다. 이제부터 나머지 세 가지에 대해 살펴보자.

감정 폭풍

많은 사람이 자신의 감정을 인정하지 않는 이유 중 하나는, 어떤 경우에나 우리가 하나의 감정만을 느끼는 게 아니기 때문이다. 당신이 이리저리 분석해서 '그래, 바로 이 느낌이야!'라고 명확히 말할 수 있는 감정 하나만을 뚜렷이 느꼈던 때를 기억할 수 있는가? 이런 경우는 거의 없다. 우리 내면에서 항상 폭풍이 밀려든다. 좋은 것과 나쁜 것, 행복한 것과 슬픈 것, 신체적인 감각과 정서적 감각 등 온갖 감정이 뒤섞인 폭풍이다. 허락한다면, 내 내면을 깊이 들여다보고 지금 내가 어떤 느낌인지를 알아내서 정확히 말해보려 한다.

나는 이 책을 지금까지 써온 것에 무척 만족한다. 곧 출간할 수 있을 것이라고 낙관적으로 생각한다. 내 딸 아야는 기분이 약간 우울하다고 말했다. 사랑하는 사람의 건강이 좋지 않기 때문이라고 하던데, 아야가 상심해서 내 마음도 아프다. 항상 그렇듯이 아야에게는 뜨거운 사랑을 느끼고 늘 보고 싶다. 세상의 많은 사람이 내가 한 일에 고마워한다는 사실에 오히려 나는 겸허해진다. 더 열심히 일해야겠다는 동기를 부여받는 느낌이지만, 내가 받는 모든 메시지에 답하지 못해 죄책감을 느끼기도 한다. 코곁굴이 조금 아프다. 핸드폰에 입력을 너무 많이 했더니 왼손 엄지손가락이 아프다. 아, 그런데 배가 고프네.

이렇게 많은 감정이 복합된 까닭에 지금 내 느낌에 대한 정확한 설명을 시작조차 할 수 없지만, 개략적인 이해는 가능하다.

[√] 기억하라! 우리는 감정 폭풍과 신체 감각을 끊임없이 경험한다.

어느 순간에나 우리는 많은 감정과 감각을 복합적으로 느끼기 때문에 하나의 특정한 감정을 분석하거나, 그 감정만의 강도와 특색을 알아내기는 어렵다. 감정 폭풍(emotional storm)은 어마어마하다. 감정과 관련된 단어들로 꾸민 다음 페이지의 콜라주(collage)를 보고 우리가 느낄 수 있는 감정의 폭과 다양성에 대해 깊이 생각해보라.

이 콜라주도 우리 내면에서 자주 일어나는 감정의 일부로만 만든 것이다. 그 전부라면 어떨지 상상해보라. 색 이론(color theory)에서 말하듯이 하나의 색, 예컨대 베이지색은 소수의 원색이 특정한 비율로

배합되어 만들어진다. 재능 있는 미술가에게는 색을 원래의 구성 성
분으로 분해하는 데 필요한 능력이 있다. 감정 폭풍을 분해하는 데도
이와 유사한 능력이 필요하다.

　우리가 지금 느끼는 감정은 하나의 단일한 감정이 아니다. 여러 감
정과 신체 감각이 복합된 것이다. 현재의 느낌을 명확히 구분된 감정
들로 분해하는 법을 배우는 것은 가능하다. 이를 위해서는 각 감정의
신체적 특징을 관찰하고 파악하는 것으로 시작해야 한다. 신체적 특
징을 알면 상대적으로 쉽게 파악되는 또 하나의 감정 덩어리를 살펴
본 뒤에 이 문제로 돌아오기로 하자.

감정 위장

감정은 표지판이다. 우리 뇌는 이런 표지판을 활용해서 누적된 분석
의 결과를 하나의 감정으로 요약한다. 걱정이란 느낌은 위협과 관련
한 하나의 징후를 관찰한 결과가 아니라, 많은 관찰과 기억 및 자체적
인 평가를 뇌가 포괄적으로 분석한 결과다. 따라서 감정은 시시각각

다시, 행복을 풀다

변하고 동일한 정도로 복잡한 다른 많은 감정 뒤에 숨는다. 따라서 당신을 움직이는 게 목적의식인지 자존심인지, 또 당신이 열심히 일하는 게 욕망 때문인지 두려움 때문인지 구분하기 어려운 때가 적지 않다. 감정이 어떻게 작용하는지 정확히 알아야 할 필요가 있고, 그때서야 감정을 더 쉽게 알아챌 수 있을 것이다.

아야는 어렸을 때 에너지가 넘쳤고, (지금도 그렇지만) 호기심도 많았다. 그래서 우리가 외출할 때마다 아야는 사방을 들쑤시고 다녔다. 쇼핑몰에 들어가서도 우리가 손을 꽉 잡고 있지 않으면 아야는 금방 무언가를 쫓아가 어딘가로 사라졌고 도무지 찾을 수 없었다. 그런 사고가 한두 번이 아니었고 그때마다 어딘가에 있던 아야도 그렇지만, 내 옆에 있던 아야의 엄마도 공황 상태에 빠졌다. 겁에 질린 아야는 우리를 찾으려고 사방으로 뛰어다녔고, 그로 인해 우리에게서 점점 멀어져 더욱더 찾기가 힘들었다. 물론 오래전부터 우리는 아야에게 항상 조심하고 어디에 있더라도 우리 옆에 붙어 있으라고 가르쳤다. 하지만 아야의 외향적이고 창의적인 성격 때문인지 그런 훈계는 효과가 없었다. 결국 나는 현실과 타협할 수밖에 없었다. 아야에게 하나, 오직 하나만 기억하라고 말했다. "네가 주변을 둘러봐서 아빠와 엄마가 없으면 움직이지 말고, 그 자리에 그대로 있어라."

이 간단한 요구는 내 나름대로 오랫동안 분석한 결과였다. 나는 아야가 앞으로 한동안 계속 무언가에 한눈을 팔 것이고, 어린 나이여서 내가 고쳐줄 방법이 없다는 걸 알았다. 또 아야와 아야의 엄마를 덮치는 공포감이 상황을 더욱 악화시킨다는 것도 알았다. 물론 공포가 밀려오면 어린아이가 복잡한 선택을 하는 게 어렵다는 것도 알았다. 이 모든 것을 하나의 단순한 문장으로 요약하면 기억하기가 훨씬 더 쉬워진다. 20년이 지난 지금도 아야와 나는 함께 외출할 때마다 그때를 기억하며 농담을 나눈다. 내가 "아야, 우리가 서로 헤어지면 어떻게 해야지?"라고 물으면, 아야는 환한 미소를 짓고 나를 껴안으며 대답한다. "그 자리에 가만히 있어야지요."

우리 뇌도 이런 식으로 단순화하며 복잡한 상황들을 요약한다. 친구의 부정적인 행동에 당신이 라디오에서 들은 논평, 혹독한 겨울 날씨, 일주일 동안 사라진 햇살이 복합되며 당신 뇌는 이렇게 결론짓는다. '외로움 표시등에 불을 켜야겠군.'

우리 뇌에는 복잡한 분석을 끝낸 뒤에 우리에게 감정을 느끼게 해주려고 사용하는 코딩 시스템이 있다. 어떤 감정을 그 복잡한 기원에서부터 추적하는 것은 거의 불가능하다. 감정이 표현되도록 내버려두고 그 특징 및 당신에게 미치는 영향을 관리하는 게 더 쉽다. 뇌는 실질적으로 신체를 통해 우리에게 감정을 느끼게 한다. 모든 감정은 그 원인이 무엇이든 간에 결국에는 신체적 특징으로 나타나고 우리는 그 특징을 몸에서 느낀다. 따라서 신체 감각이 우리가 느끼는 감정을 알려주는 표지판 역할을 하므로, 감정과 관련된 신체 징후를 조사함으로써 우리의 현재 감정을 정확히 짚어낼 수 있다.

의사가 질병 여부를 판단하기 위해 우리 신체 상태를 조사하는 것과 다를 바가 없다. 의사가 항상 실험실 검사를 실행하고 지난 며칠 동안 당신이 무엇을 했는지 분석할 필요는 없다. 적어도 처음에는 그렇다. 신체 징후를 살펴보면 된다. 가슴이 벌렁거린다. 목에 무언가 걸린 것 같다. 진부하기 그지없는 징후다. 극단적 두 감정을 예로 들어보자. 표현에서부터 신체와 밀접한 관계를 띠는 감정, 욕정으로 시작해보자. 욕정은 신체적으로 알아채기 쉬운 감정이다. 욕정과 관련된 신체적 징후는 명확해서 놓치기가 거의 불가능하다. 그 징후를 굳이 나열할 필요가 있을까? 벌써 당신 몸에서 나타났을 텐데.

감정적으로 민감한 사람의 경우 다른 감정의 신체적 특징을 감지하는 것이 크게 어렵지는 않다. 예컨대 공황은 뇌가 임박한 위협을 앞두고 몸에게 도피 반응(flight response)을 준비시킬 때 사용하는 감정이다. 신체에 가해지는 위협이 아니더라도, 에너지가 달아나고 싶은 욕망과 뒤섞인 형태로 분출하며 두려움이 온몸에서 느껴진다. 한편 분노는 우리에게 투쟁 반응(fight response)을 준비시키는 감정이다. 화가 치밀면 피가 끓고 긴장감이 몸으로 느껴지며 공격하고 싶어진다. 두려우면 심장이 두근대고 온갖 생각이 머릿속을 지나가며 어딘가에 숨고 싶다. 혐오가 밀려오면 구역질이 난다. 나쁜 것을 먹었을 때, 누군가의 비윤리적 행동을 보았을 때 유발되는 느낌이 똑같다. 뱃속에서 느껴진다. 그래서 우리는 움찔하며 혐오감을 주는 것을 피하려고 한다. 슬픔은 우리를 감정이입하게 만든다. 힘이 빠지는 듯한 느낌이고 양보하고 싶은 기분에 사로잡힌다. 반면에 흥분하면 에너지가 충만해진다. 생각이 낙관적으로 변하고 더 적극적으로 참여해 더 많은 것을 찾고 싶어진다.

심층적 차원에서는 개인적인 고유한 경험에서 비롯되는 특정한 감정이 특유한 특징을 띠며 나타난다. 내가 아들, 알리를 그리워할 때도 신체적으로 뚜렷한 특징이 나타난다. 알리를 보고 싶다는 생각이 밀려들면 오른쪽 가슴 아래가 날카로운 것에 깊이 찔린 것처럼 아프고, 그 부분이 떨어져나가는 것만 같다. 알리가 떠난 날만큼이나 지금도 그 느낌이 강렬하다. 이제 나는 그 통증을 그대로 인정하며 내게 사명을 계속하라고 다그치는 자극제로 사용한다. 날카로운 물체가 내 가슴에서 그 부분을 파고드는 듯한 느낌이 들면, 나는 곧장 자리에서 벌떡 일어나 알리의 명예를 걸고 또 다른 1,000명을 행복하게 해줄 무언가를 해야겠다고 다짐한다.

대체로 이런 신체 징후는 뇌가 호르몬을 사용해 지휘하는 화학적 반응의 결과다. 극심한 공포나 분노가 계속되는 동안 우리가 느끼는 에너지의 분출은 아드레날린이 혈류에 분비된 결과다. 흥분할 때 느끼는 에너지는 도파민의 영향이다. 각 감정은 다 다르게 느껴지고 우리에게 다르게 영향을 미친다. 우리 뇌에서 일어나는 화학적 작용에 대해서는 다음 장에서 살펴보기로 하자. 현재로서는 감정과 신체 징후에 초점을 맞추도록 하자. 우리가 마음의 문을 크게 열고 감정을 완전히 느끼며 받아들이는 걸 여전히 꺼리는 데는 하나의 이유가 더 있다. 그 이유는…

불편한 감정

우리 자신에게서 그 증거를 찾는 데 도움을 받겠다고 전문적인 책까지 읽을 필요는 없다. 우리가 자신의 감정을 간혹 인정하지 않는 이유는 불편하게 느껴지기 때문이다. 알코올이 상처에 닿는 고통을 다시는 느끼고 싶지 않은 때가 누구에게나 있다. 우리는 상처를 모른 체하고 방치하면 결국 사라질 것이라 생각한다.

슬픔을 다섯 단계로 분석한 엘리자베스 퀴블러 로스(Elisabeth Kübler-Ross)와 데이비드 케슬러(David Kessler)의 유명한 저작에 따르면,[1] 첫 단계는 부정(denial)이다. 무언가를 상실할 때 우리의 첫 반응은 아무런 일도 일어나지 않았다고 혼잣말하는 것이다. 부정은 뇌가 고통을 회피하려고 시도하는 방법이다. 그러나 고통은 우리를 붙들고 놓아주지 않는다. 얼마 지나지 않아 고통은 무시할 수 없을 정도로 커진다. 좋은 의사라면 당신에게 고통을 느끼면 지체 없이 감염에 신경을 쓰는 게 더 낫다고 조언할 것이다. 관리가 일찍 시작될수록 치료도 더 쉬워진다.

재밌는 것은, 긍정적인 감정도 때로는 동일한 운명을 겪는다는 것이다. 우리는 간혹 사랑의 환희를 완전히 느끼지 않으려 한다. 사랑의 환희에서 비롯되는 감정 폭풍에 두려움이 있기 때문이다. 우리는 사랑이 지속되지 않을까 두려워하며 사랑을 완전히 받아들이지 않는다. 그래서 사랑에 흠뻑 빠져 그 순간에 밀려오는 환희와 흥분감을 온전히 느끼는 것보다, 미래에 상심할 가능성을 피하기 위해 중립을 유지하는 게 낫다고 생각한다.

하지만 잘못된 생각이다. 감정은 우리를 인간답게 만들어준다. 견디기 힘든 감정마저도 우리에게 살아 있다는 느낌을 준다. 게다가…

[√] 기억하라! 우리가 관찰할 수 없는 것을 개선할 수는 없다.

변화의 모형은 자명하다. '학습하기 전에 존재하고, 행동하기 전에 학습하라'는 것이다. **먼저 느끼고 그 뒤에 분석하라. 먼저 당신이 내면의 감정을 인정하지 않고는 그 감정을 다스리기 시작할 수조차 없고, 더구나 행복으로 가는 길을 찾아낼 방법도 없다.**

감정이 얼굴을 내미는 즉시 알아차릴 수 있어야 한다. 이런저런 감정이 봇물처럼 밀려오더라도 편안하게 느낄 수 있어야 한다. 감정이 존재하는 걸 허용하려면 먼저 배워야 할 것이 있다.

감정과 함께하라

두 눈을 감고 이렇게 상상해보자. 그 아이가 당신에게 달려와 운동장에서 무척 재밌게 놀았다며, 그네를 타고 높이 올라가면 하늘을 볼 수 있다고 말한다. 이때 당신은 어떻게 하겠는가? 꼬마에게 너무 바쁘다고 말하겠는가? 지나치게 흥분하면 판단력이 흐려진다고 논리적으로 설명하겠는가? 그네를 타고 높이 올라가는 것은 대단한 게 아니라며 더 야심 찬 목표를 세워야 한다고 훈계하겠는가?

이번에는 엄마를 잃어버려 울고 있는 아이가 옆에 있다고 해보자. 이때 당신은 어떻게 하겠는가? 아이에게 강해져야 한다고 훈계하겠는가? 애초에 한눈을 판 게 잘못이라고 꾸짖겠는가? 엄마를 찾을 때까지 어떤 단계를 거쳐야 하는지 논리적으로 설명하겠는가? 그런 실수를 다시는 저지르지 않겠다고 다짐하는 실질적인 계획을 요구하겠는가? 그래서는 안 된다. 당신은…

[✩] 매우 중요! 그 아이를 보듬어 안고, 그 아이의 말을 들어주어야 한다.

당신이 그렇게 상처를 입고 불안감과 초조함에 시달리며 부끄러워하고 혼란에 휩싸인 아이일 수 있다. 당신이 바로 그런 포옹이 필요한 감정적인 아이일 수 있다. 우리는 감정을 처리하는 수준에서 여전히 어린아이 단계를 벗어나지 못했다. 나이가 들어서는 감정을 억눌러야 했다. 절실하게 필요한 포옹을 스스로 멀리하며 살았다.

심리학에서 정신적 외상을 처리하는 기본적인 방식은, 환자가 피하려고 애쓰는 것을 향해 조금씩 다가가서 해소하지 못해 찌꺼기처럼 남은 감정을 찾아내 인정하고 처리하는 공간을 환자에게 허용하는 것이다. 감정이 우리 마음속에 남아 우리를 괴롭히기 전에 그 감정이 표면화되도록 허용하는 게 어쩌면 현명한 해결책일 수 있다. 부정적인 면이 우리에게 고통을 안겨주기 전에 그 부정적인 면을 깔끔히 세척해버리는 게 낫지 않겠는가.

우리는 감정을 회피하지 말고 오히려 가까이 다가가야 한다. 어린

아이에게 속내를 드러내는 걸 허용하듯이 우리도 감정을 솔직하게 드러낼 수 있어야 한다. 어린아이를 다정히 껴안아주듯이 우리 자아를 다정히 끌어안는 법을 배워야 한다. 처음에는 그 과정이 불편하게 느껴지더라도 감정과 함께하는 법을 배워야 한다. 감정과 함께한다는 것은 감정이 얼굴을 내미는 순간부터 그 결과로 취하고 싶은 모든 행동 사이에 공간을 허용하는 것이다. 다시 말하면,

[✄★] 매우 중요! "자극과 반응 사이에는 공간이 있다.
그런 공간이 있어서 우리는 반응을 선택할 수 있다.
우리가 어떻게 반응하느냐에 따라 우리의 성장과 자유가 결정된다."

재밌는 사실 하나, 위의 인용구는 오스트리아의 신경학자인 빅터 프랭클(Viktor Frankl, 1905~1997)이 처음 말한 것으로 알려졌지만 이는 잘못된 것이다. 이 인용구는 영향력 있는 동기부여 강사 스티븐 코비 (Stephen Covey)에 의해 널리 알려졌으나 코비는 누가 이 말을 처음 말했는지는 기억해내지 못했다.

불편하게 느껴지더라도 그 공간에 차분히 앉아 감정을 온전히 받아들이고 반응하고 싶은 욕구를 무시하라. 힘들겠지만 감정이 마음껏 나래를 펴게 해줘라. 감정을 다정히 껴안으며 나란히 앉아 함께하려면 확고한 믿음을 마음에 담아둬야 한다.

[✓] 기억하라! 어떤 감정도 우리를 다치게 할 수 없다.
우리가 감정에게 그런 힘을 부여하지 않는 한!

감정은 우리를 위협하는 외적인 사건이 아니다. 우리 안에서 느껴

지는 것이다. 과거의 사건에서 비롯된 감정이 그 사건을 다시 일으키거나 그때의 고통을 되살려내지는 못한다. 미래에 대한 생각에서 비롯된 감정이 그런 미래를 만들어내지는 않는다. 하지만 부정적인 것에 지나치게 많은 에너지를 투입함으로써 당신의 삶에서 부정적인 현상이 드러나지 않도록 조심해야 한다. 감정은 우리 안에서 시작해 우리 안에서 끝난다. 감정과 함께하라.

게다가 좋은 감정과 나쁜 감정이 따로 있는 게 아니다. 감정은 그저 존재하는 것일 뿐이다. 감정은 당신이 느끼는 것이고, 당신이 느끼는 것은 항상 진실이다. 당신에게는 당신이 지금 느끼는 걸 느끼는 게 항상 허용된다는 걸 기억하라. 삶의 여정을 거쳐 당신이 지금 있는 곳은 마땅히 그렇게 느껴져야 하는 것이다.

이 모든 것을 종합하면 감정은 간혹 불편하게 느껴지더라도 여기에는 한 가지 긍정적인 면이 있다.

[√] 기억하라! 우리는 살아 있을 때만 느낄 수 있고,
무언가를 느낄 때에만 살아 있는 것이다.

충만히 느끼는 환희, 무엇이든 진실로 느끼는 즐거움은 살아 있다는 환희의 진부분집합이다. 당신이 지금 느끼는 것을 느끼는 것은, 생명에 필요한 피가 당신의 핏줄을 따라 흐른다는 걸 인정하는 것이다. 그 느낌은 당신이 다른 날을 경험하기 위해 여기에 존재하고, 당신이 살아 있다는 걸 다시 떠올려준다. 그것만으로 좋지 않은가?

각 감정은 신체적 특징에서 고유한 징후를 띤다. 이번에는 어떤 감정이 밀려올 때 신체에서 어떻게 느끼는지를 자각하는 훈련을 해보자. 감정 자체보다 신체 감각을 알아채는 게 더 쉽다. 특히 감정이 폭

다시, 행복을 풀다

풍처럼 밀려오는 복합적 감정의 일부일 때는 더더욱 그렇다.

이 훈련은 여러 친구와 함께 하는 게 좋다. 충분한 여유 시간을 확보하고 조용한 곳을 찾아가 당신 몸을 빠르게 살펴보라. 똑바로 앉아 긴장을 풀고 현재의 신체 상태를 머릿속에 기억하라. 이 상태가 출발점이므로 대조 상태(control state)라 하자.

조사할 감정을 머릿속에 떠올려라. 그 특정한 감정을 유발할 수 있는 사건을 떠올리며 그 감정을 최대한 강렬하게 느껴보라.

다시 약간의 짬을 내어 당신 몸을 다시 살펴보라. 대조 상태와 비교할 때 어떤 변화가 있는지 점검해보라. 아주 작은 변화일 수 있으므로 당신 몸의 느낌에 완전히 맞춰져야 한다. 물론 그 감정을 강렬하게 다시 느낄수록 그 감정의 신체적 특징도 더 생생하게 인식할 수 있다. 그 감정과 신체적 특징을 기록해둬라. 자주 멈추고 완전히 느껴라. 그렇게 느낀 것을 추가로 기록하라. 그렇게 기록한 것을 모임의 구성원들과 교환하고 그에 대해 대화해보라. 대화가 끝난 뒤에 atlasofemotions.org에서 그 감정과 신체적 특징에 대한 설명을 확인해보라.

자각 훈련

신체에서 감정을 느껴보자	
목표	감정의 신체적 특징을 경험한다
기간	60분
반복	대화에 가치가 있다고 생각하는 한 반복하라
준비물	신뢰할 수 있는 긍정적인 친구들과의 모임 참고: 이 훈련을 처음부터 끝까지 혼자 하고 싶다면 그렇게 해도 상관없다. 다만 훈련 방법을 조절하면 된다. atlasofemotions.org를 방문하면 이와 관련해 더 많은 정보를 구할 수 있다.

다른 감정에 대해서도 이런 단계들을 그대로 적용하라. 이 훈련법을 여러 감정에 체계적으로 적용하며 전반적인 신체적 특징을 파악하도록 노력하라. 최대한 많은 감정을 탐색하는 데 필요한 시간을 확보하려고 애써라.

감정은 결코 단독으로 오지 않고 복합된 감정으로 폭풍처럼 밀려온다. 다음으로 우리가 언제든 겪을 수 있는 복합된 감정을 인식하는 훈련을 해보자.

두 눈을 감고, 마음을 차분히 가라앉힌 뒤 현재의 순간을 완전히 느껴라. 명상 훈련과 무척 비슷하게 느껴질 수 있다. 쉬운 부분부터 시작하자. 먼저 당신의 몸에 집중하라.

마음속으로 발끝부터 머리까지 몸의 구석구석을 살펴라. 어떤 느낌인지도 알아보라. 통증이나 즐거움 등 작은 감각이라도 있으면 빠짐없이 기록하라. 약간의 두통, 콧물, 근육통 등등. 전등 불빛이 너무 밝은가? 그래서 눈이 부신가? 불빛이 너무 어두운가? 그런 것도 빠짐없이 기록하고 필요한 만큼 충분한 시간을 두고 몸을 관찰하라.

다음에는 감정으로 넘어간다. 어떤 느낌인지 자신에게 계속 물어라. 감점 폭풍 전체로 의식을 확대한다. 오늘밤 데이트가 흥분되지만 어떤 옷을 입을지 몰라 약간 걱정되는가? 지난 관계가 좋지 않게 끝나

자각 훈련

감정 폭풍을 경험하라	
목표	감정 폭풍을 경험한다
기간	30분
반복	필요한 만큼 반복하라
준비물	조용한 공간, 연필과 공책

다시, 행복을 풀다

조금의 죄책감이 있는가?

차분히 앉아 사색할 때까지는 의식하지 못했지만 발이 아픈 걸 알아채는 것보다 감지하기 힘든 작은 느낌을 찾아내는 게 더 어렵다. 따라서 각 감정의 신체적 특징을 찾아야 한다는 걸 잊지 마라. 그 신체적 특징을 찾는 데 시간을 할애하라. 내면을 들여다보며 완전히 새로운 차원에서 자신을 알아가라.

바싹 마른 입술, 경부통, 약간의 소화불량, 시험에 대한 불안, 여름 휴가에 대한 설렘, 축구 경기를 놓쳤다는 짜증, 약간의 나른함 그리고 사랑…. 어떤 느낌이든 상관없다. 빠짐없이 기록하라.

제다이 마스터 수준의 자각이 필요하다. 물론 쉽지 않을 것이다. 많은 연습이 필요하지만 성심껏 노력하면 그 수준에 도달할 수 있을 것이다. 그 과정에서 어떤 종류의 감정과 감각을 발견하더라도 결국 그 수준에 이르면 당신 자신과 연결되는 것은 순수한 환희라는 걸 깨달을 것이다. 그 환희를 경험하면 이 훈련을 계속하는 데 도움이 될 것이고, 그때 기적이 일어날 것이다. 당신이 느끼는 감정과 신체 감각의 힘과 완전히 연결되는 능력을 갖추게 될 것이다. 축하한다. 마스터 스카이워커.

당신이 감정을 드러내더라도 안전하다고 느낄 수 있도록 감정에 반응하는 방법을 완전히 익히도록 하라.

지혜와 평정심에서 가장 모범적인 리더도 감정이 없지 않다는 걸 우리는 망각하는 경향이 있다. 간디가 영국인들과 싸우고 싶은 충동을 느끼지 않았던 것은 아니다. 달라이 라마(Dalai Lama)가 고향을 빼앗긴 자국민의 고통을 느끼지 못했던 것도 아니다. 다만 그들은 그런 감정에 대응하는 방법에서 우리와 달랐다.

언젠가 나는 마하트마 간디의 손자인 아룬 간디(Arun Gandhi)를 내 팟캐스트 '슬로 모'에 초대했다. 그는《분노 수업》을 쓴 저자이기도 했

실천 훈련

완충 장치를 마련하라	
목표	감정에 반응하는 걸 억제하는 능력을 키워라
기간	더 많은 시간을 투자할수록 더 좋다
반복	평생 반복하라
준비물	조용한 장소

다. 나는 그에게 분노가 어떻게 선물일 수 있느냐고 물었다. 간디는 "분노는 에너지입니다. 우리는 그 에너지를 사용해서 누군가의 얼굴에 주먹을 날리고, 일어서며, 연설을 하고 세상을 바꿀 수 있습니다"라고 대답했다. 감정 자체는 좋은 것도 아니고 나쁜 것도 아니다. 감정은 그저 존재하는 것일 뿐이다. **우리가 어떤 감정을 느끼면 그 감정은 실재하는 것이다.** 감정을 느낀다고 우리가 피해를 입는 것은 아니다. 우리가 감정에 따라 행동할 때 그 경우에만 현실 세계에서 실재 사건으로 이어질 뿐이다.

행복을 진심으로 추구하고 싶다면 우리가 실제로 느끼는 것과 원하는 것을 구분하는 방법부터 배워야 한다. 그 방법을 배우기 위한 일련의 훈련 과정으로 당신을 안내해보려 한다. 쉬운 것부터 시작하지만 점차 어려워질 수 있다.

두 손을 깔고 앉아라

정말이다. 이상하게 들리겠지만 두 손을 깔고 앉아 5분 동안 아무것도 하지 마라. 처음에는 쉽게 느껴질 것이다. 하지만 갑자기 코가 간지럽고, 여하튼 몸의 어딘가가 가렵게 느껴질 것이다. 바로 여기에 훈련의 목적이 있다. 코를 무척 긁고 싶겠지만 코를 만져서도 안 된다.

이 과제를 조금이나마 쉽게 해낼 수 있는 요령이 있다. 가려운 곳을 긁고 싶은 욕망을 견뎌내는 최선의 방법은 가려움증을 무시하는 게 아니라 정반대로 하는 것이다. 그 가려움증에 집중하는 것이다. 가려운 부분을 의식하며 그 부분에 주의를 집중하라. 그 부분과 한 덩어리가 되어라. 그저 가려움에 불과하다고 생각하라. 가려움증이 당신을 해칠 힘은 전혀 없다.

당신이 과거에 겪은 모든 가려움증이 그랬듯이 이 가려움도 사라질 것이라는 걸 기억하라. 대응하고 싶은 충동을 버려라. 가려움을 온전히 받아들이고 그것과 한 덩어리가 되는 방법을 터득할 때 마법이 일어날 것이다. 가려움이 바람처럼 사라질 것이다.

굶어라

난이도를 한 단계 올려보자. 이번 훈련을 위해서 점심 식사를 건너뛰어라.

그렇다, 제대로 읽은 것이다. 건강과 업무 시간이 허락한다면 일주일 동안 시간이 되었다는 이유만으로 점심을 먹지 마라. 실제로 허기를 느낄 때까지 기다려라. 정말 배가 고플 때까지 기다려라. 그 뒤에도 30분 동안 더 기다렸다가 그때 먹기 시작하라. 점심시간에 맞춰 친구들과 함께 나가는 것은 상관없지만 먹지 마라. 그냥 앉아 있어라. 허기를 느낄 때까지 기다리고, 조금 더 기다려라.

지금쯤 내가 무슨 말을 하려는 것인지 눈치챘을 것이다. 허기를 견뎌내는 방법은 허기를 무시하고 주의력을 분산하는 게 아니다. 허기에 완전히 초점을 맞추고, 허기를 그대로 받아들이는 것이다. 꼬르륵대는 배에 정신을 집중하고, 마법이 일어나서 허기가 사라지는 걸 기다리는 것이다.

〈스테이 헝그리(Stay Hungry)〉

트위스티드 시스터의 〈스테이 헝그리〉를 온라인에서 검색하라. 시끄러운 소음, 헤비메탈 기타음, 밴드의 겉모습, 강렬한 음악 너머를 보려고 해보라. 노랫말에 담긴 깊이를 음미해보라. 목표를 시야에 두고 당신이 무엇을 위해 싸우는지를 기억하고, 무엇을 찾는지를 잊지 마라. 현실에 안주하지 말고 배고파보아라!

혀를 깨물어라

말하고 싶은 충동은 많은 사람들이 견디기 힘들어 하는 충동 중 하나다. 이러쿵저러쿵… 솔직히 말해서 나는 웬 말들이 그렇게 많은지 이해할 수가 없다. 모두가 무언가 말할 게 있는 듯하다. 우리는 직장 동료나 동급생과 이런저런 대화를 나누고 어디론가 가서는 친구들과 대화를 나눈다. 친구에게 가는 길에도 누군가에게 전화를 걸어 윙윙대는 도시의 도로를 질주하며 작은 블루투스 헤드폰에 입을 대고 수다를 떤다. 게다가 하루 종일 이메일을 끝없이 쓰고, 한가한 시간에는 소셜 미디어에 댓글을 단다. 집에 도착하면 곧장 TV를 켠다. 무엇이 들리는가? 말, 말, 말. 제발 광기를 멈추자! 으아악!

누군가 먼저 말을 걸지 않는다면, 또 굳이 말할 필요가 없다면 일주일 동안 말하지 않겠다고 맹세하라. 회의에서 무언가를 말하고 싶을 때는 물론이고 친구들과 사이가 틀어진 때에도 말하지 마라. 입에 지퍼를 채워라. 입을 꼭 다물어라. 처음에는 어렵게 느껴지겠지만 놀라울 정도로 금세 침묵이 행복이라는 걸 깨닫게 될 것이다.

당신이 A+급 성취자라면 이 훈련을 일주일 더 연장해서 '언어의 순수함'을 실천해보라. 언어의 순수함은 내가 많은 영적인 가르침, 예컨대 이슬람교와 불교, 힌두교 등에서 배운 개념으로서 내 마음을 다스리는 데 가장 소중한 훈련법 중 하나다.

[✡✦] 매우 중요! 긍정적인 것을 말하라.
그렇지 않으면 아무것도 말하지 마라.

그 일주일 동안 말하고 싶은 욕구가 생기면 말하려는 것을 먼저 머릿속에서 말하며 긍정적으로 들리는지 확인해보라. 그 말을 해서 상황이 더 나아질 것인지를 판단해보라. 그렇지 않다면 마음속에 담아두고 아무 말도 하지 마라.

일주일 내내 이렇게 하는 데 성공했다면 평생 그렇게 하지 못할 이유가 어디에 있는가? 그렇게 하며 우주와 우주에 존재하는 모든 생명체가 당신에게 쏟아내는 사랑을 지켜보라. 가려움증과 허기가 그렇듯이 당신 주변에서 말해지는 것, 또 당신 뇌가 머릿속에서 중얼거리는 말에 귀를 기울일수록 침묵의 필요성을 더욱 절감할 것이고, 말하고 싶은 충동도 사라질 것이다. 마법 같지 않은가!

이 훈련들이 당신을 힘들게, 더 강하게 만들려고 고안된 것은 아니다. 정반대다. 당신을 더 부드럽게 만들어 당신이 느끼는 걸 그대로 받아들이며 함께하고, 그 느낌에 따라 행동하려는 충동을 멀리하도록 유도할 목적에서 고안된 것이다.

허리케인에 살아남는 것은 가장 억센 나무가 아니다. 바람에 따라 흔들리며 저항하지 않는 부드러운 나무다. 가려움이나 허기 같은 단순한 욕망과 함께하는 방법을 배움으로써 우리는 감정에 따라 살짝살짝 흔들리는 방법을 배워간다. 이런 훈련이 잦아질수록 우리는 감정 폭풍을 더 잘 견디며, 결국에는 함께할 준비가 되어간다.

다음 훈련을 통해 시간이 지남에 따라 우리는 감정을 포용할 공간을 확보하고 감정을 인정하며 완전히 받아들이는 방법을 배우게 될 것이다. 이 훈련이 이 책에서 소개되는 가장 어려운 훈련일 수 있다.

실천 훈련

감정과 함께하라	
목표	느껴라
기간	훈련할 때마다 30분씩
반복	평생 반복하라
준비물	조용한 장소, 연필과 공책

따라서 한 단계씩 차근차근 소개해보려 한다.

먼저, 감정은 긍정적이거나 부정적인 데 그치지 않고 수동적이거나 능동적일 수 있다는 걸 인정해야 한다. 수동적인 감정은 당신을 저지하거나 억제하려는 경향을 띤다. 따라서 수동적인 감정을 느끼면 기운이 없고 행동하고 싶은 충동도 생기지 않는다. 수동적인 감정으로는 부정적인 감정에 속한 권태와 슬픔과 쑥스러움이 있고, 긍정적인 감정에 속한 차분함과 평온함이 있다. 한편 능동적인 감정을 느끼면 에너지가 용솟음치며 무언가를 하려는 충동까지 일어난다. 분노와 두려움이 능동적이고 부정적인 감정이라면, 설렘은 능동적이고 긍정적인 감정이다.

수동적인 감정은 그 본질적 특성 덕분에 함께하기가 상대적으로 쉽다. 예컨대 지루하고 따분하면 우리가 할 수 있는 게 많지 않다. 그저 앉아서 아무것도 하지 않는다. 따라서 수동적인 감정부터 시작해보자.

백색 소음 디톡스

실내에서 조용한 곳을 찾아가라. 핸드폰 타이머를 30분에 설정한 뒤에 핸드폰을 내려놓고 절대적으로 아무것도 하지 마라. 그게 전부다.

아무것도 하지 마라. 이 훈련을 하는 동안 지루한 느낌을 완전히 받아들여라. 인터넷과 소셜 미디어를 차단하고, TV를 시청하거나 음악을 듣지도 마라. 책을 읽거나 소일거리에 불과한 황색 잡지도 들척이지 마라. 명상도 하지 말고, 사람이 지나는 걸 쳐다보지도 말며, 친구들과 지극히 사소한 것으로도 대화하지 마라.

내가 이렇게 요구하는 이유가 궁금할지도 모르겠다. 자연과 연결해 하나가 되는 것이 결국 명상 훈련이 아닌가? 물론이다. 그러나 여기서 우리가 목표로 삼는 것은 다른 능력이다. 자연의 아름다움과 살아 있는 모든 생명체와 연결되는 것은 크나큰 행복이다. 하지만 우리가 여기서 하려는 것은 지루함에서 비롯되는 공간을 다루는 담력을 키우려는 것이다. 요컨대 지루한 감정과 함께하는 방법을 배우고, 지루한 감정과 함께하면서도 주의를 끊임없이 다른 곳에 두며 그 감정에 대응하려는 욕구를 멀리하는 방법을 배우려는 것이다. 우리를 가렵고 짜증나게 하는 것들과 먼저 함께함으로써 더 강렬한 감정과 함께할 경우를 대비해 힘을 키워두려는 것과 같다. 이 훈련을 통해 우리는 충동에 따라 행동하려는 욕망을 견뎌내는 능력을 키워갈 수 있다.

지금 어떤 느낌이 밀려오는가? 아, 지루해 죽겠어! 그렇다. 그 느낌을 그대로 받아들여라. 휴대폰을 집어 들고 메시지를 확인하고 싶은 욕구가 너무 커서 견디기 힘들 정도면 그 상태를 좀 더 유지하라. 지루한 감정과 함께하는 방법을 배워라. 코를 긁고 싶은 충동을 견디는 것보다 다른 것에서 신경을 돌리는 게 훨씬 더 어렵게 느껴질 것이다. 믿기지 않겠지만 오래전부터 우리 모두가 주의를 딴 데 돌리는 걸 도피의 한 형태로 여겨왔기 때문이다.

지금까지 우리가 감정과 관련해 소개한 모든 훈련법은 여기에도 적용된다. 지루함을 무시하려 하지 마라. 오히려 지루함에 초점을 맞추고 지루함을 즐겨라. 지루한 감정을 그대로 받아들이며 살아 있음을 만끽하라.

감정을 충만히 느껴라

이번에는 두 눈을 감고 당신을 감정적으로 사로잡는 사건 하나를 기억에 떠올려라. 친구와 함께 재밌게 하루를 보낸 때처럼 행복한 것부터 시작하라. 내 경우에는 이 훈련을 할 때 아이들을 처음으로 디즈니에 데려간 때를 기억에 떠올린다. 기억을 떠올리는 데 도움을 줄 만한 사진첩을 주저하지 말고 사용하라.

냄새와 색깔 및 당시 경험한 것을 세세한 것까지 빠짐없이 기억해보라. 기억에 떠오르는 사건만이 아니라 당시의 느낌까지 깊이 생각해보라. 그때의 느낌을 되살려낼 수 있겠는가? 그렇다면 잠시 멈추고 그 느낌을 다시 느껴보라. 정말 그렇게 느껴지면 당신 자신에게 빙긋이 웃어줘라. 당신의 마음이 흐트러지며 미래의 걱정거리나 과거의 나쁜 경험을 끌어오려 하면, 지금 기억하는 것이나 사진첩의 사진에 집중하라. 그렇게 계속 느껴보라.

이 훈련에 어느 정도 익숙해지면 그때부터 진짜 도전이 시작된다. 이번에는 기억하고 싶지 않은 사건을 기억에 떠올려보라. 당신의 삶에서 중대한 위치를 차지했지만 에너지가 충전되지 않는 수동적인 감정을 느꼈던 사건을 기억해보라. 나는 이 훈련을 할 때 알리의 죽음을 선택한다.

그 사건과 관련된 감정들을 유발하는 생각들을 떨쳐내려 하지 말고 오히려 자세히 기억해보라. 어떤 감정이 밀려오기 시작하면 그대로 느껴라. 그 감정이 자유롭게 발산되도록 내버려둬라. 울고 싶으면 울어라. 소리를 지르고 싶으면 소리를 질러라. 무언가를 말하고 싶으면 말해라. 크게 소리 내어 말해라. 그렇다고 해결책을 찾지는 마라. 행동에 대해 생각하거나 당신을 심판하지는 마라. 당신 자신을 어린 아이처럼 감싸안고, 아픈 아이의 하소연을 귀담아들어주듯 당신 가슴이 무엇을 느끼는지 귀를 기울여라. 서두르지 마라. 바람에 상처를 입고 다시 날기 전에 힘을 모으는 아름다운 나비를 살그머니 잡듯이, 당신의 감정을 부드럽게 감싸줘라.

이렇게 해내기가 어렵다는 걸 안다. 그러나 점점 쉬워진다. 욕조의 물을 비워낼 때처럼 오랜 시간이 걸리고, 처음에는 어떤 변화도 눈에 들어오지 않는다. 그러나 시간이 지나면 효과가 분명히 드러난다. 욕조에 물이 전혀 남지 않듯이.

믿을 만한 친구에게 도움을 청할 수 있다면 그렇게 하라. 오히려 추천하고 싶은 방법이다. 당신이 당신 자신을 응원하듯이 그에게 당신의 말을 귀담아듣고 당신을 응원해 달라고 부탁하라. 그의 역할은 그것으로 충분하다.

수동적이고 부정적인 감정과 함께하는 요령을 깨우쳤다면 분노와 두려움 등 능동적인 감정을 유발한 기억을 신중하게 떠올려보라. 이 훈련은 믿을 만한 친구 앞에서만 실시해야 한다. 행동은 접어두고 생각에만 집중하며 그 감정과 함께하려고 해보라. 행동 계획도 없고 전략도 없어야 한다. '아, 이렇게 말했어야 했는데'라거나 '다음에는 이렇게 할 거야'라는 후회나 다짐도 없어야 한다. 그저 현재의 느낌에만 집중하라.

친구에게 그 느낌에 대해 말하라. 울고 싶으면 울어라. 소리치고 싶으면 소리쳐라. 어떤 감정도 안에 가둬두지 마라. 그 감정을 충만히 느껴라. 친구를 옆에 두는 이유는 당신이 느끼는 것, 오직 그것만을 표현하도록 유도하기 위한 것이다. 당신이 무언가 하고 싶은 것을 말하기 시작하면, 친구는 당신에게 감정과 함께하라고 다그치며 감정을 가 감 없이 표현해도 안전하다는 확신을 주어야 한다.

[√] 기억하라! 감정을 표현한다고 유약한 게 아니다.
오히려 감정을 가감 없이 표현할 때 우리는 어느 때보다 강해진다.

폭풍을 기다려라

가려운 곳을 긁고, 허기를 채우며, 생각을 두서없이 내뱉고 싶은 충동을 이겨낼 수 있다면, 과거의 기억으로부터 수동적이고 능동적인 감정, 긍정적이고 부정적인 감정을 불러와 함께하며 어떤 행동도 취하지 않은 채 말로만 표현할 수 있다면 준비된 것이다.

나는 어렸을 때 추운 날에도 아침 일찍 집에서 나가 학교 버스를 기다려야 했다. 처음에는 심하게 부들부들 떨었지만 결국 그 느낌에 내가 맞춰졌다. 내가 어떻게 그 요령을 알게 되었는지는 모르지만, 나는 몸이 떨리는 현상에 집중했고 머릿속으로 그 현상을 당장 멈추라고 명령한 뒤에는 따뜻해진 것 같다고 내 자신에게 말했다. 그렇게 하자 실제로 따뜻하게 느껴졌다. 능동적인 느낌과 감정에는 이 방법이 효과가 있는 듯하다.

다음에 화가 치밀거든 분노에 당신을 맞춰보라. 분노에 집중하고 분노를 그대로 느껴라. 피가 끓어오르는 걸 느껴보라. 눈이 더 커지고 목소리가 높아진다. 심장이 더 빨리 뛴다. 그 작은 변화를 하나도 놓치지 말고 느껴보라. 절제력을 잃고 분노가 폭발하기 직전까지 분노와 함께하고 아무런 조치도 취하지 마라. 분노를 멈추려고 노력하지도 말고 분노를 진정시키려고도 하지 마라. 그냥 당신을 집어삼키게 내버려둬라. 아무것도 하지 마라. 절대로 아무것도 하지 마라!

분노에 집중한 채 분노를 그냥 내버려두면 분노가 방향을 잡을 것이다. 적절한 때가 되면 머릿속에 한 가지(나는 차분하다)만 생각하라. 그렇게 하면 분노가 사그라들 것이다. 분노가 사그라들면 계획을 세우는 데 필요한 명철함을 되찾을 것이다. 무엇보다 중요한 것은, 다음에 분노가 다시 밀려올 때 신경 가소성이 효력을 발휘하며 분노와 함께하는 게 더 쉬워지는 방향으로 뉴런이 활성화된다는 것이다.

마치 〈매트릭스〉와 비슷한 영화를 보는 듯한 기분일 것이다. 그러나 직접 시도해보면 효과가 있다는 걸 확인할 수 있을 것이다. 감정과 함께하며 정반대의 감정을 표현하라. 다음에 질투심을 느끼면 질투해서는 안 된다고 말하지 마라. 질투심이 느껴지면 가감 없이 질투심을 느껴라.

[√] 기억하라! 우리가 가슴으로 느끼는 것은 항상 진실이다.

황금률(느낌을 그대로 받아들이고, 즉각적으로 어떤 조치도 취해서는 안 된다)을 기억해야 한다. 적절한 때가 되면 '나는 상황을 개선할 준비가 되어 있다'라고 생각하라. 정말 준비가 되면 그때 말하거나 행동하며 조치를 취하라. 당신이 자주 경험하는 감정들에 대해 이 훈련을 시도해보라. 이 훈련은 감정 자체를 없애려고 고안된 게 아니라 당신을 지배하는 감정의 힘을 해소할 목적에서 고안된 것이다.

당신을 항상 불편하게 만드는 것을 편하게 느끼는 방법을 배워라. 공간이 만들어지고 불편한 감정을 의도적으로 통제하려는 충동을 멈추면, 제아무리 까다로운 감정도 천천히 사그라든다. 그때 당신은 원하는 무엇이든 될 수 있다. 불편함을 즐기는 방법을 배워라. 부정적인 느낌도 우리에게 좋다는 걸 알게 되면 우리 인간이 부정적인 느낌, 예컨대 쓴맛, 근육통, 혹독한 경험을 사랑하게 되는 것은 드문 일이 아니다.

그러나 부정적인 것과 함께하는 훈련에 그쳐서는 안 된다. 다음에 즐거움을 느끼면 회의에 바쁘다는 이유로 그 느낌이 흩어지게 내버려두지 마라. 조용한 곳을 찾아가 그 감정과 함께하는 시간을 가져라. 그 감정에 당신 전부를 맡기고 그 감정을 음미하라. 몸의 구석구석까지 그 감정을 느껴보라. 그 감정의 존재를 눈치채고 인정하며 그것을 그대로 받아들여 당신을 자주 찾아오게 만들어라.

이번에는 이와 관련해 좋은 소식과 나쁜 소식을 전해주려 한다. 나쁜 소식은 그 수준에 이르기 위해서는 진심으로 열심히 훈련하는 방법 이외에 다른 방법을 내가 모른다는 것이다. 당신은 마음에 밀려오는 감정을 회피하려고 이미 수백 번이나 애썼을 것이다. 그랬던 기억을 잊으려면 그런 감정을 수백 번 인정하며 받아들이는 방법밖에 다른 길이 없다. 따라서 이런 열린 자세를 새로운 규범으로 만들어가야 할 것이다.

하지만 좋은 소식이 있다. 열심히 노력하면 마음을 여는 법을 터득하게 된다는 것이다. 처음에 어렵게 느껴지면 다시 원점으로 돌아가 가려움과 허기, 말하고 싶은 충동과 함께하라. 준비가 될 때까지 그런

〈베스트 키드〉

1980년대에 제작된 1편을 시청하라(속편은 그다지 좋지 않다).
어쩌다 공수도 검은 띠가 된 일진들이 어린 대니얼을 괴롭힌다. 미야기 씨는 대니얼에게 공수도를 가르치는 대가로 자동차를 닦고 울타리에 페인트칠을 하라고 한다. 훈련과 끊임없는 연습이 챔피언으로 가는 길이다. 훈련은 '갈고닦는 것'이다. 훈련이 곧 길이다.

다시, 행복을 풀다

훈련을 반복하라. 당신이 무엇을 하더라도 마음이 열릴 때까지 그 노력을 중단하지 마라. 마음을 여는 것이 당신이 배워야 할 가장 중요한 기술이다. 가슴으로 느끼는 법을 배워라.

—
8장
우리 행동을 지배하는 연금술

'메인프레임(mainframe)'으로 알려졌던 초기 컴퓨터 시스템은 모든 처리 과정을 서버에 맡기는 방식으로 설계되었다. 원격 화면과 통신 서브 시스템에 유선으로 연결되었다. 화면의 기능은 입력과 출력, 즉 사용자가 키보드로 입력하는 내용을 띄우고 관련된 정보를 보여주는 정도에 그쳤다. 이 '멍청한(dumb)' 단말기(정말이다, 당시 우리는 단말기를 멍청이라고 불렀다)는 생각하고 제어하는 모든 기능을 중앙에 맡겼다.

시간이 지나자 개인용 컴퓨터, 스마트폰, 인터넷이 등장했고, 이제는 지능을 갖춘 장치가 어디에나 있다. 우리 손바닥에서부터 인터넷을 구동하는 거대한 시스템까지, 네트워크를 구성하는 모든 부분이 너무나 똑똑해서 스스로 알아서 기능할 수 있다.

뇌와 신경계의 해부학적 구조를 들여다보면, 모든 지능이 뇌에 집중되고 몸의 다른 부분들은 뇌의 명령을 수행할 뿐이라는 점에서 우리가 메인프레임과 유사하다는 잘못된 인상을 받을 수 있다. 하지만 진실은 전혀 그렇지 않다.

뇌의 화학 작용과 전기 작용

우리 뇌의 기능은 두개골 안에 국한되지 않는다. 뇌에서 상당한 영역을 차지하는 신경계는 몸 구석구석까지 닿지 않는 곳이 없다. 이런 신경망을 통해 뇌는 감각 자료를 보내고 받으며 감각 기관과 일반 기관 및 근육과 샘에 명령을 내린다.

정보가 감각 기관을 통해 끊임없이 수집되어 신경을 통해 전달되기 때문에 뇌는 주변 환경을 파악할 수 있다. 행동이 필요한 무언가가 인식되면 수의 운동을 통제하기 위한 명령이 '몸 신경계(somatic nervous system)'를 통해 전달된다. 한편 우리 몸에는 우리 의지와 관계없이 기능하는 자율 신경계가 있다. 심장 박동, 투쟁-도피 반응, 체온, 호르몬 분비 등이 대표적인 예다.

우리 몸이 수행하는 하나하나의 기능은 뇌의 특정한 지점에서 시작해 몸의 특정한 부분에서 종료된다. 일부 신경이 두 지점을 직접 연결하지만 대부분의 신경은 신경절(ganglion)이라 알려진 일종의 교환대에서 멈춘다. 여기서 신경들은 화학 물질을 교환하는 방식으로 소통하며 정확한 신호를 우리 몸의 수용체에 보낸다. 신경은 이런 식으로 임무를 마무리 짓는다. 컴퓨터공학과 로봇공학 전문가로서 나는 뇌라는 기계의 이런 비할 데 없는 천재적인 설계에 감탄하지 않을 수 없다.

컴퓨터 시스템의 설계에서 뇌 구조는 '클라이언트 서버 컴퓨팅(client server computing)'이라 알려진 개인용 컴퓨터 시대의 지배적인 컴퓨터 구조와 무척 유사하다. 지능이 서버만이 아니라 반대편 끝의 클라이언트 쪽에도 존재한다는 점에서 그렇다. 당시에는 개인용 컴퓨터만이 그랬지만 이제는 존재하는 모든 장치에 지능이 있다.

우리의 뇌와 신경계는 한 단계 더 올라간다. **모든 곳에 지능이 있고, 연결망 자체에도 지능이 있다.** 자율 신경계, 즉 우리가 의식적으로 통제하지 않는 모든 것을 실행하는 신경계는 세 개의 시스템으로 이뤄진다. 하나는 소화관으로, 여기에 연결된 1억 개 이상의 신경 세포는 뇌와는 별개로 기능한다. 이런 이유에서 우리 소화관은 종종 '제2의 뇌'라 일컬어진다.

다른 두 자율 신경계는 교감 신경계와 부교감 신경계로, 여기서 폭넓게 살펴볼 필요가 있다. 두 신경계는 서로 상반되는 기능을 하는 곳이 아니다. 많이 다투기는 하지만 서로 잘 보완하는 듯하다. 예컨대 집을 꾸미는 방법에 대한 의견이 맞지 않는 부부와 비슷하다고 생각하면 된다. 한쪽이 들어온 가구를 이리저리 옮겨 전체가 예쁘게 보이도록 꾸미면, 다른 쪽은 들어오자마자 가구들을 옮겨 실용적으로 배치한다. 그가 나가면 다시 상대가 들어와 모든 것을 다시 바꾼다.

이처럼 주거니 받거니 하며 교감 신경계와 부교감 신경계는 계속 우리 몸의 상태를 바꾼다. 우리가 스트레스나 위험을 맞닥뜨리면 교감 신경계가 활동하며 우리 몸을 자극한다. 반면에 부교감 신경계는 교감 신경계가 자극한 것을 중화하려 하며, 우리 몸에 반드시 필요한 일상적인 기능이 제대로 수행되도록 우리를 진정시키려 한다. 이렇게 협력하며 두 신경계는 우리 몸을 긴장에서 이완으로, 두려움에서 용기로, 걱정에서 평온함으로 옮겨간다.[1]

마음을 편안하게 해주는 명칭과 달리 교감 신경계는 전혀 동정적이지 않다. '교감(sympathetic)'이란 단어는 그리스어에서 '함께 느끼다'를 뜻한 단어에서 기원한 것이며, 그 신경계가 척추를 비롯한 많은 내부 기관과 인접해 있다는 이유로 그렇게 불리는 것이다. 우리가 위험이나 스트레스를 맞닥뜨릴 때 내부의 경보 장치를 울리고, 투쟁-도피 반응을 촉발하는 게 교감 신경계다. 따라서 교감 신경계는 우리 행복에는 무관심하다. 우리 안전에 주력하는 신경계이기 때문이다. 앞에서 언급한 부부 중 아름답게 꾸미는 데는 관심이 없고 실용성을 강조하는 쪽처럼 교감 신경계는 우리 기분이 얼마나 좋은지에는 관심을 두지 않는다. 교감 신경계는 일단 활성화되면 우리를 안전하게 지킬 목적에서 매 순간 우리에게 스트레스를 느끼게 한다. 이런 비상 계획의 일환으로 교감 신경계는 샘을 동맹으로 삼아 몸의 곳곳에 명령을 전달하는 또 다른 수단으로 화학 작용을 사용한다. 그리하여 안전에 중점을 둔 교감 신경계의 기능은 더욱 공고해진다.

부교감(parasympathetic에서 'para'는 sympathetic에 덧붙여진 접두어) 신경계는 우리가 휴식을 취할 때 작동한다. 흥미롭게도 휴식은 우리 생존을 위해 중요한 기능으로 여겨진다. 부교감 신경계를 통해 우리는 에너지를 보존하고 음식물을 소화하며 근육을 키운다. 심지어 사색을 위해 눈을 감고 수면을 취할 때도 부교감 신경계가 동원된다. 부교감 신경계는 위에서 언급한 부부 중 가구를 아름답고 차분하게 꾸미는 쪽에 해당한다. 따라서 부교감 신경계가 활성화되면 우리는 편안하고 평온하게 느낀다.

교감 신경계는 모든 관련된 기관에 위험 신호를 동시에 보낼 수 있는 구조적 특성을 띤다. 반면에 부교감 신경계는 특정한 신호를 각 기관에 개별적으로 보낸다. 이런 차이의 이해를 돕기 위해 기계의 소음 때문에 공지 사항을 확성기로 알리는 공장을 예로 들어보자.

이 공장에서는 무언가를 알릴 때 모든 소리가 직원들에게 동시에 전달되도록 확성기를 통해 증폭한다. 우리 몸에서는 교감 신경계가 이 역할을 한다. 작은 스트레스 신호가 하나의 경로를 통해 전달되며 많은 기관과 샘을 자극한다. 그 때문에 우리가 스트레스를 받을 때 거의 온몸에서, 즉 모든 기관과 모든 샘에서 따끔거리는 느낌을 받는다. 반면에 부교감 신경계는 컴퓨터나 휴대폰의 메신저 시스템을 사용해 한 개인이나 소수의 관련자에게만 정보를 전하면서 다른 사람들을 방해하지 않는 요즘의 사무실 환경과 유사하다. 이런 이유에서 긴장을 완전히 풀고 잠드는 데는 약간의 시간이 걸린다.

우리가 행복하려면 두 신경계가 각각 어떻게 작용하고 있고, 현대 세계에서 무엇이 어떻게 잘못될 수 있는지에 대한 정확한 이해가 필요하다. 가령 당신이 이 책을 몰두해 읽고 있는데 한 친구가 당신에게 짓궂은 장난을 치기로 마음먹었다고 해보자. 그가 당신 뒤에 살금살금 다가와 굶주린 족제비처럼 비명을 내지른다.

그 짓궂은 장난이 실제로 있었다면 당신의 교감 신경계가 황급히 경계심을 발동했을 것이다. 비명 소리는 명백한 위험의 존재를 뜻한다. 따라서 스트레스 신호가 즉각 신경을 통해 당신의 다리 근육에 전달되고, 혈관에는 당신이 자리를 박차고 일어나는 데 필요한 피를 충분히 받을 수 있도록 확장하라는 지시를 내린다. 동일한 신호가 소화계에도 전달되고, 당신의 모든 에너지가 당면한 문제(당신을 짜증 나게 한 친구 앞에서 살아남는 문제)에 집중하도록 소화계에서 내장을 둘러싼 부드러운 조직들은 받아들이는 혈류량을 줄인다. 끝으로 그 스트레스 신호는 부신(suprarenal gland)에도 전달되고, 부신은 아드레날린을 당신의 혈류에 분비한다. 이때 아드레날린이 스트레스 신호를 증폭하는 마이크 역할을 해냄으로써 당신은 심장 박동이 빨라지고, 시야가 맑아지며, 임박한 투쟁-도피 반응을 준비하게 된다.

아드레날린은 우리 기분에 영향을 미치는 가장 중요한 호르몬 중 하나다. 그 밖에는 신진대사와 면역 체계에 영향을 미치며 몸이 스트레스에 대응하는 걸 돕는 데 중요한 기능을 하는 코르티솔, 우리를 흥분시키며 더 많은 재미와 즐거움을 계속 찾게 만드는 보상 호르몬 도파민, 생물학적인 남성성과 여성성에 영향을 주며 농도의 변화에 따라 우리 기분을 달라지게 하는 테스토스테론과 에스트로겐이 있다. 또 내가 많은 관심을 두는 두 종류의 호르몬이 있다. 하나는 사랑의 호르몬으로 알려진 것으로, 어머니와 자식 간의 유대감이나 연인들 간의 욕망과 친밀감을 형성하는 데 도움을 주는 옥시토신이다. 다른 하나는 우리가 현재의 삶에 만족할 때 우리를 진정시키는 억제 호르몬인 세로토닌이다. 현재의 삶에 만족하는 상태는 내가 진정한 행복이라 정의하는 상태이기도 하다.

물론 전기 신호와 화학 신호는 감정이 신체적 특징을 갖는 주된 이유다. 신경계와 어떤 감정에 대응해 분비되는 호르몬이 보내는 신호들이 우리 몸에 물리적인 감각을 야기한다. 가령 당신이 극렬하게 반응할 때 당신의 친구가 자신이 실수했다는 걸 깨닫고는 진심으로 사과하고 잘못된 행동을 만회하겠다며 아이스크림을 사주겠다고 제안했다 해보자. 당신은 느긋하게 앉아 즐겁게 아이스크림을 스푼으로 퍼먹으며 배를 채운다. 이때 당신 배는 모든 조건이 정상화되어 더는 화낼 필요가 없다는 신호를 뇌에게 보낸다. 그 신호에 부교감 신경계가 개입해 심장 박동을 늦추고, 잔류 아드레날린을 교감 신경계에서 씻어내고, 더 많은 피를 소화계에 직접 보낸다. 비로소 당신은 긴장을 풀게 되고 다시 기분도 좋아진다.

이 글을 읽으면서 당신은 부교감 신경계를 좋아하고 교감 신경계를 골칫덩이라 생각하며 마뜩잖게 생각할지도 모르겠다. 하지만 그렇게 느꼈다면 잘못된 것이다. 당신을 공격하는 게 진정한 위협거리라면 스트레스는 무척 소중한 것이다. 생존에 필요하다면 약간의 스트레스는 대단히 큰 비용은 아니다. 스트레스는 우리를 벼랑 끝으로 몰아 일을 끝내게 만들고, 더 나은 해결을 찾게 만들며, 반려자가 속상해한다는 걸 깨닫고 사과하게 만드는 역할도 한다. 이런 이유에서 약간의 스트레스는 좋은 것이다. 우리가 정말 싫어해야 할 것은, 계속해서 우리를 짜증 나게 하는 현대 세계의 짓궂은 장난이다.

짓궂은 장난

현대 세계가 우리에게 끝없이 해대는 짓궂은 장난이 문제다. 회의에 지각하고, 휴대폰 네트워크가 끊어지고, 좋아하는 상표의 식물성 우유를 찾지 못하는 것은 위협거리가 아니다. 그런데도 우리는 그 문제를 필요 이상으로 진지하게 대하고, 그 때문에 그런 문제가 발생하면 부지불식간에 우리 교감 신경계를 발동한다. 그로 인해 야기된 스트레스가 우리를 더 오랫동안 괴롭힌다.

교감 신경계는 원래 예외적으로 발생하는 긴급 상황에만 작동하도록 설계되었다. 일부 기관이 지나치게 활성화되며 그런 상태를 유지하려고 피를 다른 기관으로부터 빼앗아 오는 현상이, 호랑이에게서 도망치는 몇 분 동안 진행되는 것은 큰 문제가 아니다. 하지만 그런 현상이 한 번에 며칠, 몇 달, 심지어 몇 년 동안 계속된다면 그 스트레스가 상수화되고, 그로 인해 우리 몸에서 에너지 분포가 비틀어지기 마련이다. 그렇게 되면 우리는 가장 큰 위협에 맞닥뜨리게 된다. 지금까지 많은 연구에서 입증되었듯이 심장병과 고혈압, 우울증과 자살 충동을 비롯해 많은 만성 질환이 이런 스트레스와 관련이 있다. 오래 계속되는 스트레스의 위험은, 스트레스 자체를 유발하는 온갖 공과금 청구서의 결제일을 넘겼을 때의 위험을 능가하는 게 분명하다.

현대 세계의 못된 장난은 환상에 불과한 위협이다. 그러나 우리는 그 장난을 진짜 받아들이며 살아가기 때문에 교감 신경계가 더는 우리의 구원자가 되지 못한다. 오히려 이제는 우리를 죽이려고 부지런히 일하는 위협이 되었다.

그럼에도 아직은 현대 세계보다 우리의 머리가 더 좋다. 지금은 우리가 현대 세계에 짓궂은 장난을 돌려줄 때다. 우리가 일상생활에서 받는 스트레스에도 불구하고 그것을 끝내겠다고 결심할 때 그 길은 열리기 시작한다. 우리가 일상에서 스트레스를 주는 요인을 피할 수 없을지 몰라도 스트레스 자체를 끝낼 수는 있다. 이제라도 그 길을 선택해보자.

이 책을 계속 읽고 싶더라도 잠깐만 내려놓고 자리에서 일어나 기지개를 켜보라. 부교감 신경계를 활성화하는 데는 그것으로 충분하다. 약간의 휴식과 중단이면 된다. 하지만 구체적인 내용을 더 깊이 알고 있다면 그 길을 선택하는 데 도움이 될 것이다.

심리적 안정

자율 신경계는 양방향에서 효율적으로 작동한다. 한쪽 방향에서는 스트레스가 시작되면 결국 우리는 다양한 상태로 느끼게 되고, 반대편 방향에서는 우리가 느끼는 스트레스 상태가 그와 관련된 행동을 명령한다. 무슨 말인지 구체적으로 설명해보자.

부교감 신경계가 활성화되면 우리는 편안하게 느낀다. 여기까지는 이해된다. 흥미로운 것은, 부교감 신경계가 반대 방향으로는 어떻게 작동하느냐는 것이다. 우리가 의식적으로 긴장을 풀면 그 영향으로 부교감 신경계가 활성화될 것이다. 만약 내가 당신에게 일어나서 기지개를 켜라고 요구했다면 당신 몸을 강제로 이완시키라고 요구한 것과 같다. 그래서 당신이 기지개를 켜면 당신의 신경계는 몸의 긴장을 풀어주는 데 더욱더 열심히 참가하게 된다.

캔자스대학교 심리학과는 170명의 참가자에게 미소를 띤 표정으로, 또는 무덤덤한 표정으로 젓가락을 치아로 문 채 스트레스를 주는 두 과제를 끝내도록 요구했다. 실험 결과에 따르면, 웃는 표정을 지은 참가자들이 회복 과정에서 그렇지 않은 참가자보다 심박수가 더 낮았다.[2]

무슨 뜻인지 알겠는가? 젓가락을 치아로 물면 얼굴 근육이 어쩔 수 없이 웃게 된다. 요컨대 젓가락만으로도 우리를 더욱 행복하게 해줄 수 있다는 뜻이다. 재밌지 않은가? 다시 말하면 일시적으로 얼굴 근육을 마비시켜 크게 웃는 걸 더 힘들게 만드는 보톡스를 남용하면 우리 기분을 부정적인 방향으로 끌어갈 수 있다는 뜻이기도 하다. 말이 그렇다는 것이다. 심리학에서 이런 현상은 안면 피드백 가설(facial feedback hypothesis, 우리가 얼굴 근육을 어떻게 움직이느냐에 따라 감정이 변한다는 가설)이라 일컬어진다.

[√] 기억하라! 조금만 더 웃어라! 그럼 행복해진다.

변연계와 자율 신경계는 서로 명확히 반응한다. 감정이 신체적 특징으로 이어진다는 것은 이미 알고 있다. 하지만 정반대도 사실이라는 것은 상대적으로 덜 알려진 편이다. 신체적 특징이 먼저 몸에서 느껴질 때에야 우리는 감정을 느낀다. 흥미롭지 않은가?

감정을 설명하는 유명한 이론 중 하나가 제임스-랑게 이론이다. 윌리엄 제임스(William James, 1842~1910)와 칼 게오르그 랑게(Carl Georg Lange, 1834~1900)가 제창한 이론으로,[3] 이 이론에 따르면 심리 변화가 먼저고 감정은 이차적이다. 예컨대 어떤 위협이 당신에게 다가오고 있는 걸 알게 되면 먼저 심장 박동이 빨라지고, 눈은 달아날 곳을 찾는 데 집중된다. 이런 반응은 자율적이고 불수의적이다. 교감 신경계에 의해 순식간에 일어난다. 이런 반응이 먼저 있은 뒤에 우리는 극심한 공포에 빠져 허둥지둥하는 이유를 깨닫게 된다.

이때 변연계는 신체적 조건의 변화를 위협 가능성의 증거로 해석

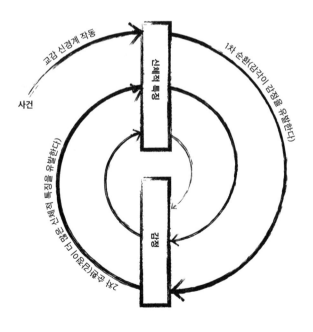

한다. 두려움이나 극심한 공포 같은 감정이 생겨나고, 그 감정이 우리 몸에게 위협의 존재 가능성을 확인하고 명령한다. 그래서 위협이 존재한다는 것이 확인되면 교감 신경계는 더욱더 스트레스를 받는다. 이런 이유에서 친구가 짓궂은 장난을 하면 우리는 먼저 의자에서 벌떡 일어나는 반응을 보이고, 그 뒤에야 두려워할 게 없었다는 걸 알고는 짜증을 낸다. 'my heart missed a beat(내 심장이 한 박자를 놓쳤다→나는 심장이 멎는 것 같았다)'라는 표현에 이 모든 것이 담겼다. 위협이 '충분히 크면' 우리는 생리적 징후를 느끼며 '한 박자를 놓치고', 한참 뒤에야 실제로 어떤 일이 있었는지 알게 되고는 그에 정서적으로 대응한다.

[√] 기억하라! 우리가 겁나기 때문에 달아나는 게 아니다.
도망치려 하기 때문에 두려움을 느끼는 것이다.

이런 순환은 긍정적인 감정에도 똑같이 적용된다. 예컨대 항구적으로 평온한 상태에 도달하려고 애쓰는 수도자들의 수련에는 묵상과 평정과 관련된 과제가 많을 수밖에 없다. 이런 조건에서 많은 시간을 보내는 까닭에 그들의 부교감 신경계는 다른 걱정거리에도 활성화된다. 그들은 생명을 유지하는 데 필요한 자원조차 소유하지 않으려 한다. 실제로 극단적 금욕을 실천하는 수도자들은 아무것도 없이 전적으로 다른 사람에게 의존해 이곳저곳을 떠돌며 그래도 삶이 결국에는 괜찮아질 것이라고 신뢰하는 방법을 터득해간다.

물론 우리가 그런 극단까지 치달을 필요는 없다. 일상의 간단한 활동을 통해서도 우리는 필요하면 언제라도 부교감 신경계를 활성화할 수 있다. 더 많이 웃고, 코미디 프로그램을 시청하고, 친구를 껴안아주며, 더 많이 사랑하고 사랑받는다고 느껴보라. 조용히 앉아 아이스크림을 먹고, 아무런 할 일이 없는 것처럼 소파에서 기지개를 쭉 켜라. 마음이 진짜로 편하고 평온할 때 일반적으로 하는 것을 하며, 몸의 상태가 부교감 신경계를 활성화하도록 인위적으로 유도해보라. 부교감 신경계가 감쪽같이 속는 효과가 있을 것이다.

[✖★] 매우 중요! 어떤 감정의 신체적 특징이 재현되면 우리는 그 감정을 다시 느끼게 된다.

그러나 잠깐, 훨씬 더 나아지는 방법이 있다. 웃는 사람들과 함께하면 우리 기분도 달라진다. 다른 영장류가 그렇듯이 우리 인간에게도 거울 뉴런(mirror neuron)이라 알려진 것이 있다. 거울 뉴런은 우리가 행동할 때는 물론이고 누군가 행하는 행동을 관찰할 때도 활성화되는 뉴런이다. 예컨대 당신이 누군가가 무언가를 행하는 걸 관찰할 때, 당신이 그 무언가를 행할 때 사용하는 뉴런이 똑같이 활성화되기 시작한다는 뜻이다. (개인적으로는 이 땅에서 소멸되기를 간절히 바라는) 포르노 산업이 번창하는 데는 이런 이유도 있다. 다른 사람이 성적으로 흥분한 것을 보면 우리도 그런 흥분감을 느낀다. 이런 이유에서 행복한 사람들과 함께할 때 우리는 시간이 지날수록 더욱더 행복해진다. 그들이 웃을 때마다 우리의 웃음 짓는 뇌도 활성화되며 신경 가소성 덕분에 시간이 지남에 따라 우리 기분도 달라진다.

이런 현상은 설명을 귀에 딱지가 앉을 정도로 듣는 것보다 한 번 직접 경험해보는 것이 낫다. 직접 연습해보자. 이번에 소개하는 훈련법은 스트레스를 받는 환경에서도 평온과 평정을 찾는 방법을 보여주는 데 목적이 있다. 그렇다고 스트레스의 원인까지 해소하지는 못하지만, 스트레스를 해소하기 시작하는 데 필요한 명철한 인식을 얻는 데는 도움이 될 것이다.

스트레스를 유발하는 교감 신경계를 비활성화하려면 반대편에 존재하는 쌍둥이, 즉 부교감 신경계를 활성화해야 한다. 몇 가지 추천할 만한 방법이 있다. 이 방법들은 당신에게 스트레스를 유발한 원인이 남아 있을 때도 효과가 있다.

몸의 긴장을 풀어라

부교감 신경계가 활성화되면 긴장이 풀리는 듯한 느낌이다. 반대편에서 접근해도 동일한 효과를 얻는다. 어떻게든 긴장을 풀면 부교감 신경계가 활성화되어 우리는 한층 더 편안해진다. 명상과 반사 요법(reflexology)과 마사지 요법 등 전통적인 수련법에서 차용한 기법들은 이 경우에도 무척 효과적이다. 그 기법을 간략히 정리해 소개해보자.

편한 의자에 앉아 꽉 끼는 옷을 느슨하게 풀고 신발을 벗어라. 휴대폰의 타이머를 30분(직장에 있거나 약간 바쁘면 그 이하도 괜찮지만 10분은 넘겨야 한다)에 맞춘 뒤, 휴대폰 화면이 보이지 않도록 내려놓고 타이머가 울릴 때까지 시간을 점검하지 마라.

몸을 쭉 뻗으며 지금까지 느끼지 못한 통증이나 아픈 곳이 없는지 확인해보라. 그런 곳을 찾아내면 그곳이 편하게 느껴질 때까지 그곳을 계속 쭉 펴거나 마사지하라.

의자에 앉을 때 가장 편한 자세를 찾아내고 여러 차례 심호흡하라. 한숨을 내쉬듯이 길게 숨을 내쉬라. 양손을 뒷머리에 대고 등을 대고 누워라. 그게 전부다. 이것이 당신에게 필요한 실천 훈련의 전부다. 그렇게 누운 자세를 '평온한 자세(chill position)'라 칭하도록 하자.

웃어라! 계속 웃어라! 심호흡하라. 계속 심호흡하라. 당신 자신에게 친절하라. 얼굴을 부드럽게 마사지하라. 피가 얼굴에서 도는 것을

다시, 행복을 풀다

실천 훈련

긴장을 풀어라	
목표	필요하면 언제라도 부교감 신경계를 활성화하는 방법을 배운다
기간	훈련할 때마다 30~60분씩
반복	평생 반복하라
준비물	조용한 장소

느껴보라. 열 손가락 끝 전부로 두피를 마사지하라. 두 발을 마사지하라. 여러 곳의 압통점을 누르면 당신의 어느 곳에 문제가 있는지 알아낼 수 있다. 통증이 사라질 때까지 그곳을 계속 눌러라. 목과 어깨를 마사지하라. 목을 한쪽으로 기울이고, 다음에는 반대편으로 기울여라. 이번에는 앞쪽으로, 뒤쪽으로. 쭉 늘어나는 느낌을 받을 때까지 손으로 살짝 밀어주라. 두 눈을 감아라. 부드럽게 두 눈을 마사지하라. 귀 뒤쪽도 마사지하라. 잠시 조용히 기다리며 몸의 소리에 귀를 기울여라. 어느 곳에서든 신호를 보내면 어머니가 아기를 달래듯이 그곳을 부드럽게 만져줘라. 이렇게 긴장을 푸는 시간을 위해 건강한 간식을 가져가도 괜찮다. 간식을 먹으며 모든 것이 괜찮다고 당신 몸을 안심시켜줘라.

[✡] 매우 중요! 당신 몸에 친절하라.

이런 이유에서 카페인 섭취량을 점진적으로 줄이는 걸 생각해보라. 하루에 커피 한잔과 차 한잔까지 줄이는 게 이상적이겠지만 적을수록 더 좋다. 카페인은 경계를 늦추지 않게 해준다. 말하자면 긴장을 풀 때 필요한 것과는 정반대편에 있다. 따라서 카페인 섭취량을 줄이면 처음에는 힘들게 느껴지겠지만 중독에서 벗어나면 몸이 더 가벼워진 느낌일 것이다.

당신이 잠드는 과정에 대해 생각해보자. 낮 동안 교감 신경계를 활성화하면 밤에 제대로 잠들지 못하는 악순환에 빠진다. 수면은 우리 삶에서 무척 중요하다. 수면을 돕는 자료는 온라인에도 넘치지만 이른바 수면 전문가도 많다. 하지만 기본적인 조언은 똑같다. 밤잠 준비를 아침 10시부터 시작하는 것이다. 그 이후로는 카페인 음료를 섭취하지 말고 점차 긴장을 풀며 저녁을 맞이한다. 저녁 9시에 시청하는 액션 영화는 무척 나쁜 생각이다. 정오를 지난 때부터는 매 순간 조금씩 차분해져야 하는데 액션 영화는 당신의 피를 끓게 만들 것이기 때문이다. 공포 영화는 악몽으로 이어질 수 있다.

밤잠을 방해하는 모든 요인을 제거하려고 해보라. 잠자리에 들기 전에는 과식하지 않아야 한다. 또 지나치게 많은 물도 마시지 않아야 한다. 자칫하면 소변 때문에 한밤중에 일어나야 할 수 있지 않은가. 그렇다고 물을 너무 적게 마시면 탈수로 인해 두통이 생길 수 있다. 여하튼 이 모든 것이 숙면을 방해한다. 잠자는 방을 더 어둡게 만들고 방의 온도를 낮의 기온보다 1~2도가량 낮게 조절하라. 필요하면 귀마개와 눈가리개를 사용하는 것도 좋은 방법이다. 숙면은 몸의 긴장 완화와 부교감 신경계의 활성화를 위한 핵심이다.

[√] 기억하라! 수면을 중요하게 생각하라.

내가 굳이 이렇게까지 써야 할 필요가 있었을까? 그럴 필요가 없었다. 수면이 중요하다는 걸 모르는 사람은 없다. 이쯤에서 흥미로운 의문이 제기된다. 그런데 왜 수면을 중요하게 생각하지 않는가? 그 이유는 우리가 현대 세계에서 받은 훈련에 따르면 우선순위가 달라지기 때문이다. 하지만 수면을 우선시하고 숙면을 위한 준비에 시간을 투자한다면 긴장을 푸는 게 그다지 어렵지 않다. 전적으로 당신의 선택 여부에 달렸다. 바쁘다고 입버릇처럼 말하며 끊임없이 자신을 몰아세우면서도 TV 연속극을 몰아서 시청하거나, 시끌벅적한 친구들과 외출하는 시간을 어떻게든 찾아내는 사람들을 보면 놀랍기만 하다. 그 시간에 차분하게 휴식을 취하면 좋을 텐데!

내가 어린 시절을 보낸 중동에는 이런 속담이 있다.

[√] 기억하라! 너는 네 몸에 큰 빚을 지고 있다.

그 빚을 갚아라. 당신 몸에 친절하라. 휴식을 취하며 몸의 긴장을 풀어라.

마음의 긴장을 풀어라

몸의 긴장을 풀면 스트레스가 해소되며 즉각적인 효과가 나타난다. 하지만 마음의 긴장을 풀려면 더 오랫동안 더 깊이 들어가야 한다.

집중을 방해하고 사방에서 압력을 가하는 현대 세계에서 마음의 긴장을 풀려면 의도적인 노력과 많은 훈련이 필요하다. 우리가 맞닥뜨리는 모든 것이 우리에게 스트레스를 주고 계속 달리며 더 많은 것을 얻으려고 분투하게 만든다. 광고는 우리에게 항상 무언가를 빠뜨렸다는 기분을 안기고, 상관들은 우리에게 더 열심히 노력해야 한다는 좌절감을 안긴다. 잠지는 우리에게 여전히 부족하다는 느낌을 주고, 소셜 미디어를 보면 모두가 우리보다 무언가를 더 잘해내고 있는 듯하다. 대중 매체를 그대로 믿으면 세상이 온통 사악하게 느껴진다.

정치인들은 우리가 중대한 위험에 처해 있다고 느끼게 만들고, 친구들은 우리가 평생을 함께할 사랑을 결코 구하지 못할 것이고 우리 능력에 걸맞은 직업도 구하지 못할 것이라 느끼게 만든다. 무언가가 잘못되었고, 무언가가 개선될 필요가 있으며, 우리가 안전하지 않다고 느끼는 데는 항상 어떤 이유가 있다.

교감 신경계가 지나치게 활성화될 때 우리는 스트레스를 받고 경계심을 높이게 된다. 그러나 그것들 중에서 실제로 사실인 게 얼마나 있을까? 세상이 정말 온통 사악한가? 어젯밤에 얼마나 많은 사람이 범죄를 저질렀고, 얼마나 많은 사람이 사랑의 행위를 나누었을까? 우리가 정말 중대한 위험에 처해 있을까? 우리는 이런 협박을 아득히 오래전부터 들었지만 또 하루를 살지 않았나? 신형 휴대폰, 멋진 자동차가 없고, 판촉용 콜라 캔을 구하지 못했는가? 필요한 모든 게 있지 않은가? 정말로 잘못된 게 있는가?

말하자면 곰곰 생각해보라. 삶이란 게 항상 완벽하지는 않다. 사실 삶은 항상 완벽하지 않다. 하지만 우리 삶을 구성하는 모든 것을 합해보면 삶이 그다지 나쁜 것도 아니다. 당신의 삶에서 어떤 사건이 당신을 짜증 나게 하려고 일어난 건가, 아니면 당신이 그렇게 선택한 결과인가? 현재의 상관과 일하는 게 정말 불행하다면 다른 일자리를 찾아본 적이 있는가? 대중 매체와 광고가 당신의 머릿속에 부정적인 정보를 쏟아붓고 있다면 그런 정보를 보낸 출처들을 차단하려고 해본 적이 있는가? 친구들이 당신의 기분을 상하게 한다면 그들이 좋은 친구가 아닐 수 있다고 생각해본 적은 없는가?

그렇다고 당신에게 오늘 당장 직장을 그만두고 인간관계나 우정을 끊으라고 권하는 것은 아니다. 그러나 이런 이유 중 하나로 당신이 스트레스를 받고 있다면 정신적으로 더 편안한 삶을 찾는 방향으로 움직여보라는 것이다. 1년의 여유를 두고 다른 일자리를 찾아보고, 3년의 여유를 두고 다른 거주지를 찾아보라. 작은 변화라도 시도해보라. 삶이란 선물을 마음껏 누려보라. 꾸준히 걷다 보면 결국 목적지에 도착한다. 그렇게 목적지에 도착하면 내게도 알려주길 바란다. 그 소식을 들으면 나는 한없이 행복할 것이다.

경험을 통해 내가 알아낸 바에 따르면, 마음의 긴장을 풀고 머리를 맑게 하는 데는 세 단계를 거친다. 직접 시도해보라. 첫째, 평온한 무언가에 집중하라. 둘째, 당신이 실제로 얼마나 안전한가를 확인하라. 셋째, 당신이 축복받은 존재라는 걸 인정하라.

평온함을 유지하라

무엇에도 방해받지 않을 조용하고 안전한 곳을 찾아가라. 핸드폰 타이머를 30분에 설정하고 화면이 보이지 않도록 내려놓아라. 타이머가 울릴 때까지 핸드폰을 보지 마라.

앞에서 했던 것처럼 몸의 긴장을 풀기 시작하라. 하지만 이번에는 새로운 것 하나를 추가하자. 몸의 긴장을 푸는 동안 행복감을 주는 것을 생각하고 당신에게 평온한 느낌을 주는 것에 집중하라. 행복한 추억거리들을 생각하라. 멋진 휴가를 머릿속에 그려라. 아름다운 자연을 찍은 사진들을 감상하고 마음을 달래주는 음악을 틀고 귀 기울여 들어라. 이미지는 감정 체계와 밀접한 관계가 있는 우뇌를 활성화하기 때문에 정신적 긴장을 푸는 데 효과가 있다. 그런데 많은 사람이 이런 감성 훈련을 매일 수행하지 않는 이유가 궁금할 뿐이다.

[√] **기억하라!** 행복한 생각은 공짜인데도….

필요하면 언제라도 행복한 생각을 끌어낼 수 있다. 우리는 뇌에게 긍정적으로 생각하라고 명령할 의지만 있으면 된다. 우리 삶에 지금 어떤 일이 일어나고 있는지는 중요하지 않다. 긍정적이고 행복한 생각은 언제라도 찾아낼 수 있다.

얼마 전에 한 친구가 나를 찾아와 부정적인 생각을 떨쳐내는 흥미로운 방법 하나를 알려주었다. 부정적인 생각이 머릿속에 달라붙어 끊임없이 잔소리를 해대지만 뚜렷한 해결책을 찾을 수 없으면, 그 부정적인 생각과 이런 식으로 약속을 한다는 것이었다. '좋아, 네가 X 때문에 걱정하는 걸 알아. X가 중요한 문제라는 것도 알고. 하지만 내가 당장 그 문제를 해결할 수 있을 거라고는 생각하지 않아. 일단 그 문제는 한쪽에 치워두고 내일 아침 11시에 다시 만나 이야기를 나누면 어떨까? 그때까지는 괜찮을 거야. 그러니까 다시 그 문제를 논의할 때까지는 아름답고 평온한 것에 대해 생각하라고.'

그녀는 미술에 관심이 많다. 따라서 그녀는 휴대폰을 꺼내 들고 좋아하는 화가들의 작품을 검색하기 시작한다. 믿기지 않겠지만 이 방법이 효과가 있다. 직접 시도해보라. 결코 '현실 도피'가 아니다. 부교감 신경계가 작동하며 우리에게 생각을 정리할 여지를 마련해주는 방법이다. 그녀가 '약속'을 지켜야 할 때가 되면 그녀의 뇌는 거의 언제나 그 문제를 이미 해결한 상태일 것이다.

마음만 먹으면 긍정적으로 생각하는 것은 어렵지 않다. 하지만 우리 뇌는 항상 부정적인 것으로 돌아가려는 경향을 띤다. 잘못된 것을 찾아내는 게 우리 안전에 더 중요하기 때문에 우리 뇌는 잘못된 것을 찾으려고 주변을 두리번대며 대부분의 시간을 보낸다. 물론 무언가를 의도적으로 찾으려 할 때 찾아낼 가능성이 훨씬 높아진다. 그 때문에 우리 인생관이 암울하게 변하는 것일 수 있다. 그러나 여기에 흥미로운 단서가 있다. 뇌가 우리에게 도움이 되는 것을 의도적으로 찾으려 한다면 어떻게 되겠는가? 우리가 올바른 것을 의도적으로 찾으려 한다면 그것을 찾아낼 가능성이 높아지지 않겠는가. 그 증거를 찾아나서면 금방 알게 될 것이다.

당신은 안전하다

마음을 가라앉히는 두 번째 단계는 삶의 과정에서 대부분의 경우에 당신이 안전하다는 걸 깨닫는 데 있다. 그렇다는 걸 기억에 새기기만 하면 된다. 그 방법은 다음과 같다.

무엇에도 방해받지 않을 조용하고 안전한 곳을 찾아가라. 핸드폰 타이머를 30분에 설정하고 화면이 보이지 않도록 내려놓아라. 다음의 질문들에 대답해보아라. 내가 당신에게 이 훈련을 위해 안전한 곳을 찾아가라고 했을 때 그다지 어려운 요구가 아니라는 걸 알았는가? 내가 당신에게 핸드폰을 30분 동안 몸에서 떼어놓으라고 요구했을 때 당신이 아는 세계가 그사이 무너지진 않을 것이라는 걸 알았는가? 그런데도 우리는 무언가 중요한 것을 놓치지 않았을까 생각하며 끊임없이 핸드폰에 손을 뻗는다. 당신이 지금 이 페이지를 읽고 있다는 단순한 사실이 무엇을 뜻하겠는가? 당신이 지금 어떤 형태로도 위협받지 않고 있다는 뜻인 걸 모르겠는가? 정말 위협적인 것이 있다면 당신은 이 책을 덮어두고 그것에 집중하지 않았겠는가?

[√] 기억하라! 바로 여기, 바로 지금 당신은 안전하다.

안전은 우리가 매일 즐기며 당연하게 여기는 수많은 축복 중 하나일 뿐이다. 어떻게 해야 그 많은 축복을 기억 창고에 담고 있을지를 생각해보자.

당신에게 주어진 축복들을 떠올려라

재고 조사를 할 시간이다. 종이와 연필을 준비하고 당신 뇌에게 지금 당신의 삶에서 좋은 것을 말해보라고 체계적으로 요구해보자. 먼저 당신이 감사해야 할 것을 다섯 가지 이상 써보라. 사랑하는 사람의 안전과 행복, 당신이 이 책을 읽는 데 필요한 조용한 시간, (싫어하지만) 당신에게 주어진 일자리, 당신을 좋아하는 친구들이나 가족, 오늘 먹을 양식(이것도 축복인가? 물론! 지금도 20억 이상이 매일 굶주리고 있다).

> **[√] 기억하라!** 우리 삶에는 좋은 것이 넘치도록 많다.
> 당신에게 주어진 축복들을 헤아려보라.

50-50

내가 가끔 시도하는 또 하나의 강력한 훈련은, 내 뇌가 특정한 상황에 대해 나쁜 점을 떠올릴 때마다 뇌에게 그 상황에 대해 좋은 점을 하나로 알려 달라고 요구하는 것이다. 우리 뇌는 부정 편향성을 띠기 때문에 좋은 것보다 나쁜 것을 더 많이 본다. 따라서 뇌에게 양쪽에 대해 공평한 몫을 요구함으로써 균형을 맞추게 한다. 친구들이 불평할 때마다 친구들에게 이 방법을 써보라. 예를 들면,

"모, 남자 친구랑 헤어졌어."

"축하해. 적어도 너를 지금까지 괴롭히던 스트레스와 말다툼 때문에 더는 고생하지 않아도 되잖아."

"그렇긴 하지. 그놈이 바람을 피웠어."

"그것도 축하해. 더는 바람둥이랑 같이하지 않아도 되니까 얼마나

좋아."

"하지만 내가 다시 데이트를 시작해야 한다는 뜻이잖아."

"좋잖아. 새로운 사람이랑 새로운 걸 즐기면 되니까."

물론 우리가 삶을 객관적으로 보면 삶의 시간에서 대부분, 적어도 절반 이상은 괜찮다는 걸 어렵지 않게 확인할 수 있다. 우리는 대체로 건강하고 가끔 간헐적으로 몸이 불편한 시간을 겪을 뿐이다. 코로나 19 이전에는 누구도 세계적인 팬데믹을 겪은 적이 없었기 때문에 모두가 코로나19에 충격을 받고 놀랐던 것이다. 우리는 거의 언제나 단단한 땅을 밟고 살아간다. 대부분은 지진을 경험한 적이 없다. 따라서 수학적으로 정확하고 싶다면, 우리는 뇌에게 어떤 상황에 대해 나쁜 것을 떠올릴 때마다 좋은 것을 훨씬 더 많이 알려 달라고 요구해야 마땅하다. 나쁜 것 하나에 대해 좋은 것 세 개이면 어떻겠는가? 천만에, 그것으로는 턱없이 부족하다. 나쁜 것 하나에 대해 좋은 것 아홉 개이면 어떻겠는가? 그 정도면 진실을 더 정확히 반영한 것일 수 있다.

지속적인 안전 장치를 찾아라

부교감 신경계가 작동하기 위해 안전이 필요하다면 안전을 보장해줘라. 그럼 우리 삶이 더 안전해진다. 그 방법은 다음과 같다.

나는 이집트에서 자랐다. 재산과 삶의 질을 판단할 때 보통 서구인에 비해 보통 이집트인에게 삶은 대체로 더 고달프다. 하지만 자랄 때 나는 이집트인들이 서구의 보통 사람들보다 삶에 대해 훨씬 덜 걱정한다고 느꼈다. 이집트인들에게 건강 보험과 실업 급여가 보장되기 때문은 아니었다. 많은 다른 신흥 시장 사회가 그렇듯이 이집트에도 가족과 이웃과 친구는 서로 돕는다는 암묵적인 불문율이 있기 때문이었다. 이런 궁극적인 안전감은 진정한 인간관계에서 비롯된다는 게 내 믿음이다. 촘촘하게 연결된 사회에서 우리는 삶의 우여곡절보다 형제와 친구를 더 신뢰하라고 배운다. 당신도 적절한 사람을 찾아낸다면 이 원칙은 당신에게도 그대로 적용될 수 있다. 그럼 당신이 곤경에 빠졌을 때 당신 곁에 있어줄 사람을 어떻게 해야 찾아낼 수 있을까? 당신도 기꺼이 곁에서 지켜주고 싶은 사람을 찾아보라.

신뢰할 수 있는 사람을 주기적으로 당신의 삶에 받아들여라. 상대적으로 가난한 나라에서는 대부분이 거저 나눠줄 만큼 물질적으로 풍요롭지 않기 때문에 인간관계 또한 상대에게 물질적 지원을 기대하며 구축되지 않는다. 대체로 그들이 기대하는 것은 좋은 친구, 웃음, 울고 싶을 때 내밀어주는 어깨, 가까운 사람에게서 느끼는 사랑이다.

사랑하는 사람들로 둘러싸인 모습은 이미 모든 것이 순조롭다고, 더나아가 모든 것이 곧 좋아질 것이라고 뇌에게 보내는 궁극적인 신호다.

[√] 기억하라! 당신의 삶을 사랑하는 사람들로 채워라.
그럼 항상 안전하다고 느낄 수 있을 테니까.

안전하다고 느끼고 능동적인 부교감 신경계와 관련된 평온함까지 누리면, 진정으로 중요하지 않은 것에 집착하며 지금까지 많은 시간을 보냈던 이유에 대해 되짚어보는 인지 공간을 마련할 수 있을 것이다. 나 자신도 오랫동안 이 문제로 고민했다. 다음 장에서는 이 문제에 대해 내가 찾아낸 답을 소개해보려 한다.

다시, 행복을 풀다

—
9장
생각의 순환 고리를 끊으려면

잠에서 깼을 때 어떤 곡조가 머릿속에서 맴도는 경우를 경험한 적이 있는가? 당신이 좋아하는 노래더라도 얼마 뒤에는 짜증스러워진다. 어떻게 해도 그 노랫소리를 떨쳐낼 수가 없다. 아니면 어떤 생각이 머릿속에서 떠나지 않는 걸 경험한 적이 있는가? 어떤 생각이 시도 때도 없이 계속해서 떠오른 적이 있는가? 그 생각이 부정적인 생각이었는가?

틀림없이 부정적인 생각이었을 것이다. 우리 대부분에게 이런 현상은 일반적이다. 해결되지 않은 문제는 반복해서 불쑥 생각나며 해결되기를 촉구한다. 부정적인 생각은 해결되지 않은 상태로 놓아두면 더 자주, 더 격렬하게 우리를 공격한다. 일련의 생각들이 실제 문제를 재생하는 수준을 넘어서서 우리를 괴롭힌다. 우리 뇌는 상황을 더 멋들어지게, 하지만 훨씬 더 나쁜 방향으로 비트는 극적인 사건까지 자발적으로 추가한다.

예컨대 당신을 괴롭히는 사건이 지난 금요일에 상관이 심술을 부린 것이라 해보자. 토요일에 당신은 머릿속으로 그 사건을 재생하며 당신 자신을 학대한다. 상관이 당신에게만 심술을 부린다고 믿기 시작한다. 월요일에는 사건의 재생 횟수가 더 잦아지고 이제는 상관만이 아니라 누구도 당신을 제대로 평가해주지 않는다고 생각한다. 화요일에는 당신이 실직해서 다시 일자리를 구하지 못해 길가에 내몰린 노숙자가 되면 어떻게 살아가야 할지 걱정하기 시작한다. 이렇게 머릿속에서 부정적인 생각이 재생되는 과정은 누구에게나 예외 없이 일어난다. 나는 이런 현상을 다음과 같이 부른다.

루프와 서브루틴

어린 시절 컴퓨터 코딩을 시작했을 때 나는 컴퓨터가 코드를 한 줄씩 실행하며 내가 지시한 것을 정확히 해내는 것에 매료되었다. 하지만 당시의 프로그래밍 언어는 원시적이어서 한 과제를 수행하려면 많은 줄의 코드가 필요했다. 따라서 여러 과제의 코드를 작성할 경우, 작업을 마친 뒤에 다시 실행하고 싶을 때 그 과제들을 하나로 묶어두고 컴퓨터에게 그 전체를 반복하라고 지시하지 않는 한 다시 반복해야 했다. 이렇게 묶인 덩어리를 서브루틴(여러 과제를 하나의 단위로 수행하도록 제시되는 일련의 프로그램 명령)이라 일컬었다. 때때로 우리는 컴퓨터에게,

어떤 특정한 이벤트(event)가 발생할 때까지, 예컨대 특정한 매개변수의 값이 10보다 커질 때까지 적절한 서브루틴을 필요한 만큼 반복하라고 지시할 수 있다. 이렇게 해서 우리는 많은 시간과 노력을 절약했다. 컴퓨터는 명령을 받은 대로 매개변수를 확인하며 명령을 충족하지 못하면 되돌아가서 그 작업을 되풀이했기 때문이다. 문제는 매개변수가 10에 도달하지 못하면 그 과정이 영원히 되풀이된다는 점이었다. 이 현상은 '루프'라 일컬어졌다.

사회 규범, 직장의 기대 등 우리가 받아들여 맹목적으로 삶의 일부로 삼는 많은 규칙은 서브루틴에 해당한다. 우리는 이런 일련의 지시를 무장적 반복할 뿐 깊이 생각한 적이 거의 없다. 그렇게 우리는 기계적인 삶을 살아간다. 우리는 어떤 일을 반복하며, 그것도 거의 무의식적으로 반복하며 하루를 바삐 보낸다. 눈을 뜨고 일어나면 출근을 준비하고, 교통 체증과 싸우고, 인스타그램을 검색하며 커피를 마시고, 이메일에 답장을 보내며 더 많은 커피를 마신다. 또 안부를 묻는 인사에는 "괜찮아"라고 대답하고, 직장에서 무언가 취약한 부분을 느끼면 감추기에 급급하다. 데이트하러 갈 때는 욕심도 없고 트라우마도 없는 사람처럼 편안하게 보여야 하고, 맡겨진 일이 싫어도 입을 꼭 다문 채 묵묵히 그 일을 해내야 한다. 이런 '루틴'이 하루가 끝날 때까지 계속되고 다음 날에 다시 시작된다. 그렇게 매주, 매년을 보낸다. 소프트웨어 개발자들의 눈에 **우리는 무한 루프에 빠져 있는 것**처럼 보인다.

우리 머릿속의 생각들도 다를 바가 없다. 그 생각들이 자동 모드로 끝없이 반복되지만 우리는 의식조차 못한다. 무언가에 속이 뒤틀리면 우리는 그것을 몇 번이고 되풀이해서 생각하고 또 생각하며, 때로는 몇 주, 심지어 몇 년까지 그에 대한 생각을 떨쳐내지 못한다. 나는 이런 현상을 '심리적 고통의 순환 고리(suffering cycle, 이 문제는《행복을 풀다》에서 자세히 다뤘다)'라고 칭한다. 우리에게 불행을 처음에 안긴 사건은 타당했을 수 있다. 괴팍한 상관이 불행의 원인이라 해보자. 하지만 불행의 다음 주기는 그 괴팍한 상관이나 현실 세계에서 일어난 사건으로 촉발되지 않는다. 당신이 반복하는 생각에서 시작된다. 나는 이런 불행을 '주문형 불행(unhappiness on demand)'이라 칭한다. 비유해서 말하면 불행의 넷플릭스다. 지난 금요일에 있었던 사건을 기억에 떠올리고 그 장면을 재생하며 다시 당신 자신을 괴롭힌다.

이런 루프 현상은 우리 주변 어디에서나 일어난다. 와자지껄한 공간을 채운 사람들의 얼굴에서도 관찰된다. 생각 자체는 관찰되지 않지만 그 영향은 겉으로 뚜렷이 드러난다. 그리하여 우리는 심리적 고통에 시달리고 진정한 우리 자신은 사라진다.

우리 뇌가 우리를 기분 나쁘게 하는 걸 좋아하기 때문에 반복하는 게 아니다. 오히려 그런 반복이 우리에게 최선이라고 뇌가 느끼기 때문에 반복하는 것이다. 해결되지 않는 문제가 있으면 그 문제가 다시 다뤄지거나 해결될 때까지 뇌는 그 문제를 계속 끄집어내며 거론한다. 우리 뇌가 그렇게 하는 이유를 이해할 때 그런 루프를 해소하는 게 한결 쉬워질 것이다.

걸핏하면 크게 흥분하는 친구가 있다고 해보자. 무언가에 흥분하면 그는 곧바로 이렇게 말할 것이다. "들었어? 비욘세가 치즈버거를 먹었대! 맙소사, 세상에, 어쩌면 그럴 수가! 우리 집 근처에 벨벳으로 좌석을 씌운 자동차가 주차돼 있어!" 간혹 그의 꿈에 당신이 등장하면 그는 눈을 뜨자마자 아침 6시에도 당신에게 전화를 한다. 만약 당신이 전화를 받지 않으면 7시에 다시 전화한다. 그때도 당신이 받지 않으면 8시에 다시, 10분이 지나서 다시, 또 15분 뒤에 그렇게 전화를 계속한다. 그 뒤에는 당신에게 문자를 보낸다. 그래도 응답이 없으면 다시 전화, 다시 문자를 보낸다. "이 얘기를 꼭 들어야 해!" 아침 8시 30분쯤에는 실망한 표정의 이모티콘들이 당신의 핸드폰 화면을 채우기 시작한다. 당신은 9시에야 일어나 문자에 답장을 보낸다. "이제 일어났어. 출근할 준비를 해야 해. 내가 10시쯤 전화할까?" 그런 문자를 보내자마자 답장이 도착한다. "좋아, 그렇게 해." 환히 미소짓는 이모티콘은 덤이다. 그 친구의 뇌는 재밌다고 흥분하며 그것을 우리에게 긴급히 알려야 한다고 느끼는 때의 뇌와 비슷하다.

그 흥분한 친구처럼 우리 뇌는 그 이야기로 우리를 괴롭히려는 게 아니다. 우리 뇌는 그 이야기가 무척 중요하다고 진정으로 믿는데도 우리가 무시하는 듯하기 때문에 반복해 말하는 것이다. 최대한 빨리, 우리 뇌는 어떤 생각을 만들어내서 우리에게 부정적인 감정을 불러일으키며 경각심을 주고 심리적 고통을 안김으로써 우리가 반응하기를 기다린다. 우리가 아무런 반응을 보이지 않으면 뇌는 그 생각을 다시 끌어와 더 강렬한 감정을 불러일으키고는 또 기다린다. 그래도 반응하지 않으면 우리 뇌는 동일한 과정을 되풀이한다. 나중에는 이모티콘, 즉 꾸민 이야기까지 추가하고, 한밤중에도 우리 관심을 붙잡아두려는 마음에 우리를 깨우고는 부정적인 잔소리를 끝없이 중얼거리며 우리의 기분을 나쁘게 한다.

전문 용어로 말하면 우리 뇌는 다수의 부정적인 생각을 하나로 묶어(서브루틴), 끝없이 반복한다(루프). 그 루프가 우리 머릿속에 끝없이 중얼거리는 작은 목소리가 된다. 드물지만 그 반복되는 생각이 긍정적이고 우리를 기분 좋게 해주는 때도 있기는 하다. 예컨대 '나는 내 딸 아야가 무척 자랑스럽다'와 같은 생각이다. 이런 긍정적인 생각은 아야가 자신의 일을 계속하도록 독려하는 데 도움을 주고 우리 둘의 관계를 더 가깝게 해준다. 하지만 부정적인 생각은 불행으로 이어지기 십상이고 때로는 우울증으로도 발전한다. 따라서 부정적인 생각은 어떻게든 중단해야 할 필요가 있다.

　루프는 우리가 중단할 때까지 끝나지 않는다. 루프를 끝내려면 우리는 베키와 진지하게 대화할 필요가 있다.

베키

앞서 이미 언급했듯이 오래전부터 나는 내 뇌를 '베키'라 불렀다. 달리 말하면 나와는 별개의 존재로 제3자처럼 대했다는 뜻이다.

　내가 내 뇌를 베키라 칭하기 시작한 때는 내 소중한 친구 아즈라가 《행복을 풀다》의 초고를 읽은 뒤였다. 그녀는 '우리는 우리 뇌가 아니다'라는 생각의 환상(illusion of thought)이란 개념이 무척 설득력 있게 들렸다고 말했다. 어느 날 아즈라와 만나 커피를 마시며 여러 주제에 대해 이야기를 나눴다. 그런데 그녀가 자기 비하적인 푸념을 늘어놓기 시작했다. 내 생각에는 전혀 타당하지 않은 넋두리였다. 그래서 나는 그녀의 말을 끊고 물었다.

　"어떻게 그런 생각을 하게 된 거야?"

　그녀가 대답했다. "아, 미안. 베키가 나한테 말한 거야."

　내가 물었다. "베키가 누군데?"

　"베키는… 내 뇌야."

　나는 웃으며 다시 물었다. "하필이면 왜 베키야?"

　그녀가 대답했다. "학창 시절에 나를 가장 괴롭히던 아이가 베키였거든. 항상 나한테 내가 못난이라는 기분을 느끼게 해주고, 내가 하고 싶지 않을 걸 억지로 시키던 아이였어."

　당신도 학창 시절로 되돌아가 그런 친구가 있었는지 생각해보라. 여하튼 그 친구를 베키라고 해보자. 여자 이름이어서 마음에 내키지 않으면 브라이언이라 해도 상관없다.

베키가 만나는 순간부터 헤어질 때까지 쉬지 않고 떠들어댈 뿐만 아니라, 간헐적으로 당신을 구석진 곳으로 데려가 쓸모없는 인간이라고 다그치며 당신에게 끝없이 불만을 터뜨리던 아이였다고 해보자. 베키와 헤어지고 혼자 남겨져도 당신은 스트레스에 짓눌리고 기진맥진한 상태였다. 베키에게 도움을 청하려고 만났지만 해결되고 개선된 것은 전혀 없었다. 당신이 그럭저럭 숨을 고르면 어느새 다시 찾아와 당신을 더욱더 괴롭혔다.

이번에는 당신에게 이렇게 물어보자. 매일 아침 학교에 가서 '베키가 어딨지?'라고 묻는 당신 자신의 모습을 상상할 수 있겠는가? 베키가 다가오면 자리에서 벌떡 일어나며 '반가워, 베키. 나를 좀 괴롭혀줘'라고 말하겠는가? 게다가 베키가 매일 몇 시간씩 당신에게 쉴 새 없이 잔소리하도록 내버려두겠는가? 베키를 정말 친구로 사귀고 싶겠는가? 물론 아닐 것이다.

당신에게 도움이 될지 모르겠지만 베키가 내게 어떤 짓을 했는지 말해보려 한다. 이 이야기를 잘 읽고 스스로 판단해보길 바란다. 순전히 내 개인적인 이야기이며, 전에 누구에게도 말한 적이 없는 이야기이기도 하다.

우울증의 원인

나라고 항상 행복하지는 않았다. 솔직히 말하면 삶의 과정에서 많은 순간에 나는 깊은 우울감과 싸워야 했다. 특히 20대 후반에 슬픔과 우울감은 최고조에 달했다.

나는 스물네 살에 찾아온 내 삶의 사랑, 니발과 결혼했다. 나는 니발을 깊이 사랑했고 내가 그때까지 받은 가장 큰 선물이라 생각했다. (상호 합의하에 헤어진 지 수년이 지났지만 지금도 그 생각에는 변함이 없다.) 우리 사이에서 두 아이, 알리와 아야가 태어난 때는 내가 스물일곱 살이 되기 전이었다. 두 아이는 한 남자가 꿈꿀 수 있는 최고의 선물이었다. 그때부터 나에게는 그 셋이 행복하게 지내는 모습을 보는 것 외에 더 바랄 게 없었다.

첫 직장은 IBM이었고 나는 시스템 엔지니어로 일했다. IBM에서 받은 첫 월급은 180달러였다. 많지 않은 액수로 여겨질 수 있지만 당시 이집트 생활비에 비교하면 정부 고위 공무원의 월급보다 많았고, 형제들 사이에서도 소득이 가장 높았다. 따라서 나는 가족을 부양하며 풍족하게 살았고 좋은 자동차도 구입했다. 내가 세상에서 가장 행복한 사람이었고 모든 게 순조로웠다. 그날까지는, 적어도 내가 그렇지 않을 수도 있겠다고 생각할 때까지는….

당시는 걸프 지역 국가들이 호황을 누리던 때였다. 직장 동료들은 나보다 훨씬 쉽게 그곳으로 전근할 수 있었고, 월급만으로도 수천 달러를 더 벌기 시작했다. 내게는 가족이 있었고 비용 때문에 전근하는 일은 쉽지 않았다. 그곳으로 전근한 동료들은 여전히 20대에 홀몸이어서 부잣집 아이도 부러워할 정도의 삶을 살았다. 고급 자동차를 구입했고, 호화로운 아파트에서 살았으며, 파티를 즐겼고, 이국적인 곳으로 여행을 다녔다. 게다가 상대적으로 낮은 이집트 시장을 십분 활용해 도심의 호화로운 지역에 큰 저택을 구입하기도 했다.

나는 내가 아는 방식대로 대응했다. 더 열심히 일해 승진했고 사업을 시작해서 더 많은 돈을 벌었지만, 이집트 기준에서 많은 돈이었을 뿐이다. 가족에게는 그럭저럭 풍요로운 삶을 제공할 수 있었지만 그 이상은 아니었다. 니발과 아이들은 행복했다. 그러나 나는 깊은 우울에 점점 빠져들었다. 왠지 삶에 기만을 당하는 기분이었다. 내가 무척

다시, 행복을 풀다

운이 좋은 사람이란 걸 알았지만 우울한 기분을 떨쳐낼 수 없었다. 내게는 세상에서 가장 사랑하는 화목한 가족이 있었다. 물질적으로는 우리에게 필요한 모든 것이 있었다. 그러나 나는 홀몸인 친구들의 화려한 삶에 눈이 돌아갈 지경이었다. 하나의 생각이 나를 사로잡았고, 나는 그 생각을 떨쳐낼 수 없었다. '내가 가장 힘들게 일하고 있지만, 나보다 내 친구들이 더 많은 것을 누리고 있어'라는 생각이었다.

지금 되돌아보면 그 생각이 터무니없는 것이었다는 걸 알고 있다. 나는 가능한 모든 면에서 더 많은 것을 받은 사람이었다. 더 많은 사랑을 받았고, 더 많은 가족이 있었으며, 내가 아는 누구보다 빨리 성공하는 밑받침이 되었던 훨씬 많은 능력까지 갖춘 사람이었다. 그러나 내 어리석은 조바심이 내 눈을 가렸다. 그 생각에 사로잡힌 때부터 나는 다른 것을 생각할 수 없었다.

나는 긴 하루 일과를 끝낸 뒤에 노인처럼 기진맥진해서 집에 돌아와서는 한구석에 앉아 끝없는 생각에 빠져들기 시작했다. 니발은 여전히 나를 향해 사랑을 쏟으며 모든 것이 흠잡을 데 없다고 나를 격려해줬지만, 내 귀에는 들리지 않았다. 그런 상태로 몇 달이 지나자 끊임없이 되풀이되는 하나의 생각 때문에 내 삶은 행복에서 불행의 나락으로 떨어졌다. 이런 종류의 생각이야말로 전형적인 루프로, 끝없는 순환으로 인해 부정적인 개념은 더욱더 강렬해진다. 한 순환을 마칠 때마다 그 부정적인 생각은 더 강해지고 더 잦아지며 우리를 부정의 악순환에 더 깊이 밀어 넣는다.

몇 달이 지나지 않아 결국 나는 더는 떨어질 수 없는 단단한 바닥까지 추락하고 말았다. 내가 하염없이 눈물을 터뜨렸던 그날 저녁이 지금도 생생히 기억난다. 나는 삶을 저주했고 신과 내 운명을 저주했다. 니발은 그런 나를 안아주었고 내 눈물을 안타까워하며 울었다. 니발은 더는 내게 도움을 줄 수 없다고 느꼈던지 나와 함께하며 공감하는 마음으로 슬픔을 조금이나마 덜어내려 애썼다.

그때가 내게는 첫 전환점이었다. 그런 니발을 보며 나는 무언가를 시도하기로 결심했다. 많은 독자가 이미 예측했겠지만 이때도 나는 우울증 자체에 초점을 맞추지 않았다. 내가 생각한 것은 우울증의 원인이 무엇이냐는 것이었다. 그래서 나는 두바이로 이사하기로 결정했다. 그 결과로 돈 문제와 생활 방식은 더 나아졌지만 부정적인 생각은 여전했다. 그때부터 내 친구들과 비교하는 대신 두바이의 부자들과 비교하기 시작했기 때문이었다.

더 깊은 불행에 빠져 수년을 보낸 뒤에야 내가 갖고 싶어 한탄했던 것들이 진정으로 필요한 게 아니었고, 내가 그것을 손에 넣으려고 안달하며 시간을 보내는 동안 전혀 즐기지 못했다는 것도 깨달았다. 어느 화창한 날 저녁, 모든 것이 명확해졌다. 그 하나의 생각과 수년을 치열하게 싸운 뒤에야 나는 비로소 내게는 행복을 누리는 데 필요한 모든 게 있다는 걸 깨달았다. 결국 선택의 문제, 관점의 문제였다. 내가 생각을 바꾸면 자연스레 해결되는 문제였다. 그렇게 생각을 바꾸자 행복이 곧바로 찾아왔다. 내 은행 계좌에 1달러도 더해지지 않았고, 내가 누리던 물질세계가 조금도 달라지지 않았지만 나는 행복했다.

끼어들기 순위

다시 컴퓨터로 돌아가자. 코딩 초기에서는 컴퓨터가 루프에 걸리면 작동을 멈췄다. 화면도 정지되었고 키보드의 자판을 눌러도 아무런 반응이 없었다. 여러 명령이 컴퓨터 내부에서 미친 듯이 실행되며 컴퓨터를 완전히 장악했다. 컴퓨터는 자기만의 생각들에 빠져, 출력 장치들에 그 생각을 표현하고 다른 세계와 연결하며 외부와 상호 작용할 능력을 상실했다. 당시 내게 닥친 현상이 바로 그런 모습이었다.

현대 세계의 프로그래밍에 굴복하면 과거의 컴퓨터가 겪은 똑같은 징후를 우리도 겪게 된다. 즉 기계적으로 진행되는 광적인 삶에 매몰되기 때문에 우리 삶에 영향을 주는 생각들을 인지하지 못하게 된다. 이런 현상을 바로잡을 목적에서 숙련된 개발자는 코드를 실행하기 전에 적절한 끼어들기 순위가 설정되어 있는지를 확인했다. 끼어들기 순위는 컴퓨터에게 다른 작업을 수행하는 중에도 어떤 사건을 주시하라고 지시하고, 그 사건이 발생하면 기계적으로 반복해 수행하던 작업을 중단하게 하는 명령이다. 쉽게 말하면 내가 컴퓨터에게 '특정한 연산을 실행하는 동안 시프트+Q라는 키보드 조합을 계속 경계하며 지켜봐야 한다. 내가 어느 시점에 시프트+Q라는 키보드를 누르면 너는 그때 무엇을 하고 있든 중단하고 제어권을 내게 넘겨야 한다'라고 말하는 것이다.

내가 무슨 말을 하려는 것인지 짐작할 수 있을 것이다. 이제부터 당신만의 코드를 작성하고 고유한 끼어들기 순위를 설정하는 방법을 배워보자.

뇌와의 계약

당신을 불행하게 만드는 생각에 사로잡히면 두 가지 면에서 당신에게 불리해진다. 첫째로는 그 생각으로 인해 끔찍한 기분에 짓눌린다는 것이다. 누가 그런 기분을 원하겠는가? 둘째로는 그 생각이 아무런 가치도 더해주지 못한다는 것이다. 당신의 선택에 따라 달라지겠지만 한 시간이나 하루, 일 년이나 평생을 불행하게 지낼 수도 있다. 당신이 자신의 불행에 지독히 헌신하더라도 달라지는 것은 전혀 없다. 불행을 선택하면 그 문제가 해결될 것이라는 생각 자체가 '삶과의 잘못된 계약'이다.

어쩌면 이런 교착 상태는 우리가 어렸을 때 울면 어른이 와서 사랑과 애정으로 도움을 주던 시절에서 비롯된 것일 수 있다. 이런 지원은 어른에게도 적용된다고 믿는 사람이 적지 않다. 그들이 어떤 이유로 그렇게 믿는지는 모르겠다. 적잖은 사람이 불행할 이유가 없는데도 불행하다고 투덜댄다. 삶이 불행을 해결해줄 것이라는 희망에서 투덜대는 것인가? 하지만 언제 삶이 그런 약속을 당신에게 했던가? 묵은 서류들을 뒤적거려 그 계약서를 찾아내 내게 보여줄 수 있는가? 당신에게 분명히 말하지만 이제 당신은 어린아이가 아니다. 당신이 울며불며 몇 년을 보내더라도 누구도 당신을 구하려고 나타나지 않을 것이다. 당신의 삶을 바꾸는 유일한 방법은 당신의 삶에 스스로 책임을 지는 것이다. 이제라도 진짜 계약서에 서명을 해야 한다.

나는 행복을 끝없이 추구하는 과정에서 내 뇌와 하나의 계약을 맺었다. 우리, 즉 나와 뇌 사이에서 이뤄지는 모든 거래에 적용되는 계약이다.

다시, 행복을 풀다

'모는 이제 완전히 형이상학적이 된 것 같아. 대체 자기 뇌랑 계약을 맺는 사람이 있나? 그니까 내가 불행하다고 느끼면 어쩔 수 없는 거잖아.'

이는 미안하지만 잘못된 생각이다. 나는 이 책을 시작할 때부터 뇌와 소프트웨어 사이의 유사점을 비교했다. 우리 뇌도 소프트웨어처럼 듣고 지시한 것을 완전히 따른다는 점에서는 똑같다. 소프트웨어 코드는 노예와 다를 바가 없다. 주어진 과제를 지시받은 대로 정확히 반복할 뿐이다. 지금까지 작성된 고전적인 소프트웨어 중에는 즉흥적으로 결정하거나 스스로 선택한 방향을 따른 것은 전혀 없었다. 모니터에 원을 그리라고 코드를 작성하면 소프트웨어는 모니터에 원을 그릴 뿐이다.

우리 뇌도 다를 바가 없다. 타고난 지능을 지녔지만 뇌는 지시받은 것을 정확히 해낼 뿐이다. 우리가 왼팔을 들라고 뇌에게 지시를 내렸는데, 뇌가 스스로 결정해 오른쪽 다리를 흔들지는 않는다. 우리 뇌가 제시하는 생각들이 간혹 생뚱맞게 여겨지고 우리 행복에 방해되는 것으로 느껴지겠지만, 그 이유는 애초부터 우리가 이상한 명령을 뇌에게 내렸기 때문이다. 이런 경우에도 뇌는 지시받을 것을 정확히 수행한다. 하지만 당신은 내 말을 믿지 않을 것이다. 그렇지 않은가? 바로 여기서 뇌와 우리의 관계가 가장 크게 삐걱거린다. 우리가 어떤 야수를 길들일 수 있다고 굳게 믿지 않는다면 어떻게 그 야수를 길들이기 시작할 수 있겠는가?

내가 어렸을 때 다니던 학교에서는 일 년에 한 번씩 현장 학습을 진행했고, 그때 우리는 '전국적인 서커스'를 구경했다. 내가 가장 큰 흥미를 보인 장면은 야생 동물들이 중앙 무대를 차지한 때였다. 이상한 옷을 입은 가냘픈 남자가 엄청난 몸집에 사납게 보이는 호랑이에게 다가갔다. 그때 내 작은 뇌에서는 '곧 피범벅이 되겠군. 저 멍청이를 누군가가 말려야 할 텐데…'라고 생각했다. 그러나 호랑이 조련사는 그렇게 생각하지 않는 듯했다. 그는 자신만만하게 다가갔고 그가 지시한 대로 호랑이는 움직였다. 어떤 의문도 제기하지 않았다. 호랑이는 뒤로 공중제비를 넘었고, 토끼가 등에 타는 걸 허용했으며, 상상 가능한 온갖 방법으로 포식자로서의 권위를 포기했다. 매년 나는 공연을 관람하고 집에 돌아갈 때마다 야생 동물을 길들이는 데 필요한 가장 소중한 자산은 반드시 해낼 수 있다는 굳은 믿음이 아닐까 생각했다.

우리 뇌는 다른 종류의 야수일 수 있지만 우리가 지시한 것을 정확히 수행한다는 점에서는 똑같다. 우리가 불행을 느끼는 경우도 마찬가지다. 예컨대 당신이 무언가에 거북함을 느낀다면 학교나 직장을 오갈 때 그에 대한 생각을 머릿속에서 떨치지 못할 수 있다. 하지만 직장이나 학교에 도착하자마자 상관이나 선생이 오늘까지 끝낼 과제를 요구하면, 당신은 그 일에 주의력을 돌리며 '나를 거북하게 하던 것은 그만큼 생각했으면 됐어. 당장은 그 과제를 끝내야 해'라고 생각한다. 당신 뇌는 즉각 순응하며 '알겠습니다!'라고 대답한다. 그러고는 부정적인 생각을 중단하고 당면한 과제로 옮겨간다.

이런 전환은 매번 가능하다. 당신이 뇌에게 무엇을 하라고 명령하기만 하면 된다. 그런데 상관이 당신에게 무언가를 하라고 말하지 않으면 왜 당신은 그렇게 행동하지 않는 걸까? 글쎄, 뭐라고 대답해야 할까?

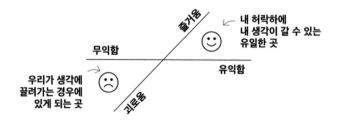

다시, 행복을 풀다

여하튼 이제라도 당신은 상관 역할을 해야 한다.

　내 경우에는 명확하다. 내가 상관이고, 베키도 그렇게 알고 있다. 베키가 무언가에 대해 불평하고 싶어 하면 나는 좋은 상관이 되어 베키를 대한다. 먼저 베키의 불평을 한동안 유심히 듣는다. 그러고는 베키에게 세상을 다른 눈으로 보라고 부탁한다. 요컨대 내 뇌에게 올바른 방향으로 생각하기 시작하라고 요구하며, 나 자신도 즐겁고 유익한 방향으로 생각하려고 애쓴다. 내게는 고통스런 기억이지만, 두 가지 예를 들어 설명해보자.

더 좋은 생각을 가져오라

나라고 불행에 면역된 사람, 즉 불행에 아무런 영향을 받지 않는 사람이 아니다. 그러나 내 뇌가 나를 불행하게 만들기 시작할 때마다, 내가 뇌와 맺은 계약을 어떻게 해야 지킬 수 있는지를 잘 알고 있다. 내 뇌는 지금도 자주 나를 불행의 늪에 몰아넣으려 한다.

　내 사랑스런 아들 알리가 세상을 떠난 이후로 아들을 잃었다는 기억이 내 마음을 스치지 않은 날이 하루도 없었다. 이제 내 뇌는 하루에도 몇 번씩 '알리는 죽었어!'라고 말하며 무척 능숙하게 내게 알리의 죽음을 떠올려준다. '알리는 죽었다'는 지금도 내게는 무척 고통스런 생각이다. 자식을 잃은 게 어떤 기분인지는 어떤 말로도 적합하게 표현할 수 없다. 내가 말할 수 있는 것은, 아들을 잃었다고 생각할 때마다 누군가가 내 오른쪽 옆구리 아래를 떼어낸 것처럼 아프고 저리다는 게 전부다. 그 고통은 알리가 떠난 날만큼이나 강렬하게 신속히 내 온몸을 휘감는다. 그때와 비교해서 조금도 편해지지 않았다.

　하지만 '알리는 죽었다'는 말은 절반만 진실이고, 내 뇌가 그 절반을 불러일으키려 할 때 나는 나머지 절반을 사용할 수 있다. 나는 베키와 맺은 계약에 따라 그 나머지 진실에서 더 행복한 면을 보려는 전략을 개발해왔다. 나의 뇌가 '알리는 죽었어'라고 말할 때마다 나는 나머지 절반으로 대답한다. '그래, 알아. 하지만 알리는 살았어!'

'알리는 살았다'는 정말 즐겁고 멋진 생각이다. 나는 그 생각을 소리 내어 말할 때마다 우리가 함께한 즐거웠던 순간들을 기억에 떠올린다. 우리가 함께 연주했던 음악들, 함께 나누었던 농담들, 함께한 웃음과 포옹과 지혜를 기억에 떠올린다. 포근한 온기, 사랑과 행복도 기억해낸다. 알리는 내가 전혀 기대하지 않던 선물이었다. 내가 받을 자격이 없는 선물이었다. 알리를 먼저 선물로 받았다는 더없는 행복에 비교하면 알리를 잃은 고통은 아무것도 아니다.

'알리는 살았어, 뇌야!' 나는 이렇게 생각했다.

'알리는 죽었다.' 맞다. 맞는 말이다. 그러나 '알리는 살았다'라는 것도 진실이고, 진실의 즐거운 면이다. 나는 기쁨을 주는 쪽을 선택한다. 그래서 알리가 지금도 살아 있다는 생각을 매일 떠올린다. 살아 있다고!

[√] 기억하라! 기쁨을 주는 생각을 생각하라.

예방할 수 있던 인간의 실수로 알리가 죽었을 때 내 뇌는 나를 잔혹하게 공격했다. 아버지로서의 역할을 제대로 해내지 못했다고도 꾸짖었다. 내가 알리를 지켰어야 마땅했다며, 뇌는 나를 하나의 생각('너는 아들을 다른 병원에 데려갔어야 했어')에 집요하게 옭아맸다. 며칠 동안 내 머릿속에 다른 생각은 없었다. 그리고 그 생각은 나를 아프게 했다. 그러나 그렇게 생각한다고 달라질 것은 없었다. 알리가 떠나고 나흘날, 나는 마음을 굳게 먹고 똑바로 서서 뇌에게 소리 내어 말했다. '그래,

알아. 알리를 다른 병원에 데려갈 수 있었으면 좋았겠지. 하지만 시간을 되돌려서 우리가 간 곳을 바꿀 수는 없잖아. 더 중요한 것은 그 생각이 쓸데없다는 거야, 뇌야. 이제 내가 실제로 해낼 수 있는 걸 조언해줘. 현재 상황을 조금이라도 낫게 해줄 만한 조언을 해 달라고.'

물론 뇌가 똑같은 부정적인 생각의 순환 고리에 나를 몰아넣으려고 집요하게 노력했기 때문에 시간이 걸리기는 했다. 그러나 나는 똑같이 대응했다. '이제 유익한 생각을 알려 달라고!' 알리를 추도하는 날 밤에 내 끈기는 보상을 얻었다. 내 뇌가 마지못해 이런 생각을 제안한 것이다. 책상에 앉아 알리가 어떻게 행복에 다가갔는지에 대한 글을 쓰고 그 글을 세상 사람들과 공유하면 어떻겠느냐는…. '좋았어, 뇌야! 정말 좋은 생각이야.' 그렇게 한다고 알리가 돌아오지는 않겠지만 당시 상황을 더 나은 방향으로 끌어갈 수 있을 것 같았다. 그 이후로 나는 그 사명을 이행하며 수개월, 수년을 보냈고, 믿기지 않겠지만 상황은 점점 나아졌다.

알리를 마지막으로 껴안았던 날, 알리가 훤칠하고 잘생기고 지혜로운 청년으로 어느새 성장했다는 걸 알았다. 어느 부모나 자랑스러워할 모습이었다. 내 삶에서 그때가 최고의 순간이었다. 그런 순간이 다시 오더라도 가까운 시일 내에 있을 것 같지는 않다. 하지만 몇 시간 뒤 알리의 관을 어깨에 들쳐 메고 영면의 곳으로 향할 때는 최악의 시간이었다. 많은 부모가 슬픔에 젖어 패배를 인정하며 삶을 포기한다. 그들은 남은 여생을 그런 지경에서 보내며 다시 일어서지 못한다. 분명히 말하지만 지금의 나는 그런 지경에 있지 않다. 능동적으로 생각하고 적극적으로 참여한다. 활력을 느끼며, 우리 세계가 더 나은 곳으로 변할 것이란 기대를 버리지 않는다. 이 때문에 알리가 일찍 세상을 떠난 데 이유가 있다고 믿는다. 불행에 신음하던 수많은 사람에게 이제는 행복한 삶을 기대할 수 있다고 말하게 되었고, 이 모든 게 알리가 내 마음에 심어놓은 계획 덕분이었다. 하나의 유익한 생각, '내가 알리를 기리며, 알리가 내게 가르쳐준 것을 세상에 알려야 한다'라는 생각 덕분이었다. 그렇다고 알리가 돌아오지는 않는다. 그러나 그 생각에 내 하루는 매일 어제보다 조금은 나아진다.

[√] 기억하라! 유익한 생각을 생각하라.

당신이 당신 뇌와 맺은 계약은 엄밀히 실행되어야 효과가 있다. 그 계약은 당신을 더 행복하게 해줄 뿐만 아니라, 당신이 끝없이 반복되는 무익한 생각에 사로잡혀 소중한 시간을 낭비하지 않게 차단함으로써 더 큰 성공의 길로 인도할 수도 있다.

지나치게 단순화하려는 시도일 수 있지만 우리가 느끼는 대부분의 불행을 야기하는 하나의 원인을 지목해야 한다면, 끝없는 생각의 루프와 서브루틴인 게 분명하다. 따라서 모든 불행을 치유하는 하나의 방법에 대해 묻는다면, 그 끝없는 생각을 끊어내는 해독제[위에서 언급한 계약이 언제나 유효하다고 확신하는 '의도적인 주의 집중(deliberate attention)']여야 한다고 대답할 것이다.

행복한 삶을 사는 사람들은 자신의 삶에서 일어나는 사

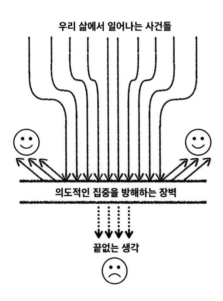

우리 삶에서 일어나는 사건들

의도적인 집중을 방해하는 장벽

끝없는 생각

건들을 정확히 꿰뚫고 있다. 그들도 인간인 까닭에, 부정적인 사건들이 때로는 부정적인 감정으로 연결되고 고통을 야기한다. 그들은 그 감정을 온전히 받아들이지만 감정의 흐름을 통제할 수 있는 범위 내에서 받아들인다. 또 그들은 의도적으로 집중함으로써 감정이 격화되어 해로운 생각을 야기하고, 그 생각이 통제되지 않는 루프에 빠져 반복되는 고통으로 발전하지 않도록 경계한다. 그들은 상황을 전체적으로 살펴보며 긍정적인 면을 찾아내서, 기쁨을 주는 생각을 만들어내는 데 활용한다. 그들은 자신들에게 유리하게 작용할 수 있는 유익한 생각을 끌어낼 가능성이 있는 저장된 감정을 활용하기도 한다. 이렇게 그들은 평온함과 만족감을 동시에 누리며 상황을 더 낫게 만들어간다.

유익하다고 여겨지는 생각으로는 기쁨을 주는 생각 이외에 네 가지 유형의 생각이 있다.

1. (삶을 있는 그대로) 경험하라.
2. (문제를) 해결하라. (더불어 골칫거리를 처리하라.)
3. (최적의 성과를 찾기 위해) 몰입하라.
4. (궁극적인 행복 상태를 찾기 위해) 베풀어라.

이 네 가지 유형의 생각을 완전히 습득하면 그것으로 끝이다. 쉽지 않겠지만 유익한 것만은 분명하다.

생각의 영향이 우리 두개골 안쪽에 국한되지 않고, 생각이 떠오른 순간에만 머물지 않는다는 것은 분명하다. 우리가 무엇을 생각하느냐에 따라 감정과 신체에 변화가 생긴다. 그 생각이 끝없이 반복되면 우리의 사고 패턴 자체가 달라진다.

우리 감정은 때때로 변덕스레 보이지만 무척 예측 가능하다. 감정은 반복되는 패턴을 따르는 생각에 의해 생겨난다. 현대 세계는 우리에게 감정을 감추라고 가르친다. 그 때문에 우리는 감정과 단절되고, 심지어 감정을 부인하기도 한다. 감정을 표현하지 않은 채 남겨두면 삶에 무관심한 체 걸어다니는 좀비가 되거나 폭발을 기다리는 압력밥솥이 된다.

그러나 우리는 감정을 느낄 때에만 살아 있다는 걸 느낀다. 우리가 살았을 때에만 감정을 느끼는 것과 다를 바가 없다. 우리는 감정과 접촉하고, 감정을 인정하며, 감정을 환영할 수 있어야 한다. 또 감정과 나란히 앉아 감정의 폭풍을 경험하고 감정을 에너지로 삼아 앞으로 나아갈 수 있어야 한다.

어떤 일이 벌어졌는지 우리 생각이 파악하기도 전에 자율 신경계가 먼저 세상에 반응한다. 교감 신경계는 우리를 보호하려는 목적에서 우리에게 스트레스를 주며 우리가 초인적인 힘으로 문젯거리와 위협에 맞서도록 해준다. 과거에는 이런 설계 덕분에 우리가 살아남았지만, 이제는 그런 스트레스 반응이 오랫동안 지속되며 우리를 불행의 길로 몰아간다.

모든 게 괜찮다는 걸 우리 몸에게 알려주려면 부교감 신경계를 활성화할 필요가 있다. 긴장을 푸는 법을 배우고, 그 방법을 이미 터득한 사람들과 함께하며, 우리가 이미 많은 축복을 받았다는 걸 기억하고, 우리에게 스트레스를 주는 것을 우리 삶에서 제거함으로써 안전감을 키워가야 한다.

끝으로, 끊임없이 되풀이되는 생각의 끝없는 루프를 멈춰야 한다. 끝없는 루프는 우리를 불행의 나락으로 끌고 가며 세상에 아무런 긍정적인 영향을 주지 못한다. 생각을 멈추려면 우리 뇌를 제3자처럼 대해야 한다. 나는 내 뇌를 베키라 부르며 내 뇌와 명확한 계약을 맺었다. 내게 기쁨을 주는 생각과 유익한 생각을 달라고 요구한다. 다른 모든 생각은 내 삶에서 낭비에 불과하다. 당신도 그런 계약을 맺고 당신의 뇌에게 그 계약을 준수하게 하라.

2부 요약

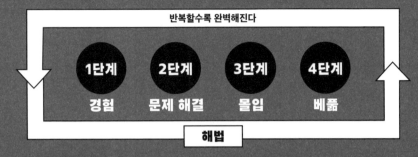

뇌가 기쁨을 주는 생각을 떠올려주면 언제나 환영을 받는다. 기쁨을 주는 생각이 아니라면, 경험에 근거한 생각, 문제를 해결하고 몰입하며 베푸는 데 도움이 되는 유익한 생각만이 허용되어야 한다. 이것이 세상을 더 낫게 만들고 우리 자신이 더 행복해지는 지름길이다.

3부

더 행복한
삶을 향한 경로

10장
현실 세계에
오신 것을 환영합니다

6장에서 다뤘던 디폴트 모드 네트워크를 기억하는가? 우리가 어딘가에 의도적으로 집중하지 않은 채 생각에 잠길 때 뇌에서 활성화되는 영역이다. 또 지나치게 활성화된 디폴트 모드 네트워크는 불행과 관련된 많은 임상적 증상(우울증, 약물 남용, 불안)과 관련 있다고 말한 것도 기억하는가? 또 앞서 우리는 마음이 오락가락할 때 행복감을 더 느끼는 경향이 있다는 것도 알아냈다.

디폴트 모드 네트워크의 반대편

에는 과학에서 '태스크 포지티브 네트워크(Task Positive Network)'라 칭하는 영역이 있다. 이 영역에는 우리가 무언가에 집중할 때 뇌에서 활성화되는 부분들이 포함된다. 이 네트워크의 중심에는 우리가 일반적으로 사고(思考, thinking)라 전혀 인식하지 않는 유형의 사고가 있다. 이 사고법은 우리가 주변 환경과 우리 내면을 인지하는 방법이다. 또 우리가 세상을 경험하는 방법이기도 하다. 이런 유형의 사고법에 이름을 붙인다면…

경험에 근거해 생각하기

경험에 근거한 생각(experiential thinking)에는 삶을 있는 그대로 관찰하는 태도와 관련된 모든 종류의 뇌 활동이 포함된다. 우리는 친구의 말을 주의 깊게 경청할 때, 나비의 울긋불긋한 날개의 아름다움에 탄복할 때, 카페에 앉아 커피 냄새를 즐기거나 감미로운 소음과 음악에 귀를 기울일 때 경험에 근거해 생각한다. 당신의 지적에 상대방의 몸짓언어에서 일어나는 변화를 눈치채는 것도 마찬가지다. 숨을 깊게 들이마시고 내쉬며 호흡을 관찰하기 위해 내면을 들여다보는 것도 역시 경험에 근거한 것이다. 몸의 특정한 부분에서 통증을 인식하거나, 감정의 폭풍이 휘몰아칠 때 몸에서 신체적 특징을 유발하고 머릿속에서는 관련된 생각들을 떠올리는 것도 역시 다를 바가 없다.

의도적인 집중은 우리의 내면과 바깥 세계를 관찰하는 능력을 활성화하는 핵심 요소다. 세상을 경험하고 있을 때 우리 뇌는 태스크 포지티브 네트워크에 연결하고, 그와 동시에 디폴트 모드 네트워크를 끈다. 그 과정에서 평온감과 행복감이 크게 증가하는 반면에 끝없이 반복되던 생각이 사라진다. 달리 말하면 끝없이 이어지는 생각이 강렬하기 그지없고, 그로 인해 우리가 불행의 늪에서 허우적대더라도 무언가에 의도적으로 집중하는 순간 불행이 멈춘다는 뜻이다. 적어도 그 생각을 다시 반추하기 전까지는 불행이 중단된다.

우리 뇌가 두 네트워크를 동시에 실행할 수 없는 데는 많은 이유가 있다. 그중 셋은 컴퓨터의 작동 방식(한정된 자원, 전환 비용, 프로세서 속도)과 기이할 정도로 유사하다.

한정된 자원

파일이나 프로그램을 백업하거나 전반적으로 향상된 시스템을 설치할 때 컴퓨터가 짜증 나는 눈금을 어떻게 보여주는지 의식한 적이 있는가? 10퍼센트 완료, 11퍼센트 완료, 12퍼센트 완료…. 거의 평생이 걸릴 것처럼 지루하게 느껴진다. 왜 컴퓨터는 단숨에 끝내지 못하는 걸까?

컴퓨터는 한정된 자원(limited resources)으로 이뤄진 환경에서 운영된다. 우리가 인터넷에서 내려받는 파일의 크기가 1기가바이트이고, 네트워크 속도가 초당 1기가비트라면 그 파일을 내려받는 데는 1,000초가 필요하다. 컴퓨터는 이런 식으로 작동한다. 우리 뇌가 컴퓨터보다 훨씬 똑똑한 것은 사실이지만 똑같은 한계를 겪는다.

우리가 길을 건널 때 뇌가 어떻게 작동하는지 눈여겨보라. 길을 건너는 과정이 겉으로는 무척 단순해 보이지만 우리 인간이 지금까지 발명한 최고의 컴퓨터, 즉 뇌마저 왜소하게 만든다. 뇌는 귀와 눈 등 감각 기관을 통해 정보를 수집하고, 주변의 차들이 진행하는 방향을 순식간에 관찰하며 복잡하기 이를 데 없는 공간 계산을 해낸 뒤에 우리가 똑바로 서서 길을 건널 수 있도록 운동 제어 기능을 수행한다. 얼마나 경이로운 기계인가! 하지만 뇌에게 친구와 어머니가 하는 말을 동시에 귀담아들으라는 임무를 주면 뇌는 처참하게 실패한다. 그 이유가 무엇일까? 뇌에게는 그 두 가지 과제를 동시에 해낼 만큼의 계산 능력이 없기 때문이다.

뇌가 어떻게 작동하는지 이해하기 위해 간단한 실험을 해보자. 타이머를 60초에 맞추고, 스도쿠 퍼즐 아래에 쓰인 문장을 구성하는 문자를 계속 거꾸로 읽으며(말하자면 요-세-으-읽…), 퍼즐을 채운 숫자에서 홀수들만을 더해보라. 준비되었는가? 시간은 60초다. 시작!

문자를 거꾸로 매끄럽게 읽으면서 덧셈을 무리 없이 해냈는가? '모든 사각형에는 1, 3, 5, 7, 9가 있고, 이 홀수들을 더하면 25가 된다. 그런데 모두 9개의 사각형이 있으므로 답은 25×9=225'라고 추론해냈을 수학 천재도 주어진 문장을 거꾸로 읽으면서는 그 계산을 해내지 못했을 것이다. 게다가 그는 실제로 주어진 문제를 정확히 파악하지 않고, 스도쿠에 대해 알고 있는 상식으로 판단함으로써 일부 사각형에 엉뚱한 숫자가 쓰여 그 숫자들의 합이 25가 아니라는 걸 놓치고 말

이 문장의 글자를 거꾸로 읽으세요.

7	6	2	3	2	7	9	4	2
7	1	4	8	4	3	6	3	9
6	7	3	8	9	4	7	9	4
1	7	7	9	7	6	5	7	4
8	2	1	6	5	8	7	6	3
7	4	1	2	7	6	8	1	7
5	4	1	7	4	7	9	8	9
9	4	9	1	8	8	6	9	3
2	3	3	6	2	8	8	6	1

았다. 결국 내가 말하려는 요점은, 누구도 글을 읽으면서는 덧셈을 정확히 해낼 수 없다는 것이다. 절대로! 그 이유가 무엇일까?

우리 뇌가 지상에서 가장 정교한 컴퓨터이더라도 다른 모든 컴퓨터가 그렇듯이 기능이 여전히 제한적이기 때문이다. 대체로 그 기능은 한 번에 하나의 과제만을 수행하는 데 충분한 정도다. 간단한 과학실험에서도 뇌의 제한적인 역량이 입증된다. 예컨대 참가자에게 문자열을 보여주고, 그 문자열이 실재하는 단어인지를 묻는 '시각 결정 과제(visual decision task)'라는 실험이 있다. 이 실험은 뇌의 처리 능력을 측정하는 데 주로 사용된다. 과제의 난이도가 높아지면 뇌의 처리 능력이 부족해져서 반응 속도가 점점 느려진다. 힉의 법칙(Hick's Law)에 따르면, 사용자가 선택하는 데 걸리는 시간은 가능한 대안의 숫자와 선형적인 관계가 있다. 뇌가 당면한 복잡한 문제를 해결하는 데 필요한 자원량이 제한적일 때 대답을 찾아내는 데 시간이 더 걸린다는 뜻이다.

프랑스 프로방스대학교의 모스코소 델 프라도 마르틴(Moscoso del Prado Martín)은 뇌가 얼마나 많은 정보를 처리할 수 있는가를 알아내기 위해 설계한 어휘 결정 과제(lexical decision task)에 참가한 사람들에게 제시되는 단어가 실재하는 단어인지를 최대한 신속하고 정확하게 판단해보라고 요구했다. 그 연구 결과에 따르면 평균적인 보통 사람은 초당 약 60비트를 처리할 수 있다.[1] 달리 말해 어떤 사람이 당신에게 말하는 말을 이해하려면, 말하는 데 걸리는 시간의 절반 이상이 필요하다는 뜻이다. 이런 이유에서 한 사람이 말하는 것은 유심히 듣는 게 쉽지만, 두 사람이 동시에 말하는 걸 알아듣는 것은 대부분에게 무척 어렵거나 거의 불가능하다. 간단히 말하면 두 사람의 말을 동시에 처리하기에는 뇌 용량이 부족하다는 뜻이다.

재밌지 않은가? 이 글을 쓰는 지금, 나는 몬트리올의 한 카페에 앉아 있다. 몇 분 전까지 한 무리의 아랍인이 내 옆 탁자에 앉아 있었다. 그들이 영어나 아랍어로 말할 때 내가 글을 쓰는 속도는 현저히 느려졌다. 잠시 후 그들이 프랑스어로 대화하기 시작했다. 나는 프랑스어를 전혀 모른다. 따라서 내 뇌는 프랑스어를 해독하려고 자원을 전혀 투입하지 않았고, 덕분에 내 글쓰기 속도는 정상으로 돌아갔다.

우리 뇌의 제한된 처리 능력이, 어딘가에 집중하면 끝없이 반복되는 생각이 중단되는 첫 번째 이유다. 우리가 무언가에 집중하는 순간, 그 집중하는 것에 제한된 뇌 역량을 투입하기 때문에 뇌에 남겨지는 자원이 끝없이 반복되는 생각을 지탱하기에 부족해지는 것이다. 따라서 그 생각은 중단된다. 간단하지 않은가!

[√] 기억하라! 우리 뇌는 한 번에 하나만을 행할 정도의 힘밖에 없다.

그렇다면 동시에 여러 가지 일을 해내는 멀티태스킹(multitasking)이란 능력은 무엇인가? 우리는 이를 닦으면서 뉴스를 듣고, 아파트 월세를 지불하는 문제에 대해 생각하는 걸 동시에 해낼 수 있다. 어떻게 그럴 수 있을까? 각자의 능력에 따라 다르겠지만 우리는 빈번하게 작업을 전환할 수 있다. 저글러가 떨어지는 공에만 집중하고, 공중으로 올라가는 공은 무시하는 과정을 반복하는 것과 크게 다르지 않다. 하지만 우리가 여러 작업을 전환해가며 실행할 때, 이렇게 하는 데 필요한 처리 용량은 각 작업을 실행하는 데 필요한 처리 용량의 합을 초과한다. 전환 행위 자체에 추가적인 집중이 필요하기 때문이다. 이렇게 추가되는 집중에 필요한 용량에 이름을 붙인다면…

전환 비용

멀티태스킹이 어떻게 이뤄지고, 멀티태스킹이 뇌 자원에 떠안기는 부담을 이해하기 위해 간단한 실험을 해보자. 타이머를 15초에 맞추고, 아래에 주어진 동물과 새의 사진을 유심히 보라. 동물의 이름과 그 앞에 쓰인 단어를 최대한 많이 소리 내어 말해보는 실험이다. 당신이 실제로 보는 동물의 이름을 먼저 말하고 그 앞에 쓰인 단어를 나중에 읽어보라.

별다른 실수 없이 순조롭게 해냈는가? 아니면 동물의 이름을 기억해내느라 잠깐이라도 멈췄는가? 실수한 적은 없는가? 예컨대 동물의 이름을 말하기 전에 그 앞에 쓰인 단어를 읽거나, 그림과 단어가 일치하지 않아 잘못된 이름을 말하지는 않았는가?

대부분이 실험을 할 때 멈칫거린다. 이미지는 우뇌에서 처리되는 반면에 단어는 좌뇌에서 처리되기 때문이다. 이 실험처럼 이미지와

다시, 행복을 풀다

단어가 둘 다 제시되는 경우, 단어가 앞에 위치하고 있어 뇌에서 먼저 처리된다. 하지만 뇌가 동물의 이름을 말하라는 명령을 받은 탓에, 이미지를 처리하기 위해 전환되는 데 시간이 걸린다. 더구나 두 개념 사이에 모순이 있으면 어느 쪽이 옳은지 확인하기 위해 앞뒤로 전환을 반복해야 하기에 더욱더 멈칫하게 된다. 이 작업을 빠른 속도로 해내는 유일한 방법은 단어와 이미지를 따로 분리함으로써 전환 자체를 차단하는 것이다.

정보의 모순이 없더라도 전환에는 비용이 든다. 미시간대학교 핵의학부가 실시한 시험에서 참가자들은 간단한 수학 방정식을 검증하는 동시에 무언가를 기억해내는 과제를 수행해야 했다. 그 결과 각 과제를 따로 수행한 경우보다 두 과제를 동시에 수행했을 때 정확성과 시간 면에서 효율성이 떨어진다는 게 입증되었다. 효율성의 하락이란 비용은, 각 과제를 따로 수행하는 동안에는 활성화되지 않지만 이중 작업을 할 때는 활성화된 전전두피질이란 영역에 뇌가 처리 능력의 일부를 할애한 결과였다.[2]

과제 간의 전환에는 시간과 뇌 자원이 소요된다. 따라서 주의력이 분산될 때 우리가 더 힘들다고 느끼고 별다른 진전을 이루지 못하는 듯하다. 주의력이 산만한 사람들의 생각이 피상적이고 반복적인 성격을 띠는 이유도 여기에 있는 게 아닌가 싶다.

[√] 기억하라! 과제 간의 전환에는 우리 뇌의
소중한 자원을 비용으로 치러야 한다.

이쯤에서 고려해야 할 것이 하나 더 있다. 우리 뇌가 수행하는 과제에 따라 깜빡거리는 속도가 달라지는 듯하다는 것이다.

프로세서 속도의 문제

모든 과제가 우리 뇌에서 똑같은 속도로 처리되는 것은 아니다. 그렇다고 특정한 과제가 더 빠른 속도로 수행된다고 말하는 것은 아니다. 다만 우리 뇌가 어떤 과제를 수행할 때는 상대적으로 더 빨라지고, 어떤 과제를 수행할 때는 상대적으로 더 느려진다고 말하는 것일 뿐이다.

나는 어렸을 때 컴퓨터광이었다. 새 컴퓨터를 구입할 때 내가 가장 중요하게 생각한 기준은 계산을 수행하는 능력이었다. 당시 컴퓨터의 계산 능력은 클록 속도(clock speed), 즉 MHz(메가헤르츠)로 측정되었다. 쉽게 말하면 프로세서의 클록이 초당 깜빡이는 횟수였다. 클록이 깜빡일 때마다 당시의 원시적인 프로세서는 한 번의 계산을 해낼 수 있었다. 더 빠른 프로세서가 더 많은 계산을 해낼 수 있었기 때문에 더 좋은 것은 당연했다.

뇌전도(electroencephalography, EEG)의 발달로 우리 뇌가 행동에서 컴퓨터와 유사하다는 게 더욱더 분명해지고 있다. 뇌의 클록 속도는 뇌가 수행하는 과제에 따라 더 빨리, 또는 더 느리게 깜빡이는 듯하다. 이 현상이 내게는 무척 흥미롭다.

뉴런은 다음 곳으로 신경 자극, 즉 전기 신호를 보내는 식으로 작동하며 뇌와 몸의 곳곳에 메시지를 전달한다. EEG는 이런 전기 활동을 포착하는 방법이며 이런 전기 활동은 때때로 '뇌파(brain wave)'라 불린다.[3] 뇌파는 뇌의 상태 및 뇌가 어떤 기능을 수행하고 있느냐에 따라 주파수가 달라진다. EEG 연구들은 주파수대(frequency band)를 기준으로 뇌파를 분류하는 경향을 띤다.

델타파는 초당 네 번까지 느리게 깜빡인다(단위는 Hz, 헤르츠). 델타파는 대체로 깊은 숙면 상태에서 발생한다. 세타파는 4~8Hz의 속도로 깜빡이고, 우리가 깨어 있지만 어딘가에 집중하지 않고 경계심을

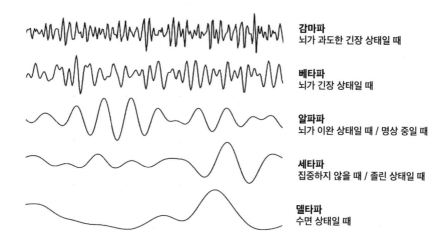

감마파
뇌가 과도한 긴장 상태일 때

베타파
뇌가 긴장 상태일 때

알파파
뇌가 이완 상태일 때 / 명상 중일 때

세타파
집중하지 않을 때 / 졸린 상태일 때

델타파
수면 상태일 때

품지 않을 때 또는 졸린 상태에서, 때로는 정신을 딴 데 두거나 선잠 상태에 있을 때 발생한다. 우리는 명상을 통해 의도적으로 세타파 영역에 들어갈 수 있다. 또 긴장이 완전히 풀린 상태, 즉 내적인 생각에도 방해를 받지 않는 상태에서도 세타파가 발생할 수 있다. 알파파는 8~13Hz의 속도로 깜빡이고, 베타파는 13~30Hz의 속도로 깜빡인다. 이때는 우리가 무언가에 집중하고 문제를 해결하고 있을 때다. 뇌가 일상적인 과제를 효과적으로 수행할 때 나타나는 주파수대이기도 하다. 끝으로 감마파는 30Hz 이상의 뇌파로서 우리가 고도로 각성한 상태에 있을 때, 예컨대 무언가를 학습할 때 나타나는 뇌파다.[4]

우리 뇌는 수행하는 과제에 맞춰 속도를 조절한다. 여하튼 우리가 주의력을 더할수록 깜빡이는 속도가 더 빨라지는 것은 분명하다. 예컨대 뇌가 문제를 해결하고 있을 때는 자원이 더 필요하기 때문에 깜빡이는 속도가 더 빨라진다. 조용히 쉬면서 명상 상태에 있을 때 깜빡이는 속도가 느려진다.

이쯤에서 깊이 생각해볼 것이 있다. 마음을 딴 데 두면 두서없이 흘러가다가 알파파 영역에 들어선다. 그런데 끊임없이 반복되는 생각을 멈추려면 두 대안 중 하나를 선택해야 한다. 첫째로는 명상을 통해 뇌의 속도를 늦추는 방법이다. 이렇게 하면 프로세서 속도가 느려져서 반복되는 생각으로부터 존재하는 데 필요한 처리 능력을 빼앗을 수 있다. 둘째로는 의도적인 집중을 통해 속도를 높이는 방법이다. 뇌가 초당 수행할 수 있는 계산 횟수를 높임으로써 처리 능력이 향상되면, 그렇게 향상된 역량만큼 우리가 집중하려는 과제에 투입할 수 있게 된다.

[√] 기억하라! 뇌가 끊임없이 반복되는 생각을 수행하는 속도는
차분하게 명상하기에는 너무 빠르고, 고도로 집중하기에는 너무 느리다.

뇌가 깜빡이는 속도를 높이거나 늦춰라. 목적 없이 떠돌지 마라. 뇌를 길들이는 가장 멋진 방법이 무엇인지 아는가? 규칙적인 명상이다. 규칙적 명상을 통해 우리는 초지각(hyperperception) 상태에 더 쉽게 도달할 수 있고 뇌의 전반적인 기능 작용을 향상할 수 있다. 위스콘신-매디슨대학교의 연구진이 확인한 바에 따르면, 선불교 승려들이 명상하는 동안 생성하는 감마파는 진폭이 극도로 높았다. 완전히 다른 영역에서 생성된 파동들이 거의 일치했고(뇌가 여러 기능을 거의 동시에 해내고 있다는 증거), 그 상태가 무척 오랫동안 유지되었다.[5]

명상 상태와 초자각 상태 사이에는 어떤 공통점이 있을까? 현재 존재하는 것을 경험하며 함께하려는 의도적인 집중 하나밖에 없으며, 이는 인간이 도달할 수 있는 최고 수준의 뇌 활동이다.

[√] 기억하라! 행복을 찾아가는 첫걸음은 주의력을 집중하는 데 있다.

복잡한 프로세서의 법칙

뇌의 한정된 자원, 과제를 전환하는 비용, 가변적인 프로세서를 한꺼번에 생각하면, 행복한 마음을 찾아가는 단축 경로는 산만한 마음을 떨쳐내고 의도적인 집중에 뇌의 한정된 자원을 투입하는 데 있다는 게 분명해진다. 이런 점에서 현재 존재하는 것에 대한 흐트러지지 않는 집중이 그렇듯이, 경험에 근거한 사고도 끊임없이 되풀이되는 생각을 완전히 중단하는 데 효과가 있다.

이것도 간단한 수학의 문제에 불과하다. 인지 능력이 필요한 과제를 수행하려면 다음 방정식이 유효해야 한다.

과제를 수행하는 데 필요한 처리 능력 + 전환 시간 = 가용할 수 있는 뇌 자원

가용할 수 있는 뇌 자원이 과제를 수행하는 데 충분하지 않다면 우리 뇌는 지시받은 과제를 우선적으로 처리하고, 나머지를 배제한다(이때 뇌에게 지시하는 주체는 우리 자신이다). 이렇게 뇌는 끝없이 되풀이되는 생각 같은 덜 중요한 과제를 중단하고 필요한 자원을 확보한다. 당신이 뇌에게 현재의 순간, 모든 냄새와 소리, 모든 감각을 충만히 경험하라고 지시하면 그 밖의 다른 것까지 생각하기에는 뇌 자원이 부족할 것이다.

[√] 기억하라! 실재하는 것에 집중하라. 그럼 머릿속의 잔소리가 중단된다!

만약 경험에 근거한 사고가 일종의 스포츠라면, 명상을 통해 그런 사고법을 부지런히 수련한 동양 종교의 승려들이 올림픽 챔피언이 될 게 분명하다.

명상은 효과가 있다

명상은 경험에 근거한 사고법을 습득하는 데 반드시 필요하다. 명상을 하면 무언가를 학습하거나 계획하고 문제를 해결하는 데 뇌를 사용하지 않는다. 여하튼 무언가를 행하는 데 뇌를 사용하지 않는다. 그저 '존재'하기 위해서만 뇌를 사용한다. 명상을 하면 뇌 자원이 세상을 있는 그대로 관찰하는 데만 전적으로 투입된다. 명상이 효과 있는 이유는 의도적인 집중으로 인해 당신이 뇌에서 활성화하고 싶은 영역만이 활성화되고, 다른 영역은 유예되기 때문이다. 집중은 가용할 수 있는 모든 뇌 자원을 소모하고 뇌 자원이 줄어들면 뇌가 깜빡이는 속도도 느려진다. 그 결과로, 당신을 속상하게 할 수 있는 생각들에 당신 마음이 오락가락할 자원이 전혀 남지 않게 된다.

명상을 진지하게 꾸준히 훈련하면 신경 가소성 덕분에 우리 뇌가 완전히 재설정된다. 보스턴대학교의 세라 라자드(Sarah Lazard)는 명상이 우리 뇌 구조에 미치는 장기적인 영향을 측정하는 연구를 진행했다. 실험에 참가한 사람들은 명상 훈련에 돌입하기 전에 MRI로 뇌 사진을 찍었고, 명상에 기반한 8주간의 스트레스 해소 프로그램에 참여해 매일 30~40분씩 명상한 뒤에 다시 뇌 사진을 찍었다. 그 결과에 따르면, 학습과 기억과 감정 조절에 관여하는 뇌 영역이 더 커졌다. 그 영역은 우울증이나 외상 후 스트레스 장애로 고생하는 사람들에게서 줄어드는 영역과 정확히 일치했다. 한편 우리에게 균형감, 공감 능력과 동정심을 주는 영역도 더 커졌고, 반대로 위협 가능성을 끊임없이 염려하며 그 결과로 스트레스를 유발하는 영역은 줄어들었다. 명상은 우리 뇌에게 가장 바람직한 영역을 사용한다. 이 연구 결과를 한마디로 요약하면 사용하는 것은 성장하고, 사용하지 않는 것은 줄어든다.

위스콘신-매디슨대학교의 리치 데이비드슨(Richie Davidson) 박사는

MRI과 EEG를 사용해 티벳 불교 승려들의 뇌를 촬영했다. 언론이 이 연구에 참가한 프랑스 작가이자 사진작가, 번역가, 불교 승려이기도 한 마티외 리카르(Matthieu Ricard)를 세계에서 가장 행복한 사람으로 선정한 덕분에, 그는 이 연구의 얼굴 마담이 되었다. 그의 뇌를 촬영한 결과에 따르면, 동정심에 대해 명상할 때 그의 뇌는 "신경과학 문헌에서 보고된 적이 없는" 수준의 감마파를 발산해냈다(의식과 집중, 학습과 기억과 관련된 뇌파). 또한 그의 우뇌 전전두피질과 비교할 때 좌뇌 전전두피질이 과도하게 반응하며, 그가 넘치도록 큰 행복감에 젖고 부정적인 것을 향한 생각이 비정상적으로 크게 줄어든 것도 뇌 사진에서 확인되었다.[6]

결론적으로 말하면 명상은 효과가 있다!

[√] 기억하라! 명상을 올바로 수행하면, 우리는 더 행복하고
더 공감하며 더 동정적인 사람으로 재설정된다.

그러나 문제가 있다. 데이비드슨에 따르면 이 연구에 참여한 승려들은 평생 명상을 수련해 평균 누적 시간이 3만 4,000시간에 달했다. 이런 이유에서 그들의 MRI 영상은 거의 초인적인 수준을 보였고, 그들은 평온함과 공감력과 동정심을 찾는 방법에서 우리 모두가 표본으로 삼아야 할 사람들이었다.

나도 그들의 발자취를 따라갈 수 있기를 바라지만, 우리가 어떻게 그 수준에 이를 수 있겠는가? 무서운 속도로 흘러가는 현대인의 삶을 고려할 때 매일 명상을 위해 시간을 할애할 수 있는 사람이 얼마나 되겠는가? 극소수에 불과할 것이다.

명상에 할애할 시간이 없다면

《행복을 풀다》의 발매를 시작했을 때 나는 세계 행복 정상 회의(World Happiness Summit)에서 연설할 기회가 있었다. 강연장에 모인 1,000명 남짓에게 연설하며, 나는 "명상하시는 분이 있습니까?"라고 물었다. 대부분이 손을 들었다. 그래서 이번에는 "지난달에 매일 명상하신 분만 손을 들어보십시오"라고 말했다. 절반 이상이 손을 내렸다. 매일 명상했다는 사람들에게 다시 물었다. "명상을 끝내고 나면 기분이 정말 좋지 않습니까?" 모두가 고개를 끄덕이며 내 말에 수긍했다. 다시 물었다. "분주한 삶으로 돌아간 후 3시간 뒤에도 좋은 기분이 유지된 분만 손을 들어보십시오." 거의 모든 손이 사라졌다.

마티외 리카르는 자신의 본분을 지키며 50년 이상 동안 명상을 수련했다. 인도와 부탄과 네팔에서 살았다. 산꼭대기의 외진 곳에 있는 그의 은신처는 2.7미터×2.7미터의 작은 오두막이고 커다란 창문 하나가 있고, 난방도 없고 온수도 없다. 삶을 편리하게 해주는 물건도 전혀 없다. 그는 그곳에서 혼자 고립된 상태에서 5년을 살았고 매일 새벽 3시 30분에 일어나 명상을 수련했다. 그를 내 팟캐스트 '슬로 모'에 초대했을 때 나는 그에게 그처럼 가혹한 환경을 어떻게 견딜 수 있었느냐고 물었다. 그는 "가혹한 환경이라고요? 내게는 세계에서 가장 편한 곳이었습니다"라고 대답했다.[7]

명상은 다른 시대와 다른 생활 방식에 맞게 개발된 수행법이다. 불교의 가르침에 따르면, 17년 이상 동안 매일 4시간씩 명상을 해야 명상실을 나와도 세상을 올바로 볼 수 있을 정도로 뇌가 재설정된다. 당신도 그렇게 할 수 있을 만큼 최대한 명상하기를 바란다. 그 보상은 엄청나다. 지금 나는 치열할 정도로 명상한다. 600일 이상 동안 하루도 빠뜨리지 않았다. 지금도 엄청난 차이를 느끼지만 내 생각에는 여전히 더 많은 변화가 필요한 듯하다. 명상에 할애할 시간이 없는데도, 명상이란 전통적인 방법이 중단 없는 행복을 찾는 데 도움을 주기에 충분한 훈련법이라고 가정한다면 하지 않을 이유가 없다.

삶의 과정에서 받는 스트레스가 견디기 힘들 정도일 때 조금이나마 깨달음을 얻은 사람은 명상실로 달려간다. 명상을 하며 의도적으로 집중할 때 스트레스가 잊히기 때문에 명상의 영향은 생생하게 느껴진다. 그러나 명상실을 나서며 다시 스트레스로 가득한 삶에 뛰어드는 순간 우리는 스트레스와 싸워야 하는 상황으로 되돌아간다. 명상이 우리에게 미치는 단기적인 영향은 누구도 부인할 수 없다. 15분만으로도 당신의 하루가 바뀌고 커다란 차이를 경험할 수 있다. 그러나 당신이 때때로 며칠씩 명상 수련을 건너뛰는 유형이라면 장기적인 효과를 기대하기 힘들 것이다. 진정한 보상을 받고 싶다면…

[√] 기억하라! 명상은 삶의 일부가 되어야 한다.

전통적인 방식으로 하루에 몇 시간씩 명상하는 것은, 삶의 현장에서 싸우며 길에서 지내야 하는 대부분의 우리가 선택할 수 있는 대안이 아니다. 그럼 우리는 어떻게 해야 할까? 현대 세계에 적합한 대안적 형태의 명상법을 찾아내야 한다. 내가 효과를 얻는 방법을 여기에서 공유해보려 한다.

현대 세계에 적합한 명상법

우리가 명상을 하겠다고 가부좌로 앉아, 엄지와 검지는 붙이고 나머지 손가락은 펴서 나란히 유지하는 친 무드라(Chin Mudra) 형태로 손바닥을 유지한 채 '옴'이라 웅얼거릴 필요는 없다. 그렇게 하지 않고도 하루의 매 순간을 현재에 완전히 존재하고 의도적으로 집중하는 자질을 함양할 수 있다. 그런 상태를 유지하기 위해 나는 두뇌 게임들을 활용한다. 그중 몇 가지를 여기에 소개했지만 모두를 이용할 필요는 없다. 당신의 마음에 드는 것만을 선택해서 의도적 집중이 삶의 중요한 일부가 되기에 충분할 정도로 훈련하면 된다.

아름다운 것 보기

나는 가능할 때마다 교통수단을 이용하지 않고 걷는다. 나는 직장이나 모임에도 걸어간다. 바쁜 경영진이면 누구나 그렇듯이 과거에 나는 걸어갈 때 전자 메일을 읽고 휴대폰으로 전화를 했으며 그날의 일정에 대해 생각했다. 한마디로 멀티태스킹에 익숙했고 덕분에 약간의 시간을 절약할 수 있었다. 게다가 모든 경영학 서적에서 그래야 좋은 것이라고 가르쳤다. 그러나 그 가르침은 잘못된 것이었다. 멀티태스킹을 통해 몇 가지 과제를 더 해낼 수 있었을지 모르지만 주의력의 분산으로 스트레스가 가중되었고, 삶을 관통하며 질주했을 뿐 삶 자체를 경험하는 기회를 잃고 말았다.

어느 날 나는 걷기가 뇌를 차분하게 해주는 놀라운 기회를 제공한다는 걸 깨닫게 되었다. 걷는 동안 아주 쉬운 과제 하나를 해내면 그것으로 충분했다. 하루에 아름다운 사진 하나를 찍는 것이었다. 이 단순한 과제를 통해 나는 내 주변을 제대로 경험할 수 있었다. 나는 아름다운 것을 찾아 주변을 눈여겨보았고, 그래서 찾아냈다. 콘크리트로 가득한 정글로 여겨지는 도시에서도 나는 예전보다 더 많은 나비, 더 많은 장미, 더 많은 웃는 얼굴을 보았다. 수년 동안 직장까지 걸어가는 40분이 내게는 분주하게 흘러가는 삶에서 벗어나는 안식처가 되었고, 사방에서 나를 에워싼 채 미친 듯이 질주하는 광기로부터 벗어나

온전한 정신을 누리는 잔잔한 오아시스가 되었다. 그 시간에는 모든 것이 느려졌고 나는 마음이 평온해졌다. 내가 주변에서 찾아낸 아름다운 것들이 내 마음을 즐겁게 해준 것만이 아니었다. 내가 아름다운 것을 찾아 정신을 집중함으로써 마음까지 차분해졌다.

좋은 노래 듣기

나는 운전할 때나 출퇴근할 때 음악을 이용해 주의력을 집중한다. 다른 일을 할 때는 주의력이 분산될 수 있어 음악을 켜지 않는다. 라디오에 여섯 곳의 방송국을 설정해두고 내가 좋아하는 노래에만 귀를 기울인다. 내 뇌에게 분명한 목표를 제시해두고 진행자가 짜증 나게 지껄여대는 소리에는 귀를 닫는다. 또 내가 좋아하지 않는 노래는 듣지 않는다. 물론 광고도 듣지 않는다. 그런 것이 라디오에서 흘러나오면 내 뇌가 금세 알아채고, 나는 다른 방송국으로 채널을 돌린다. 거기에서도 내가 좋아하는 노래가 방송되지 않으면 다시 채널을 바꾼다. 여섯 곳 모두에서 내가 좋아하는 노래를 찾아내지 못하면 라디오를 끄고, 60초를 기다렸다가 다시 켜고 앞의 과정을 되풀이한다.

이렇게 좋아하는 노래를 찾아 듣는 즐거움은 대단히 크다. 배경에서 무조건 들어야 하는 소음이 아니라 좋아하는 노래를 의도적으로 선택해 경험할 때 우리는 노랫말을 음미하고, 베이스 기타음을 비롯해 감지하기 힘든 음까지 들을 수 있다. 완전히 새로운 차원에서 음악을 경험하는 게 된다. 좋아하는 노래를 찾아 주의를 집중하는 행위 자체가 능동적인 명상 행위다. 따라서 명상이 어렵다고 말하지 마라. 명상은 무척 재밌는 것일 수 있다.

현재에 충실하기

직장에서는 밀려드는 업무와 이메일, 심지어 정치 때문에도 산만해지기 쉽다. 회의가 지루하거나 대화가 쟁점과 아무런 관계가 없으면 딴 생각에 빠져들기 십상이다. 그래서 나는 정신을 집중하려고, 슬라이드에 기록된 모든 숫자에 초점을 맞추는 방법을 스스로 터득해냈다. 나는 발표자를 멈춰 세우고 그 숫자가 무엇을 의미하고 출처가 어디냐고 묻는다. 발표자가 "어, 모, 그건 중요하지 않습니다"라고 말하면, 나는 "중요하지 않다면 그 숫자를 굳이 슬라이드에 올릴 필요가 있을까요?"라고 대답한다. 이런 과정을 거치고 나면 슬라이드가 더 명확해지고 우리 대화에서 군살이 빠진다. 또 모두가 현재에 충실해져서 중요한 것만 집중하게 된다.

나는 누군가를 개인적으로 만날 때는 핸드폰을 내려놓고 상대의 눈을 똑바로 바라보며 그에게만 집중한다. 질문을 하면 그 대답을 듣는 데 온 신경을 집중한다. 이렇게 하면 내 뇌를 진정시키고 현재를 충만히 경험하도록 훈련시키는 데 도움이 된다. 물론 내가 더 많은 것을 배우고 더 깊이 파고들어 더 나은 결정을 내리는 데도 도움이 된다. 팀원들이 자신의 의견이 경청되고 소중한 존재로 인정받고 있다는 걸 느끼게 하는 데도 도움을 준다. 이 작은 움직임 하나가 내가 사회에서 성공하는 데 밑거름이 되었고, 앞으로도 계속 도움이 되리라 믿는다.

나만의 시간 갖기

나는 혼자만의 시간을 갖으며 그 시간을 '모 타임(Mo-time)'이라 칭한다. 그 시간에 나를 보면 내가 괴이하기 보일지도 모르겠다. 아무도 없는 공간에 서너 시간마다 15분씩 우두커니 앉아 있기 때문이다. 내 손에는 휴대폰도 없다. 나는 누구에게도 말을 걸지 않고, 이메일에 답장도 하지 않을뿐더러 아무런 글도 쓰지 않는다. 내 머릿속의 생각들을 관찰할 뿐 문자 그대로 아무것도 하지 않는다. 이 훈련을 규칙적으로 실시하면 야수조차 완전히 진정시키는 침묵과 관찰 모드로 뇌를 재설정할 수 있다.

긴장 관찰하기

아주 작은 생각이라도 끊임없이 되풀이되면 내 이마와 두피의 근육에서 긴장이 느껴진다는 걸 알게 되었다. 그런 미세한 긴장까지 감지함으로써 나는 뇌를 지극히 차분한 상태로 유도하는 방법을 터득했다. 당신 몸에서 긴장이 느껴지는 부분에 주의력을 집중하는 연습을 거듭해보라. 그런 긴장을 관찰하게 되면 생각을 멈추는 게 아니라 그 긴장을 푸는 데 집중해보라. 어떻게든 긴장을 푸는 데 성공하면 생각이 실제로 멈춘다. 물론 반대로 생각을 멈추면 긴장이 해소된다. 그렇다고 두 관계가 온오프 스위치와 같지는 않다. 내가 깨달은 바에 따르면 긴장을 풀면 다른 차원의 긴장이 여전히 존재하고, 그래서 그 긴장까지 해소하지만, 때로는 또 다른 긴장이 존재하기도 한다는 것이다. 여하튼 이 방법은 생각을 쉽게 멈출 수 있기에 내가 좋아하는 방법 중하나다. 이 방법이 당신에게도 효과가 있을 것이라 장담할 수 없지만 그래도 시도해보라.

한 번에 하나씩

멀티태스킹은 신화에 불과하다. 우리가 현재 하는 과제에 주의력을 완전히 집중할 수 있는 유일한 방법은 한 번에 하나에만 집중하는 것이다. 우리가 멀티태스킹이란 덫에 빠지는 이유는 제한된 시간에 더 많은 것을 꽉꽉 눌러 담기를 원하거나, 온 신경을 쏟아 무언가를 하는 지루함을 견디지 못하기 때문이다. 우리는 더 생산적인 사람이 되려는 욕심에 운전을 하면서 전화를 하고, 일을 하면서 팟캐스트를 들으려 한다. 또 서류를 작성할 때 음악을 들으며 따분함에서 조금이나마 벗어나려 한다. 이메일을 작성하며 전화를 하거나 음악을 듣던 때를 기억에 떠올려보라. 음악에 집중하면 이메일을 작성하는 데 별다른 진전이 실질적으로 없다는 걸 인정할 수밖에 없을 것이다. 반대로 이메일을 우선적으로 끝내야겠다고 결정하면 음악은 배경음으로 변하고, 당신은 어떤 노래가 연주되었는지도 기억하지 못할 것이다.

결국 당신의 삶을 충만히 경험하려면 한 번에 하나를 해내는 데 전력을 기울여야 한다. 친구와 대화를 나누면 그 대화를 충만히 즐겨야 한다. 음악을 들을 때는 음악과 완전히 하나가 되어 춤을 춰보라. 세금 보고서를 작성할 때에도 온전히 집중하고 그 세속적인 작업을 끝내가는 과정을 즐겨라. 그럼 모든 일이 더 쉬워질 것이고 그 결과로 더 빨리 끝내게 될 것이다. 가장 중요한 것은, 그 일을 하는 과정에서 매 순간을 충만히 살게 된다는 것이다.

때때로 나는 이 훈련법을 먹는 것에도 적용한다. 한 입을 베어 먹고, 완전히 맛을 음미한다. 충분히 씹고 삼킨 뒤에 다시 한 입을 먹는다. 이른바 '마음챙김 식사법(mindful eating)'은 세련된 형태의 명상법이다. 혼합 견과류로 마음챙김 식사법을 시도해보라. 하나를 입에 넣고 맛을 충분히 음미한 뒤에 다른 견과류를 경험해보라. 훨씬 더 좋은 방법으로는 감각의 분리를 시도해보는 것이다. 자연을 관찰할 때 귀마개를 하고, 음악을 감상할 때는 눈가리개를 해보라. 스트레칭을 할 때는 귀마개와 눈가리개를 동시에 사용해보라. 이렇게 하면, 당신이 감지하려는 것에 뇌 자원 전부를 투입하는 것이기 때문에 경험의 효과를 몇 배나 높일 수 있다.

무엇을 하든 처음인 것처럼 해보라

의도적인 집중력을 키우는 또 하나의 흥미로운 비결은 어떤 과제이든 처음인 것처럼 수행하는 것이다. 호기심을 보이며 매 단계에 집중하고 최대한 잘해내려고 노력하는 것이다. 과제를 완벽하게 해내는 것도 중요하지만 더 중요한 것은 그 과정을 완벽하게 경험하는 것이다. 당신이 출근한 첫날, 첫 이메일을 보낼 때 얼마나 많이 신경을 썼고 집중했던가. 당신은 받은 이메일을 읽고 또 읽은 뒤에야 답장을 썼고, 그 답장을 저장해두고 기다렸다가 다시 읽고 손질하고 또 읽었다. 그러고도 괜찮게 쓰였는지 친구에게 물었고, 완벽하다고 느꼈을 때에야 '보내기' 버튼을 클릭했다. 매번 이런 식으로 이메일을 보내면 어떨까? 요리할 때도 조리법을 매번 읽고 조리하는 것을 맛보며 양념을 조절해보라. 비디오 게임을 할 때도 조종 장치를 처음 만지는 것처럼 해보라. 그래픽의 선명함에 탄복하고 게임의 모든 부분을 탐색해보라. 굳이 물어볼 필요가 있는지 모르겠지만 첫 키스를 기억하는가? 모든 키스를 첫 키스처럼 하지 못할 이유가 어디에 있는가? 진정으로 주의를 집중하고 싶다면 모든 것을 처음으로 하는 것처럼 최선을 다해 해보라.

바디 스캔하라

몸에서 모든 감각을 느끼려면 명상의 한 형태로 완전히 자신과 하나가 되는 의도적인 관찰이 필요하다. 머리끝부터 발끝까지 몸의 곳곳에 빠짐없이 주의를 기울여라. 당신의 몸에 귀를 기울이고 어떤 느낌인지를 찾아내라. 긴장이나 스트레스가 찾아지면 당신 자신에게 친절하도록 하라. 기지개를 켜고 아픈 곳을 부드럽게 마사지하라. 몸이 당신에게 말하려는 것에 귀를 기울여라. 몸의 소리를 결코 무시하지 말고 그 소리를 잠재우려고 약을 복용하지 마라. (이에 대한 자각 훈련을 뒤에 덧붙여두었다.)

감정 폭풍을 경험하라

감정을 감지하는 게 몸의 감각을 감지하는 것보다 더 어렵다. 감정을 감지하려면 검은띠 수준의 자각이 필요하다. 어떤 느낌인지를 찾아낸 뒤에 그 느낌을 인정하고, 그 느낌과 함께하며 최종적으로 그 느낌을 받아들이기 위해서는 의도적인 집중과 내적 성찰(introspection)이 필요하다. 내적 성찰도 명상의 한 형태다. 앞서 다룬 '감정 폭풍을 경험하라'는 자각 훈련으로 다시 돌아가서, 이 훈련을 하루의 일부로 삼거나 하루에도 서너 번씩 훈련해보라(7장 참조).

인간적인 끈으로 연결하라

주의를 집중하는 방법으로 내가 절대적으로 선호하는 방법이다. 당신이 마주치는 모든 사람과 연결하는 끈을 놓으려고 해보라. 그들의 눈을 똑바로 쳐다보고 그들의 말을 유심히 들으려고 노력하라. 휴대폰을 내려놓고 그의 에너지에 완전히 맞춰라. 그의 말을 판단하지 말고, 그의 외모에 대해서도 멋대로 판단하지 마라. 그가 어떤 감정일지 짐작하지 말고, 그가 어떤 사람이고 어떻게 그런 위치에 이르게 되었을지에 대해서도 상상하지 마라. 묻기만 하라. 그리고 입을 꼭 다물고 듣기만 하라.

우리 뇌가 떠들어대는 걸 멈추는 순간 듣는 게 말하는 것보다 훨씬 더 즐거워진다. 대화에 완전히 몰입하는 것보다 더 큰 즐거움은 없다. 다른 사람에게 함께 공유할 안전한 공간을 부여하는 것보다 더 인간적인 행위는 없다. 다른 사람의 세계에 완전히 들어갈 수 있다면 두 번의 삶을 사는 셈이고, 두 번 배우는 셈이다. 나는 인간관계 중독자다. 우리도 언젠가 만날 수 있기를 희망하지만 우리가 만나는 순간 당신도 내 진면목을 눈치챌 수 있을 것이다. 나는 이런 관계를 통해 살아 있다는 걸 느낀다.

하지만 다른 사람의 부정적인 에너지와 연결된다면 파멸로 치닫게 된다는 걸 명심해야 한다. 대화가 현실을 객관적으로 평가하는 걸 목표로 한다면 세상을 두 번 경험하는 게 된다. 그러나 대화가 불평과 불만을 주고받는 데 그친다면 둘 모두가 두 배의 힘으로 파멸의 나락에 떨어진다.

지금까지 소개한 기법들은 내가 의도적 집중력을 키우기 위해 사용하는 방법의 일부다. 마음에 들면 그대로 사용하고, 그렇지 않으면 당신만의 기법을 개발하도록 하라. 당신 뇌를 언제라도 현재에 충실하고 의도적인 집중 상태에 유도할 수 있는 방법을 찾기만 하면 된다. 현대 세계는 우리에게 생산적이고 효율적이라는 걸 증명하려면 물질세계에서 결과를 보여줘야 한다고 가르친다. 그러나 당신이 의도적인 집중력을 키우기 위해 시도하는 두뇌 게임은 물질적 이득을 전혀 만들어내지 못할 수 있지만 그렇다고 걱정할 것은 눈곱만치도 없다. 당신이 경험에 근거한 사고로 얻는 가치는 주로 내면에 느껴진다. 의도적인 집중으로 마음이 진정되고, 그 때문에 더 나은 결정을 내리는 데 도움이 된다. 또 더 많은 것을 자각하고 더 많은 정보를 얻음으로써 더 현명해진다. 이렇게 의도적 집중을 훈련하면 시간이 지남에 따라 신경 가소성의 영향으로 당신 뇌의 기본 상태는 평온한 상태가 되어, 당신이 화를 내거나 짜증을 내는 빈도도 줄어들기 마련이다. 당신 뇌에서 일어난 이런 변화는 당신에게 행복이란 선물 이외에 장기적으로 성공을 이뤄낼 가능성마저 높여줄 것이다.

나는 수년 동안 이 모든 기법을 빠짐없이 해내며 의도적 집중을 훈련하는 데 매일 3~4시간을 할애했다. 이 훈련은 명상처럼 느껴지지 않았고 고된 노동처럼 힘들게 느껴지지도 않았다. 재밌을 뿐이었고 내게 뚜렷한 영향을 남겼다. 당신도 그렇게 해낼 수 있다. 의도적 집중을 통해 당신의 삶도 달라질 수 있다. 당신도 하루의 매 순간 살아 있다는 느낌을 경험해보라.

눈치챘는지 모르겠지만 내가 위에서 두뇌 게임으로 나열한 기법들은 '모 타임'을 제외하면, 모두 외부 세계를 관찰하는 데 중점을 두었다. 그러나 우리 내면에도 탐색하고 경험해야 할 세계가 있다. 당신의 주의를 내면으로 돌리고 당신이 내면세계를 경험하는 데 도움을 줄 만한 훈련법도 적지 않다. 다음의 훈련법은 우리 몸에서 특정한 부분에 집중하고 그곳에서 생명의 기운을 느낌으로써 마음을 차분히 가라앉히는 데 사용되는 널리 알려진 명상 기법이다.

이 훈련법을 여기에서 소개하는 이유는 자명하다. 공학자가 고장 난 기계를 꼼꼼히 점검하듯이, 당신이 몸을 구석구석 철저히 점검하며 통증과 피로감 및 이상 증상이 있는 모든 곳을 완벽하게 알아내게 하는 데 있다.

자각 훈련

바디 스캔	
목표	몸을 자각하게 된다
기간	15분
반복	매일 반복하라
준비물	조용한 공간, 의도적인 집중

먼저 조용한 곳을 찾아가 적어도 15분 동안 어떤 방해도 받지 않도록 준비하라. 편한 자세로 허리를 펴고 앉는다. 두 발을 바닥에 대고 두 팔이 편안하게 느껴지는 위치에 손바닥을 놓는다. 머리부터 발가락까지 몸의 구석구석 빼놓지 않고 점검하기 시작하라.

이렇게 해보라. 주의를 머리에 돌려보라. 두통이 느껴지는가? 정확히 어디인지 짚어낼 수 있겠는가? 당신이 찾아낸 것에 어떤 조치를 취할 필요는 없다. 기억해두고 다른 곳으로 넘어가라. 이번에는 주의를 이마에 집중해보라. 조금이라도 긴장된 느낌을 주는 곳이 있는가?

다음에는 눈, 광대뼈, 코를 차례로 점검해보라. 불편한 데는 없는가? 이상한 감각이 느껴지는 곳은 없는가? 부비강은 어떤가? 귀는? 아픈 곳이 전혀 없는가?

이번에는 목구멍에 집중해보자. 아무런 느낌이 없는가? 그리고 치아. 이를 간 적이 있는가? 턱은 괜찮은가?

계속하라. 위는 괜찮은가? 최근에 소화가 되지 않은 적은 없는가? 다른 형태의 복통은? 복부 팽만감은? 불편한 데가 없는가?

폐도 건너뛰지 마라. 전반적으로 괜찮은가? 깊이 충분히 호흡하고 있는가? 이렇게 해보라. 숨을 깊이, 최대한 깊이 들이마셔보라. 서너 번 시도해보라. 평소 호흡할 때와는 다르게 느껴지는가?

목은 어떤가? 약간 뭉친 듯한 느낌이 틀림없이 있을 것이다. 머리를 좌우로 움직여보라. 괜찮은가? 이번에는 앞뒤로, 다시 좌우로 움직여보라. 아무런 문제가 없는가?

어깨도 괜찮은가? 허리도 괜찮은가? 두 다리는 어떤가? 두 발은? 피로감이 있는가?

잘했다. 이렇게 몸을 완전히 자각하는 단계를 끝냈으면, 다시 한 번 더 점검하라. 지체 없이, 전체적으로 다시 한 번 훑어보라. 처음에 인지한 모든 것을 다시 느껴보도록 하라. 하나도 빠뜨리지 않도록 하라.

이제 바디 스캔(body scan)을 어떻게 하는 것인지 알았을 테니 매일 반복해 훈련해보라. 카페, 교실, 잠자기 전의 침대 등 어디에서든 해보라. 하루에 한 번, 당신 몸과 완전히 하나로 연결됨으로써 경험에 근거한 사고법을 훈련해보라.

몸은 항상 우리에게 무언가를 말하지만 극소수만이 그 소리에 귀를 기울인다. 몸은 자신에게 필요한 모든 것을 우리에게 말하고 때로는 아픈 곳을 치료하는 방법까지 알려준다. 따라서 우리가 몸의 소리에 귀를 기울이면 많은 것을 바로잡을 수 있다.

그렇지만 흥분하지는 말자. 내가 여기에서 당신에게 알려주려는 것은 특별한 마법이나 의학적 비법이 아니다. 우리 몸을 아프게 하며 괴롭히는 통증의 대부분을 날려버리는 치유자가 될 필요는 없다. 우리에게 필요한 것은 약간의 시간과 자기애와 관심이다. 앞서 했던 것처럼 몸 전체를 점검하는 것으로 시작하라. 이때 통증을 발견하더라도 점검 자체를 멈추지는 않을 것이다. 그 통증을 치유해보려고 시도해볼 것이다.

당신이 찾아낸 통증이나 불편한 점에 차례로 주의를 집중하라. 그 통증에 관심을 쏟으며, 어떻게 해주면 기분이 나아지겠느냐고 물어

실천 훈련

자가치료	
목표	우리 몸에게 필요한 것을 주는 방법을 배운다
기간	30분
반복	필요할 때마다 반복하라
준비물	조용한 장소, 종이와 연필

다시, 행복을 풀다

라. 대답을 얻으면 지체 없이 시행하라. 여기에 비법이 있다면 머리가 아니라 몸의 소리에 귀를 기울이는 것이다. 당신의 머리는 현대 세계가 당신에게 가르쳐준 기법들, 예컨대 알약과 외과적 수술(기본적으로 돈을 주면 구할 수 있는 것)을 사용해야 당신이 치유될 수 있다고 믿도록 프로그램되어 있기 때문이다. 몸에는 실제로 그런 것들이 많이 필요하지 않다. 오히려 현대 세계의 그런 산물이 개입하는 까닭에 우리 몸이 스트레스를 더 받고 더 시달리는 것일 수 있다. 소수의 공통된 기법(아픈 곳을 마사지하고 따뜻하게 해주며, 그곳의 근육을 풀어주고 쉬게 해주는 기법)만으로도 많은 무지근한 통증은 치유된다. 어느 쪽이 낫다고 섣불리 결론짓고 싶지는 않다. 그래도 느끼는 방법을 배워야 할 필요는 있다.

몸의 소리에 귀를 기울이는 기술을 완전히 습득하도록 노력하라. 몸은 자신에게 필요한 것이 무엇인지 거의 알고 있다. 필요하면 언제라도 순서에 구애받지 말고 다양한 문제에 대해 자유롭게 이 훈련을 시도해보라. 그럼 몸이 당신에게 어디를 눈여겨보라고 말해줄 것이다. 복잡한 기계를 수리할 때처럼 이곳에서는 나사못을 풀고 저곳에서는 쪽문을 제거한 뒤에 안쪽을 들여다보며, 완전히 멈추기 전에 스위치를 조작하는 것과 같다고 생각하면 된다. 기분이 확연히 좋아질 때까지 계속 훈련하라. 가능하면 매일 반복하라. 당신에게도 분명히 도움이 될 것이다.

이 장이 당신에게 무척 단순하게 여겨졌을 수 있지만 삶을 경험한다는 것은 우리 행복에 있어서 무척 중요하다. 무한 경쟁에 가까운 현대인의 삶에서 벗어나 매순간을 충만히 경험하기 위해서는 진지한 훈련이 필요하다. 이 훈련을 당신의 삶에서 우선순위로 삼고 현실 세계를 경험해보라. 그럼 더 행복한 삶을 살게 될 것이다.

하지만 경험에 근거한 사고는 네 가지 유형의 유익한 생각 중 하나에 불과하다. 나머지 세 가지에 대해서도 계속 살펴보자. 이번에는 몇몇 문제를 해결해야 할 차례다.

11장
당신 안의 공학자:
행복하다고 생각하라

명상이 행복에 긍정적인 영향을 주기 때문에 우리는 명상을 통해 마음을 차분히 가라앉히려 애쓴다. 그런데 상당한 오해가 있는 듯하다. 적잖은 사람이 생각 자체를 나쁜 것이라 생각하며, 생각하는 행위가 우리를 불행하게 하기 때문에 명상을 통해 뇌를 조용히 시키려는 것이라 믿는다는 것이다. 그러나 이보다 진실로부터 크게 벗어난 잘못된 생각은 없다. 생각하는 행위 자체에는 본질적으로 좋은 것이나 나쁜 것이 없다. 우리 삶에서 모든 것이 그렇듯이 좋은 생각은 우리에게 좋고, 나쁜 생각은 나쁘다.

당신이 당신을 행복하게 해주고 세상을 더 나은 곳으로 만드는 긍정적인 생각을 하고 있다면 그런 생각을 계속하라. 가일층하라. 그런 생각은 많이 할수록 더 즐겁다. 마음의 평화를 얻겠다고 뇌의 입을 다물게 할 필요가 없다. 머리가 활발히 기능할 때도 우리는 마음의 평화를 얻을 수 있다. 우리에게 필요한 것은 불필요한 부정적 생각을 멈추고 긍정적이고 생산적인 생각으로 옮겨가는 것이다. 긍정적인 생각은 두 가지 면에서 우리에게 유익하다. 하나는 우리 마음을 평온하고 차분하게 해준다는 것이고, 다른 하나는 더 똑똑하고 더 효과적으로 일하게 함으로써 성공 가능성을 높여준다는 것이다. 요컨대 긍정적인 생각은 우리 삶을 더 윤택하게 해준다. 더 이상 바랄 게 있는가?

진정한 명상은 다른 사람들과 거리를 두는 게 아니다. 느긋하게 시간을 보내며 긴장을 푸는 것도 아니다. 진실에 다가가려는 시간이다. 이 여정의 첫 단계가 '마인드 트레이닝(mind training)'이라 알려진 것으로, 마음이 산만한 사람들에게 내적 성찰에 필요한 도구를 다루는 방법을 가르친다. 하지만 마인드 트레이닝의 핵심은 분석적인 명상(analytic meditation), 즉 더 차분해진 마음을 이용해서 진실에 집중하고 진실에 대해 깊이 생각해보려는 명상이다. 따라서 현실의 본질, 자아의 본질, 고통의 본질 같은 개념들을 완전히 이해하는 게 분석적인 명상의 목적이다. 이런 개념을 더 명확히 파악하는 데 수년간의 엄격한 훈련이 필요하다. 마음이 명정해지기 시작하고 몸의 움직임이 뒤따르며 마침내 열반에 도달한다.

이제 알겠는가? 열반은 '생각하지 않는 차분한 마음'이 아니다. 열반은 각성해서 명확히 보는 것이다. 열반은 절제된 분석과 숙고와 성찰이란 여정을 통해 진실에 도달한 마음이다. 목표를 조용한 뇌에 한정한 사람이 어떻게 명정한 눈으로 세상을 볼 수 있기를 바라겠는가? 생각을 멈춘다는 것은 전적으로 잘못된 목표다.

**[⭐] 매우 중요! 유익하고 긍정적인 생각을 하는 게
우리가 추구해야 할 목표다.**

우리가 뇌를 올바르게 생각하도록 유도할 때 뇌라는 야수를 진정시키는 수준을 넘어 길들이는 단계에 들어갈 수 있다. 그래야 뇌를 최악의 적에서 최고의 동맹(우리가 난제를 해결하고 상황을 파악하는 데 도움을 주는 지능)으로 바꿔갈 수 있다.

우리를 살아 있게 해주는 첫 번째 기능 다음으로 중요한 뇌 기능은…

문제 해결

우리가 문제를 해결할 때 뉴런이 머리 전체에서 활성화된다. 문제 해결과 관련된 핵심 작업은 전두전엽(prefrontal lobe)에서 이뤄지지만, 문제를 해결하려면 언어와 이해력을 사용해야 하고, 그뿐만 아니라 감각 기관들로부터 수집한 정보들, 기억 창고에서 끌어내고 감정으로부터 얻은 정보까지 통합해야 한다. 게다가 때로는 무언가를 기록하거나 자신과 주변의 것을 움직이는 운동 능력도 사용해야 한다. 따라서 문제 해결을 위한 시간이 되면 모든 관련자(여기에는 뉴런)가 준비되어 있어야 한다.

어쩌면 문제 해결은 우리가 뇌 능력을 가장 잘 보여주는 부문일 수 있다. 우리 뇌는 전혀 다른 이질적인 기능들을 조율함으로써, 오늘날에도 무언가를 제시할 수 있는 기계나 살아 있는 유기체 중에서 유일

하게 새롭고 복잡한 문제에 대한 해결책을 제시한다.

우리 뇌의 기본적인 기능은 생존인 반면에, 최상의 기능을 한 단어로 요약한다면…

지능

현대 세계의 또 다른 편견으로는 지능의 한 유형(분석적인 지능, 즉 IQ)을 다른 유형들에 비해 지나치게 미화하는 경향이 있다. IQ는 과제를 수행해서 결과를 내놓는 데 필요한 지능이다. IQ가 우리가 과제를 더 잘 해내고 성공하는 데 도움을 주는 것은 사실이지만, 그런 결과가 항상 행복으로 이어지지는 않는다.

최근에 신경과학자들은 이마 부근의 전두엽에서 일부 영역이 자제력의 중심이라는 걸 밝혀냈다. 이곳에서는 집행 기능, 예컨대 과제를 수행하거나 계획을 수립할 때 필요한 절제가 발휘된다. 가령 당신이 과제에 집중하거나 집중을 방해하는 것들을 떨쳐내려고 애쓸 때 이 영역이 특별히 활성화된다. 이 영역을 이용하는 정도에 따라 그 사람이 사회 규범을 준수하고, 유혹과 중독을 견뎌내고, 불행으로 이어지는 행동을 회피하는 능력 등 많은 중요한 능력이 예측된다. 또한 내가 저탄수화물 다이어트를 하는 동안 어떤 카페에 들렀을 때 내 눈앞에서 어른거리는 당근 케이크를 먹고 싶은 충동을 견디는 의지력도 예측된다. 앞서 다뤘던 '존재하라-학습하라-행동하라' 모형에서 '행동하라'는 부분이 필요할 때 이 능력들은 무척 도움이 된다.

IQ가 높은 사람들은 장기적인 목표를 추구하며 즉각적인 보상을 무시하는 경향을 띤다. 그들은 개인적인 행복을 비롯해 온갖 종류의 성공을 성취하는 데 도움이 되는 자극들의 우선순위를 결정하는 데 뛰어나다. 따라서 IQ가 중요하지만 우리가 행복을 찾는 데 필요한 유일한 유형의 지능은 아니다. 게다가 결정적인 것도 아니다.

정서 지능(emotional intelligence) 또는 정서 지수(Emotional Quotient, EQ)를 예로 들어보자. 여러 연구에 따르면 EQ가 높은 사람들은 행복으로 이어지는 많은 영역에서 뛰어나다. 예컨대 적극적으로 새로운 것을 경험하려 하고, 상냥해서 많은 사람에게 인기가 있으며, 인간관계의 질도 높다. 업무에서 동료들을 설득해 도움을 받는 능력도 탁월해 성공할 가능성도 높고, 약물 남용과 공격성 및 정신 질환의 징후도 전반적으로 낮다.

EQ라는 개념을 개발한 피터 샐러베이(Peter Salovey)와 존 메이어(John Mayer)는 이런 유형의 지능이 네 가지 주된 부분(감정을 식별하는 능력, 감정을 생각에 동화하는 능력, 감정을 이해하는 능력, 감정을 관리하는 능력)으로 이뤄진다고 보았다.[1] 이 네 가지 구성 요소는 우리가 5장에서 살펴본 모형과 대략적으로 일치한다. 감정을 자각하고, 감정을 야기하는 생각을 인정하며, 감정을 받아들인 뒤에 감정과 함께하는 과정 자체가 EQ의 모든 것이고, 이렇게 할 때 '존재하라-학습하라-행동하라' 모형에서 '존재하라' 부분을 완전히 습득하는 단계로 이어진다.

그 밖에도 실용 지능(Practical intelligence)이 있다. 코넬대학교의 로버트 J. 스턴버그(Robert J. Sternberg) 교수는《성공 지능》이란 책에서, 분석적 지능(IQ 테스트로 측정되는 유형의 지능)과 실용 지능, 즉 현실 세계에서 자신의 삶과 관련된 문제를 해결하는 데 사용하는 유형의 지능을 구분해야 한다고 주장했다. 실용 지능이 훨씬 더 포괄적이고 폭넓다.[2]

하지만 지능과 행복의 관계가 항상 간단히 정리되지는 않는다. 많이 생각하는 사람들이 일반적으로 덜 행복하다. 실제로는 중요하지 않은 사소한 것까지 분석하며 곱씹는 경향을 띠기 때문이다. 지금까지 대부분의 국가에서 분석적이고 비판적인 사고를 미화하는 쪽으로 가르친 탓이다. 그 과정에서 그들은 삶에서 잘못된 것을 끊임없이 찾는다. 그렇게 해서 찾아낸 것이 그들을 불행하게 만든다. 그들은 자신의 기준에 맞게 삶이 완벽하기를 바란다. 그러나 삶에는 항상 부족한 부분이 있기 마련이어서 그 때문에 그들은 다시 불행을 느낀다. 그 결과로, 높은 지능이 그들을 고통으로 몰아가는 저주, 게다가 우리 삶의 방식을 필요 이상으로 규정하는 저주처럼 느껴진다.

이 장에서는 우리 뇌를 사용하는 과제에 지능을 어떻게 적용해야 행복을 찾는 데 도움이 되는지를 살펴보려 한다. 해법을 찾아내야 할 가치 있는 문제라는 데 당신도 동의할 것이라 믿는다. 먼저 내 접근법을 최대한 간략한 형태로 요약해보려 한다. 내 접근법을 이해하면 당신만의 지능 모형에 적합하게 얼마든지 확대할 수 있을 것이다.

내 접근법에 굳이 이름을 붙인다면…

행복 흐름도

컴퓨터에게 특정한 문제를 정확하고 예측 가능하게 반복해 해결하는 방법을 지시하는 프로그램을 작성할 때 언제나 그 출발점은 그 논리형 프로그램을 '흐름도'로 요약하는 작업이었다. 지금쯤 당신도 컴퓨터가 우리 뇌와 무척 유사하다는 걸 인정하지 않을 수 없을 것이다. 따라서 행복 흐름도는 불행의 잠재적 원인들을 체계적으로 해결하도록 우리 뇌를 프로그램하는 것일 수 있다. 그 코드가 설치되면 소프트웨어가 그렇듯이 우리 뇌는 반복해서 그 역할을 해낼 것이다.

내가 팟캐스트 '슬로 모'에서 마티외 리카르와 함께 논의한 또 하나의 주제는 불행이었다. 내가 그에게 "세계에서 가장 행복한 사람이라는 스님은 항상 행복하십니까?"라고 묻자, 리카르는 크게 소리 내어 웃으며 정겨운 프랑스어 억양으로 말했다. "무슨 말씀을 하시는 겁니까, 모? 나는 거의 언제나 열불이 나서 미칠 지경입니다." 그렇다, 가장 널리 알려진 행복의 비법을 실천하는 사람도 때로는 불행을 느낀다. 불행은 생존 메커니즘이다. 불행은 우리가 삶의 행로를 바로잡는 데 도움을 준다. 누구도 항상 행복하지는 않다. 비결은 고통에 사로잡혀 허덕이는 시간을 최소화하고 행복의 상태로 최대한 신속하게 되돌아오는 것이다.

나 자신에게 부여한 사명에 부끄럽지 않게 살고, 다른 사람들에게 행복에 대해 전도하려면 행복에 관한 한 올림픽 챔피언급이 되어야 한다는 게 내 생각이다. 나는 내 행복을 무척 중요하게 여기지만 불행을 피하려고 애써 노력하지 않는다. 무언가로 인해 불행하다고 느껴지면 행복 상태로 되돌아가는 데 얼마나 걸리는지 시간을 측정한다. 믿기지 않겠지만 불행이 나를 공격하면 나는 몇 초 만에 행복 상태로 되돌아간다. 2020년 내가 몇 시간 동안 불행의 늪을 허우적댄 세 번의 경우를 제외하면, 내가 행복 상태로 되돌아가는 데 걸리는 평균 시간은 정확히 7초였다.

당신도 이렇게 해낼 수 있다. 비결은 문제를 해결하는 체계적인 방법이다. 나는 그 과정을 행복 흐름도로 요약했다. 그 흐름도가 어떻게 작동하는지 차근차근 설명해보자.

행동하기 전에 존재하라

모든 것이 그렇듯이 행복의 경우에도 행동을 시작하기 전에 약간의 존재가 필요하다. 우리는 우뇌를 다룰 때 이 흐름도에서 '존재'의 부분에 해당하는 단계들에 대해 학습했다. 이 단계들을 거칠 때는 어떤 결과도 얻어지지 않는다. 이 단계들은 당신이 존재하는 걸 도울 뿐이다. 존재한다는 것은 우리에게 최선인 것을 해내기 위해 필요한 진실을

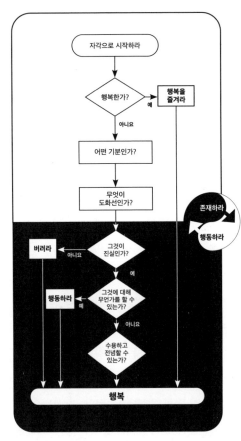

인식하는 것이다. 이런 존재의 상태에 이르는 경우에만 진정한 '행동(doing)'이 시작된다.

흐름도에서 '행동' 부분은 대체로 우리가 문제 해결에 지능을 적용하는 경우다. 행동 부분은 우리 뇌가 불행이란 생존 메커니즘에 휘말려들 때 범하는 오류를 검출해 제거할 목적에서 설계되었다. 소프트웨어 프로그램이 그렇듯이 이 부분은 우리가 매번 똑같은 단계를 따르며 오류를 바로잡고 되돌리도록 도와준다.

현대 세계의 속도와 가치관에 영향을 받아 우리 대부분은 존재 상태와 행동 상태 중 하나, 또는 둘 모두를 충만히 살지 못한다. 게다가 거의 모두가 둘 사이의 적절한 균형을 찾지도 못한다. 이 흐름도를 한마디로 요약하면 균형이다. 하나만을 완료하고 다른 하나를 완료하지 못하면 당신은 크게 좌절하고 장기적인 고통에 시달리게 된다.

흐름도에서 앞부분, 즉 '존재' 부분은 감정을 느끼고 완전히 받아들이는 방법과 밀접한 관계가 있으며, 그 방법에 대해서는 이미 앞에서 자세히 다뤘다. 흐름도에서 '존재' 부분은 세 가지 질문으로 이뤄진다.

질문 1: 행복한가?

질문 2: 어떤 기분인가?

질문 3: 무엇이 도화선인가?

항상 우리 머릿속에서 반복해 제기되어야 하는 간단한 질문으로 시작해보자. **행복한가?** 행복하다면 목표는 성취된 것이다. 그 행복을 마음껏 즐기길 바란다. 그러나 당신의 대답이 '아니요'라면 두 번째 질문으로 넘어가 그 답을 정확히 알아내는 데 우선권을 두어야 한다. 어떤 기분인가?

그 답을 찾아내려면 정교한 과정을 거쳐야 한다. 어떤 기분, 어떤 느낌인지를 인정하고 그 기분과 함께해야 한다. 그 뒤에 감정의 폭풍을 경험한다면 어떤 다른 감정이 감지되지 않은 채 당신 안에 있는지를 알아내야 한다. 우리는 그 기법들을 앞에서 훈련했다. 이 단계는 '존재'에 대한 의문의 제기일 뿐이다. 다시 말하면 당신이 무언가를 행동할 필요성에 대해 생각하기 전에 어떤 감정을 느낀다는 걸 인정할 수 있도록 자신의 감정에 마음을 열고 있느냐 묻는 것이다.

이 단계들은 7장에서 충분히 훈련한 까닭에 여기에서는 반복하지 않으려 한다. 물론 그 훈련들이 로켓 과학처럼 엄밀하고 수학적이지는 않다. 나는 그저 당신에게 당신의 감정과 접속해보라고 요구할 뿐이다. 그래서 어떤 감정과 연결되면 그 감정을 온전히 받아들이고, 세 번째 질문으로 넘어가자.

무엇이 도화선인가?

우리가 느끼는 모든 감정은 생각에 의해 야기된다. 따라서 세 번째 질문은 우리가 정확한 생각을 찾아내는 데 도움이 되고 그로 말미암아

'진짜 문젯거리'를 바로잡을 가능성이 한층 커진다. 쉽게 답할 수 있을 듯하지만 까다로운 난제가 끼어든다.

감정의 폭풍을 경험하면 여러 생각이 머릿속에 미친 듯이 몰려든다. 하나의 생각이 하나의 감정을 유발하더라도 우리 뇌는 온갖 각도에서 그 상황을 분석하기 때문에 하나의 감정이 다수의 생각을 유발한다. 그 과정에서 사건에 대한 우리의 인식이 우리가 그 상황에 대해 갖는 감정과 가정, 불안감과 해석과 뒤섞인다. 예컨대 데이트 상대가 어젯밤에 멋진 저녁 식사를 함께 한 뒤로 전화도, 문자도 없다고 해보자. 여기에는 많은 이유가 있을 수 있다. 바빴거나 휴대폰을 잃어버렸을 수도 있고, 아니면 어떤 말을 할까 생각하는 시간을 갖고 있을 수도 있다. 여하튼 생각 자체는 그 어떤 것도 당신을 불행하게 만들지 않는다. 하지만 '누구도 내 반려자가 되려 하지 않을 거야. 나는 평생을 혼자 살아야 할 거야'처럼 들리는 생각이 당신에게 불행을 유발한다.

문제의 사건은 그 사람이 전화를 하지 않았다는 것이다. 생각은? '나는 평생을 혼자 살아야 할 거야'다. 얼마나 다른가!

그 생각을 찾아내야 한다. 문제를 해결하려면 문제가 무엇인지 먼저 알아야 한다. 당신이 불행을 느끼는 이유는 평생을 혼자 살아야 할 것이라고 생각하기 때문이다. 그 생각이 사실이라면 심각하다. 누구라도 불행해질 만한 생각이다. 우리 모두가 함께 노력해 해결해야 할 문제다. 하지만 우리를 불행의 늪으로 끌고 가는 생각을 찾아내는 게 쉽지는 않다. 그 이유는, 내가 여기서 감히 주장하자면 우리 뇌가 평생 동안 한 번도, 단 한 번도 우리에게 진실을 말한 적이 없기 때문이다. 전혀! 단 한 번도!

그렇다고 내 말을 오해하지는 마라. 우리 뇌가 사악하다는 것은 아니다. 뇌는 우리의 가장 가까운 동맹이다. 뇌는 우리에게 가장 좋은 것, 물론 뇌 자신의 생각에 우리에게 가장 좋은 것을 주려고 한다. 하지만 안타깝게도 뇌도 진실을 모를 뿐이다.

우리 삶은 매일 매 순간 엄청난 양의 정보를 제공하며 우리를 자극한다. 이해하고 분석해야 할 것이 너무 많아 완전히 파악하기에는 힘에 부친다. 정직한 증인처럼 우리 뇌는 능력을 다해 사건을 묘사하겠지만, 뇌가 일어났다고 생각하는 것만을 우리에게 알려줄 수 있을 뿐이다. 그 생각의 타당성을 확실히 입증할 방법은 없다.

예컨대 당신 뇌에게 주변 공간을 정확히 묘사하라고 요구한다고 해보자. 무척 단순한 요구이지만, 그 명령을 정확히 수행하려면 수만 개의 측정점(공간을 채우는 작은 점들의 위치와 질감, 색과 냄새, 구석에 놓인 의자, 어떤 종이를 가득 채운 문자들, 전깃줄에 흐르는 전류를 형성하는 전자들, 당신 목뒤에 앉아 작은 파리까지)이 필요할 것이다. 이 단순한 사건 하나, 즉 지금 당신 주변에 있는 것을 완전히 파악하는 것도 실질적으로 불가능하다. 따라서 우리 뇌는 생각해낼 수 있는 가장 가까운 근사치를 우리에게 알려줄 뿐이다. 이 현상이 무엇을 뜻하는지 알겠는가?

[⚝] 매우 중요! 우리 뇌는 실제로 일어난 것을
우리에게 말해주는 게 아니라, 그렇게 일어났을 것이라 생각하는 것을
우리에게 알려줄 뿐이다.

또 하나의 이야기일 뿐

어느 날 어떤 이유로 한 친구가 당신을 가혹하게 대할 때, 그 사건은 가장 순수한 형태로는 '내 친구가 내게 가혹하게 말했다'라고 요약될 수 있을 것이다. 이런 종류의 사건에 당신 기분은 불행해질 수 있다. 하지만 당신의 머릿속으로 스치며 이런저런 감정을 야기하는 생각들

은 사실에 기반하지 않고 순수한 게 아닐 수 있다. '그가 나를 더는 좋아하지 않는 거야', '새 여자 친구가 그를 독점하려고 해서 나를 더는 원하지 않는 거야', '이번에 그냥 넘어가면 앞으로도 나를 가혹하게 대할 거야'부터, (그가 무척 자주 나를 친절하고 정중하게 대했다는 걸 잊은 채) '그는 항상 나를 우습게 여겼어'까지 온갖 생각이 머릿속에 밀려든다.

이런 생각들이 무척 극적일 수 있지만 그중 하나라도 그 사건의 일부로 관찰된 적이 있는가? 어떻게 당신 친구의 머릿속에 들어가 그가 당신을 더는 사랑하지 않는다는 걸 확인했는가? 당신 혼자 가정하고 상상한 게 아닌가? 그의 새 여자 친구가 그에게 당신과 가깝게 지내지 말라고 말하는 걸 직접 들었는가? 아니면 당신이 꾸며낸 이야기에 불과한 것인가? 당신에게는 미래로 여행해서 그의 무례한 행동이 계속될 것이라는 걸 확인할 만한 타임머신이 있는가? 아니면 당신 뇌가 근거 없이 내뱉은 예측에 불과한 것인가? 그가 예전에도 가혹했던가? 혹시 당신이 과장해서 생각하는 것은 아닌가?

당신 마음이 내세우는 주장의 타당성을 뒷받침할 증거가 어떤 형태로도 실제로 관찰되지 않는다면 그저 꾸며낸 이야기에 불과하다. 당신이 그런 이야기를 찾아내는 순간 당신에게 불행을 야기하던 생각도 끝장난다. 그리하여 당신은 승리를 거둔다. 세 단계만 더 가면 행복 상태로 이동하는 게 거의 보장된 것이나 마찬가지다. 그런 거짓 이야기를 꾸며낸 생각이라는 도화선을 알아내면 결국 당신을 행복으로 인도할 길로 뇌를 몰아갈 수 있다. 뇌에게는 당신을 불행하게 만든 이유를 정당화할 수 있는 근거가 언제나 있다. '내가 불행한 이유는 가장 친한 친구가 내 남자 친구를 빼앗아가고 싶어 하기 때문이다.' 당신 뇌가 이런 생각, 즉 도화선을 고백하면 장기판에서 당신의 다음 수는 정해진 것과 다를 바가 없다. 당신의 뇌는 외통수에 몰렸다. '정말이야,

다시, 행복을 풀다

뇌야?' 장군! 당신이 이겼다.

당신을 그 길로 안내해보려 한다. 이제부터 행복 흐름도에서 '행동' 부분으로 옮겨가야 한다. 이 부분에서는 **지능과 통찰력, 문제를 해결하는 능력** 및 불행을 극복하기 위한 **행동**이 사용된다. 행복 흐름도에서 행동 부분도 세 가지 질문으로 이뤄진다.

질문 4: 그것이 진실인가?

질문 5: 그것에 대해 무언가를 할 수 있는가?

질문 6: 수용하고 전념할 수 있는가?

책을 읽기 시작한 지 꽤 되었다면 일어나서 기지개를 펴고 맑은 기분으로 이후를 읽어 내려가기를 바란다. 행복 흐름도에서 행동 부분을 시작하는 질문 4는 우리가 앞으로도 반복해 묻게 될 두 번째로 중요한 질문일 수 있다.

그것이 진실인가?

믿기 힘들겠지만 나는 행복에 접근하는 방법 중 많은 것을 소프트웨어 공학자로서 배웠다. 코드를 작성해본 사람이라면 알겠지만 코드가 실행되려면 명령어와 부호, 구두점과 숫자가 100퍼센트 정확해야 한다. 5만 줄로 구성된 코드에서 어떤 한 줄의 한 글자라도 잘못되면 프로그램이 실행되지 않는다. 소프트웨어를 코딩하던 습관에서 나는 무언가를 올바르게 작동하게 하는 방법은 하나밖에 없다는 걸 배웠다. 요컨대 내 코드가 나를 행복하게 해주지 못한다면 기계(나)에게 오류가 있기 때문이 아니라, 내가 기계에 입력한 코드에서 무언가가 잘못되었기 때문이라는 걸 배웠다.

우리가 행복을 구하려 할 때 이 습관은 상당히 유용한 습관이다. 당신의 코드가 행복과 맞아떨어지는 경우에만 행복이 구해지기 때문이다. 당신의 몸을 실행하는 프로그램이 올바로 실행되는 유일한 방법은 프로그램에 진실을 제공하는 것이다.

'진실', 정말 대단히 중요한 단어다. 누가 진실을 안다고 주장할 수 있겠는가? 약간의 지혜라도 지닌 사람이라면 진실을 지향하는 게 평생의 여정이라는 걸 알고 있다. 우리는 진실이 무엇인지 모르는 경우가 많다. 그러나 좋은 소식을 전하자면 진실이 아닌 것은 언제나 감지할 수 있다는 것이다. 우리 삶에서 진실이 아닌 것을 배제하면 우리는 행복의 길에 들어설 수 있다. 행복은 진실이 밝혀질 때만이 아니라 진실로 향하는 길에서도 발견된다. 우리 삶의 작은 단편들 하나하나에서도 진실을 추구하려는 노력 자체가 행복으로 이어지는 훈련이다. 반면에 거짓인 것을 받아들이고 내면화하면 끝없는 고통으로 향하는 명약관화한 길이다. 그렇다면 우리가 진실이라 칭하는 것을 어떻게 해야 찾아낼 수 있을까? 우리 능력으로는 해낼 수 없다. 대안으로, **거짓인 것을 거부하면 된다.**

뇌가 진실이 아닌 이야기를 우리에게 속삭임으로써 우리를 불행하게 만든다면, 그런 이야기를 만들어낸 생각을 방치할 때 우리는 크나큰 대가를 치러야 한다. 따라서 우리 코드가 항상 준수해야 할 간단한 규칙이 있다면…

[⚝] 매우 중요! 나를 불행하게 만드는 무언가를 허용한다면, 그것은 적어도 진실이어야 한다.

가령 누군가 해고되었다는 통보를 받고 다음 날 아침까지 모든 소지품을 챙겨 가라는 요구를 받았다고 해보자. 그는 불안과 걱정으로 밤을 하얗게 새울 것이다. 그런데 그는 다음 날 아침 출근해서 모든 게 사실이 아니고 짓궂은 장난이었다는 걸 알게 되면 어떻게 될까? 조금도 재미없다! 당신의 뇌가 당신에게 이런 장난을 치도록 내버려두지 마라. 전혀 진실이 아닌 것 때문에 불행을 느끼며 1분이라도 보낸다면 당신의 소중한 삶을 낭비하는 게 된다. 무언가에 화를 내기 전에 그것이 진실인지 먼저 확인하라.

'대체 무슨 말을 하는 건가, 모? 내 뇌가 나에게 그처럼 못된 짓을 할 것이라고 가정하는 이유가 무언가? 우리 뇌가 거짓말을 하도록 설정되었다는 건가?' 그렇지는 않다. 다만 우리 뇌는 진실을 우리에게 말하려고 '노력'하지만 진실이 무엇인지 모르기 때문에 우리에게 현실을 잘못 알려주는 경우가 많다.

올바른 질문을 하라

과장과 해석을 배제한 진실된 진술은 대체로 사건을 무미건조하게 묘사한 말이나 글이다. 하지만 우리가 어떤 사건에 대해 생각할 때 우리 생각은 과거의 트라우마에 오염되고, 우리 기억과 뒤섞이며 감정이 끼어들기 마련이다. 게다가 이념과 미디어, 가족과 친구가 우리 머릿속에 밀어 넣은 의견에도 영향을 받는다. 이런 생각들의 밑바탕에는 항상 어떤 진실이 있다. 그러나 이렇게 추가된 것을 씻어내고 순수한 진실만을 추출하려면 어떻게 해야 할까?

나는 덧씌워진 오염물을 벗겨내고 순수한 진실에 도달하는 데 항상 도움이 되는 네 가지 규칙을 찾아냈다.

규칙 1: 일치하는 감각 인식으로 확인되지 않는 생각은 없다.

내 생각이 제시하는 것이 감각으로 확인될까? 내가 조금 전에 생각했던 게 들렸거나 보였던가? 아니면 촉각이나 미각 또는 후각으로 느꼈던가? 감각은 우리 시스템에 정보를 전달하는 유일한 통로다. 감각들이 전달한 이야기가 모여 짜깁기 되는 곳, 즉 통제 센터는 뇌다.

'내 음식에서 카레 냄새가 난다', '매운 맛이다', '온기가 느껴진다' 등은 모두 감각 기관이 전달하는 관찰이다. 반면에 '조리장은 천재야' 등은 뇌가 그런 관찰을 근거로 결론지은 이야기다. 어쩌면 그 음식은 공장에서 기계로 만들어져서 플라스틱 용기에 포장된 것이 멋진 접시에 담겨져 당신에게 주어진 것일 수 있다. 또 조리장은 어머니에게 그 한 가지 조리법을 무척 힘들게 배웠고, 그 하나의 음식을 조리하도록 고용된 완전 바보일 수 있다. 접시에 담긴 카레만으로는 진실을 알아낼 방법이 없다.

그렇다고 내가 당신의 이야기를 철저히 묵살하겠다는 것은 아니다. 당신의 이야기가 진실일 가능성은 얼마든지 있다. 그 조리장이 실제로 천재일 수 있지만 감각 정보만으로는 그 사실 여부를 증명할 수 없다.

규칙 2: '여기와 지금'을 제외하면 모든 것은 뇌가 창작해낸 픽션이다.
내 생각은 그 시간과 공간에 한정되어 있을까? 우리 뇌의 흥미로운 특징은 존재하기 위해서 타임스탬프와 공간이 필요하다는 것이다. 어떤 생각이 과거에 없었고 미래에도 없을 것이라면, 또 당신이 현재 존재하는 곳이 아닌 곳에는 없다면 현재 순간에 대한 이야기가 된다. 한편 당신이 생각하는 방식에 과거나 미래의 타임스탬프가 찍힌다면, 또 당신이 현재 존재하는 곳에 당신 생각이 집중되어 있지 않다면 당신 생각은 거짓일 가능성이 높다고 곧바로 추정할 수 있다.

예컨대 '이 모든 것이 그가 어렸을 때 어머니에게 받은 학대 때문이다'라는 생각은 당신이 직접 목격하지 않은 것을 추정한 것이다. 먼 과거와 다른 곳에서 일어난 사건에 대한 추정이다. 물론 당신이 과거의 경험을 근거로 내린 명확한 결론일 수 있지만, 어떤 의혹의 그림자도 없는 진실이라고 증명할 수 있는 결론은 아니다.

객관적으로 증명할 수 있을 때까지는 섣불리 추정하지 마라. 마찬가지로 '내일 나는 친구들에게 조롱거리가 될 거야'라는 생각도 뒷받침할 만한 증거가 없다. 미래에 대한 모든 진술은 아직 일어나지 않은 사건이기 때문에 당연히 '진실'이 아니다. 그저 우리 뇌가 만들어내는 예측에 불과하다. 또한 '내가 함께 있지 않으면 직원들이 아무것도 안 하고 빈둥대는 게 분명해'라는 생각도, 당신이 그곳에 없었기 때문에 증명될 수 없는 생각이다. 이처럼 과거나 미래라는 타임스탬프가 찍힌 이야기, 다른 곳에서 일어난 이야기에는 그 신빙성을 의심해야 할 충분한 이유가 있다.

규칙 3: 드라마는 진실이 아니다.

반드시 기억해야 할 것은 사건 자체에는 감정이 없다는 것이다. 어떤 사건이든 사실을 담은 무미건조한 단어로만 묘사될 수 있다. 당신이 무언가에 대해 생각하고 반응하는 태도에 나타나는 감정의 징후에서, 당신이 실제로 일어난 사건보다 더 많은 것에 대응하고 있다는 게 증명된다. 사건을 극화하는 능력을 지닌 뇌가 만들어낸 생각에 대응하고 있는 것일 가능성이 크다.

언젠가 한 친구가 느닷없이 소리를 지르기 시작했다. 그녀도 남자친구와 함께 전에 만난 적이 있었지만, 남자 친구의 친구이기도 한 여자가 남자 친구의 옆에 앉은 걸 보고 질투심을 느낀 게 분명했다. 그녀의 반응은 실제 사건에 비하면 지나친 것이었다. 내가 그 단순한 사건에 왜 그렇게 화를 냈느냐고 물어보자, 그녀는 "지난 남자 친구가 가장 친한 친구와 바람을 피웠거든"이라고 대답했다. 아하, 진실은 어디에 있는가?

감정이 더해진 생각은 결코 진실이 아니다. 그 결과로 얻어진 네 번째 규칙은…

규칙 4: 트라우마는 진실이 아니다.

사건이 있은 뒤에 내가 갖는 생각들이 실제로 일어난 것에 대한 것이 아니라는 걸 나중에야 깨달은 게 한두 번이 아니다. 다른 시기에 일어난 사건들, 예컨대 어렸을 때 어머니가 나를 대한 태도, 좋아하던 사람과 과거에 헤어진 과정, 내가 자란 국가의 전통, 세상은 어떻게 운영되어야 한다는 내 신념 등이 내 생각에 영향을 미쳤다. 당신은 당신 생각에 어떤 패턴이 있는지 찾아낼 수 있겠는가? 그것이 당신 생각에 트라우마, 즉 정신적 외상을 더하고 있지는 않은가? 진실을 분석하는 최적의 방법은, 당면한 사건만을 철저히 따로 떼어 숙고한다면 그 사건에 대해 어떻게 생각하는지 자신에게 묻는 것이다.

일자리를 잃을 수 있다는 두려움을 따로 떼어놓아도 상관의 행동이 정말로 걱정스러운가? 잠재적 동반자에 대한 현재의 평가가 남자(또는 여자)는 모두 그렇다는 당신의 믿음에 근거한 것은 아닌가? 교통 체증에 갇힌 현재의 조바심이 과거에 비행기를 놓쳤을 때의 영향을 받은 것은 아닌가? 어떤 사건이든 객관적으로 처리하는 유일한 방법은, 일어났을 수 있는 다른 사건들에서 비롯된 트라우마로부터 분리된 상태에서 그 사건을 생각하는 것이다.

질문을 올바로 하라

복잡하지만 이런 네 단계 추론 과정을 거치면, 이제부터 어떤 생각이 당신을 불행하게 만들 경우에 그 생각이 정말로 진실인지를 확인할 수 있다. 아니면 당신 뇌에게 '그것이 진실인가?'라고 직설적으로 물을 수도 있다. 현재의 동거인과 함께하는 게 불가능하다는 게 진실인가? 그가 어렸을 때 학대를 받은 게 진실인가? 당신이 친구들에게 조롱거리가 될 것이라는 게 확실한가? 조리장이 천재라는 게 진실인가?

진실을 찾아내기 위해서는 올바른 질문(그것이 진실인가?)을 하는 것만으로는 부족하다. 올바른 질문을 올바로 제기해야 한다. 당신 뇌가 당신을 긴 푸념으로 끌고 들어가지 않도록 해야 한다. 정확한 대답으로 이어지도록 질문하는 방법은 대화 기법에서 폐쇄형 질문(closed question, '그렇다/아니다'로밖에 대답할 수 없는 질문)으로 알려진 것이다.

가령 내가 당신에게 '이 페이지는 무슨 색인가?'(개방형 질문)라고 물으면 당신은 장황하게 대답할 수 있다. "언젠가 내가 이 책을 자동차 계기판 위에 올려두었는데, 그날이 하필이면 엄청나게 뜨거운 여름날 중 하루였지. 나는 온종일 땀을 흘려서 차가운 음료를 사 먹으려고 슈퍼마켓 앞에 자동차를 멈췄어. 그때 오래된 친구로 자신의 에고와 힘겹게 싸우고 있던 푸키에게 전화가 걸려왔어. 우리는 한동안 가벼운 이야기를 나누었지. 솔직히 말하면 나는 전화가 끝날 때까지 시원한 그늘에서 머물고 싶었거든. 덕분에 전화를 끝내고 자동차에 돌아갔을 때까지 이 책은 뜨거운 햇살을 고스란히 받고 있어야 했지. 아마 45분쯤, 아니 한 시간이었을지도 모르겠군. 그 햇살에 이 페이지의 색이 약간 바랜 것 같아. 그러나 너도 보다시피, 모서리 쪽만 약간 바랬을 뿐이야. 그래서 이 페이지가 흰색이라 말하고 싶지만 더는 그렇게 말할 수가 없네. 어쩌면 약간 노란빛을 띤다고 말할 수 있지 않을까.

그게 아니면 이 색을 어떻게 말해야 하지? 옅은 카페오레색? 크림색? 사실 나는 잘 모르겠어."

간단하지만 '개방적인' 질문에 대한 장황한 대답이다. 재밌는 대답이라 평가해주면 고맙지만 내 질문에 대한 실질적인 대답은 아니다. 달리 말하면 나는 당신에게 더 '폐쇄적인' 형식으로 물었어야 했다. '이 페이지는 흰색인가?' 이런 형식의 폐쇄형 질문에는 '예'나 '아니요'로 대답할 수밖에 없다. 이 페이지가 정확히 무슨 색인지, 이 페이지와 관련해서 어떤 삶의 이야기가 당신을 현재 위치에 이끌었는지는 실제로 중요하지 않다. 이 페이지가 흰색이면 '그렇다', 그렇지 않고 다른 색이면 '아니다'가 정답이다. 간단하지 않은가.

그런데 당신의 뇌가 자기주장을 고수하고 그 주장이 진실이 아니면 어떻게 될까? 그럼 당신 뇌에게 그 주장이 진실이라는 걸 증명하라고, 즉 진실이라는 증거를 제시하라고 요구하면 된다.

언젠가 내가 몬트리올에 사는 아야에게 방문했을 때였다. 우리는 약간 입씨름을 벌였고 대화가 점점 뜨겁게 달아올랐다. 그래서 나는 아야에게 내 생각을 정리할 겸 외출해서 커피를 마시고 오겠다고 말했다. 그리고 나중에 맑은 정신으로 더 차분하게 그 문제를 따져 보자고도 덧붙였다. 그리고 내가 집 밖으로 나오자마자 내 뇌는 굳게 마음을 먹은 듯이 '아야는 너를 더 이상 사랑하지 않아!'라고 말했다.

이해해주길 바란다. 아야는 내가 이 땅에서 가장 사랑하는 사람이다. 우리는 아버지와 딸로서도 무척 가깝지만 서로 최고의 친구라 생각한다. 따라서 내 뇌가 그런 터무니없는 주장을 했을 때 나는 몬트리올의 차가운 길거리 한복판에 멈춰 서서 뇌에게 소리쳐 말했다. "빌어먹을 놈, 방금 뭐라고 말했어? 어떻게 그런 주장을 할 수 있어? 그렇게 주장한 증거가 뭐야? 우리가 왓츠앱에서 주고받은 메시지는 모두 뭐야? '보고 싶어요'라는 메시지와 입맞춤하는 이모티콘은 또 뭐야? 내가 도착했을 때 아야의 진심어린 포옹과 눈에 가득한 행복감은 어떻게 된 거야? 어떻게 그 모든 걸 무시할 수 있는 거야? 친구들도 말싸움을 해. 다 그런 거라고. 아야는 나를 사랑해. 나도 아야를 사랑하고. 너는 그런 터무니없는 거짓말을 한 걸 부끄럽게 생각해야 할 거야."

그렇다, 거짓말하는 뇌는 이런 식으로 다뤄야 한다. 한 시간 뒤, 우리는 다시 만났고 따뜻한 포옹을 나누었다. 그리고 문젯거리를 해결하고 사소한 것에도 함께 웃으며 저녁 식사를 하러 나갔다.

어떤 생각이 진실로 여겨지기 위해서는…

[√] 기억하라! 당신 뇌가 그렇게 생각하며
주장하는 증거를 제시해야 한다.

증거가 없으면 뇌의 부정적인 생각은 곧바로 거짓으로 추정되어야 한다. 이제 당신이 생각하는 게 거짓이라고 뇌가 인정하면 **지체 없이 그 생각을 버려라.** 삶의 짓궂은 장난에 불행을 느끼며 1분이라도 소중한 삶을 낭비하지 마라. **진실이 아닌 것에 화를 내고 속상해할 이유가 어디에 있는가?** 하지만 적절한 조사가 있은 뒤에도 그 주장이 진실이면 행복 흐름도에서 다음 질문으로 넘어갈 수 있다.

그것에 대해 무언가를 할 수 있는가?

우리에게 고통을 주는 유형의 생각, 예컨대 끝없이 되풀이되는 생각은 반복되는 경향을 띠지만 쓸모없는 경우가 많다. 그런 생각은 왜 우리가 불행하다고 느껴야 하는지를 반복해 말해줄 뿐이다. 그런 생각은 우리에게 도움이 되지도 않고 기분이 나아질 방향이나 길을 찾을 수 없게 만든다. 그런 생각은 우리에게 경각심을 심어줄 목적에서 설계되었다는 걸 제외하면 모든 면에서 쓸모가 없다. 이런 생각은 우리 주변 환경 내의 무언가 때문에 뇌가 기대하는 안전하고 바람직한 삶의 모형이 충족되지 않는다고 우리에게 말하는 경보 장치에 불과하다. 당신 머릿속에서 끝없이 되풀이되는 생각을 존재의 목적, 즉 시끄러운 경보로 생각한다면 그 경보에 어떻게 대응하는 게 좋겠는가?

[√] 기억하라! 경보가 울리면 그에 대응해서 무언가를 해야 한다.

가만히 앉아서 그 시끄러운 소음을 견뎌봐야 무슨 소용이 있는가? 경보는 행동을 촉구하는 소리다. 따라서 건물 밖으로 나가야 안전을 보장받는 동시에 그 소음으로부터 벗어날 수 있다.

가령 '가장 친한 친구와의 관계가 얼마 전부터 좋지 않아'라는 생각이 당신에게 불행을 야기한다고 해보자. 당신 자신에게 이렇게 물어보라. 그 생각이 진실이어서 둘의 관계가 정말 얼마 전부터 악화되었다면 그런 생각에 매달린다고 달라지는 게 있는가? 당신을 스스로 학대한다고 둘 관계가 개선되는가? 구석에 앉아 눈물을 흘리며 6시간을 보내면 그 친구가 불쑥 나타나서 상황을 단숨에 바꿔주는가? 고민한다고 무슨 도움이 되는가? 화재 경보를 듣고도 우두커니 앉아 있는 것처럼 고민한다고 달라지는 것은 없다. 시끄러운 소음을 계속 견뎌야 할 뿐이다.

현재 상황을 바꿀 수 있는 유일한 것은 '행동하는 것'이다. 따라서 그것에 대해 무언가를 한다는 것은…

[√] 기억하라! 행동을 취하라.

그냥 무언가를 해보라. 휴대폰을 쥐고 그 친구에게 만나서 상의할 게 있다는 문자 메시지를 보내라. 둘의 관계를 이 지경까지 악화시킨 당신의 행동을 인정하고 현재 상황을 개선할 계획을 함께 세워라. 당신이 친구에게 요구하고 싶은 것을 숨김없이 말하라. 이런 조치에도 효과가 없으면 이제 헤어질 때가 된 것이라 생각하라.

당신이 어떤 행동을 취하든 간에 끝없이 되풀이되던 생각의 경적이 멈추고 불행하다는 느낌도 사라질 것이다. 무엇보다 상황이 변하며 당신의 삶이 조금이나마 더 나아질 것이다.

간단하게 들리는가? 그렇다. 그 이유는…

[⚝★] 매우 중요! 불행하다고 느끼며 삶을 낭비하지 말고, 당장 일어나 무언가를 하라.

행동에 돌입하면 기분이 더 나아지기 시작할 것이다. 무언가를 하겠다고 생각하는 것만으로도 기분이 나아질 것이다. 그 이유는 가능한 것에 대해 생각하는 적극성이 체념과 무력이란 부정성을 제거하기 때문이다. 또 문제를 해결하려는 생각이 전전두피질을 활성화하며 불행을 야기하는, 끝없이 되풀이되는 생각을 대체하기 때문이다.

[√] 기억하라! 문제를 반드시 해결할 필요까지도 없다. 해결책을 찾겠다는 단순한 행동만으로도 불행이 사라진다.

흔히 우리가 행동을 미루는 이유는 무엇을 해야 할지를 모르기 때문이거나 우리 행동이 충분히 좋은 결과를 낳지 못할까 봐 두려워하기 때문이다. 우리는 우리 행동을 완벽한 해결책이 아니라고 생각하며 행동하는 걸 자제한다. 그러나 상황은 우리 생각보다 훨씬 단순한 경우가 많다. 더욱 중요한 것은, 우리가 선택한 행동이 상황을 완전히 해결하지 못하더라도 우리를 올바른 방향으로 분명히 끌어갈 무언가를 한다는 자체가 아무것도 하지 않는 것보다 낫다는 것이다. 이쯤에서 당신을 어떻게든 행동하도록 자극하는 데 도움이 되고 단시간에 효과를 기대할 수 있는 훈련법 하나를 소개해보자.

당신의 마음 한구석을 차지하고 오래전부터 당신을 괴롭히던 무언가가 틀림없이 있을 것이다. 이제 그 해묵은 골칫거리를 처리할 때가 되었다. 적어도 30분 동안 사색하며 보낼 계획을 세우고 연필과 종이를 갖고 조용한 공간을 찾아가라. 먼저 최근에 당신에게 불행감이나 부정적인 감정을 주었던 세 가지 문젯거리를 쓰고, 그 문제들을 하나씩 되짚어보며, 당신을 불행하게 만든 생각이 진실이었는지를 판단해보라. 그 생각이 진실이라면 당신 자신에게 '그 문제를 바로잡기 위해, 이 상황을 개선하기 위해 내가 어떻게 해야 할까?'라고 물어라.

상황을 개선하기 위해 취해야 할 세 가지 행동을 써보라. 무엇을 하고, 제대로 해내기 위해 어떻게 할 것인지를 구체적으로 써라. 예컨대

자각 훈련

이럴 때는 이렇게	
목표	문젯거리를 완전히 해결하지는 못하지만 어떤 상황에서나 취할 수 있는 여러 가능한 행동을 알게 된다
기간	30분(×3)
반복	일주일에 한 번
준비물	무엇에도 방해받지 않을 만한 조용한 장소 연필과 공책

당신이 계획하고 있는 조치가 무언가가 제대로 진행되지 않고 있다는 걸 상관에게 설명하는 것이라면, 상관이 당신의 관점을 충분히 이해할 수 있도록 당신 계획은 무엇이고 어떻게 추진할 것인지를 무척 구체적으로 설명해야 한다. 당신이 계획하는 행동을 언제까지 완료하겠다고 날짜를 못박아두는 것도 좋은 방법이다.

가능하면 지금 당장 행동하는 게 훨씬 더 낫다. 기다리지 마라. 당신이 계획하는 행동이 친구에게 메시지를 보내거나 서비스 제공자에게 전화를 거는 것이라면, 그런 계획을 세우자마자 곧바로 휴대폰을 들고 문자를 보내거나 전화를 걸어라. 바로 그 자리에서!

30분의 여유가 더 있다면 다른 종이를 준비하는 것부터 시작해서 역시 당신을 불행하게 만드는 다음 문젯거리를 해결해보라. 현재 당신을 괴롭히는 모든 문제를 바로잡을 때까지 이 과정을 반복하라. 이 훈련을 처음 시도할 때부터 이 훈련이 당신의 삶과 행복에 가져다주는 가치를 느낄 수 있을 것이다. 이 훈련을 습관화하라. 일주일에 적어도 한 번 이상 반복하라. 어쩌면 30분 내에 문제가 해결될지도 모른다. 그래도 문제가 해결되지 않으면 문제가 해결될 때까지 더 많은 시간을 할애하라. 그렇지 않으면 당신이 작성한 목록에서 다음 문젯거리로 넘어가라.

행복은 전적으로 당신 책임이라는 걸 깨달아야 한다. 행복으로 가는 길을 방해하는 문젯거리들을 해결하기 위해 일주일에 한두 시간의 할애는 그야말로 가치 있는 투자인 게 분명하다. 무언가가 당신을 괴롭히고 있다면 그것에 대해 무언가를 하라. 행동을 시작하면 끝없이 되풀이되는 생각이 중단된다. 결과와 성과에 신경 쓰지 말고 그 무익한 것에 소모되던 뇌 자원을 유익한 생각에 투입하라. 그렇게 할 때 당신의 마음이 평온해질 것이다.

이제 마지막 질문으로 넘어갈 시간이다.

수용하고 전념할 수 있는가?

삶이 간혹 우리를 궁지에 몰아넣을 때 우리를 불행하게 만들고 있는 것에 대해 어떤 조치도 취할 수 없다면 어떻게 될까? 우리가 직장을 잃으면 어떻게 될까? 이미 엎질러진 물이고 되돌릴 수 없다면 어떻게 될까? 통증이 극심한 병에 걸렸다는 진단을 받으면 어떤 기분일까? 사랑하는 사람을 잃고 그 관계를 되돌릴 방법이 없다면 어떻게 될까? 누군가 당신 물건을 훔쳤다면 어떻게 될까? 모든 재산을 잃어버리면 어떻게 될까?

나는 당신이 상상할 수 있는 것보다 더 많이 그런 상황을 겪었고, 심지어 사랑하는 아들 알리를 잃은 걸 비롯해 위에서 나열한 모든 상황을 경험했다. 삶의 현실이 나를 짓눌렀을 때 나는 불행을 견제하는 궁극적인 방어기제, 즉 **전념과 수용**(Committed Acceptance)에 의지했다.

삶은 가혹하기 이를 데 없어 우리가 어떤 변화도 시도할 수 없는 상황을 때로는 우리에게 안긴다. 주변을 둘러보면 많은 사람에게 그런 상황이 이미 현실인 걸 확인할 수 있다. 수십 억 명이 선택의 여지도 없이 가난하게 태어난다. 수백만 명이 중대한 질병을 진단받고, 수백만 명 이상이 만성 질환을 안고 살아간다. 또 수억 명이 수용소나 전쟁 지역에 갇혀 지내고 현대판 노예로 지낸다. 수십 억, 어쩌면 거의 모두가 사랑하는 사람을 잃어야 한다. 이런 이야기에 비할 때 당신의 이야기는 어떤가?

우리를 압도하는 가혹한 사건은 어쩔 수 없는 현실이다. 그런 사건을 인정하고 수용하는 법을 배워야 한다. 그것이 행복한 삶을 살아가는 규칙의 하나다. 수용은 우리에게 자신의 운명과 행복 상태를 선택

다시, 행복을 풀다

하는 궁극적인 힘을 준다. 삶이 항상 쉽지는 않다는 걸 인정하고 현실적으로 기대하는 순간 삶이 우리에게 주는 것 때문이 아니라, 삶이 우리에게 주는 것을 대하는 방법을 스스로 선택할 수 있기 때문에 우리는 항상 행복한 쪽을 선택할 수 있다.

그러나 그렇게 하겠다고 종이에 쓰는 것만으로는 그 목표를 성취하는 데 아무런 도움이 되지 않는다. 허락한다면 내가 사용하는 방법을 여기에 소개하고 싶다. 나는 삶에서 모든 사건, 심지어 고통까지도 좋은 면이 있다고 믿는 쪽을 선택한다. 어떤 것도 전적으로 나쁘지는 않다. 어떤 상황에서 좋은 면을 보지 못하기 때문에 우리는 한쪽으로 편향된다. 우리는 우리에게 주어진 상황에 반발하고 불평을 늘어놓는다. 그러나 내가 '지우개 테스트(eraser test)'라 칭하는 간단한 자각 훈련을 통해 좋은 면을 어렵지 않게 찾아낼 수 있다.

나는 개인적으로 운영하는 행복 워크숍에서 수만 명의 참가자에게 삶의 과정에서 가장 가혹했던 시기를 되돌아본 뒤에 자신에게 이렇게 물어보라고 요구한다. 당시 사건을 지우면 그로부터 야기된 모든 다른 사건까지 지워진다는 걸 알게 되더라도 당신 삶에서 그 사건을 지우겠는가? 과거에 겪은 역경을 지우면 지금의 당신과는 다른 사람이 된다는 걸 알게 되더라도 그 역경을 지우겠는가? 힘들었던 시기를 지우면 그런 고통을 겪은 결과로 얻은 모든 지식과 발전, 우정과 관계까지도 지워진다는 걸 알아도 삶에서 다른 길을 취했겠는가? 이런 질문에 대부분은 깊이 생각한 뒤에 대답하기를…

[✦] 매우 중요! 나라면 어떤 것도 지우지 않을 것이다.

우리가 현대 세계에서 마주치는 진정한 영웅은 마블 코믹스 만화와 영화에 등장하는 인물들이 아니다. 그들은 가슴앓이와 재난을 진실한 마음으로 받아들이며 자신들의 진정한 실재(true essence)를 드러낸 사람들이다. 내가 본보기로 삼는 인물 중 하나는 자신의 영웅적인 여정을 고전적인 저작《죽음의 수용소에서》에 담아낸 빅터 프랭클이다. 그 책에서 프랭클은 제2차 세계대전 동안 강제 수용소에서 겪은 경험을 기록했다. 강제 수용소에서 그는 충분한 음식이나 매섭게 추운 겨울에 적절한 옷을 제공받지 못했을 뿐만 아니라 고문을 당해 죽음의 문턱까지 떠밀렸다. 게다가 주변 사람들의 죽음과 처형 장면을 목격했다. 그의 어머니와 부인, 아버지와 형제도 모두 수용소에서 목숨을 잃었다. 삶의 가혹함이 우리에게 등을 돌린 실제 사례다. 프랭클의 고통은 다행스럽게도 우리 대부분이 앞으로도 경험하지 않을 수준의 것이었다.

프랭클은 재소자가 두 유형으로 나뉜다는 걸 알아냈다. 하나는 믿음과 희망 및 삶의 의미를 잃는 부류였고, 다른 하나는 그렇지 않은 부류였다. 후자는 삶을 극복해야 할 도전으로 보았고, 가혹한 역경을 배우고 발전할 기회이자 미래의 삶에서 더 큰 사명을 맡기 위해 준비하는 과정으로 보았다. 이렇게 생각하는 사람들이 살아남을 가능성이 더 높았다. 프랭클은 자신이 겪은 경험을 바탕으로 강연할 계획을 세웠다. 그렇게 함으로써 그는 현재의 삶을 더 객관적으로 바라볼 수 있었다. 그는 현재 겪는 경험을, 미래에 함께 공유할 것을 학습하는 기회로 보았다. 그의 책을 읽으며 내가 배운 것이라면 **고통에서 의미를 발견하는 순간 고통이 더는 고통스럽지 않게 된다**는 것이다. 프랭클에게 고통은 포용하고 받아들여야 할 과제였다.

우리가 삶이란 도전을 받아들이는 데 도움을 주는 또 하나의 기본적인 요소는 우리가 결코 무력한 존재가 아니라는 확신이다. 가혹하기 이를 데 없는 상황에서도 우리에게는 비록 작더라도 행동과 마음가짐을 통해 그 상황에 긍정적으로 영향을 미칠 힘이 아직 있다.

사건과 그 사건에 대한 당신의 반응 사이에는 간극이 있기 마련이다. 그 간극은 삶이 당신에게 통제권을 넘겨주는 완충의 시간이다. 이때 당신은 어떻게 반응할지를 결정한다. 그 사건으로 이어진 원인이나 그 사건에서 비롯되는 결과 같은 외적인 힘까지 당신이 통제할 수는 없다. 그러나 당신 안에 있는 힘과 그 힘을 현실 세계에 드러내는 방법은 당신이 얼마든지 통제할 수 있다.

우리 중에는 상황의 피해자, 이야기의 객체, 즉 어떤 사건을 수동적으로 겪을 수밖에 없는 사람으로 자신을 생각하는 사람이 적지 않다. 반면에 어떤 사람은 자신을 주체, 즉 상황에 영향을 주고 게임을 자신에게 유리한 쪽으로 돌리는 힘을 지닌 사람으로 생각한다. 객체가 되는 사람들은 체념하고, 삶에 대해 불평하며, 사태를 바로잡고 재앙을 처리해줄 외적인 힘을 하염없이 기다리는 무력한 어린아이처럼 행동한다. 한편 주체가 되는 사람들은 책임을 떠안고 적극적으로 사태 해결에 참여한다. 그들이 불안을 완전히 잠재우지는 못하더라도 상황을 더 나은 방향으로 끌어간다. 당신에게 어느 쪽으로 반응할지 선택할 자유가 있다는 걸 확신하면 당신 안에 존재하는 회복 탄력성도 어렵지 않게 찾아낼 수 있다. 삶이 당신에게 어떤 어려움을 주느냐는 중요하지 않다. 중요한 것은 당신이 어떻게 대응하느냐는 것이다. 당신의 존재에 대해 갖는 당신의 마음가짐이 결국 모든 차이를 만들어낸다.

빅터 프랭클의 말을 인용하면,

[√] 기억하라! "사람에게서 모든 것을 빼앗을 수 있지만,
한 가지, 자신의 마음가짐을 선택할 수 있는 자유는 결코 빼앗지 못한다."

나는 무슬림 공동체에서 자랐다. 통제할 수 없는 삶의 상황에 굴복한다는 개념은 이슬람 문화의 근간이다. 이슬람(Islam)이란 단어 자체의 의미가 굴복이란 행위를 통해 마음의 평화를 얻는다는 것이다. 그러나 이슬람 사회에서 말하는 굴복은 체념이나 단념을 넘어선다. 우리가 구하는 평화는 수용(acceptance)만이 아니라 그 뒤에 따르는 행위, 즉 전념(commitment)에서도 찾아진다.

우리는 무언가를 수용할 때 삶에서 우리 위치를 재조정한다. 더는 압력에 짓눌려 웅크리지 않고 새로운 기준선에 당당하게 서서 가능성의 지평선을 바라본다. 지금까지 삶을 어떻게 살았는지 뒤돌아보지 않고 현재의 위치를 내려다보며 인정한다. 그러고는 눈길을 미래로 돌린다. 멀리 앞쪽을 바라보며 힘차게 달릴 준비를 한다.

이제 당신이 승리할 차례다. 당신이 진정한 게임 체인저로 등장하기에 충분한 공간이 있다. 전념하라! 당신에게 지금 닥친 역경을 되돌릴 수는 없다는 걸 깨달아야 한다.

해고된 일자리를 다시 얻지 못할 수 있지만 자신을 개발하고 더 나은 일자리를 찾아내는 데 전념할 수는 있다. 잃어버린 것을 되찾지 못할 수 있지만 회복을 위해 최선을 다하는 데 전념할 수는 있다. 내가 알리를 다시 데려올 수 없듯이, 당신도 잃어버린 사람을 영원히 다시 데려오지 못하겠지만 그의 명예를 기리고 그를 추념하며 하늘나라에서 잘 지내기를 기원하는 데 전념할 수는 있다.

♪♫

〈일생일대의 모험(Adventure of a Lifetime)〉

콜드플레이(Coldplay)의 이 마법의 노래를 틀어놓고, 당신이 지금 경험하는 압박감이 결국 당신을 다이아몬드로 바꿔갈 것이라는 걸 기억하라. 온갖 난관에도 불구하고, 당신이 원하는 것은 모두 꿈꾸기에 달렸다. 아름답지 않은가!

다시, 행복을 풀다

우리는 많은 것을 상실했음에도 불구하고, 아니 많은 것을 상실한 까닭에 세상을 더 나은 곳으로 만들어가는 데 전념할 수 있다. 우리에게 닥친 역경에 대해 아무것도 할 수 없을 때는…

[✦⭑] 매우 중요! 수용한 뒤에 오늘보다 내일을, 내일보다 모레를
조금이라도 더 낫게 만드는 데 전념하라.

알리를 추념하는 방법으로 '10억 명 행복 프로젝트' 이외에 내가 찾아낸 또 하나의 방법은, 알리가 열렬히 받아들였던 삶을 경험하는 것이었다. 이렇게 접근하자 나는 알리와 함께하고 있다는 느낌을 받았을 뿐만 아니라, 알리가 한때 이곳에 있었고 자신의 존재로 우리 삶을 행복하게 해주었다는 사실을 끊임없이 다시 떠올릴 수 있었다. 말하자면…

[✦⭑] 매우 중요! 무언가를 잃어버리려면
먼저 그것을 갖고 있어야 한다.

역경을 제대로 느끼려면 먼저 편안함을 경험했어야 한다. 도전받고 있다고 느끼려면 더 어려운 시기를 번영과 몰입의 시기와 비교할 수 있어야 한다. 우리가 망각해서 상실감에 집중함으로써 역경과 상실 전의 삶을 다시 경험하게 되면 감사하게 생각해야 한다. 삶이 항상 힘든 것은 아니며 지금의 나쁜 상황도 결국 지나갈 것이라는 걸 깨닫게 된다.

나는 알리가 했던 많은 것을 통해 알리의 삶을 다시 살았다. 알리가 좋아했던 노래를 들었고, 알리의 친구들을 자주 만났다. 게다가 알리만큼 뛰어난 비디오 게이머가 되어 알리를 추념하기로도 마음먹었다.

알리가 우리 곁을 떠나고 6년이 지난 지금, 나는 난이도 '전설'급에

올라선 비디오 게이머가 되었다. 예전부터 내가 비디오 게임의 달인은 아니었다. 알리가 살아 있을 때 우리는 자주 〈헤일로(Halo)〉라는 게임을 함께 했다. 당시 내가 감당할 수 있는 최고 수준은 '어려움'이었지만, 알리는 '전설'급에서 게임을 했고 그들 중에서도 최상급이었다. 게임에서 까다로운 부분에 들어서면 나는 우왕좌왕 허덕였지만 알리는 자연 한복판에서 물길을 따라 걷는 것처럼 여유롭게 그 부분을 빠져나갔다. 알리는 어떤 단계에 연연하는 것 같지 않았다. 내가 알리를 추념하려고 비디오 게임의 달인이 되기로 결심하기 전까지는 알리가 어떻게 그런 난관을 헤치고 나갔는지 짐작조차 할 수 없었다.

마침내 '어려움'에서 '영웅' 단계로 한 단계 올라섰을 때 그 게임을 보는 내 인식은 완전히 달라졌다. 게임의 난이도가 내가 지닌 능력을 약간 상회할 때 나는 더 쉽게 몰입되었다. 내가 알기에도 직관적으로 이해되지 않는 현상이지만, 실제로 그랬다. 게임의 난이도를 한 단계 높여 재설정한 순간 내 기대치는 낮게 재설정되었다. 말하자면 모든 임무를 첫 시도에서 끝낼 수 있을 것이라고 기대할 수 없었다. 대신 앞으로 줄줄이 나타날 더 어려운 임무를 해내는 데 필요한 기술을 쌓을 때까지 상황은 어려울 수밖에 없을 것이라고 현실적으로 생각하는 방법을 배웠다.

또한 나는 알리를 자랑스럽게 만들고 싶었기 때문에 내가 일정한 수준에 올라설 때까지 거쳐야 하는 모든 단계를 훈련과 연습으로 보았다. 그러자 마법 같은 변화가 일어나기 시작했다. 갑자기 부담감이 사라졌고 어려운 도전을 즐길 수 있게 되었다. 오히려 게임의 수준이 더 어렵기를 바라기도 했다. 더 어려워지면 당연히 내 능력치도 올라갈 게 분명하니까. 임무에 실패하면 내 준비가 소홀했다는 걸 수긍했고 그 결과 더 전념하게 되었다. 내 실수를 객관적인 눈으로 분석한 뒤에 게임에 다시 뛰어들어 시도하고 또 시도했다. 어떤 때는 임무를 서둘러 끝내려고도 하지 않았다. 내가 원한 것은…

[√] 기억하라! 다음에 시도할 때는 전보다 조금 더 나아지는 것이다.

당신의 삶에 이 방법을 시도해보라. 그럼 삶이 게임처럼 느껴질 것이다. 그렇다면 우리가 삶의 과정에서 놓치고 있는 가장 큰 비밀은…

[√] 기억하라! 삶에서 승리라는 것은 없다.
더 많이 배우고 더 나아지는 기회만 있을 뿐이다.

나는 이런 새로운 마음가짐으로 무장하고 하루에 45분씩 넉 달 동안 매주 네 번씩 〈헤일로〉 게임에 몰입했고, 마침내 전설급으로 그 게임을 끝냈다. 현재 나는 세계 전역의 게임자 중 상위 0.2퍼센트에 속해 있다. 내 나이의 게이머로서는 나쁘지 않은 성적이다. 알리야, 너도 아빠를 자랑스럽게 생각하기를 바란다. 네가 아빠에게 지금도 가르쳐주는 모든 게 고마울 따름이다.

비디오 게이머가 되어보라. 게임이 어려워지면 진짜 게이머들은 조종기를 내려놓고 불평하지 않는다. 대신 그들은 반성하고 검토한 뒤에 몰입해서 전보다 더 강력하고 결단력 있게 다시 시도한다. 요약하면,

[√] 기억하라! 당신은 전설이다.
따라서 전설처럼 삶을 살아가기 시작하라.

행복 흐름도를 적용한다면

지난여름 케이트는 어느 날 하루의 계획을 바꿔야겠다는 강렬한 충동을 느꼈다. 소셜 미디어에서 현대 미술 감상에 대한 이틀간의 교육 과정을 광고하는 게시글을 우연히 봤기 때문이었다. 케이트가 미술을 사랑하기도 했지만 얼마 전부터 햄스터처럼 쳇바퀴를 돌리는 삶에 사로잡혀 지낸 까닭에 변화가 필요하다고 느끼던 참이었다. 그 게시글에서 무언가가 그녀를 유혹했고, 그녀는 한동안 외롭다고 느끼던 터였다. 더구나 남자 친구와 헤어지기도 해서 소울 메이트라 부를 만한 새로운 동반자를 찾을 수 있기를 바랐다. 그녀는 새로운 동반자의 모습을 묘사한 기도문을 써두기도 했다. 그녀는 우주가 자신의 기도를 듣고 있는 것이라 믿었고 자신의 결정이 옳다고도 믿었다. 정말 그랬다!

교육 과정은 나쁘지 않았다. 그러나 그녀의 눈길을 가장 사로잡은 것은 잘생긴 신사, 레오였다. 그는 영국 귀족 사회를 다룬 영화에 등장하는 사람처럼 점잖고 예의 바르게 말했다. 레오는 통찰력 있는 의견을 제시한 뒤에 잘 정리된 질문을 하고는 대답을 주의 깊게 들었다. 학생이 개인적인 주장을 펼치면 레오는 몸을 비틀어서라도 그 학생을 똑바로 쳐다보며 그에게 온 신경을 집중했다. 정오쯤 케이트에게 강의는 더 이상 관심사가 아니었다. 그녀는 레오를 자신의 기도와 비교하는 데 정신이 팔렸다. 마침내 모든 게 확인된 것 같았다. 그녀는 '이게 정말일까? 정말 이 사람일까? 내가 드디어 소울 메이트를 찾은 것일까?'라고 생각했다.

휴식 시간에 케이트는 그때까지 해본 적이 없던 행동을 감행했다. 그녀는 레오에게 다가가 말했다. "안녕하세요, 난 케이트라고 합니다." 레오는 미소로 반겨주었고 그 이후는 역사가 되었다. 한 달 뒤, 그들은 꿈의 관계처럼 보이는 완벽한 사랑 이야기를 만들어갔다. 레오

다시, 행복을 풀다

는 그녀를 사랑과 존중으로 대했고 그녀에게 필요한 모든 것을 챙겨주었으며, 그녀가 침울한 기분에 빠지면 포근하게 감싸주었다. 그는 그녀에게 대단한 사람이란 칭찬을 아끼지 않았지만 그녀가 방향을 전환할 필요가 있을 때는 자신의 의견을 적극적으로 알렸다. 곧 그녀는 원기를 되찾았고 직장에서도 성공 가도를 달렸다. 케이트는 자신이 찾던 영혼의 동반자가 레오라고 확신했다.

안타깝게도 운명의 신은 케이트의 생각에 동의하지 않았다. 1년쯤 지났을 때 레오의 근무지가 다른 나라로 옮겨졌고, 그의 해외 체류 비자도 만료되었다. 그즈음 케이트 역시 경력을 쌓는 데 중요한 단계에 와 있어서 그 기회를 포기하고 레오를 따라갈 수도 없었다. 케이트가 레오와 함께하는 길을 선택하면 그녀 개인에게 중요한 것의 본질을 잃게 될 것이고, 그렇게 되면 그들의 관계도 위태로워질 게 분명했다. 그들이 어떤 길을 택하든 간에 그들의 관계는 예전과 같을 수 없었다. 어느 여름날 밤, 그들은 눈물을 흘리며 각자의 길을 걷는 쪽을 선택했다.

케이트는 내 좋은 친구였다. 그 이후로 수개월 동안 케이트는 내게 문자로나 전화로 안타까운 심정을 하소연했다. 그녀는 분노와 슬픔을 느꼈고 상실감에 빠져 불안과 혼란에 시달렸다. 그녀는 그를 사랑했고 그도 그녀를 사랑한다는 걸 알았다. 그녀는 그런 사랑이 번창할 공간을 허용하지 않는 삶의 가혹함을 수용하지 못했다.

행복한가?

케이트가 행복하지 않은 것은 분명했다. 그녀는 완전히 '존재'하고 있었다. 모든 감정을 느꼈고 그로 인해 수면 부족부터 구토와 피로감까지 건강에도 피해를 입었다. 그녀는 감정의 폭풍을 여실히 경험하고 있었지만 그에 대응해 많은 것을 하지 못했다. 얼마 뒤 우리는 카페에서 만났다.

어떤 기분인가?

우리는 무의미한 인사말을 나누며 시간을 낭비하지 않았다. 1분도 지나지 않아 케이트는 감정의 폭풍에 휩싸였다. 처음에는 눈물을 쏟았고 그 뒤에는 전반적인 삶에 대해 분노하며 욕을 퍼부었다. 친구들과 애꿎은 무생물들, 심지어 그녀 자신과 레오마저 원망했다.

무엇이 도화선인가?

케이트는 조금씩 안정을 되찾았고 나는 그녀를 행복 흐름도에 요약된 단계들로 차근차근 이끌었다. 구체적으로 설명해보자. "이렇게 해볼까, 케이트? 그 감정의 폭풍을 완전히 느껴보도록 하자. 네가 느끼는 모든 감정을 빠짐없이 써봐."

그녀는 가슴속에서 휘몰아치는 감정들을 하나씩 찾아 썼다. 다시 내가 요구했다. "이번에는 이 감정들을 순서대로 정리해볼까? 가장 강렬하게 느껴지는 걸 위에 쓰고, 그것부터 해결해보자고."

분노와 두려움(및 그로부터 파생되는 모든 감정)이 상단을 차지했다. "어떤 생각이 이런 감정들을 야기했을까? 그 생각들이 무언지 빠짐없이 써봐. 충분한 시간을 두고…. 필요하면 몇 시간이어도 상관없어. 네 뇌를 억제하지 마. 머릿속에 어떤 생각이 떠오르더라도 대응하지 말고, 그냥 쓰기만 해."

레오도 케이트의 옆에 있기를 바랐던 것은 분명하다. 그는 원하지 않았지만 떠날 수밖에 없었다. 어찌 보면 무척 단순한 형태의 사건이었다. 하지만 케이트에게 분노와 두려움을 야기한 생각들은 무척 달랐다. 그녀가 쓴 생각들을 보면,

그가 나를 떠났다.

그는 앞으로 다른 여자들을 만날 것이다.

나는 다시 다른 남자를 만날 수 없을 것 같다.

앞으로 평생을 혼자 지내야 할지 모르겠다.

우리 사이는 점점 멀어질 것이다.

전에 우리는 항상 함께 지냈다. 이제는 같은 공간은 말할 것도 없고, 같은 나라에 함께 있기도 어렵고 비용도 많이 든다.

그 밖에도 많은 생각이 있었지만 일단 위에 언급된 생각들만을 따져보자. 위에 쓰인 생각들만으로 이 과정이 어떻게 진행되는지 충분히 짐작할 수 있을 것이다. 케이트가 생각 하나를 쓸 때마다 나는 "아하 그렇군. 또 뭐가 있을까?"라고 말했다. 그 어떤 생각도 묵살하거나 그 생각을 두고 분석하고 해결책을 찾으려고 하지 않았다. 나는 더는 없느냐고 물어보았을 뿐이다. 처음에는 그 생각들이 신속하게 나열되었다. 하지만 점차 느려지기 시작했다. 비유해서 말하면 폭포수가 가느다란 물줄기로 변했고, 결국에는 한 방울씩 똑똑 떨어지는 낙수가 되었다. 끝날 쯤에는 하나를 생각해내는 데 몇 분이 걸리기도 했고 이미 언급한 것을 되풀이하기도 했다. 그런 실수에도 나는 "아하 그렇군. 그런데 좀 전에 쓴 건데. 다른 건 없을까?"라고 말했을 뿐이다.

그때쯤 이 단순한 과정을 통해 나는 케이트의 얼굴이 점차 편안해지고, 분노가 사그라들었으며, 평소의 밝은 표정으로 되돌아온 걸 확인할 수 있었다. 마침내 그녀는 그날 만난 이유와 아무런 관계가 없는 생각까지 떠올렸다. 예컨대 '배가 고프다'와 같은 생각이었다. 이런 경우에도 나는 똑같이 반응하며 미소를 짓거나 간혹 웃음을 터뜨렸을 뿐이다. "아하 그렇군. 나도 똑같이 써둘게…. 배가 고프다. 하기야 배가 고픈 것도 문제이기는 하지. 또 뭐가 있을까?" 이번에는 케이트도 미소를 지었고 작은 소리로 킥킥 웃기도 했다. 그녀가 말했다. "이쯤이면 충분한 것 같아요." 그렇게 우리는 문제를 해결했다.

끝없이 되풀이되는 생각이 우리에게 주는 부담을 간과해서는 안 된다. 그 생각들을 체계적으로 풀어놓는 행위만으로도 우리 기분은 더 나아질 수 있다. 우리 뇌가 나쁜 게 아니다. 뇌는 자신의 역할, 즉 우리 생존을 보장해주려는 역할에 충실한 것일 뿐이다. 자신의 역할을 부지런히 해서 우리 기분이 처참해지더라도 뇌는 신경 쓰지 않는다. 뇌가 정확한 정보를 듣고 인정할 때까지 끝없이 되풀이되는 생각은 멈추지 않을 것이다. 따라서 당신이 환기통을 찾는 데 도움을 받으려면…

[√] 기억하라! 마음이 차분해질 때까지 감정의 폭풍을 직접 겪어보라.

그렇게 모든 것이 쓰여진 뒤 나는 케이트를 똑바로 바라보며 말했다. "이제 끝났다는 걸 알겠지? 먼저 네 마음속에 휘몰아치는 감정들을 인정하고, 그중 어느 감정을 먼저 처리할지 선택한 뒤에 불행을 야기한 것들, 그러니까 네 생각들을 조사하는 거야. 그럼 뇌가 네 행복을 더는 방해하지 못할 거야. 그냥 세 가지 질문만 하면 돼. 그리고 네가 쓴 생각들을 하나씩 다뤄볼까? 핵심적인 질문부터 시작해보자고…."

그것이 진실인가?
"가장 먼저 쓴 생각 '그가 나를 떠났다', 이게 진실인가, 케이트?"
나의 질문에 곧바로 케이트는 다시 감정이 격해졌다.
"맞아요, 그가 떠났어요."
내가 다시 물었다. "어떻게 그가 떠났지?"

다시, 행복을 풀다

"다른 나라에 가려고 나를 떠났어요."

"그래? 그렇다고 너를 떠난 건가? 레오가 너한테서 달아난 건가?"

"그건 아니에요. 레오는 지금도 나를 사랑해요. 공항에서 떠날 때 울기도 했어요. 하지만 더는 이 나라에 머물 수가 없어요."

"네가 미워서 그런 건 아니잖아, 케이트?"

"그래도 나보다 일을 더 중요하게 생각했어요. 일 때문에 나를 떠났으니까요⋯." 그 말에 케이트의 뇌가 지체 없이 반격한 듯했다.

"레오가 정말 그랬어? 나는 몰랐는데. 레오도 여기에 머물려고 노력하지 않았나?"

"레오는 우리나라에 계속 체류할 수 없어요. 비자가 만료되었거든요."

"그럼 그가 누구를 떠났다는 거야? 레오가 너를 떠났다는 거야?"

"아니⋯." 케이트가 울먹이는 목소리로 말했다. "레오는 이 나라를 떠난 거예요."

"그래, 케이트. 정확히 말하자면 우리나라가 그를 떠나도록 밀어냈다고 말해야 할 거야. 그래서 말이 중요해. 말이 우리 현실을 만들어내니까. 레오가 너를 떠나는 쪽을 선택한 게 아니야. 우리 삶이 레오에게 새로운 길을 가도록 밀어낸 거지."

케이트는 고개를 끄덕였지만 나는 계속 밀어붙였다. 레오가 그녀에게 함께 가지 않겠느냐 권하지 않았느냐고 물었다. 케이트는 개인적인 경력을 쌓는 데 중요한 단계에 와 있어 자신이 이곳에 남기로 결정했다는 걸 결국 인정했다. 게다가 그녀는 친구들과 가족의 곁을 떠나고 싶지도 않았다.

"기분 나쁘게 들릴 수 있겠지만 묻고 싶은 게 있어. 레오는 여기에 남을 수 없었지만 너는 레오와 함께 갈 수 있었어. 그런데 너는 함께 가지 않는 쪽을 선택했어. 그럼 누가 누구를 떠난 걸까?" 오랜 침묵이 이어졌다.

[√] 기억하라! 어떤 생각이 진실이 아니면, 즉시 버려라!

그리고 다음 생각으로 넘어갔다. "그는 앞으로 다른 여자들을 만날 것이다. 그래, 이 생각은 왈가왈부하기 어렵다는 건 나도 인정해. 그러나 묻고 싶어. 이 생각이 진실이야?"

"무슨 말을 하는 거예요? 물론 진실이에요. 당연한 거 아니에요? 레오가 평생 혼자 살 것 같아요?"

"난 레오를 잘 몰라, 케이트. 그냥 나는 너에게 네 생각을 쓴 문장 구조를 잘 보고 그 말이 진실인지 확인해 달라고 했을 뿐이야."

케이트는 불만에 찬 목소리로 대답했다. "당신이 무슨 말을 하는지 이해가 되지 않아요. 솔직히 말하면 짜증이 나요. 그러니까 이쯤에서 말장난을 그만둘 수 없을까요?"

나는 케이트의 짜증을 이해한다는 듯한 미소를 지으며 말했다. "그 일이 아직 일어난 게 아니라면 어떻게 진실이 될 수 있겠나?"

[√] 기억하라! 미래 시제로 쓰인 모든 진술은 진실이 아니다.

미래에 대한 모든 진술은 기껏해야 예측이다. 나는 이 진리를 주식 시장에서 배웠다. 멋진 직함에 값비싼 정장을 차려입고 온갖 정보를 지닌 사람이 카메라 앞에 앉아 시청자들에게 주식 시장이 곧 붕괴될 것이라고 장담한다. 그 주장을 진실이라 믿으면 당신은 보유한 모든 주식을 지체 없이 매도할 것이다. 그러나 우리가 미래를 어떻게 알겠는가?

"우리가 미래를 알지는 못해, 케이트. 우리는 몰라. 아직 일어나지도 않은 것 때문에 화를 내는 건, 먹지도 않은 음식 때문에 식중독에 걸렸다고 말하는 것과 같아. 말이 안 되잖아. 게다가 그런 생각이 네 행동에 어떤 영향을 미쳤는지 네 자신에게 물어본 적이 있나?"

우리는 가장 입에 올리기 힘든 생각들도 다뤘다. "그래서 레오가 다른 여자와 잤다면 어떻게 할 건데? 그게 지금 너에게 어떤 영향을 미치지? 왜 그게 중요하지? (나는 우리 불행의 실제 원인이지만 머릿속에 깊이 감춰진 생각을 찾아낼 목적에서 '그래서 어떻다는 거야?', '왜 그것 때문에 네가 불행하다고 느끼는 거지?'라는 질문을 자주 제기한다.) 레오가 다른 여자랑 잤다는 게 네가 괜찮은 여자가 아니라는 뜻일까? 그런 것도 삶의 흐름에 불과한 것이 아닐까?"

마침내 우리는 가장 다루기 힘든 생각(우리 사이는 점점 멀어질 것이다)에 도달했다. 내가 물었다. "이것이 진실인가?"

케이트가 안절부절못하며 대답했다. "글쎄요, 방금 당신이 미래 시제로 쓰인 모든 진술은 진실이 아니라고 말했잖아요. 그렇다면 그 말도 진실이 아니겠지요."

내가 말했다. "맞아. 그 진술이 실제로 일어나지 않을지도 모르잖아. 그러니까 진실이 아니지. 하지만 너희가 정말 멀어지면 부끄럽지 않을까. 너희는 아직도 서로 좋은 관계이고 좋은 친구이지 않은가?"

"맞아요." 그녀는 진심으로 대답했다.

"그렇지. 그럼 이 진술을 진실에 가깝게 다시 쓸 수 있겠어?"

케이트는 잠시 생각에 잠긴 뒤에 이렇게 썼다. '우리가 점점 멀어질 위험이 없지 않다.'

내가 말했다. "이 정도라면 진실에 가까운 진술이라 할 수 있겠지!"

따라서…

그것에 대해 무언가를 할 수 있는가?

케이트가 말했다. "없어요. 내가 할 수 있는 게 아무것도 없어요. 우리가 수천 킬로미터 떨어져 있는 게 현실이잖아요." 물론 이런 생각도 케이트의 뇌가 끊임없이 몰입하는 우울한 생각들 중 하나였다. "우리는 삶의 환경으로만 분리된 게 아니라, [핵심 생각] 상황이 점점 나빠지고 있어요. 우리가 할 수 있는 게 없어요."

이런 종류의 해결되지 않은 생각이 우리에게 주기적으로 고통을 안기는 주된 요인이다. 우리 뇌는 도전이나 위협을 감지하면 부정적인 감정의 형태로 우리에게 알린다. 그 문제가 해결되지 않으면 계속 우리 머릿속에 되살아난다. 그 부정적인 감정에 빠져나갈 길이 없는 절망감이 더해지면 그 주기의 진폭과 빈도가 더욱 커진다. 그러나 그 절망감의 근본적인 원인은 또 다른 검증되지 않은 생각에 불과하고 진실이 아닐 가능성이 높다. 케이트의 경우가 그랬다. 따라서 나는 그녀에게 우리의 핵심적이고 분석적인 질문을 다시 물었다. "그게 진실이야, 케이트? 정말 네가 그 문제에 대해 할 수 있는 게 없어?"

내 질문에 케이트는 서로 전화하기도 어려운 온갖 이유를 장황하게 늘어놓았다. 결국 내가 말했다. "그건 내 질문에 대한 대답이 아닌데. 네가 솔직해지면 좋겠어. 그에게 가까이 다가가기 위해서 네가 할 수 있는 게 정말 없을까? 그렇다, 아니다로 대답해봐. 그래야 어떻게 하는 게 좋고 효과적인지를 자세히 따져볼 수 있을 테니까."

앞서 설명했듯이 장황한 대답보다 폐쇄형 대답을 요구하는 게 유용한 때가 많다. 우리 뇌는 문젯거리를 찾는 편향성을 띠기 때문에 모든 도전을 과장하고 진실인 것을 인정하지 않는 경향이 있다. 우리 뇌는 부정적인 생각들을 잔뜩 우리에게 던져놓고 우리를 걱정의 울타리에 가둬두려 한다.

오랜 침묵이 이어졌다. 케이트는 내적 갈등처럼 보이는 것을 내비친 뒤에 인정했다. "맞아요. 내가 무언가를 하면 레오 곁에 있을 수 있겠지요. 상황이 예전과 다르고 더 어렵지만, 내가 달라진 상황을 받아들이면 되겠지요."

내가 말했다. "그래 진실은 바로 거기에 있어. 우리는 뇌에게 진실만을 듣겠다고 요구하면 돼. 그래, 네가 할 수 있는 게 예를 들어 뭐가 있을까?"

"글쎄요, 영상 통화가 재밌기는 해요. 영상 통화를 하면 우리가 데이트하던 때를 떠올려주고, 낭만적이기도 하고요. 솔직히 말해서 내가 조금만 늦게 자면 레오가 하루 중 가장 편안한 시간, 그곳의 아침 시간에 통화를 할 수 있어요."

나는 그녀에게 그 새로운 해결책에 대해 잠시 생각할 시간을 준 뒤에 다시 물었다. "그럼, 둘이 점점 멀어질 위험을 줄이기 위해 할 수 있는 게 없을까, 케이트?"

"있어요." 케이트가 두 눈을 반짝이며 지체 없이 대답했다. 그래서 나는 말했다.

[√] 기억하라! 당장 행동에 옮겨라!

행동과 마음가짐은 우리가 언제든 통제할 수 있는 것이다. 당신이 현실 세계에서 실행할 수 있는 해결책이 무엇인지 뇌에게 끊임없이 물어라. 당신이 묻지 않으면 뇌는 안전지대에 머물며 문젯거리를 계속 찾기 마련이다. 당신이 할 수 있는 게 있다는 걸 알게 되면 최선을 다해 그것을 하는 데 전념하라. 그렇게 해서 당신에게 제기되는 문제가 항상 해결되지는 않더라도 상황이 조금은 더 나아질 게 분명하다.

가장 먼저 절망감이 사라지고 힘이 북돋워지는 걸 느끼게 될 것이다.

분석을 시작하고 행동에 돌입하는 순간 당신에게 고통을 주던 악순환 고리가 끊어지고 끝없이 되풀이되는 생각이 중단되며 즉각적으로 기분이 나아진다.

케이트는 계속 대답을 이어갔다. "레오가 보고 싶어요. 그 사람이 옆에 없으면 외로워요."

그 말은 진실인 게 분명했다. 대체로 감정의 진술은 진실이다. 적어도 당사자에게는 진실이다. 우리가 다르게 느끼기를 바라더라도 가슴에서 느껴지는 감정을 부정하는 것은 불가능하다.

[√] 기억하라! 우리가 가슴으로 느끼는 감정은 언제나 진실이다.

케이트가 자신의 안타까운 마음에 대해 많은 것을 말할 수 없는 것도 진실이다. 사랑하는 사람이 멀리 떨어져 있을 때 그를 그리워하는 것은 당연지사다. 누구도 그리워하는 마음을 바꿀 수 없다. 이렇게 당신에게 제기된 문제에 당신이 할 수 있는 게 없을 때 행복을 위한 궁극의 비법이 동원되어야 한다.

수용하고 전념할 수 있는가?

내가 말했다. "케이트, 나는 원래 중동 사람이야. 그래서 외국에 들어가기 위해 입국 허가를 받는 게 어떤 것인지 잘 알지. 안타깝게도 우리가 사는 세계가 그래. 너와 레오는 오랫동안, 어쩌면 영원히 연인으로서 함께할 기회가 없을 가능성도 있을 거야. 결코 그런 일이 있어서는 안 되겠지만, 만약 그렇게 된다면 상황을 조금이라도 낫게 하기 위해 네가 어떻게 해야 할까?"

케이트가 대답했다. "나는 레오를 평생 친구로 삼고 싶어요."

"그래, 친구라면 괜찮지. 그럼 의심과 질투, 분노를 멈추고 친구처럼 행동하도록 해. 그렇게 행동한다고 비자 문제가 해결되지는 않겠지만 적어도 구할 수 있는 것은 구할 수 있을 테니까."

나와 케이트, 우리 둘의 대화는 서너 시간 동안 계속되었고, 몇 날 며칠에 걸쳐 이어졌다. 우리는 모든 생각을 빠짐없이 충실히 따져보았고, 때로는 똑같은 생각을 똑같은 방식으로 몇 번이고 다뤘다. 자주 케이트는 대체로 똑같은 부정적인 생각과 그 생각에 수반된 부정적인 감정에 빠져들었다. 그때마다 우리는 '그것이 진실인가? 그것에 대해 무언가를 할 수 있는가? 수용하고 전념할 수 있는가?'라고 물었고, 그 답을 구하는 과정에서 명료한 정신을 되찾았다. 머리가 맑아지면 마음이 평온해지고, 마음이 평온하면 올바른 선택을 할 수 있다. 이 원칙은 케이트에게도 예외 없이 적용되었다.

내가 할리우드식 로맨틱 코미디처럼 이야기를 끝내려는 것은 아니지만, 케이트와 레오가 마침내 함께할 방법을 찾아냈다는 걸 당신에게 알리고 싶다. 내가 말할 수 있는 것은, 이 글을 쓰는 시점에 케이트는 행복하고 삶의 상황을 그대로 받아들이며, (처음에 그녀를 힘들게 했던 요인 중 하나였던) 자신의 경력에도 소홀하지 않고, 삶의 흐름에도 개방적이라는 것이다. 이제 케이트는 끝없이 반복되는 불필요한 생각의 고문에 더는 고통받지 않는다.

삶이 워낙 그런 것이 아닌가?

12장
당신 안의 예술가:
몰입을 배워라

IBM에 입사해 사회생활을 처음 시작했을 때 나는 미니컴퓨터(mini-computer)로 작업했다. 메인 프레임(커다란 방 하나의 크기)에 비교할 때 무척 작았다는 것 이외에 이 기계(소형 자동차 크기)에 '작은 것(mini-)'은 없었다. 초기 미니컴퓨터 중 하나로 개발된 시스템/36은 무엇보다 일괄 처리(batch processing)를 수행하는 성능 때문에 금융업계로부터 큰 환영을 받았다. '일괄 처리'라는 개념은 산업계에서 산업 공정을 일괄적으로 처리

한다는 뜻으로 폭넓게 쓰였다. 예컨대 회사 전 직원의 급여 지급 프로그램을 하룻밤 사이에 실행할 수 있었다. 우리는 그저 일괄 처리 프로그램을 시작하고 기계가 잘 돌아가도록 관리하면 그만이었다. 요즘의 컴퓨터에 비교하면 원시적으로 들리겠지만 일괄 처리는 은행에서 하루 일과를 마감하는 작업에서 무척 유용했다. 반복적인 대용량 작업을 수행하도록 최적화된 일괄 처리는 관련된 데이터베이스에서 정보를 업데이트하고 보고서를 작성하며 자료를 인쇄하는 등 일정한 기한 내에 반드시 완료해야 하는 비대화형 작업에 주로 사용되었다. 일괄 처리를 실행하는 컴퓨터의 능력이 검증된 이후로 컴퓨터는 필요한 것에 대해 크게 '생각'하지 않고 흠결 없이 해내야 하는 작업에 가장 자주 사용되었다. 일괄 처리 기능은 시스템 관리자에게는 힘들이지 않고 완벽하게 수행할 수 있다는 점에서 낙원과도 같은 것이다.

우리 인간도 일괄 처리 방식으로 작동하며, 이때 '몰입(flow)'으로 알려진 상태가 된다.

몰입하라

긍정 심리학에서 몰입은 과제를 수행하는 사람이 그 과정에 에너지를 집중하고 혼연일체가 되어 즐기듯이 완전히 몰두해 있는 정신 상태를 가리킨다. 몰입 상태에 들어가면 우리는 지금 행하는 것에 완전히 빠져들어 공간과 시간에 대한 의식을 완전히 상실한다. 이런 상태는 흔히 '무아지경'이라 일컬어지고 외부 세계와의 접속이 거의 끊긴 상태가 된다. 예컨대 예술가가 자신의 걸작을 제작하고 운동선수가 최상의 상태에서 경기할 때의 상태를 떠올리면 된다. 브루스 리(Bruce Lee)는 이 상태를 '무념 상태'(머릿속으로는 아무런 생각도 않고, 모든 동작을 완벽하게 힘들이지 않고 해낼 수 있는 상태)라 칭했다.

이런 몰입 상태는 최고의 예술가와 운동선수에게 한정된 현상이라 흔히 생각하지만 철저히 잘못된 생각이다. 누구나 몰입 상태에 들어갈 수 있고 많은 사람이 하루에도 서너 번씩 몰입을 경험한다. 예컨대 어렸을 때 친구들과 놀면서 시간이 가는 줄 모른 채 놀이에 완전히 빠졌던 기억이 없는가? 누구도 보지 않을 것이라는 생각에 긴장을 풀고 춤을 추다가 한 시간쯤 지난 뒤에야 땀에 흠뻑 젖었다는 걸 깨달았던 때가 없는가? 그런 때가 몰입 상태다. 그림을 그리고 글을 쓰는 등 창의적 활동에 열중할 때 우리는 흔히 몰입에 빠져든다. 난이도가 적절한 수준의 비디오 게임도 우리를 깊은 몰입 상태로 끌어갈 수 있다. 일조차도 좋아하는 일을 하는 사람의 경우에는 몰입 상태로 유도하는 경우가 적지 않다.

몰입은 동양 종교에서 수천 년 동안 다뤄졌지만 기억할 만한 명칭이 주어지지 않았을 뿐이다. 서구 사회에는 내가 좋아하는 작가, 미하이 칙센트미하이(Mihaly Csikszentmihalyi, 1934~2021)가 그 개념에 '몰입(flow)'이란 용어를 붙인 1975년에야 알려지게 되었다. 그 이후로 몰입 상태를 이해하고 정확히 정의하려는 많은 연구가 시도되었다. 내가 개인적으로 내린 정의는?

[√] 기억하라! 몰입은 행동과 존재가 하나로 융합되는 상태다.

몰입은 순전히 경험에 근거해 생각하는 상태, 즉 우리가 외부 세계를 관찰하는 데 집중하는 때와는 다르다. 문제를 해결하는 상태, 즉 우리가 분석하고 차이를 만들어내는 데 열중하는 상태와도 다르다. 몰입은 이 둘이 융합된 상태다. 앞서 보았듯이 원칙적으로 우리 뇌에는 한 번에 하나의 과제를 수행하는 자원밖에 없지만, 몰입 상태에서는 두 과제(순전한 자각과 완벽한 실행)가 공존하며 서로 상승 효과를 일으키는 듯하다. 몰입은 두 세계의 장점이 합해진 상태, 즉 자각과 실행이 하나로 융합된 상태다.

겉으로는 모순된 상태가 융합되려면 뇌에서 일반적으로는 함께 활성화되지 않는 영역들이 동시에 사용되어야 한다. 또 일반적인 상태에서는 서로 배척하는 신경 화합물들로 특별히 만들어진 묘약이 필요하다. 몰입 상태에 들어가면 우리 뇌는 모든 관심을 불러 모을 수 있을 정도로 중요하고 까다로운 것을 수행하기로 결정한다. 이때 뇌는 노르에피네프린(norepinephrine)이란 호르몬을 분비한다. 투쟁-도피 반응과 관련된 이 호르몬이 분비되면 일반적인 경우에 근육의 움직임이 유연해지고, 우리는 더 경계심을 품고 집중하게 된다. 하지만 몰입의 경우에 노르에피네프린은 투쟁-도피와 관련한 스트레스를 유발하지 않는다. 부교감 신경계의 활성화로 우리에게 행복감을 주고, 마음까지 차분하게 해주는 신경 화합물, 세로토닌이 동시에 분비되기 때문이다.

두 호르몬이 완벽하게 화합되면 우리는 행복감과 평온감에 흠뻑 빠진다. 멋지지 않은가! 여기서 그치지 않고 더 좋아진다. 몰입 상태에서 분비되는 도파민으로 인해 집중력만이 아니라 동기 부여 및 패턴 인식 능력까지 향상된다. 기억력과 인지 능력을 향상시키고, 창의적으로 생각하도록 자극하는 아난다마이드(anandamide)라는 호르몬도 분비된다. 간단히 말해서 몰입 상태는 신경 전달 물질들이 완벽하게 혼합되는 상태로서 더 나은 혼합을 기대할 수 없을 칵테일과 같은 상태다. 건배!

또 하나의 흥미로운 관찰은 몰입 상태에 들어가면 우리 뇌가 파장을 세타파(우리 뇌가 전반적으로 차분해지는 명상 상태에 있을 때 활성화되는 파장)

로 낮춘다는 것이다. 그 결과 주의를 산만하게 하는 많은 뇌 기능이 중단되며, 우리도 승려들이 오랫동안 수련해서 도달하는 평온한 상태에 들어설 수 있다. 마법 같지 않은가! 그러나 최고의 순간은 아직 오지 않았다.

몰입 상태에 들어가면 우리 뇌에서는 전두엽의 활동량이 일시적으로 감소하는 현상(transient hypofrontality)이 일어난다. 이때 전전두피질의 일부에서 일시적으로 기능이 억제된다. 기억하겠지만 전두엽 활동량 감소가 주의력 결핍 장애, 궁극적으로는 불행과 관계가 있다고 앞서 지적했다. 하지만 몰입의 경우에는 전전두피질에서 자기비판과 관련된 영역이 비활성화되는 듯하다. 따라서 당신에게 제대로 일을 못한다거나 실력이 부족하다고 징징대는 목소리가 잠잠해진다. 그 결과로 해방감에 흠뻑 젖어 천재적인 창의력이 번뜩일 수 있다.

우리가 이렇게 자신을 비판하지 않으면 뇌가 과잉 분석하며 '그들이 나를 어떻게 생각할까'라는 생각에 자원을 허비하는 게 중단된다. 이렇게 뇌의 잔소리가 중단되면 우리는 더 본능적으로 현실 세계와 상호 작용을 시작하고, 정상적인 경우에는 의식적으로 접근할 수 없는 종류의 의사 결정을 모색하기 시작한다. 비유해서 말하면 영화 〈매트릭스〉에서의 네오처럼 된다. 모든 것이 느려진 듯해서 우리는 빠르게 날아드는 총알을 보고도 크게 생각하지 않고 피할 수 있다는 걸 알게 된다. 최소한의 노력에 최대의 성과, 즉 모든 공학자의 꿈이 이뤄진다.

몰입은 지난 10년 동안 많은 관심을 받았고 비즈니스계와 스포츠계 및 예술계에서 최첨단 주제로 뜨겁게 논의되었다. 현대 세계가 집착하는 모든 것이 그렇듯 몰입도 상품화되었고, 열심히 일하는 사람들, 또는 다른 사람이 몰입에 도달할 수 있도록 돕는 컨설턴트나 전문가에게 돈을 지불할 수 있는 사람들에게 국한된 특별한 능력으로 포

실천 훈련

몰입하라	
목표	필요할 때마다 몰입한다
기간	30분(또는 필요한 만큼)
반복	과제를 수행할 때마다 언제나 반복한다
준비물	실질적으로 준비할 게 없다 할 일과 약간의 시간만 있으면 된다

장되었다.

그러나 그런 포장은 진실이 아니다. 몰입은 우리 모두에게 내재한 능력이다. 몇몇 간단한 단계를 충실히 따르면 누구나 몰입을 진정한 본성처럼 함양할 수 있다. 이제부터는 실천할 시간이다. 몰입은 최상위 운동선수와 음악가에게만 허락된 상태가 아니다. 우리도 현재 수행하는 것에 몰입할 수 있다. 우리 뇌를 '무아지경'으로 인도하는 방법만 알면 된다.

처음에는 정말 좋아하고 즐기는 과제로 시작하는 게 가장 쉽다. 예컨대 나는 설거지하는 걸 좋아한다. 정말이다. 설거지할 때는 긴장이 풀린다. 그래서 이 지극히 평범한 과제를 예로 들어 설명해보려 한다. 물론 설거지가 마음에 들지 않으면 다른 과제(커피 끓이기, 고양이 털 다듬기, 스도쿠 하기, 프레젠테이션 준비하기 등)를 선택해도 상관없다. 당신이 좋아하고 즐기는 것이면 괜찮다.

과제가 지나치게 쉬우면 뇌의 처리 능력을 완전히 사용하지 않고도 그 과제를 해낼 수 있다. 처리 능력이 남아 우리 마음이 헤매고 다닐 공간이 생긴다. 몰입하려면 과제가 까다롭지만 지나치게 어렵지 않은 수준까지 과제의 난이도를 상향 조절해야 한다. 그러다 과제가

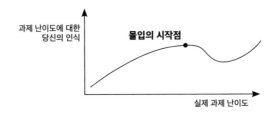

과제 난이도에 대한
당신의 인식

몰입의 시작점

실제 과제 난이도

어려워지면 몰입의 효과가 나타날 때까지 그 과제를 수행하는 능력이 떨어질 수 있다. 몰입이 시작되는 순간 새로운 활력을 얻은 것처럼 다시 과제가 쉽게 느껴진다.

알리와 함께 컴퓨터 게임을 할 때 게임의 수준이 떨어지면 게임에 완전히 몰입할 수 없다는 걸 알게 되었다. 게임의 수준을 높여야 나는 다른 생각을 끊고 게임에 몰입할 수 있었다. 그렇게 게임이 점점 어려워지면 내 뇌도 그 수준으로 조절되며 그럭저럭 몰입점을 찾아냈다. 따라서 게임의 난이도가 높아질수록 나는 게임을 더 쉽게 해냈다. 당신도 시도해보라. 정말 흥미진진하다.

게임이야 난이도를 높이는 것은 쉽지만 설거지처럼 단순하고 반복적인 과제의 경우는 어떨까? 그런 경우에는 반복할 때마다 질적 수준을 높이는 방식으로 과제를 더 어렵게 만들어보라. 나는 설거지할 때 접시를 하나씩 잡고 철저하게 닦아내고 완벽하게 건조한 뒤 꼼꼼히 점검한다. 필요하면 그 과정을 반복한 뒤에 접시를 원래의 자리에 깔끔하게 정돈해두고 다음 단계로 넘어간다. 물을 낭비하지 않고 주방에 물을 튀게 하지 않으려고도 최선을 다한다. 설거지에 그런 배려까지 필요한가? 그렇지는 않다. 그러나 몰입을 즐기는 내게는 중요하다.

[√] 기억하라! 과제의 난이도를 당신의 현재 능력보다 약간 높게 설정하라.
그러나 몰입할 수 없을 정도로 지나치게 어려워서는 안 된다.

다시, 행복을 풀다

물론 어떤 과제든 반복할수록 더 쉬워진다. 고장 난 레코드판처럼 다시 반복하면 쉬워지는 그 이유는 신경 가소성 때문이다. 몰입 상태를 찾아내는 횟수가 빈번해질수록 그 이후로 찾아내는 것도 더 쉬워진다. 나는 한 치의 의심도 없이 그것이 진실이라고 믿는다.

몰입 상태를 유지하기 위해서는 과제를 반복할 때마다 난이도를 약간 더 올리면 된다. 그럼 난이도를 유지하면서도 당신은 그 과제를 더 잘해낼 수 있다. 무척 단순한 과제라도 반복할 때마다 매번 더 높은 수준으로 해내겠다는 목표를 세워라. 둘 이상의 과제에 적용되는 목표를 설정하지 마라. 모든 접시는 설거지를 하는 동안 깨끗이 씻겨야 한다. 설거지하는 동안에는 건조를 염려하지 마라. 싱크대에 잔뜩 쌓인 모든 접시에 대해서도 생각하지 마라. 목표에만 연연하지 마라. 15분 내에 설거지를 끝내려고 애쓰지도 마라. 하나하나의 접시, 하나하나의 움직임에 집중하라.

[✓] 기억하라! 사소한 과제에도 뜨겁게 집중해야 한다.

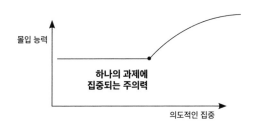

큰 목표를 세우면 우리 주의력은 경험 영역에서 벗어나 미래를 계획하고 걱정하며, 종착지는 어떤 모습일까 추정하는 쪽으로 이동한다. 몰입에는 종착지가 없다. 과정의 매 순간에 종착지가 발견된다.

몰입에 성공하기 위한 또 하나의 열쇠는 몰입이 무척 취약하다는 걸 이해하는 것이다. 몰입 과정은 방해를 받으면 쉽게 깨진다. 몰입하려면 맑은 마음과 완전한 집중이 필요하다. 몰입은 방해받지 않아야만 유지된다. 따라서…

[✓] 기억하라! 집중을 방해하는 것들을 없애라.

주의를 어디에도 분산하지 말고 과제에만 완전히 몰두할 수 있어야 한다. 접시를 닦고 있다면 접시를 닦는 데만 몰두하고 TV 시트콤도 보지 마라. 춤을 추고 싶다면 설거지를 멈추고 춤을 추는 데 집중하라. 게임을 하는 동안에 몰입하고 싶다면 다른 게이머에게 말을 걸지 말고 완전히 푹 빠져 집중하라. 집중을 방해하는 것은 몰입 상태를 흔들어버린다. 방해를 받으면 몰입 상태는 우르르 무너진다. 집중을 방해할 가능성을 지닌 모든 것을 제거함으로써 몰입할 환경을 준비하라. 핸드폰 전원을 끄고, 룸메이트나 어머니에게 혼자만의 시간이 필요하다고 미리 말해둬라. 당신 자신이 스스로 몰입을 방해해서도 안 된다. 핸드폰의 메시지도 확인하지 마라. 몰입을 끝낸 뒤에 확인해도 늦지 않다. 메시지가 사라지지는 않을 테니까. 피아니스트가 걸작을 연주하면서 고개를 들어 관중의 반응을 살피는 걸 본 적이 있는가? 진정으로 몰입 상태에 들어가면 모든 것이 뒷전으로 물러난다. 지금 당

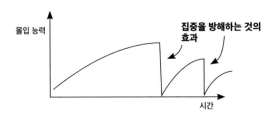

다시, 행복을 풀다

신이 하는 것 이외에 중요한 것은 없다. 시간을 확인하는 간단한 행위 조차 당신을 무아지경에서 끌어낸다.

타이머를 설정하라. 끝내야 할 때 당신에게 알려주기 위한 목적이 아니라 스스로 중단할 때까지 얼마나 오랫동안 몰입할 수 있는가를 측정하기 위한 목적에서 설정하는 것이다. 이렇게 타이머를 설정하면 시간을 확인하고 싶은 충동을 더는 느끼지 않고 마음을 내려놓고 눈앞의 과제에 완전히 전념할 수 있을 것이다.

[√] 기억하라! 몰입은 시간을 의식하지 않을 때 가능하다.

몰입하면 당신이 시간의 흐름을 의식조차 않는 것에 놀라지 않을 수 없을 것이다. 과제를 그런 상태에서 끝내고 싶을 것이다. 내 경우에는 타이머가 몇 번 울리고, 몇 번 재설정한 뒤에야 몰입 훈련을 실질적으로 끝낸다. 세상을 잊어라. 큰 목표도 없고 시간 압력도 없다. 그저 당신이 지금 하는 과제를 즐겨라. 평온한 상태에서 최적의 성과를 거두는 몰입 상태에 들어가면 평생 그곳에 머물고 싶을 것이다.

13장
우리가 할 수 있는
가장 이기적인 선택

경험하고 문제를 해결하며 몰입하라. 이런 뇌 패턴은 행복에 이르는 확실한 경로다. 의도적 집중이란 행위를 통해 끝없이 되풀이되는 생각이 멈춘다. 이런 뇌 패턴을 반복해 훈련할 때 삶이 던지는 문젯거리에 접근하는 기본 방식이 된다. 알리를 잃은 비극의 한복판에서도 내 뇌는 잘하는 것으로 신속하게 돌아가 진실을 관찰하고 문제를 해결했다. 이런 '유용한 생각'들은 현대 세계에서 성공을 떠받치는 진정한 기둥이기 때문에 우리의 슬픔을 덜어주는 데 그치지 않고 더 깊이 영향을 미친다.

행복한 성공

실패하는 사람과 성공하는 사람의 큰 차이 중 하나는 삶의 경로가 바뀔 때 유용한 생각으로 신속하게 전환하는 경향이 있는지 여부다. 내가 함께 일한 최고의 기업가들은 항상 유용하게 생각하는 상태에서 살아가는 사람이 적지 않았다. 그들 중 누구도 세간의 생각만큼 운이 좋지는 않았다. 다만 문제가 발생하면 그들은 조용한 구석을 찾아가 삶을 원망하고 저주하지 않는다. 그들에게는 그럴 시간조차 없다. 오히려 그때 그들은 진면목을 보인다. 그들은 경험한다. 즉 팀원들과 함께하는 회의를 소집해 상황에 관련한 사실을 최대한 많이 수집하고 문제를 해결한다. 도전을 이겨내기 위해 온갖 가능한 해결책을 고려한다. 우선순위를 매기고 결정을 내린다. 그리고 그들은 몰입한다. 일단 결정이 내려지면 실행에 전념한다. 그들은 상실이란 생각을 머릿속에서 지워내고 이야기를 꾸미지 않는다. 눈앞의 과제에 초점을 맞추고 철저히 집중한다.

그렇게 하는 게 쉽지 않을 수 있고 아무런 가치가 없는 짓일 수도 있다. 그러나 몰입을 통해 그들은 문젯거리들을 헤치고 나아가는 전율감을 느낀다. 또 당면한 역경과 상관없이 몰입을 통해 그들은 기운을 얻고 목적의식을 느낀다. 더 나아가 행복감도 느낀다. 내 말이 믿기지 않겠지만 나는 신생 기업에 대해 투자를 결정할 시 창업자가 압박을 느낄 때 얼마나 집중하고 평온한 마음을 유지하느냐를 보고 최종적인 결정을 내렸다. 뇌의 잔소리를 멈추고 유용하게 생각하는 능력을 상실한 창업자는 성공할 가능성이 낮다. 따라서 내 투자금도 날릴 위험이 크다.

[✦★] 매우 중요! 유용한 방향으로 생각하는 능력은 신경학적으로 행복의 가장 큰 비결인 동시에 성공의 가장 큰 비밀이기도 하다.

하지만 '경험−문제 해결−몰입'이란 모형에는 가장 유용한 생각, 즉 우리를 가장 행복하게 해주는 것을 행하도록 우리를 유도하는 생각이 빠져 있다. 바로 '베풀라(Give)!'는 것이다.

알리가 죽고 5년이 지난 뒤 나는 암스테르담에서 '비즈니스와 지혜(Wisdom in Business)'라는 이름으로 열린 콘퍼런스 무대에 올랐다. 한 시간 정도의 노변한담이 끝날 즈음, 사회자가 내게 알리를 잃고 5년이 지났는데 어떤 기분이 드느냐고 물었다. "아들을 잃은 고통은 아직도 사라지지 않았어요. 저는 매일 그 아이를 그리워하죠. 하지만 한편으로는 지금만큼 행복한 적이 없었습니다"라고 대답했다.

500명 이상의 청중이 모였던 강연장이 내 대답으로 깊은 침묵에 빠졌다. 모두의 눈길이 나를 향했고 나는 더는 눈물을 참을 수 없었다. 그 강연은 내가《행복을 풀다》의 많은 독자와 소통하며, 그들이 변하는 데 이 책으로부터 어떤 도움을 받았는지에 대해 이야기를 나누던 긴 하루의 끝에 열린 것이었다. 나는 덧붙여 말했다.

"지금까지 살면서 이처럼 큰 사랑을 느낀 적도 없었습니다. 따뜻한 포옹과 감사의 말, 내가 받은 모든 메시지, 이 큰 세상의 어딘가에 있든 카페에 앉아 있는 나에게 일부러 다가와 악수를 청하는 사람들…. 그들은 내가 유명인이어서 함께 있는 모습을 셀카에 담고 싶기 때문이 아니라 나를 친구로 생각하기 때문에, 다시 말하면 삶에서 맞닥뜨리는 난관을 헤쳐나가는 데 도움을 주었던 사람이라 생각하기 때문에 내게 다가와 악수를 청하는 겁니다. 정말 영광이고 감사할 따름입니다. 말로 표현할 수 없을 정도로 감사하고, 끝없이 겸손해집니다. 이런 영광은 내 사랑하는 아들, 내게는 태양 같은 존재이던 알리가 이 세상을 떠나기 전에 내게 무수히 안겨준 선물 중 마지막 선물인 것 같습니다. 알리가 내게 쏟던 끝없는 사랑을 빼앗아갔으면서도 알리의 사랑에 대체할 수 있게 해준 유일한 선물, 즉 알리처럼 되려는 길을 걷기 시작한 수많은 사람의 사랑을 내게 준 것 같기도 합니다.

당시에도 행복을 연구하며 오랜 시간을 보냈지만 그때까지는 다른 사람을 행복하게 해주는 게 우리가 행복해지는 지름길이라는 걸 깨닫지 못했습니다. 그래서 10억 명을 행복하게 해주겠다는 목표를 세웠던 겁니다. 지금 생각해보면 우습지만 처음에는 세상에 무언가를 돌려주는 게 내 사명이라고 생각했습니다. 그런데 오히려 내가 많은 것을 받았습니다. 지금도 내 사명은 여전히 다른 사람들을 행복하게 해주는 것이지만 오히려 그날 이후로 매일 내가 더 행복해졌습니다. 알리는 영원히 돌아오지 않을 겁니다. 그 사실을 인정하고 수용해야 한다는 걸 깨달았습니다. 마음의 고통은 지금도 여전합니다.

하지만 내가 매일 받은 사랑과 친절을 보태면 그 결과는 간단합니다. 지금처럼 행복한 적이 없었습니다. 지금처럼 마음이 편안한 때가 없었습니다. 이런 희열은 큰 목표와 임무를 세운 사람들의 독점물이 아닙니다. 여러분도 무언가를 주며 다른 사람의 삶을 조금이나마 낫게 해주면 그런 희열을 만끽할 수 있을 겁니다. 우리가 삶에서 행하는 모든 것이 행복이라 칭해지는 눈부시게 아름다운 느낌을 어떤 형태로든 얻으려는 시도라면, 베푸는 행위야말로 우리가 할 수 있는 가장 이기적인 행위일 겁니다. 정말 이상하지요!"

나를 비추는 밝은 조명 너머로 많은 사람이 눈물을 글썽이는 걸 볼 수 있었다. 그때 사회자의 목소리가 들렸다. "더는 하실 말씀이 없을 것 같습니다."

이 책의 곳곳에 나는 지금껏 살아오는 과정에서 나 자신만이 아니라 다른 사람까지 불행하게 만든 어리석었던 짓에 대해서도 숨김없이 털어놓았다. 위에서 언급한 이야기를 통해서는 내가 미리 의도하지 못한 채 우연히 깨달은 지혜, 또 나를 세상에서 가장 행복한 사람으로 만들어준 지혜를 세상 사람들에게 알려주고 싶었다. 내가 당신에게 마지막으로 부탁하는 것은…

[☆] 매우 중요! 베풀어라. 베푸는 행위야말로 우리가 선택할 수 있는 가장 영리한 행위다.

베풀어라

이렇게 생각할 사람이 있을지 모르겠다. '베푸는 행위가 어떻게 내게 유익할 수 있을까? 내가 힘들게 번 돈을 그냥 나눠주면 나도 결국에는 궁핍해질 텐데. 내 시간을 투자해 다른 사람을 위해 쓰면 결국 내가 지치고 탈진할 수 있을 텐데.' 당신도 이렇게 생각하는가?

정말 잘못된 생각이다. 베풂이라는 것은 당신이 베푸는 사람에게는 당연히 좋은 일이지만, 어떻게 당신에게도 좋은 일이 될 수 있을까? 이 관계를 이해하려면 명확한 비전과 주인 의식이 필요하다. 더 자세히 설명해보자.

베푸는 행위에는 두 주체, 즉 선물을 주는 사람과 받는 사람이 있어야 한다. 겉으로 보면 베푸는 행위는 이렇게 요약된다. 선물이 주는 사람에게서 받는 사람에게로 이동하면, 그 선물은 조금 전까지 주는 사람이 가진 것에서부터 떨어져 나와 받는 사람의 가진 것에 더해진다는 것이다.

하지만 보이지 않는 곳까지 파고들면 위의 요약은 조금도 맞지 않다. 선물에 대한 이런 인식은 베풀지 않는 사람들의 흔한 착각이다. 다시 말하면 핵심적인 가정에 의문을 품고 치밀하게 조사해야만 알 수 있는 많은 세부적인 면을 놓친 데서 비롯되는 크나큰 착각이다. 당신이 진실로 마음을 열면 베푸는 행위로 말미암아 주는 사람의 소유가 필연적으로 줄어드는 것이 아니고, 선물이 한쪽에서 다른 쪽으로 반드시 이동하는 것은 아니라는 걸 깨닫게 될 것이다. 베푸는 행위에 담긴 진실을 알고, 그래서 더 많은 것을 주는 사람이 되고 싶다면 아래 네 가지 질문을 자신에게 던질 수 있어야 한다.

- 계속 보유하는 데 비용이 드는가?
- 그 선물이 정말 당신의 것이 맞는가?
- 베풂으로써 얻는 게 있는가?
- 주는 사람과 받는 사람 사이에 차이가 있는가?

계속 보유하는 데 비용이 드는가?

무언가를 주고 싶지 않을 때 우리가 가장 먼저 품는 의문은 '이것을 지켜야 할 진정한 가치는 무엇인가?'다.

이처럼 우리는 줄 수 있는 것의 가치에 대해서는 종종 생각하지만 그것을 유지하지 않음으로써 절약하게 되는 비용은 전혀 고려하지 않는다. 우리는 무언가가 그저 그곳에 있고, 그것을 유지하는 데 아무런 비용이 들지 않는다고 생각하지만 실제로는 그렇지 않다. 우리가 삶에서 보유하는 것은 무엇이나 크고 작은 비용이 든다. 그것을 보유함으로써 얻는 이득이 비용보다 크기 때문에 그 비용을 의식하지 않는 것이다. 그러나 이득이 줄어들어도 우리는 비용을 무시한 채 그것을 계속 보유한다. 그것이 우리 삶에 존재하며 우리 기운을 빼앗는 역

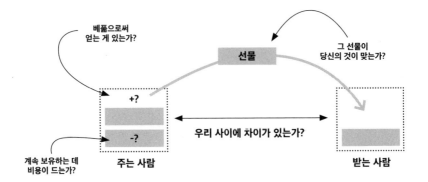

할밖에 하지 않더라도 우리는 그것을 고집스레 지키려 한다.

나는 클래식 자동차(classic car)를 수집할 때의 경험을 통해 이런 사실을 직접 깨달았다. 자동차 공학의 아름다운 걸작품은 내게는 너무도 유혹적이었고 나는 그런 자동차를 찾는 데 상당한 시간과 노력을 기울였다. 그런 자동차가 매물로 나온 걸 알게 되면 그것을 보러 가려고 온갖 수고를 아끼지 않았다. 그런 자동차를 팔겠다고 광고하는 경우는 극히 드물었다. 게다가 클래식 자동차에는 일거리, 그것도 많은 일거리가 뒤따랐다. 여하튼 매매 정보를 찾아 사방을 뒤적거리려야 했고 자동차를 매입하는 데도 많은 시간과 돈을 써야 했다. 그 자동차를 직접 운전하고 다니는 초기의 희열이 지나간 뒤에는 자동차에 숨겨진 문제들이 하나둘씩 드러났다. 그럼 수리하고 복원해서 유지해야 했고, 등록을 갱신하고 세차해서 안전한 곳에 주차해두고는 먼지가 가라앉지 않도록 무언가로 덮어둬야 했다. 또한 내가 멀리 출장을 떠날 때는 배터리 연결선을 끊어두고, 내가 잠시의 짬을 낼 수 없을 정도로 바쁜 때에도 자동차 하나하나를 일주일에 적어도 30킬로미터를 운전해줘야 했다. 이런 모든 단계들이 내가 클래식 자동차를 보유했다는 이유로 시간과 노력, 돈과 스트레스로 치러야 할 비용이었다.

내 말에 오해가 없기를 바란다. 그 과정에서 얻는 희열은 진짜였다. 나 같은 공학자에게 오래전의 공학적 정수를 원래의 멋진 상태로 복원하는 작업만큼 더 큰 보상은 없다. 그러나 그 비용이 상당하다는 것은 부인할 수 없었고 돈으로 환산할 수 없을 정도였다.

우리가 소유하는 게 많아질 때 망각하는 것은…

[✓] 기억하라! 소유하는 게 많아질수록
더 많은 것이 우리를 소유하게 된다!

이 말은 명품에만 해당하는 게 아니다. 얼마 전 아야는 고양이를 입양했다. 그 자그마한 귀염둥이는 하루 16시간을 잔다. 습관적으로 자정부터 새벽 3시에 잠을 깨서는 아야 아파트를 헤집고 다닌다. 내가 아야 집을 방문하면 내 가슴에 뛰어오르고 내가 없을 때는 아야의 가슴을 덮친다. 처음에는 사랑스럽지만 세 번째 날 밤이 되면 지독히 짜증스럽다. 그래서 문을 닫으면 쉬지 않고 야옹거리고 어떻게든 우리의 잠을 깨운다. 그래서 방에 들어오게 하면 고양이는 사방에 털을 떨어뜨려놓는다. 그 작은 털북숭이가 사방을 돌아다니는 걸 지켜보는 즐거움이 크기는 하지만 알레르기 약을 상비약으로 준비해둬야 한다. 우리가 잠을 깨기 무섭게 고양이는 관심을 요구한다. 먹을 것을 달라고 요구하고 우리가 주는 먹이가 마음에 들지 않으면 다른 걸로 바꿔줄 때까지 야옹거린다. 잠시 뒤 우리가 서둘러 외출하려 할 때면 희한하게도 그 시간에 맞춰 토를 한다. 그야말로 상전이다. 한동안 그렇게 한다. 결코 달갑지 않은 즐거움이다!

고양이를 좋아하는 사람은 많다. 나도 고양이를 좋아한다. 고양이를 키우면 시간과 스트레스와 은행 통장에 비용이 발생한다는 걸 인정하는 게 중요하다. '강아지가 더 낫다.' 애견광들은 당연히 이렇게 말하겠지만 강아지를 키우는 데는 어느 정도의 비용이 드는지 따져보지 않으려 한다. 다만 이 모든 게 공짜가 아니라는 것만은 말해두고 싶다. 사람이 강아지의 똥을 치우는 걸 보면 누가 누구의 주인인지 모를 지경이다. 반려 동물에 대한 무조건적인 사랑이 가져다주는 희열을 부인할 수 없지만 그에 따른 대가도 무시할 수 없다.

우리가 우리 삶에 끌어넣는 모든 것이 똑같다. 셔츠 한 장에도 세탁하고 다림질하고 접어두는 정성이 필요하다. 게다가 옷장에서 한 공간을 차지한다. 셔츠를 티셔츠로 대체하면 다림질을 건너뛸 수 있지만 세탁기를 돌리는 데 물과 세제가 필요하고, 세탁기를 유지하고 보수하는 비용도 든다. 핸드폰은 충전하고 애지중지해야 한다. 돈조차도 비용이 든다. 돈을 벌면 그 돈을 안전하게 지키거나 투자해야 한다. 그럼 은행이 보내는 모든 메시지를 받아 분석해야 하고 세금 관리를 위해 장부를 써야 한다. 그래서 귀찮다고 금고에 가만히 보관해두고 아무 짓도 하지 않으면 그 가치가 감가되는 비용을 치러야 할 수 있다.

[√] 기억하라! 우리가 삶에 끌어들이는 것에는 나름의 이점이 있다는 걸 부인할 수 없지만, 그에 따르는 비용도 무시할 수 없다.

그리고 기회비용이란 것이 있다. 비용으로 잃어버린 기회를 가리키는 경영학적 개념이다. 이 비용에 대해 생각해보자. 만약 당신이 100달러를 무조건 벌 기회가 있었는데 어떤 이유로든 그 기회를 놓쳤다면 100달러를 잃었다고 말할 수 있다. 그렇게 잃어버린 비용은 무언가를 고집스레 소유한 대가의 형태로 나타날 수 있다. 무언가가 우리 삶에 이득을 더해주든 않든 간에 그 물건의 존재 자체가 다른 것의 유입을 방해한다. 예컨대 당신이 티셔츠를 보관하는 옷장은 제한된 공간이다. 그 공간이 꽉 차면 길을 걷다가 우연히 마주친 무척 멋져 보이는 티셔츠를 살 기회를 잃게 된다. 그렇다고 그 티셔츠를 사면 옷장이 어수선해지는 비용을 감당해야 한다. 또 당신을 무시하고 힘들게 하는 친구들로 당신의 삶이 채워지면, 당신의 기운을 북돋워주며 더 나은 기분으로 세상을 살아가는 데 도움을 주는 진정한 친구들을 받아들일 기회를 잃게 된다.

> **[√] 기억하라!** 우리가 고집스레 붙잡고 있는 것이, 우리 삶을
> 윤택하게 해줄 것을 받아들이기 위해 필요한 공간을 차지하고 있다.

이 말을 염두에 두고 당신이 소유한 것들이 당신에게 정말 필요한 것인지 스스로 물어보라. 더는 몸에 맞지 않는 드레스, 언제 다시 입을지 모를 오래된 재킷, 자선 기관에 기부하면 세금 감면을 받을 수 있는 여윳돈…. 이런 것들이 당신에게 어떤 비용을 요구하는가? 그것들을 어딘가에 베풀면 당신이 새로운 기회와 경험을 누릴 공간을 어느 정도나 확보할 수 있을까?

당신의 삶에서 사라지더라도 아쉬울 게 없는 것들에 대해 차근차근 생각해보라. 그 물건들을 기부하는 데는 어느 정도의 비용이 들까? 이번에는 넷플릭스를 몰아 시청하는 데 허비하는 여유 시간에 대해 생각해보라. 어느 정도의 비용을 감수한 것일까? 그 시간 중 일부를, 당신이 아는 것을 가르치는 자원 봉사에 할애했다면 어떤 이익이 있었을까?

> **[☆] 매우 중요!** 소유하는 데 비용이 들고, 없어져도
> 아쉽지 않은 것은 모두 기부하라!

그 선물이 정말 당신의 것이 맞는가?

우리가 지금 가진 것이 실제로는 우리의 것이 아닐 수 있다는 걸 깨닫는 순간 베풂의 의미에 대한 우리 관점도 한층 더 흥미로워진다. 이 말이 진실이라는 걸 깨닫기 위해 우리에게 필요한 것은 마음을 약간 열고 시야를 넓히면 된다.

다음 질문에 대답해보라. 당신이 어린 시절 내내 갖고 놀았던 장난감들은 지금 어디에 있는가? 왜 그 물건들이 지금은 당신 곁에 없는가? 그 시절에 당신은 얼마나 많은 물건을 갖고 있었던가? 색칠하기 그림책은 잃어버렸나? 옷은 너무 작아졌나? 왜 그런 물건들이 지금은 당신에게 없을까? 당신이 번 돈은 어떻게 되었는가? 일부는 그럭저럭 저축했겠지만 나머지는 사라지지 않았나? 당신이 반드시 지켜야 할 당신의 것이 아니었다는 뜻이다. 잠시 당신의 관리하에 있었다가 다른 사람의 관리로 넘어갔고, 그 사람도 잠시 간직했다가 다른 사람에게로 넘겼다. 예컨대 당신이 아직도 웨딩드레스나 셀룰로이드 음반을 보관하고 있다면 당신의 것으로 영원히 간직되리라 생각하는가? 당신이 사용조차 않고 안전한 곳에 꼭꼭 숨겨뒀는데 정말 당신의 것이라 말할 수 있을까? 영원히 작별하지 않을 것이라 장담할 수 있는가? 그런데 당신에게 죽음이 찾아오면 어떻게 될까? 그때는 어떻게 그 물건들을 지킬 것인가?

수학적 표현은 잘못 해석될 여지가 없다. 삶은 제로섬 게임이다. 우리는 맨손으로 태어났고 삶을 사는 동안 이것저것을 받아들이지만, 결국에는 맨손으로 떠난다. 삶을 사는 동안에도 우리가 실질적으로 소유하는 것은 아무것도 없다. 그저 삶의 과정에서 몇 가지를 빌릴 뿐이다. 그 이유는…

[✡] 매우 중요! 어느 것도 실제로는 당신의 것이 아니다.

공간에 대한 이해의 폭을 넓혀보면 이 개념이 더욱 명확해진다. 예컨대 당신이 소유한 것이지만 오늘 아침 집에 남겨둔 것을 생각해보자. 그 물건이 TV나 당신이 정말 좋아하는 게임기라면 당신이 출근해 일하는 동안에도 정말 당신의 것인가? TV를 켜고 뉴스를 시청할 수 있는가? 친구 집을 방문했을 때 공구 상자가 필요하면 어떻게 되는가? 공구 상자가 집에 있다면 그때 공구가 당신 손에 있는가? 그때 공구 상자가 당신의 것인가? 당신이 당신의 것이라 생각하는 모든 것에 대해 이런 식으로 생각해보라.

[✓] 기억하라! 우리가 무언가를 사용할 때
그 순간에만 그것은 우리의 것이다.

우리가 소유권과 가장 흔히 관련짓는 것, 즉 돈을 예로 들어보자. 당신 돈이 정말 당신의 것인 적이 있던가? 물론 당신이 실물을 손에 넣기 전까지는 어떤 돈도 당신의 것이 아니다. 월급날, 돈이 당신 통장에 숫자로 찍힌다. 그러나 엄밀히 말하면 은행이 그 돈을 소유하고 있다는 뜻이다. 은행이 당신에게 발급한 카드로 당신은 그 돈의 일부를 사용할 수 있다(하루 인출 한도가 있기 때문에 그 돈의 전부를 단번에 사용할 수는 없다). 게다가 은행은 당신이 큰 액수를 현찰로 인출하거나 우연히 중동식 이름을 지닌 친구에게 상당한 금액을 송금할 때마다 이런저런 질문을 한다. 다시 말하면 은행이 원하면 언제라도 그 돈을 당신의 것이 아닌 것으로 만들기에 충분한 통제력을 지녔다는 뜻이다. 물론 은행이 파산하면 돈도 함께 사라진다. 따라서 이런 의문이 제기된다. '그렇게 사라진

돈은 누구의 것이었을까?' 당신의 돈이 당신의 것이 되는 유일한 순간은 당신이 ATM 기기로 걸어가 현찰을 인출하는 때다. 다시 말하면 당신이 현찰을 손에 쥘 때다. 그때서야 비로소 당신의 것이다(이쯤에서 당신은 손을 하늘로 치켜들고 돈을 격렬히 흔들며 사악한 미소를 지어야 제 맛이다). 마침내 당신은 돈을 갖게 되었지만 그 돈에 무슨 가치가 있는가? 아무런 가치가 없다. 그 돈을 쓰겠다고 결심할 때까지는 당신의 삶에 아무런 가치도 더해주지 못하는 종이에 불과하다. 돈을 쓰는 순간, 그 몇 분의 1초만 그 돈을 실제로 소유한 것과 다름없다. 그러나 바로 그 순간에 돈은 사라진다. 더는 당신의 것이 아니다. 그 돈을 받은 사람의 것이지만 그 사람도 그 돈을 실질적으로 소유한 것은 아니다.

[√] 기억하라! 당신의 돈이라도 당신이 소비할 때까지는
실질적으로 당신의 것이 아니다.
그런데… 그 돈을 소비하는 순간 그 돈은 더 이상 당신의 돈이 아니다.

당신이 지금 소유한 것은 모두 당신이 돈을 주고 교환한 것이다. 깡통 따개를 예로 들어보자. 물론 똑같은 논리가 깡통 따개에도 적용된다. 우리가 부엌에 들어가 깡통 따개를 쥐고 통조림통과 운명적으로 맞서기 전까지 깡통 따개는 거의 쓸모가 없다. 깡통 따개는 깡통을 따는 데 소요되는 약 12초 동안 당신의 것이고, 다시 사용될 때까지 오랫동안 부엌 서랍의 것이 된다. 어떤 것이나 한 번에 몇 초나 몇 분, 또는 몇 시간 동안만 당신의 것이고 다시 다른 사람의 것이 된다. 앞서 이미 말했듯이 삶 자체가 하나의 커다란 임대 계획이다.

우리가 소유했다고 생각하던 것을 잃어버릴 때에야 소유권이 환상에 불과했다는 걸 깨닫는다. 여행자들은 수하물을 잃어버린 뒤에야

그 안에 들었던 것을 전부는 기억하지 못한다는 걸 깨닫는다. 그들은 핸드폰 충전기나 값비싼 반지를 잃어버리는 걸 잠시 괴로워하지만 곧 본래의 삶을 계속 살아간다. 다른 충전기를 구입하고 다른 반지를 낀다. 할머니에게 물려받아 감정적 가치까지 더해진 반지라 그것에 커다란 애착을 가진 사람이 아니라면, 대부분이 잃어버린 것조차 잊어버린다. 그러나 반지를 잃어버렸다고 그녀가 할머니를 덜 사랑하거나 덜 기억하게 되는 것은 아니다.

고백하면 나도 그런 사람 중 하나다. 나는 항상 서너 개의 목걸이를 차고 다니는데, 내가 선물로 받거나 내게 사랑하는 사람을 떠올려주는 작은 펜던트가 매달린 목걸이다. 그중 하나가 알리의 귀걸이다. 알리가 우리 세계를 떠난 까닭에 그 귀걸이는 내게 가장 소중한 보물이 되었다. 언젠가 나는 그 귀걸이를 잃어버렸다. 비행기를 놓치지 않으려고 서둘러 호텔에서 나오다가 호텔에 두고 온 것이었다. 그 귀걸이를 잃어버렸다는 걸 알았을 때 그만 창이 심장을 뚫고 지나가는 듯한 느낌이었다. 긴 비행 시간 때문에 호텔에 전화를 걸어 귀걸이를 찾아달라고 부탁할 수도 없었다. 처음 한두 시간 동안 나는 나 자신에게 화가 나서 미칠 지경이었다. '그 귀걸이 없이 내가 살 수 있을까? 내 아들이 남긴 유일한 물건이었는데…'라는 생각이 머릿속을 맴돌았다. 이런 생각으로 괴롭기 그지없었지만 문득 기억에 떠오르는 것은…

[✷] 매우 중요! 그 귀걸이는 결코 내 것이 아니었고, 알리의 것도 아니었다.

더구나 알리가 내게 남긴 유일한 것은 더더욱 아니었다. 내게는 알리의 모든 것이 있다. 알리는 지금도 내 안에서 살고 있다. 알리의 웃음

소리와 기뻐하는 표정 및 지혜, 알리가 내게 전해준 모든 말과 기억, 알리와 함께했던 시간 동안의 모든 즐거운 생각으로 알리는 지금도 내 곁에 있다. 그 순간과 그때의 경험은 온전히 나만의 소유물이다. 알리를 떠올려주는 작은 금속 조각은 이제 내게 필요하지 않다.

무언가를 잃어버릴 때 우리는 그에 대한 환상에서 깨어난다. 가장 소중한 것을 잃어버렸다고 괴로워할 때가 진실이 우리를 자유롭게 해주는 때다. 모든 것을 고려할 때 우리가 살아 있는 동안에는 삶 자체가 우리가 소유한 유일한 것이 되지만, 그것도 임대료를 내야 한다. 우리가 소유하고 있다고 생각하는 것은 결국에는 아무것도 아니다. 우리는 유약한 존재라는 진실에 마주할 때 자존심이란 가면이 벗겨진다. 그때서야 우리는 모두가 본질적으로는 똑같다는 걸 알게 된다. 고급 자동차, 값비싼 정장은 우리를 감춰주는 허울에 불과하고 그 허울마저 조만간 벗겨진다는 걸 깨닫게 된다.

어쩌면 이슬람 신도의 메카 순례만큼 이 진실을 더 잘 보여주는 것은 없을 듯하다. 매년 900만 명 이상의 순례자가 속세를 떠나 산악 지대에 위치한 이 조그만 사막 도시에 모여든다. 순례자들은 무슬림의 시신을 무덤에 안치하기 전에 감싸는 누더기를 상징하는 하얀 천 두 조각 이외에 아무것도 걸치지 않는다. 여자들은 발목을 덮는 긴 치마를 입고 머리 수건을 쓴다. 값비싼 신발이나 시계, 고가 자동차의 로고가 새겨진 열쇠 고리 등 속세에서 유행하는 것으로 치장하지 않는다. 아랍어로 메카 순례를 뜻하는 '하즈'라는 의식이 끝나면, 남자들은 머리를 삭발하고 남은 동안 '우리가 삶을 살아가는 동안 자존심을 채우려고 축적한 것들을 제외하면 모두가 본질적으로 똑같다'라는 하나의 유일한 진리에 침잠한다. 그 광경은 규모 면에서 경외감을 불러일으키기에 충분하다.

우리가 뒤에 숨던 이기적인 가면이 벗겨지면 부자와 가난한 사람을 구분할 수 없고, 누가 터키인이고 누가 모로코인인지도 알 수 없다. 중퇴자와 박사를 구분하는 것도 불가능하다. 그야말로 모두가 겸손해질 수밖에 없는 경험이다. 모두가 조금도 다르지 않고 똑같기 때문이다. 메카 순례를 통해 우리는 딱 두 장의 천 조각만이 몸에 남겨지며 곤경에 빠진 사람의 삶을 경험하는 소중한 기회를 갖는다. 그 경험은 우리도 가난한 사람으로 태어났을 수 있다는 기억을 되살려주며, 우리에게 필요한 것은 생각만큼 많지 않다는 것도 깨닫게 해준다.

이 진실을 깨닫는 순간 다른 사람에게 베푸는 게 친자식이나 사랑하는 사람에게 주는 것처럼 느껴지기 시작한다. 당신이 무척 축복받은 사람이란 걸 알게 되면 실제로 중요한 게 무엇인지 부인하기가 어려워진다. 당신에게 남는 게 없더라도 도움을 주고 베푸는 것이 당신이 할 수 있는 유일하게 논리적인 것이 된다.

[√] 기억하라! 애착으로부터 자유로워지는 느낌이
가장 큰 희열 중 하나다.

내 말을 곧이곧대로 믿지 말고 직접 시도해보라. 옷장에서 따뜻하지만 오래된 재킷, 예컨대 당신이 좋아하지만 거의 입지 않는 재킷을 찾아보라. 당신이 알기에 힘들게 지내는 사람을 찾아가 그 재킷을 선물하라. 그때 어떤 기분을 느꼈는지 내게 말해보라. 무언가를 베푸는 즐거움이, 당신이 소유한 것에 대한 애착에서 해방되는 즐거움이 더해졌을 것이다. 이번에는 바쁜 하루에서 30초의 시간만 할애해서, 당신을 위해 커피를 만드는 바리스타에게 커피를 재촉하지 말고 미소와 감사의 인사를 건네보라. 당신이 지금껏 마시던 어떤 커피보다 맛

있게 느껴지지 않았는가?

내가 자동차를 기부하던 때보다 나를 행복하게 해준 자동차는 없었다. 나는 많은 자동차를 수집했다. 그렇게 수집한 자동차들의 일부는 자선기금 마련을 위한 경매에 기부했고, 일부는 팔아서 현금으로 기부했다. 또 일부는 자동차가 필요한 친구들에게 명목 가격으로 넘겼다. 이제 내 차고에는 내가 첫 책에서 언급해 유명해진 두 대의 롤스로이스밖에 없다. 그 둘의 가치가 높아졌기 때문에 지금까지 보유하고 있지만 적절한 시점에 훌륭한 대의를 내세우며 경매에 붙이면 상당한 돈을 모금할 수 있으리라 기대한다. 그렇다, 나는 그렇게 이기적이다. 폭발적인 희열을 얻으려고 두 대의 롤스로이스를 남겨두고 있다.

[√] 기억하라! 물건에 대한 집착을 버려라.
어떤 물건도 진정으로 당신의 것은 아니다.

이쯤에서 더 중요한 질문이 제기된다.

베풂으로써 얻는 게 있는가?

'베풂(giving)'이란 단어는 오해를 불러일으키는 경우가 많다. 우리가 베풂으로써 많은 것을 받기 때문이다. 그것도 때로는 주는 것보다 훨씬 많이 받기 때문이다. 반면에 베풀어야 할 것을 간직하는 행위는 누군가가 누릴 수 있었을 풍요를 빼앗은 것이 된다. 내가 말하고 싶은 것은 더 많은 것을 소유한다고 더 행복해지는 것은 아니라는 것이다. 이 주제를 다룬 많은 연구를 바탕으로 이 말의 타당성을 살펴보기로 하자.

대니얼 카너먼(Daniel Kahneman)과 앵거스 디턴(Angus Deaton)의 유명한 2010년 연구[1]를 비롯해 많은 연구에서 밝혀졌듯이, 소득은 일정한 수준까지만 우리 행복에 긍정적인 영향을 미칠 뿐이다. 이 연구의 결과에 따르면 연구에 참여한 사람들의 경우 소득이 증가함에 따라, 더 정확히 말하면 참가자가 속한 국가의 평균 소득에 이를 때까지는 행복도가 올라갔으나, 그 지점을 넘어서면 더 많은 소득이 반드시 더 큰 행복으로 이어지지 않았다. 수입과 지출의 균형을 맞추지 못한다면, 즉 겨우겨우 입에 풀칠할 정도에서 행복을 누리기 더 어렵다는 것은 충분히 이해된다. 식탁에 먹을 것이 없고 그럭저럭 살아가기 위해 삼교대 근무로 일해야 한다면, 덜 행복하다고 느끼는 것은 당연할 수 있다. 이런 상황에서는 돈이 많아지면 삶이 더 편해지고 그런 변화가 행복에도 긍정적인 영향을 미친다. 하지만 이런 추세가 끝없이 계속되지는 않는다. 기본적인 욕구가 충족되면 행복 수준은 정체 상태를 유지하는 경향을 띤다.

소득이 기본적인 욕구선 너머까지 증가하면 우리는 굳이 필요하지 않은 것에 더 많이 지출하지만 그렇다고 더 행복해지지는 않는다. 임팩트연구소 소장인 스콧 홀드먼(Scott Holdman)은 테드 강연에서 이런 추세를 설명하면서 충격적인 통계 자료로 뒷받침했다. 〈월스트리트

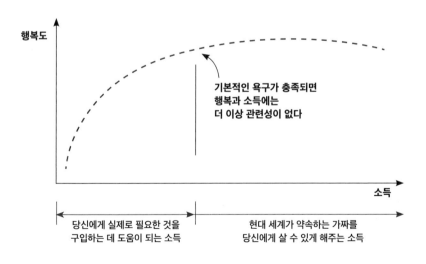

저널〉에 기고된 칼럼에서 폭로했듯이 미국인은 비본질적인 물건, 즉 꼭 필요하지 않은 물건에 연간 1.2조 달러를 지출한다. 환경공학자인 애니 레너드(Annie Leonard)의 추정에 따르면 미국인들이 구입하는 물건의 99퍼센트가 6개월 만에 쓰레기통에 던져진다.[2] 한편 〈로스앤젤레스타임스〉는 보통 미국인의 가정에 약 30만 개의 물품이 있다고 주장한다.[3] 게다가 미국의 소비 중심적 생활 방식은 급속히 세계 전역으로 확산되고 있는 중이다.

우리는 소비에 흠뻑 빠진 채 살아간다. 우리가 구입하는 모든 물건이 우리 행복에 영향을 미치지만, 광고가 우리에게 말하는 것과 사뭇 다르다. 온갖 잡동사니가 우리에게 스트레스를 주고 심지어 죄책감까지 느끼게 만든다.[4] 게다가 소비는 더 많이 소비하고 싶은 욕구를 자극한다. 또 진짜 문제로부터 시선을 돌리려고 충동적으로 구매하기 시작하고, 그 때문에 불행과 불만, 불안과 우울은 더 심화된다.[5] 여기에 우리가 소비하려고 끌어오는 빚이 행복에 미치는 영향까지 더해진다. 현재 거의 2억 명에 달하는 미국인이 신용카드를 보유하고 있으며,[6] 그 작은 플라스틱 조각이 없었다면 누구도 구입하지 않았을 물건을 구입하는 데 주로 사용한다. 그 결과로 우리는 빚에 빠져든다. 소비지상주의가 우리 지구에 장기적으로 미치는 부정적인 영향은 새삼스레 언급할 필요도 없을 것이다. 우리가 쏟아내는 쓰레기로 지구가 몸살을 앓고 그로 인해 우리 모두가 불행의 늪에 점점 깊이 빠져든다는 데는 모두가 동의할 것이다.

우리가 기본적인 욕구선을 넘어서면…

[√] 기억하라! 더 많은 돈이 우리를 더 행복하게 해주는 것은 아니며, 오히려 물건이 많아지면 우리는 불행해진다.

하지만 기본적 욕구를 충족하는 한계를 넘어도 우리를 더 행복하게 해주는 것이 있다. 바로 '베풂'이다. 하버드경영대학원 교수인 마이클 노턴(Michael Norton)은 학생들에게 약간의 돈을 주는 연구를 진행했다.[7] "우리는 학생들에게 약간의 현찰이 든 봉투를 주었다. 그 봉투 안에는 두 종류의 지시 중 하나가 들어 있기도 했다. 하나는 '오늘 오후 5시까지 이 돈을 자신에게 써라'였고, 다른 하나는 '오늘 오후 5시까지 이 돈을 타인에게 써라'였다. 그러고는 학생들에게 그날 아침 돈 봉투와 쪽지를 받았을 때 느낀 행복감을 조사하고자 짤막한 설문지를 채워 달라고 요구했다. 그리고 저녁에는 학생들에게 전화를 걸어 그 돈을 어디에 썼고 얼마나 행복했는지를 물었다."

이 연구는 세계 전역의 많은 사회에서 행해졌다. 결과는 언제나 똑같았다. 당신이 시애틀에서 친구에게 커피를 사주는가, 아니면 콩고에서 어린아이의 생명을 말라리아로부터 구하는가는 중요하지 않았다. 다른 사람을 위해 돈을 쓰는 사람은 자신을 위해 돈을 쓰는 사람보다 더 큰 행복감을 느꼈다.

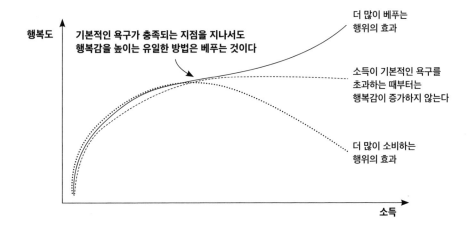

[√] 기억하라! 베풂은 우리를 더 행복하게 해준다.

'적자생존'이라는 다윈의 원칙을 잘못 이해하는 사람이 의외로 많다. 적자생존은 다른 존재와 경쟁해서 승리할 수 있는 이기적 개체가 생존할 가능성이 가장 높다는 뜻이다. 물론 당신 혼자 살아남는 경우도 적자생존에 해당하지만 당신이 인간종이라면 부족 전체가 살아남아야 당신도 살아갈 수 있다.

이런 의미에서 베풂은 이타적 행위가 아니다. 베풂은 우리 인간종이 집단 생존을 위해 예부터 사용한 이기적 행위다. 우리가 일찍이 동굴에서 살던 시기를 돌이켜 생각해보라. 작은 영장류에 불과하던 우리가 그 시대의 야수들에 맞서 혼자 싸웠다면 살아남았을 확률이 얼마나 되었을까? 함께 생활하고 사냥하며 일한 덕분에 우리는 살아남을 수 있었다. 건강하고 유능한 다른 존재에 에워싸인 모든 개체에게는 그런 삶의 방식이 유리하다. 종의 생존을 위해서, 즉 집단의 생존을 위해서 우리는 서로에게 필요한 것을 베풀고 채워주는 것이 무엇보다 중요했다.

다른 생존 메커니즘, 예컨대 번식을 독려하기 위해서 동일한 보상 시스템, 즉 베푸는 행위에 보상하는 방법이 사용되었다. 베풂은 우리 뇌에서 도파민을 분비하는 중변연계 경로(mesolimbic pathway)를 활성화시킨다. 오리건대학교의 윌리엄 T. 하버(William T. Harbaugh)가 이에 대해 흥미로운 연구를 실시했다. 그는 참가자들이 자선 단체에의 기부 여부를 결정할 때 그들의 뇌 활동을 기능성 자기공명영상(fMRI)으로 촬영했고, 뇌에서 보상과 관련된 영역에 위치하는 고리핵(nucleus accumbens)이 상당히 활성화된다는 걸 알아냈다. 그 결과 생존 메커니즘이 우리에게 잘하고 있다고 말하며 고마워한다는 징표로 행복과 환희를 유발하는 신경 화학 물질, 즉 도파민, 세로토닌, 옥시토신 등이 분비되었다. 신경 전달 물질의 언어에서 이런 현상이 의미하는 것은 하나밖에 없다. 기부는 종의 생존에 좋은 것이니 계속하라는 뜻이다.[8]

세 화학 물질의 영향은 우리에게 행복을 느끼게 해주는 것으로 끝나지 않는다. 세로토닌은 수면과 소화, 기억과 학습 및 식욕에 도움을 주고, 도파민은 적극성과 성욕을 자극한다. 옥시토신은 혈압을 떨어뜨리는 대신 유대감을 증진한다. 따라서 사회적 관계에 대한 두려움이 줄어들고 신뢰와 공감력이 향상된다. 옥시토신에는 항염증 기능만이 아니라 통증을 완화하고 상처를 치유하는 기능도 있다.[9] 베풂으로써 얻는 게 많은 셈이다. 따라서 관점을 달리하면…

[✪] 매우 중요! 베풂은 우리가 행하는 가장 이기적인 행위 중 하나일 수 있다.

친절은 우리의 가장 기본적인 생존 메커니즘 중 하나다. 따라서 친절은 우리 안에 깊이 내장되어 있다. 우리는 결코 혼자 살아갈 수 없기 때문에 다른 사람에게 베푸는 행위는 우리 생존 자체를 위해서도 반드시 필요한 행위인 셈이다.

생물학적 특성, 영적인 가르침, 사회적 규범은 한목소리로 우리에게 베풀라고 동기를 부여하는 데 그치지 않고, 수십 억 명의 다른 사람들에게도 우리에게 베풀라는 동기를 부여한다. 우리 현대 사회에서 이런 닫힌 회로가 항상 명확하게 드러나지 않는 이유는, 우리가 함께 생존해야 할 부족으로 마땅히 해야 할 것의 대부분이 우리 사회의 경제·사회 및 지배 체제에 의해 자동적으로 수행되기를 기대하기 때문이다. 그 결과로 우리는 개개인의 베푸는 행위가 필요하다는 걸 모른 척하며 넘어가는 방법을 배우고, 베풂은 체제의 책임이라고 떠넘겨버린다. 당신의 생존을 위해 매일 수많은 사람이 작은 역할을 한다. 경찰부터 거리의 환경 미화원까지, 우리 식량을 생산하는 농민부터 그 생산물을 소매점까지 운반하는 운전자까지 많은 사람이 우리 생존을 위해 크고 작은 역할을 한다. 항상 대기 중인 의사와 간호사, 기반 시설을 짓는 공학자, 세상이 돌아가는 방법을 알아내서 우리를 도우려는 과학자도 우리 생존을 위해 필요하다.

그렇다, 그들은 그런 노력에 대해 금전적 형태로 보상을 받는다. 그러나 베풂 없이 보상만을 받는 것은 아니다. 당신도 어떤 형태로든 사회에 기여하고 있다. 당신이 하는 일을 단순히 직업이나 의무만이 아니라 그 자체로 인식되어야 한다. 그 일로 당신이 보상을 받는 것은 당연하다. 베푸는 행위에 보상이 따르는 것은 자연 법칙이기도 하다. 우리가 다른 사람들에게 베풀기 때문에 우리 행위에 가치가 있다고 깨닫게 될 때 우리는 그런 행위와 관련된 보상을 생물학적으로 느낀다. 그때 우리 일이 우리 목적이 된다. 그 이유는 믿기지 않겠지만 삶이란 게임에서 생존이 우리 사명이라면…

[✕★] 매우 중요! 기부가 우리에게 유일한 목적일 수 있다.

그렇다면 어떤 이유에서 우리는 각자가 소유한 자질구레한 것에 집착하는 걸까? 대부분의 잘못된 습관이 그렇듯이 우리는 그렇게 집착하도록 조건화되었기 때문이다.

삶 자체가 흐름이라면
수년간의 전쟁, 경제 침체와 불황, 심지어 팬데믹까지 역경을 겪은 사람들은 비상시에 대비해 무언가를 비축해두는 지혜를 배운다. 만일의 경우를 대비해 저축하는 전통적인 지혜는 대대손손을 거쳐 우리에게도 전해졌다. 우리는 소득원을 상실할 경우에 대비해 은행에 약간의 돈을 저축해두고, 일어나서 배고플 경우를 대비해서 냉장고에 약간의 음식을 마련해둔다. 또 졸업 10주년에 맞춰 다시 10대로 돌아간 기분을 만끽하려고 10~15킬로그램을 빼야 할 경우를 대비해, 오래된 무도회 드레스를 고이 보관해둔다.

우리가 간직하는 것은 우리에게 안전하다는 거짓된 느낌을 주며 시스템의 원활한 흐름을 방해한다. 또 우리가 간직하는 것은 삶 자체의 흐름을 방해할 뿐만 아니라 우리 삶에서 적잖은 공간을 차지하며 우리가 받는 것까지 가로막는다. 우리가 풍요에 이를 수 있는 방법은 하나밖에 없다. 우리에게 필요하지 않은 것과 거의 사용하지 않는 것을 쌓아두는 걸 멈추는 것이다. 우리 삶에 새로운 경험이 유입될 공간을 남겨둠으로써 과거에 그랬듯이 앞으로도 우리에게 떠넘겨질 무언가가 있다는 걸 진심으로 믿으며, 무언가를 받기 위한 공간을 열어둘 때 진정한 풍요에 도달할 수 있다.

삶은 닫힌 체계라고 생각하라. 온갖 물리학적 증거로 입증되었듯이 모든 것은 보존된다. 어떤 것도 무(無)에서 창조된 게 아니고, 어떤 것도 헛되이 낭비되지 않는다. 우리가 베풀 때 체계의 순환에 더 많은 흐름이 생기고 채워져야 할 공간, 즉 진공이 남는다. 이런 긍정적인 불균형으로 말미암아 흐름이 허용되고 체계는 우리에게 빈 공간을 채우라고 요구한다. 우리가 베풀기를 중단하면 체계의 순환이 중단된다. 따라서 우리가 베풀기를 중단하면 삶의 흐름이 중단될 뿐만 아니라…

[√] 기억하라! 우리가 받기를 중단할 때도 체계의 순환이 중단된다.

우리 삶에서 선의의 유출과 유입이 균형을 이룰 때 삶의 순환 자체가 계속될 수 있다. 어느 날 저녁 나는 강연을 끝내고 기립 박수를 받았다. 그런 찬사에 거북하고 겸연쩍어 나는 강연 무대에 서서 수천 명의 청중에게 "감사합니다, 감사합니다. 그만하셔도 됩니다. 여러분의 지나친 칭찬에 몸 둘 바를 모르겠습니다"라고 말했다. 질의응답 시간이 있은 뒤, 한 현명한 여인이 다가와서는 내게 주는 방법만큼이나 받는 방법을 배울 필요가 있겠다며 그 이유를 흥미롭게 설명했다. 청중들이 일제히 일어서서 박수를 치며 감사의 뜻을 전했을 때 그들이 내게 그런 선물을 준 것은 당연했지만, 내가 그 선물을 받기를 거절하며 흐름을 방해했다는 것이었다. 그날 나는 변해야 한다는 걸 깨달았고, 다른 사람, 또 삶 자체가 내게 주는 선물을 열린 마음으로 받아들여야 한다는 것도 깨달았다.

그날 이후로 나는 점점 더 많은 것을 받고 있다. 받는다고 이기적인 것은 아니다. 오히려 그로 인해 삶의 순환이 완전해진다. 우리는 무언가를 베풀 때 무언가를 얻는다. 정말이다. 이 말에는 겉으로 보이는 것보다 훨씬 더 깊은 진실이 담겨 있다. 이 근원적 진실은 주는 사람과 받는 사람 사이의 관계에서 찾아진다. 그 진실은 우리가 다음의 질문에 대답하는 데 도움을 주는 통찰을 통해서 파악될 수 있다.

우리 사이에 차이가 있는가?

나는 앞서 신경과학자 질 볼트 테일러의 테드 강연과 그녀의 책《나는 내가 죽었다고 생각했습니다》에 대해 언급했다. 뇌졸중으로 좌뇌의 기능이 마비되었던 때 그녀가 겪은 경험은 진실을 깨닫는 순간이었다.

나는 거대해진 느낌이었다. 나는 팔을 내려다보았다. 내가 내 몸의 경계를 더는 규정할 수 없다는 걸 깨달았다. 내 팔을 구성하는 원자와 분자가 벽을 비롯해 내 주변의 모든 것을 구성하는 원자와 분자와 뒤섞였다.(…) 나는 존재하는 모든 에너지와 하나가 된 기분이었다. 너무 좋았다!

지금 여기에서 나는 좌뇌의 의식에 들어가는 길을 선택함으로써 생명의 흐름과 분리된 독립된 개체가 될 수도 있고, 우뇌의 의식에 들어가는 길을 선택함으로써 우주의 힘, 즉 생명력 자체가 될 수도 있다. 그때 나는 모든 것과 하나가 된다.

테일러가 묘사한 대로 세상을 경험한 현상은 이른바 환각 여행을 다녀온 사람들, 샤먼식 호흡법(shamanic breathing)을 체험한 사람들, 명상을 통해 몸을 초월한 사람들에게서도 확인된다. 자신이 주변의 모든 것과 분리되는 환상 너머를 볼 때 우리가 깨닫게 되는 것은…

[√] 기억하라! 환상을 벗어나면 당신과 나, 모든 것이 하나이고 똑같다.

이 말은 영적인 면에서만 적용되는 게 아니다. 물리적인 차원에서도 우주에 존재하는 모든 원자가 끊임없이 재사용된다. 오늘은 당신의 일부이지만 다음 날에는 나의 일부가 된다. 우리가 무엇으로 이뤄졌는지 그 진실을 알게 된다면, 테일러가 그랬듯이 당신도 우리 사이의 차이를 보지 않고 당신의 손과 내 손이 하나로 합해지는지 볼 것이다.

사회적 차원에서 우리는 하나의 공동체를 구성하는 부분이다. 우리가 함께 행동할 때 더 강해지는 공동체. 당신과 나를 넘어 확대되며 우주에 존재하는 모든 생명체를 포괄하는 공동체다. 지난 100년 동안 우리가 하나인 것을 무시한 채 이기적인 행동으로 인류 문명을 위태롭게 한 까닭에 멸종점까지 치달은 공동체다.

영적인 차원에서는 우리가 물리적인 형체를 넘어 그 이상의 존재라는 걸 기꺼이 인정한다면 우리 모두는 하나의 거대한 가상 게임에 참가한 플레이어가 된다. 물리적인 세계에서 우리는 서로 멀찌감치 떨어진 채 각자의 아바타를 다루지만 우리 행동으로 말미암아 게임기 전체가 점차 꺼질 때가 가까워진 듯한 느낌을 지울 수 없다. 게임이 계속되는 유일한 방법은 우리가 이기적이고 개인적인 욕심을 버리고 게임의 지속 가능성을 위해 하나가 되어야 한다는 걸 깨닫는 것이다.

우리 인류의 조건에 주목해야 한다. 외로움과 스트레스가 유행병이 되었고 우리 지구가 입은 환경적 피해도 상당하다. 소셜 미디어의 유독성과 뉴스의 부정적인 면을 보면 종말을 앞둔 듯하다. 인류가 이렇게까지 길을 잃은 적이 없었다. 이 모든 것이 이 푸른 행성에서 우리 모두가 하나이고, 우리 운명이 똑같다는 걸 망각한 결과다.

이런저런 기준으로 우리를 갈라놓고 우리가 하나라는 걸 망각한 행동을 멈춰야 한다. 우리가 포함된 부족을 구하기 위해서라도 다른 모두에게 베풀어야 한다. 베풂의 논리적 타당성에 대해서는 이제 충분히 설명한 듯하다. 이제부터 베풂을 제2의 천성, 아니 제1의 천성으로 만들어가는 방법을 배워보자.

매일 무언가를 베풀면 베푸는 데 점점 능숙해지기 마련이다. 베풂이 우리 행복과 번영에 어떤 영향을 미치는지 관찰해보면 더 많이 베풀고 싶어질 것이다. 우리는 악기를 연습하듯이 베풂을 연습할 수 있다. 베풂도 일종의 기술이다. 21일 동안 베푸는 일을 시도해보라. 나를 믿어라. 정말 효과가 있다.

당신이 마주치는 모든 사람에게는 매일 매 순간 무언가가 필요하다. 그들에게는 당신의 미소와 격려, 친절과 조언, 포옹 등이 필요할 수 있다. 왕과 왕비, 최고경영자와 국가수반에게도 진정한 인간관계

실천 훈련

가 필요하다. 정말이다. 그렇다는 걸 내 눈으로 직접 목격했다.

모든 역량의 함양이 그렇듯이 작은 것부터 시작하라. 당신이 일상의 삶에서 곧바로 적용할 수 있는 일련의 간단한 훈련법을 소개해보려 한다. 거창한 것을 베풀 필요는 없다. 작은 것은 자주 베푸는 게 낫다. 지금쯤이면 충분히 숙지했겠지만, 우리가 신경망을 사용할 때마다 신경 가소성에 의해 신경망이 강화된다. 따라서 베풂이란 분야에서 올림픽 챔피언이 될 때까지 베풂의 근육을 훈련시켜라.

그들에게 커피를 사라

이 단순한 행위로도 우리 몸의 모든 세포가 희열로 채워진다. 친구에게 커피를 사준 적이 있는가? 한 잔의 커피 값을 감당할 경제적 여유가 있다면 처음 보는 사람에게 커피를 사주는 것은 어떨까? 바리스타에게 한 잔 값 정도의 팁을 주는 것은 어떨까?

누군가 카페에서 일하며 당신에게 커피를 만들어준다면 그에게도 몇 달러의 팁이 무척 유용할 수 있다. 그는 생활비를 충당하려는 학생일 수 있고 어떻게든 살아가려고 노력하는 미혼모일 수 있다. 반면에 가처분 소득의 크기에 상관없이 커피를 사서 마실 여유가 된다면, 다른 한 잔의 비용을 아낄 수 있는지 생각해보라. 다음 날에는 커피를 마시지 않고 건너뛸 수 있는지도 생각해보라. 당신의 선물이 그의 생활고를 끝내지는 못하더라도 그에게 혼자가 아니라는 기분을 느끼게 해줄 수는 있을 것이다. 당신의 선물이 그에게 다시 일어나 당당히 서는 데 도움을 주고 결코 외롭지 않다는 자신감을 주는 따뜻한 격려가 될 수 있다. 기회가 있을 때마다 베풀어라. 작은 베풂도 도움이 된다. 당신이 스스로 정한 '친절 챌린지(kindness challenge)'라 생각하고, 적어도 일주일에 한 번은 당신 자신을 위해 구입한 만큼 다른 사람에게 베풀어라.

낯선 사람에게 미소를 지어라

나는 런던에서 1년 동안 살았다. 런던은 멋진 도시지만 믿기지 않을 정도로 빠른 속도로 돌아가며 스트레스를 유발하는 맷돌 같은 도시다. 내가 항상 농담처럼 말하지만 공항에 내리자마자 런던 사람과 관광객을 구분하는 것은 누워서 떡 먹기보다 쉽다. 관광객은 대체로 무리나 짝을 지어 다니며 웃는 표정으로 느릿하게 걸으며 이야기를 나눈다. 반면에 런던 사람들은 빠르게 걷는다. 그들은 비행기에서 내리는 순간부터 진지하게 굳은 표정이 되고 공항 문이 곧 닫힐 것처럼 줄달음질하기 시작한다. 런던이란 도시에 있는 동안 이런 모습은 반복적으로 목격된다. 모두가 거의 언제나 바쁘게 서두른다. 언젠가 나는 하이드파크에서 모녀가 총알처럼 빠르게 걷는 걸 보았다. 그래서 그들이 어떤 약속에 늦은 것이라 생각했지만, 갑자기 잔디밭에 들어가 서로 마주보며 앉아 햇살을 즐겼다.

이제 나는 런던 사람들을 사랑한다. 친구들과 함께 어딘가를 걸어갈 때면 나는 런던 사람들이 무척 빨리 걷는다고 웃으며 말한다. 나는 항상 무척 느릿하게 걷는다. 나는 그런 걸음걸이를 사랑하는 아들 알리에게 배웠다. 알리는 정말 거북이처럼 느릿하게 걸었다. 알리는 한 걸음을 내딛고는 다음 걸음을 내딛어야 하는지 생각하는 것처럼 잠시 뜸을 들였다. 그러고는 거북이가 무거운 짐을 등에 짊어지고 운반하는 것처럼 두 번째 발을 평소보다 약간 더 높이 들어 올렸고, 서서히 내린 뒤에는 다시 다음 발에 대해 생각하는 듯 멈췄다. 나는 거북이보다 낙타에 가깝지만 빠르게 돌아가는 도시의 평균 시민보다 절반에 불과한 속도로 걷는다.

또 걸을 때나 기차에 앉아 있을 때 만면에 미소를 띤 채 맞은편에서 걸어오는 사람들의 눈을 똑바로 쳐다본다. 나는 그들에게 정말 미소를 짓고, 때로는 고개를 끄덕여 보인다. 당신이 회사 복도에서 아는 사람을 마주칠 때 고개를 끄덕여 보이는 것과 조금도 다르지 않다. 이렇게 해내려면 제다이 마스터 수준의 훈련이 필요하다. 처음에는 어렵고 상대에게 겁주는 것처럼 보일 수 있다. 그러나 요령을 터득하면 이런 미소가 상대의 하루를 가볍게 해준다는 걸 알 수 있다. 누군가 내가 자신에게 미소를 지어 보인다는 걸 알게 되면 금방이라도 덮칠 듯한 호랑이를 본 것처럼 처음에는 놀라는 표정을 짓는다. 하지만 곧 긴장을 풀고 미소로 답한다. 내가 고개를 끄덕이면 그도 고개를 끄덕여 화답한다. 때로는 그가 지나간 뒤에도 나는 고개를 돌려 그를 바라본다. 그럼 거의 언제나 그 역시 고개를 돌려 나를 바라보며 '저 사람이 누구지?' 하는 궁금한 표정과 함께 감사의 눈빛을 보내곤 한다.

당신이 어디에 있든 이 훈련법을 시도해보라. 효과가 있다는 걸 금방 확인할 수 있을 것이고, 점차 더 편히 해낼 수 있을 것이다. 미소라는 선물을 베풀 때 당신은 더 행복해질 것이다. 끝까지 해보라. 크게 미소를 지어라. 진심을 담아라. 부끄러워하지 마라. 나쁜 짓을 하는 게 아니다. 이 훈련을 '용기 챌린지(courage challenge)'라 생각하고 매일 하루에 한 사람의 낯선 사람에게 미소를 지어 보여라.

칭찬하라

칭찬하는 것도 베풂의 일종으로 여겨질 수 있을까? 그렇다. 칭찬은 궁극적인 형태의 베풂이다. 다른 형태의 베풂과 마찬가지로 칭찬은 다른 사람에게 주는 것만큼 당신에게 되돌아온다.

당신이 아는 척할 것이라 기대하지 않는 사람에게 말을 걸어라. 카페의 점원, 비행기의 스튜어디스, 사무실 건물의 경비원에게 친절하게 말을 걸어보라. 그들이 당신을 물어뜯지는 않을 테니까. 오히려 그들은 인정받았다는 생각에 고마워할 것이다. 이 훈련은 '관계 챌린지(connection challenge)'로서 하루에 적어도 한 번은 낯선 사람과 인간적인 관계를 맺어보라.

50파운드의 깨달음

'10억 명 행복 프로젝트'를 시작한 이후로 나는 무척 자주 세계 곳곳을 다녔다. 그래서 하나의 위탁 수화물에 들어가도록 내 전체적인 삶을 축소했다. 대부분의 항공사에서 규정한 위탁 수화물의 한계는 약 50파운드, 즉 23킬로그램이기 때문에 내 새로운 생활 방식에는 간단한 규칙 하나가 뒤따랐다. 무언가 새로운 것을 가방에 넣어야 할 때는 다른 무언가를 빼야 한다는 것이다. 예컨대 새 티셔츠 하나를 구입해야 하면 낡은 티셔츠는 누군가에게 선물을 주는 방식이다. 당신도 이렇게 해보라.

다음에 당신도 새로운 것을 구입하면 오래된 것은 누군가에 주어라. 기꺼이 다른 사람에게 줄 것이 없으면 당신의 삶에 새로운 것을 더 추가하지 마라. 간단하지 않은가!

오래된 것을 놓아주려면 약간의 훈련이 필요하다. 습관화해서 예컨대 매주 토요일에 무언가를 나눠줘라. 앞서 이미 말했듯이 나는 10가지 물건을 나눠주려고 한다. 그 물건이 대단한 것일 필요는 없다. 어떤 것이든 상관없고 당신에게 필요한 베풂의 훈련에 도움이 된다. 이런 베풂이 잦아지면 물건에 대한 애착에서 벗어나 마음이 더 가볍고 더 행복해질 것이다. 당신에게 선물을 받은 사람도 행복해질 것이다. 오래된 것을 베풀어 새로운 것이 들어올 공간을 만들 때 삶의 순환이 완성된다. 생명의 기운이 당신을 통해 다른 사람에게로 흘러간다. 이 훈련은 '흐름 챌린지(flow challenge)'라 할 수 있다. 일주일에 한 번씩 해보라.

이제 끝났다. 네 가지 간단한 도전이다. (1)새롭게 구입하는 만큼 베풀어라. (2)매일 누군가에게 미소를 지어 보여라. (3)주변의 모든 사람에게 친절한 말을 건네라. (4)매주 토요일에 무언가를 나눠주어라. 작은 것부터 시작하고 가능하면 자주 베풀어라. 당신의 삶이 어떻게 변하는지 면밀히 관찰해보라. 마음이 한결 가벼워지고 행복해질 뿐만 아니라 삶 자체로부터 더 많이 사랑을 받는 기분일 것이다. 이 훈련이 몸에 익으면 이제 다음에 도전하라. '감사 챌린지(gratitude challenge)'에 나설 차례다. 매일 밤 잠자리에 들기 전에 다른 사람에게 무언가를 줄 수 있는 특권을 누린 것에 감사하라.

끝으로 마지막 도전 과제가 남았다.

10억 명 행복 프로젝트

오늘날 우리 세계에는 바로잡아야 할 것이 너무 많아 어디에서부터 시작해야 할지 모를 지경이다. 우리 미래를 알고 싶다면 현재를 둘러보라. 오늘의 행동이 내일의 상태에 영향을 미치기 때문이다. 오늘 우리가 행하는 행동은 우리가 선택할 수 있는 것이다. 당신을 포함해 우리가 오늘 선택하는 작은 변화가 내일 우리 모두에게 큰 변화로 다가온다. 그러나 이 멋진 말은 우리에게 똑같은 질문을 되돌려준다. 그래서 우리는 무엇을 바꿔야 하는가?

나는 복잡하게 뒤얽힌 문제가 제기되면 그 모든 문제를 유발한 근본 원인을 찾는 데 주력한다. 나는 인류에게 제기된 모든 문제의 답을 단순한 가치가 담긴 두 단어에서 찾아냈다. 행복과 연민이다. 우리가 20세기에 받아들인 가치관(예컨대 '탐욕은 좋은 것이다', '합법은 윤리적이다')을 포기하고, 행복과 연민을 강조하는 가치관으로 대체하는 법을 터득한다면 모든 문제가 해결될 것이다. 그렇다. 나는 인류의 모든 문제를 무척 간단히 해결할 수 있다고 믿는다.

[√] 기억하라! 행복과 연민이라면 인류를 구할 수 있다.

우리가 행복을 우선시하려면 행복도 우리가 매일 선택할 수 있는 것이란 사실을 기억해야 한다. 그럼 정치인들과 그들의 공허한 약속에 관심을 두지 않게 될 것이고, 그들의 거짓 이데올로기를 무분별하게 따르지 않고 그들을 본연의 존재, 즉 '행복'이란 우리의 의제를 성취하는 데 도움을 줘야 하는 공복(公僕)으로 대하게 될 것이다. 그때 우리는 우리가 항상 불행의 늪으로 끌어가는 잘못된 목표를 추구하며 삶에서 많은 시간을 헛되이 낭비하고 있다는 걸 깨닫게 될 것이다. 우리가 원하던 모든 것이 행복이라는 아름다운 감정을 찾으려는 시도였다는 걸 기억한다면, 또 행복이 우리 모두의 마음속에서 발견되기를 학수고대하며 기다리는 기본 설정이라는 걸 기억한다면 이제라도 내면으로 눈을 돌리며 변하겠다고 결심해야 할 것이다. 그때서야 비로소 우리는 우리 세계를 더 나은 곳으로 만들어갈 수 있을 것이다. 그 이유는…

[✗☆★] 매우 중요! 우리가 바꿀 수 있는 유일한 것은 우리 자신이다. 우리가 세상을 바꿔갈 수 있는 유일한 방법은 당신과 나, 우리가 변할 때다.

내 현명한 아들 알리가 내게 많은 것을 가르쳐줬지만, 알리가 열네 살이었을 때 내게 다가와 했던 말만큼 나를 크게 변화시킨 것은 없었다. "아빠, 아빠에게 말씀드리고 싶은 게 있는데 그 말을 들으면 아빠가 속상하실 거예요."

당시 나는 세상을 바꿀 수 있다고 진정으로 믿었던 구글의 거만한 경영자였다. 열네 살짜리 어린아이가 할 수 있는 말이 내게 영향을 미칠 것이라고는 상상조차 할 수 없어 이렇게 대답했다. "괜찮다, 알리. 네가 무슨 말을 해도 아빠가 짜증을 내지는 않을 거다."

알리가 말했다. "아빠, 아빠가 정말 변화를 이뤄내고 싶어 한다는 건 알아요. 하지만 아빠가 결코 세상을 바로잡지는 못한다는 걸 알았으면 좋겠어요."

나는 아버지이자 스승의 자존심으로 알리의 말을 가로막았다. "왜 그렇게 생각하지, 알리? 그런 생각은 패배자나 하는 거다. 무언가를 해낼 수 있다고 진심으로 믿지 않으면 아무것도 바꿀 수 없고, 어떤 영향도 끼칠 수 없는 법이다."

내 지적이 틀린 데는 없었지만 알리가 말하려던 논점은 아니었다. 알리는 항상 그랬듯이 내가 말을 끝낼 때까지 기다리고는 '이제 제 말을 끝까지 들어보세요'라고 말하는 듯한 손짓을 해 보였다. 알리는 내 어깨에 한 손을 올렸다. 알리의 평온한 에너지가 내 몸에 스며들며 내 자존심의 목소리를 가라앉혔다. 오랜 경험을 통해 알리가 이런 식으로 말할 때는 내가 귀담아들어야 한다는 걸 알고 있었다. 그래서 나는 조용히 앉아 귀를 열고 알리가 말하려는 것에 귀를 기울였다.

알리가 말했다. "아빠, 아빠가 세상을 바로잡지는 못해요. 아빠의 작은 세계에 변화를 줄 수 있을 뿐이에요. 그런 변화를 이뤄내는 데 능숙해지면 아빠의 작은 세계가 점차 더 커질 거예요. 아빠의 작은 세계는 아빠예요. 아빠의 세계를 바로잡을 때까지는 다른 것을 바로잡으려고 하지 마세요. 아빠의 세계를 바로잡은 뒤에야 나(알리에게는 바로잡을 게 없었지만 여하튼 겸손하게도 그렇게 말했다)와 엄마와 아야를 바로잡을 수 있을 거예요. 우리도 아빠의 작은 세계가 될 테니까요. 아빠가 우리를 바로잡으면 함께 일하는 팀원들에게 영향을 미칠 수 있을 것이고, 나중에는 부서, 그 이후에는 회사 전체와 아빠의 조국을 바꿔갈 수 있을 거예요. 어쩌면 전 세계가 변화시켜야 할 아빠의 작은 세계가 될 수 있겠지만 어딘가 고통받는 사람이 항상 존재하기 때문에 전부를 바로잡을 수는 없을 거예요."

나는 지금도 조금이나마 더 나은 방향으로 변하려고 노력하지만 여전히 아직 가야 할 길이 멀다. 그럼에도 당신에게 나와 함께하자고 권한다. 당신도 스스로 변화를 시도해보라. 바꿔야 할 것을 하나씩 차례로 선택해보라. 당신부터 변한 뒤에 당신의 작은 세계에 영향을 미치려고 해보라. '10억 명 행복 프로젝트'라는 사명은 세 단계로 요약된다.

1. **행복을 당신의 삶에서 최우선순위에 두어라.** 행복은 생득권이고 예측 가능하므로 얻으려고 노력하면 얻을 수 있다는 걸 알아야 한다.
2. **당신의 행복을 위해 투자하라.** 일주일에 서너 번씩 행복에 대해 공부하는 데 일주일에 서너 번, 각 한 시간씩 투자하라. 책을 읽고, 비디오

를 시청하고, 행복한 사람과 대화를 나누어라. 학습하고 행동하기 전에 행복을 먼저 느껴보라.

3. 다른 사람을 행복하게 해주기 위해 **당신 안에 내재한 연민을 찾아내라.** 당신이 행복에 대해 학습해서 알아낸 것을 적어도 두 사람에게 알려주며, 그들에게 각각 두 사람에게 행복에 대해 알리겠다는 약속을 받아내라. 이렇게 우리 각자가 두 사람에 말하고, 그 두 사람이 다시 각각 두 사람에게, 또 그 두 사람이 각각 두 사람에게 행복에 대해 말하면 우리의 작은 세계는 금세 지구 전체가 될 것이다. 5년이 지나지 않아 2,000명은 물론 10억 명에게 행복을 전하게 될 것이다.

우리는 마음만 먹으면 무엇이든 할 수 있다. 우리 뇌는 컴퓨터와 비슷하다. 컴퓨터를 코드가 운영한다면 우리는 그 코드를 조정할 수 있다. 결심하면 행동이 뒤따라야 한다. 연습하고 훈련하면 우리는 원하는 무엇이든 될 수 있다. 따라서 변화를 이뤄내는 길을 선택하라. 더 나은 세계를 만드는 데 일조하라.

[✕⭑] 매우 중요! 당신의 작은 세계는 바로 당신이다. 당신이 사랑하는 사람을 위해 그 작은 세계를 더 나은 곳으로 만들어라.

나는 알리를 위해 내 작은 세계를 더 나은 곳으로 만들려고 계속 노력할 것이다.

행복에 대한 많은 가르침이 뇌를 차분히 안정시키거나 통제하는 초대장으로 여겨질 수 있다. 오락가락 끝없이 되풀이되는 생각이 불행의 원인일 수 있기 때문에, 우리의 마음을 다스리는 게 평온하고 행복한 삶을 향한 확실한 길인 것은 분명하다. 그러나 유일한 길은 아니다.

우리 마음이 삶과 행복 상태를 개선하는 방향에 대해 능동적으로 생각하며 유익한 생각에 적극적이라면, 어떻게든 최대한 많이 생각하도록 하라. 유익한 생각에는 네 가지 유형이 있다. 당신도 이런 유형의 생각을 당신의 뇌가 초점을 맞추는 것의 기준으로 삼기를 바란다. 그렇게 할 때 당신의 뇌는 당신의 삶을 낭비하고 당신을 불행하게 만드는 부정적인 생각을 멀리하게 될 것이다.

1. **경험에 근거한 생각**: 세상을 존재하는 그대로 정확히 경험하려면 당신의 뇌가 다른 종류의 생각을 처리할 때와 마찬가지로 필요한 만큼의 참여가 필요하다. 사실 뇌는 한 번에 하나만을 처리할 수 있기 때문에 세상을 진심으로 관찰하는 것이 우리가 자신의 머릿속이 아닌 현실 세계에서 살아가는 가장 확실한 방법이다.

명상은 시간이 지남에 따라 뇌를 재구조화해서 자신이 꾸민 생각에 매몰되지 않고 현재의 순간을 충실히 살아가는 능력을 키울 수 있는 유용한 습관이다. 하지만 명상은 하나의 습관에 불과하다. 명상과 관련된 기법들을 현실적인 일상의 삶에 맞게 적용하려면 현대 세계에 적합한 새로운 형태의 명상을 활용해서 매일, 매 순간에 존재하는 방법을 깨우쳐야 한다.

2. **문제 해결**: 문제 해결은 분석적인 현대 세계에서 가장 높게 평가되는 유형

의 생각이다. 해결책을 찾아냄으로써 난제를 극복하는 능력은 일터와 전문 영역의 삶에 주로 적용된다. 하지만 문제 해결을 위한 생각은 우리를 행복과 안녕으로 이끄는 데도 똑같이 적용될 수 있다.

행복 흐름도는 어떤 사건이 우리 기분을 어지럽힐 때 문제를 해결해 우리를 신속히 행복 상태로 되돌리도록 뇌를 어떻게 단련하고 활용할 수 있는지를 요약해 보여주는 좋은 예다. 어떤 감정을 인식하면서 인정하고, 심지어 포용하는 방법까지 배웠다면 그 감정을 유발한 생각을 찾아내서 세 가지를 자신에게 물어야 한다.

1) **그것이 진실인가?** 내 행복감을 좌우하는 생각이 타당하다는 걸 뒷받침할 만한 증거가 있는가? 그 생각이 뇌가 만들어낸 허구라면 당장 잊어라. 반면에 진실이면 다음 질문으로 넘어가라.

2) **그것에 대해 무언가를 할 수 있는가?** 불행은 생존 메커니즘에 불과하다. 불행은 뇌가 우리의 생존과 성공에 부적절한 조건으로 판단하는 것에 대해 어떤 조치를 취하라고 우리에게 보내는 경고다. 당신을 불행하게 하는 것에 대해 무언가를 할 수 있다면 지체 없이 하라. 그래야 불행이 사라지고 당신의 세계가 더 나아진다. 그러나 할 수 있는 게 아무것도 없다면 마지막 질문으로 넘어가라.

3) **수용하고 전념할 수 있는가?** 우리 삶은 때때로 우리를 궁지에 몰아넣는다. 삶은 어때야 한다는 희망에 부응하지 않고, 바로잡거나 개선할 수 있는 우리의 능력을 넘어서는 사건이 일어나기도 한다. 이처럼 현재 상황에 대해 할 수 있는 게 전혀 없을 때는 상황을 그대로 받아들이고, 우리에게 닥친

3부 요약

역경에도 불구하고 삶을 더 나은 방향으로 끌어가기 위해 현재 할 수 있는 것에 전념하는 방법을 배워야 한다.

3. **몰입**: 우리가 몰입할 때 우리 존재와 우리 행위는 하나로 융합된다. 우리는 완전히 해내는 것에 빠져들어 더 잘해내고, 기분도 가벼워진다. 몰입하기 위해서는 현재의 능력을 약간 상회하는 과제를 맡아 집중을 방해하는 것들을 떨쳐내고, 과제를 작은 단위로 분리한 뒤에 최종적인 결과는 염두에 두지 않고 그 작은 단위들에 집중해야 한다. 그 작은 단위들 하나하나에 최선을 다하고 시간에 대해서는 잊어라. 각 단위에 필요한 만큼의 시간을 할애하라.

4. **베풂**: 베푸는 행위야말로 우리가 의도적으로 해낼 수 있는 가장 영리한 행위다. 베푸는 것보다 당신을 더 행복하게 해주고 우리 세상을 더 낫게 만드는 것은 없다.

우리 뇌는 정교한 컴퓨터 시스템과 다르지 않다. 우리 뇌의 움직임은 충분히 예측 가능하다. 행복하기 위해서 뇌를 침묵하게 만들 필요는 없다. 우리에게 필요한 것은 긍정적인 유익한 뇌다. 뇌는 우리가 지시한 것만을 수행한다. 따라서 뇌를 긍정적으로 유익한 방향으로 생각하도록 훈련시키면 그것으로 충분하다.

행복으로 가는 길

어떻게 하면 행복하게 살 수 있을까? 이런 질문에 흔히 듣는 대답은 '좋아하는 일을 하며, 사랑하는 사람과 살면 행복하다'라는 것이다. 하지만 곧바로 의문이 제기된다. 자기가 좋아하는 일이 무엇인지 정확히 아는 사람이 얼마나 있을까? 또 좋아하는 일이라고 항상 순조롭게 풀리는 것은 아니다. 난관에 부딪치고 실패하면 어떻게 될까? 게다가 지금 사랑하는 사람과 죽을 때까지 함께할 수 있을까? 그렇지 않다는 것은 이혼, 이별 등과 같은 단어의 존재로도 증명된다. 결국 행복의 길을 긍정적인 방법으로 정의하는 것은 거의 불가능하다.

　부정적 정의라는 개념이 있다. 예컨대 행복이란 무엇일까? 수많은 전문가가 행복은 무엇이라고 긍정적인 관점에서 정의하지만, 그 정의는 항상 무언가가 부족하다. 그렇다면 부정적인 방향에서 정의해보자. 행복은 '행복이 아닌 것이 아닌 것(행복하지 않은 상태가 아닌 것)'이다. 완벽한 정의이지 않은가? 가끔은 이런 식으로 정의해볼 필요가 있다. 이 책 역시 저자가 명시적으로 말하고 있지는 않지만, 전반적으로 부정적인 관점에서 전개된다. 따라서 글이 무척 설득력 있게 다가온다.

예컨대 "기계를 수리하려면 잘못된 게 무엇인지 먼저 찾아내야 한다". 전적으로 동의할 수 있는 말이지 않은가? 이 말을 행복에 적용해 보자. "불행을 치유하려면 불행을 야기하는 원인을 찾아내야 한다." 맞지 않은가? 불행을 치유하면 적어도 일시적으로는 행복해진다. 이 과정이 반복되면 행복의 빈도가 당연히 높아지고 하루의 삶에서도 행복한 시간이 차지하는 비중이 커질 것이다. 이 책은 그런 면에서 논리적으로 빈틈이 없다. 과연 공학자가 행복에 접근하는 방식답다.

따라서 이 책의 구성도 위의 원칙이 그대로 적용된다. 불행을 야기하는 원인을 추적해 찾아내고 그 원인을 해소하는 방법을 제시한다. 그리고 이런 대원칙을 제시하는 것만으로 그치지 않고 불행의 원인을 찾아내기 위한 구체적인 방법론들, 저자의 표현으로는 실질적인 훈련법들을 소개한다. 게다가 그렇게 찾아낸 원인을 해소하는 훈련법들도 차근차근 안내한다. 각 훈련의 목적만이 아니라 훈련에 필요한 시간과 준비물까지 꼼꼼히 알려주면서 훈련 효과에 대한 신빙성을 더한다.

그렇다면 불행을 야기하는 원인은 무엇일까? 현대인의 복잡한 삶에서 그 원인은 무척 다양할 수 있지만, 공통점을 꼽는다면 '우리 머릿속의 작은 목소리'일 수 있다. 이 목소리를 경험하지 않은 사람이 있을까? 그 목소리는 거의 언제나 부정적인 성향을 띠고 끝없이 꼬리를 물고 이어진다. 게다가 그 목소리를 야기한 쟁점이 해결되지 않으면 끊임없이 되살아나며 우리를 괴롭히고 집중력까지 떨어뜨린다. 어떻게 해야 그 목소리의 고리를 끊어낼 수 있을까? 저자는 이 문제를 집요하게 파고들며 다양한 해법을 제시한다.

현대를 살아가는 우리에게 '행복'이란 목표는 환상으로 여겨질 수 있지만 저자가 제시하는 네 가지 해법은 무척 설득력 있게 들린다. 개인적으로 고개를 끄덕일 수밖에 없었던 '행복의 해법' 중 하나는 베풂을 위해 옷장을 비우는 방법이었다. 그 부분을 번역하고 내 옷장을 둘러보니 깨끗하지만 어떤 이유로든 내가 입지 않는 옷들이 많았다. 그게 이기심이든 이타심이든 행복으로 접근할 수 있는 방법은 분명 있다. 사랑을 나누면 더 커지듯이 행복도 나누면 더 커진다.

충주에서
강주헌

프롤로그

1   'Depression Rates by country 2022', *World Population Review* [online].
worldpopulationreview.com/country-rankings/depression-rates-by-country에서 확인할 수
있다.

2   'Suicide: one person dies every 40 seconds', WHO [online].who.int/news/item/09-09-
2019-suicide-one-person-dies-every-40-seconds에서 확인할 수 있다.

3   Sadlier, A. '1 in 4 Americans feel they have no one to confide in', *New York Post* (30 April
2019) [online]. nypost.com/2019/04/30/1-in-4-americans-feel-they-have-no-one-to-
confide-in/에서 확인할 수 있다.

1장

1   Van Leemput, K. et al. 'Automated Segmentation of Hippocampal Sub-fields from Ultra-
High Resolution in Vivo MRI', *Hippocampus*, vol. 19,6 (2009), pp. 549 – 57. dspace.mit.
edu/handle/1721.1/71591에서 확인할 수 있다.

2장

1   Oltean, H. and David, D. 'A meta-analysis of the relationship between rational beliefs and
psychological distress', *Journal of Clinical Psychology*, vol. 74,6 (2018), pp. 883 – 95. pubmed.
ncbi.nlm.nih.gov/29168176/에서 확인할 수 있다.

2   Pratchett, T. *The Thief of Time* (London: Doubleday, 2008), p. 215.

3장

1   Pinker, S. (2018). 'Is the world getting better or worse? A look at the numbers', TED
[online]. ted.com/talks/steven_pinker_is_the_world_getting_better_or_worse_a_look_at_the_
numbers?language=en에서 확인할 수 있다.

4장

1   Mandal, A. 'What is Neurogenesis?', News Medical Life Sciences [online]. www.news-medical.net/health/What-is-Neurogenesis.aspx에서 확인할 수 있다.

2   'Introduction to cell signalling', Khan Academy [online]. khanacademy.org/science/biology/ cell- signaling/ mechanisms-of-cell-signaling/a/introduction-to-cell-signaling?modal=1에서 확인할 수 있다.

3   Radparvar, D. 'Neurons that fire together, wire together', Holstee.com [online]. holstee.com/blogs/mindful-matter/neurons-that-fire-together-wire-together에서 확인할 수 있다.

4   Begum, T (2021). 'What is mass extinction and are we facing a sixth one?', Natural History Museum [online]. nhm.ac.uk/discover/what-is-mass-extinction-and-are-we-facing-a-sixth-one.html에서 확인할 수 있다.

5장

1   Lienhard, D. (2017). 'Roger Sperry's Split Brain Experiments (1959 – 1968)', The Embryo Project Encyclopedia [online]. embryo.asu.edu/pages/roger-sperrys-split-brain-experiments-1959-1968에서 확인할 수 있다.

2   Bolte Taylor, J. (2008). 'My stroke of insight', TED [online]. ted.com/talks/jill_bolte_taylor_my_stroke_of_insight에서 확인할 수 있다.

3   McGilchrist, I. *The Master and His Emissary: The Divided Brain and the Making of the Western World* (Totton: Yale University Press, 2019), p. 431.

6장

1   'Know Your Brain: Default Mode Network', Neuroscientifically Challenged [online]. neuroscientificallychallenged.com/posts/know-your-brain-default-mode-network에서 확인할 수 있다.

2   Bergland, C. (2015). 'The Brain Mechanics of Rumination and Repetitive Thinking', Psychology Today [online]. psychologytoday.com/gb/blog/the-athletes-way/201508/the-brain-mechanics-rumination-and-repetitive-thinking에서 확인할 수 있다.

3   Arain. M. et al. 'Maturation of the adolescent brain', NCBI, 9 (2013), PP. 449 – 61 [online]. ncbi.nlm.nih.gov/pmc/articles/PMC3621648/에서 확인할 수 있다.

7장

1   Kessler, D. 'The Five Stages of Grief', Grief.com [online]. grief.com/the-five-stages-of-grief/에서 확인할 수 있다.

2   'Between Stimulus and Response There Is a Space. In That Space Is Our Power to Choose Our Response', QuoteInvestigator.com [online]. quoteinvestigator.com/2018/02/18/response/ 에서 확인할 수 있다.

8장

1   McCorry, L. 'Physiology of the Autonomic Nervous System', *American Journal of Pharmaceutical Education*, 71 (4): 78 (Aug 2007).ncbi.nlm.nih.gov/pmc/articles/ PMC1959222/에서 확인할 수 있다.

2   Kraft, T. and Pressman, S. 'Grin and bear it: the influence of manipulated facial expression on the stress response', *Psychological Science*, 2012:23(11). pp. 1372 – 78. pubmed.ncbi.nlm.nih. gov/23012270/에서 확인할 수 있다.

3   'A Crisp Explanation of Facial Feedback Hypothesis With Examples', PsycholoGenie [online]. psychologenie.com/explanation-of-facial-feedback-hypothesis-with-examples.에서 확인 할 수 있다.

10장

1   'New Measure of Human Brain Processing Speed', *MIT Technology Review* (2009) [online]. technologyreview.com/2009/08/25/210267/new-measure-of-human-brain-processing-speed/에서 확인할 수 있다.

2   Smith, E. et al. 'The neural basis of task-switching in working memory: Effects of performance and aging', *Proceedings of the National Academy of Sciences of the United States of America*, 98(4), pp. 2095 – 100 (13 February 2001) [online]. ncbi.nlm.nih.gov/pmc/ articles/PMC29387/에서 확인할 수 있다.

3   'A closer look at EEG', Epilepsy Society [online]. Available at: epilepsysociety.org.uk/about-epilepsy/diagnosing-epilepsy/closer-look-eeg#.XNCq7pNKjOQ에서 확인할 수 있다.

4   'Experiment HP-1: The Electroencephalogram (EEG) – Wireless', iWorx. com [online]. iworx.com/documents/LabExercises/EEGCorticalArousal-ROAM.pdf에서 확인할 수 있다.

5   Dobbs, D. 'Zen Gamma', *Scientific American* (1 April 2005) [online]. scientificamerican. com/article/zen-gamma/

6   Shontell, A. 'A 69-year-old monk who scientists call the "world's happiest man" explains how he deals with stress", *Business Insider Australia* (29 January 2016) [online]. businessinsider. com.au/how-matthieu-ricard-the-worlds-happiest-man-deals-with-worry-anger-and-stress-2016-1에서 확인할 수 있다.

7   'Slo Mo Podcast #42: Mattieu Ricard-How the World's Happiest Man Found His Way (Part 1)' [online]. youtube.com/watch?v=Fy4q3ztGMUE에서 확인할 수 있다.

11장

1   Brackett, M. et al. 'Emotional Intelligence', Noba [online]. nobaproject.com/modules/
     emotional-intelligence에서 확인할 수 있다.

2   Sternberg, R. *Successful Intelligence* (New York: Plume, 1997).

13장

1   Kahneman, D. and Deaton, A. 'High income improves evaluation of life but not emotional
     well-being', *Proceedings of the National Academy of Sciences*, Vol. 107 No. 38 (September
     2010). pnas.org/doi/full/10.1073/pnas.1011492107에서 확인할 수 있다.

2   Roth, J.D. 'The story of Stuff', Get Rich Slowly [online]. getrichslowly.org/the-story-of-
     stuff/에서 확인할 수 있다.

3   Macean, M. 'For many people, gathering possessions is just the stuff of life', *Los Angeles Times*
     (21 March 2014) [online]. latimes.com/health/la-xpm-2014-mar-21-la-he-keeping-
     stuff-20140322-story.html에서 확인할 수 있다.

4   Doheny, K. (2008). 'Clutter Control: Is Too Much "Stuff" Draining You?', WebMD [online].
     webmd.com/balance/features/clutter-control에서 확인할 수 있다.

5   Williams, K. (2018). 'Is Consumerism Robbing Us of Our Humanism and Happiness?',
     Medium [online]. medium.com/@KarenWilliams.Louise/is-consumerism-robbing-us-of-
     our-humanism-and-happiness-cb748cb40fba에서 확인할 수 있다.

6   Gonzalez-Garcia, J. and Holmes, T. (2021). 'Credit card ownership statistics', Creditcards.
     com [online]. creditcards.com/statistics/ownership-statistics/에서 확인할 수 있다.

7   Norton, M. (2011). 'Money can buy happiness: Michael Norton at TedxCambridge 2011',
     TEDx Talks [online]. youtube.com/watch?v=ZwGEQcFo9RE에서 확인할 수 있다.

8   Svoboda, E. 'Hard Wired for Giving', *The Wall Street Journal* (31 August 2013) [online]. wsj.
     com/articles/hardwired-for-giving-1377902081에서 확인할 수 있다.

9   Ritvo, E. 'The Neuroscience of Giving', Psychology Today (24 April 2014) [online].
     psychologytoday.com/ca/blog/vitality/201404/the-neuroscience-giving에서 확인할 수 있다.

구글 공학자가 찾아낸 불안을 이기는 행복 코드

다시, 행복을 풀다

제1판 1쇄 인쇄 l 2024년 8월 20일
제1판 1쇄 발행 l 2024년 8월 30일

지은이 l 모 가댓
옮긴이 l 강주헌
펴낸이 l 김수언
펴낸곳 l 한국경제신문 한경BP
책임편집 l 이혜영
교정교열 l 이근일
저작권 l 박정현
홍　보 l 서은실·이여진
마케팅 l 김규형·박도현
디자인 l 권석중

주　소 l 서울특별시 중구 청파로 463
기획출판팀 l 02-3604-590, 584
영업마케팅팀 l 02-3604-595, 562　FAX l 02-3604-599
H l http://bp.hankyung.com　E l bp@hankyung.com
F l www.facebook.com/hankyungbp
등　록 l 제 2-315(1967. 5. 15)

ISBN 978-89-475-4969-1　03320